全新修订
第4版

生产班组管理

制度与表格规范大全

为中国企业量身定做的生产班组规范化管理实务全书

赵涛 李金水◎主编

台海出版社

图书在版编目（CIP）数据

生产班组管理制度与表格规范大全 / 赵涛, 李金水主编.
-- 北京：台海出版社, 2017.9
ISBN 978-7-5168-1554-0

Ⅰ.①生… Ⅱ.①赵… ②李… Ⅲ.①生产小组—工

业企业管理 Ⅳ.①F406.6

中国版本图书馆CIP数据核字（2017）第212731号

生产班组管理制度与表格规范大全

主　编：	赵　涛　李金水		

责任编辑：	刘　峰　赵旭雯	装帧设计：	久品轩
版式设计：	阎万霞	责任印制：	蔡　旭

出版发行：台海出版社

地　　址：北京市东城区景山东街20号　　邮政编码：100009

电　　话：010—64041652（发行，邮购）

传　　真：010—84045799（总编室）

网　　址：www.taimeng.org.cn/thcbs/default.htm

E－mail：thcbs@126.com

经　　销：全国各地新华书店

印　　刷：天津嘉杰印务有限公司

本书如有破损、缺页、装订错误，请与本社联系调换

开　　本：787×1092　1/16

字　　数：814千字　　　　　　　　印　张：33

版　　次：2018年1月第1版　　　　印　次：2018年1月第1次印刷

书　　号：ISBN 978-7-5168-1554-0

定　　价：68.00元

前　言

随着全球经济一体化的发展，市场上的产品品种越来越多，产品的生命周期也越来越短，制造企业之间的竞争也越来越激烈。尤其是当今高科技产业的蓬勃发展，使得市场需求日趋多样化、复杂化，使以往生产什么就供应什么的卖方市场，转变为需要什么就生产什么的买方市场，这就要求企业生产作业的组织与管理应进行相应的变革，以迅速对市场需求做出反应。

越来越多的事实表明，制造企业之间的竞争归根结底是生产效率、成本控制与管理能力的竞争。一切成功的企业都源于卓越的管理，而卓越的管理都源于建立可操作性的科学化、规范化、程序化的管理制度与管理标准。"一流的企业卖标准，二流的企业卖技术，三流的企业买产品。"因此，建立规范化、科学化、标准化的管理体系就非常现实而又急迫地摆在了越来越多企业的面前。

为了让生产主管能够更轻松地处理日常管理事务，我们特编写了此书。这是一本关于生产部门规范化管理的实务性工具书。书中以"流程＋制度＋方案＋文书"的形式细化了生产部门各个岗位的工作事项和职责范围，内容包括生产预测管理、生产计划管理、产品开发管理、采购管理、设备管理、物资管理、库存管理、生产系统设计管理、技术与工艺管理、生产作业控制管理、质量管理、生产安全管理等多方面的内容。

本书具有以下特点：

（1）实用性、操作性强。本书内容紧密结合生产管理的各项实际工作，读者可以根据企业的实际情况，以本书为参考，进行有针对性的学习，并灵活运用到管理实践中，以迅速解决和处理各种问题。

（2）使用方便，效果显著。通过借鉴本书的内容，您无须花费大量时间和精力，只要对相关模板和量表直接使用或根据自身情况适当修改，就可以方便快捷地使用。因此本书具有很强的便利性。

（3）随查随用的工具书。本书所列的各种文书、制度、方案、表格、范本等都与生产管理的日常工作紧密结合，当您在实际工作中遇到问题时，可以随时查阅本书相关的知识点，以便迅速、有效地解决问题。作为实务性工具书，本书具有较高的参考价值。

翻开本书，它将会告诉你如何让自己成为总经理的依靠，如何让复杂的工作变得更有条理，如何让生产管理变得更有效率。

编者

目　录

第一部分　让生产良性运转

第二部分 缔造完美的生产流程

第4章 未雨绸缪，居安思危——生产计划管理 ········· 40

第7章　工欲善其事，必先利其器——设备管理 …………… 145

第三部分　抓好管理促生产

第10章　没有最好的，只有最适合的——生产线设计管理

第 12 章　从大局出发，从小处着眼——生产作业控制管理

第一部分

让生产良性运转

第 1 章　不只是生产
——生产班组各部门职能与职责

第一节　生产班组各部门职能与职责综述

一、生产班组各部门工作职能

根据企业不同时期的经营战略和计划,从产品品种、质量、数量、成本、交货期等要求出发,采取有效的方法和措施,对企业的人力、材料、设备、资金等资源进行计划、组织、指挥、协调和控制,以生产出满足市场需求的产品。

二、生产班组各部门工作职责

生产班组各部门工作职责可以分为以下 4 大块。

(一)生产管理

(1)生产计划的设立与修订。

(2)订单的审核、登记及分段。

(3)订单交货期的核定及异常反应。

(4)生产负荷的统计及产销平衡调度。

(5)生产企业人员的调度及团体公休的审核。

(6)生产进度的安排及控制(含样品制作进度)。

(7)用料管理及异常的追踪、改善。

(8)交货期异常反应及处理。

(9)产销、交货期、质量等有关事项协调。

(二)技术工程

(1)各项产品标准工时的设立与修订(含样品制作)。

(2)各项操作规范的制订(含样品制作)。

(3)工作方法的改善、简化、策划与推行。

(4)各科室年度预算编制及全公司汇编。

(5)制订对异常反应的处理及追踪。

(6)生产绩效奖金基准的设立与修订。

（7）生产日报表的编制及重大异常安全交办的改善追踪。

（8）每月生产绩效检查、资料编制及交办改善事项的追踪、报告。

（8）生产绩效奖金的统计及比较。

（10）样品、原物料、标准用量的计算。

（11）订单产品标准用量的设（修）订。

（三）品质管理

（1）负责组织质量管理、计量管理、质量检验标准等管理制度的拟订、检查、监督、控制及执行。

（2）负责组织编制年、季、月度产品质量提高、改进、管理、计量管理等工作计划。并对其组织实施、检查、协调、考核，及时处理和解决各种质量纠纷。

（3）负责建立和完善质量保证体系。制订并组织实施公司质量工作纲要，健全质量管理网络，制订和完善质量管理目标负责制，确保产品质量的稳定提高。

（4）配合人事部抓好全员质量教育工作。定期组织质量检查员、计量员、管理人员、各级领导、营销人员、维修人员、操作工等不同岗位的质量教育培训，强化质量管理，提高公司全员的质量意识和质量管理水平，加强对计量、质量人员的培训考核力度，建立和完善计量、质量人员执证上岗制度。

（5）负责对公司产品、工作和服务质量进行监督、检查、协调和管理。

（6）负责收集和掌握国内外质量管理先进经验，传递质量信息。

（7）负责公司质量事故的处理。参与由于产品出现质量问题引起的质量异议、退货、索赔等质量事件的处理。牵头组织调查、分析、仲裁、协调各种质量纠纷，并明确地提出处理意见。一般质量事故，由本部全权处理，重大质量事故，本部提出处理意见，报主管副总签署意见后，报总经理办公会议讨论，经总经理签字批准同意后，下文处理。

（8）负责建立和健全质量岗位责任制。明确各岗位职责、权利和义务，及时制订或修改并严格贯彻执行各项操作规程，教育员工严格遵守技术纪律。

（9）负责收集公司产品售后质量服务资料。定期或不定期地进行市场调查、客户抽查，及时撰写质量市场调查分析报告，提出改进意见和建议，为公司领导决策提供依据。

（10）负责编制年、季、月度产品质量统计报表。建立和规范原始记录、台账、统计报表质量统计程序，培训专、兼职质量统计人员，提高其业务水平和工作质量。

（11）负责定期进行质量工作汇报。定期在年、季、月度的生产经营计划平衡会上用口头或书面汇报，对于重大质量事故，组织专题分析会议集中汇报，特殊应急情况向主管领导或总经理个别汇报。

（四）产品开发

（1）负责制订公司技术管理制度。负责建立和完善产品设计、新产品的试制、标准化技术规程、技术情报管理制度，组织、协调、督促有关部门建立和完善设备、质量、能源等的管理标准及制度。

（2）组织和编制公司技术发展规划。编制近期技术提高工作计划，编制长远技术发展和技术措施规划，并负责对计划、规划的拟订、修改、补充、实施等一系列工作的组织和管理。

（3）负责制订和修改技术规程。编制产品的使用、维修和技术安全等有关的技术规定。

（4）负责公司新技术引进和产品开发工作的计划、实施,确保产品品种不断更新和扩大。

（5）合理编制技术文件,改进和规范工艺流程。

（6）研究和摸索科学的流水作业规律,认真做好各类技术信息和资料的收集、整理、分析、研究、汇总、归档保管工作,为逐步实现公司现代化建设的目标,提供可靠的指导依据。

（7）负责制订公司产品的企业统一标准,实现产品的规范化管理。

（8）编制公司产品标准,并按年度审核、补充、修订其内容。

（9）认真做好技术图纸、技术资料的归档工作。负责制订严格的技术资料交接、保管制度。

（10）及时指导、处理、协调和解决产品出现的技术问题,确保经营工作的正常进行。

（11）及时搜集、整理国内外产品发展信息,及时把握产品发展趋势。

（12）负责编制公司技术开发计划,抓好技术管理人才的培养,技术队伍的管理。有计划地推荐、引进、培养专业技术人员,搞好业务培训和管理工作。

（13）组织技术成果及技术经济效益的评价工作。

（14）负责公司技术管理制度制订的检查、监督、指导、考核、管理工作。

（15）按时完成公司领导交办的其他工作任务。

三、生产计划部职责范围

生产计划部受生产总监领导,直接向生产总监报告工作,生产计划部下属单位为各车间。部门职责如下。

（1）组织生产计划的制订,并经批准后实施。

（2）生产任务的调配,订单的审核、登记和分发。

（3）制订并实施生产日程计划。

（4）生产计划的检查和进度控制工作。

（5）受理、分析生产报表。

（6）生产预算的控制与管理。

（7）生产效率的管理与改善。

（8）制造方法的改善。

（9）实施标准生产作业方法。

（10）制造成本控制。

（11）生产现场管理。

（12）生产现场财产管理。

（13）生产负荷统计和产销平衡调度。

（14）负责用料管理与控制。

（15）产品质量控制,质量自检。

（16）负责各个车间的协调工作。

（17）安全生产检查与处理。

（18）与营销各部门沟通、联系、协调。

（19）其他相关职责。

四、物管部职责范围

物管部受生产总监领导，直接向生产总监报告工作。部门职责如下。

（一）物料管理

（1）做好与技术开发部、生产计划部、供应部、机电设备部的协调工作，确保物料需求和消耗信息链畅通。

（2）退货处理。

（3）材料、辅料、部件、机械、工具等的库存调查。

（4）现场物料消耗的调查、研究、分析、报告。

（5）制订并实施标准存量，实施存量控制。

（6）呆料、滞料、废料的报表编制，并经批准后处理。

（7）物料补充计划的编制，并传递给供应部。

（8）物料入库办理，物料检查，入库记账核算。

（9）物料入库日报、周报、月报、季报的编制。

（10）物料出库办理，出库记账核算。

（11）物料出库日报、周报、月报、季报的编制。

（12）退货的记账核算。

（13）物料盘存，制订盘存报表及核算。

（14）其他相关职责。

（二）成品管理

（1）做好与生产计划部、营销各部门的协调工作，确保成品需求和销售信息链畅通。

（2）成品退库处理。

（3）成品、半成品库存调查。

（4）实施成品、半成品存量控制。

（5）滞销品、次品、废品报表的编制，并经批准后处理。

（6）成品、半成品存量表的编制，并传递给生产计划部和营销各部。

（7）成品、半成品入库办理，检查与记账、核算。

（8）成品、半成品入库日报、周报、月报、季报的编制。

（9）成品、半成品出库办理，并进行出库记账核算。

（10）成品、半成品出库日报、周报、月报、季报的编制。

（11）退库成品的记账核算。

（12）成品、半成品的盘存，编制盘存报表及核算。

（13）其他相关职责。

（三）运输管理

（1）运输计划的编制与实施。

（2）运输作业与运送管理。

（3）包装作业与包装物料管理。

（4）外运机构的联系及合同洽谈、签订，费用结算。

（5）运输车辆管理。

（6）车辆油耗管理。

（7）运输保险与运输事故处理。

（8）作业报表编制与报送。

（9）与营销各部门、各办事处沟通协调，确保货品安全、完整。

（10）其他相关职责。

（四）异地成品库存管理

（1）做好与生产计划部、营销各部门的协调工作，确保成品需求和销售信息链畅通。

（2）成品退库处理。

（3）成品库存调查。

（4）实施成品存量控制。

（5）滞销品、次品、废品报表的编制，并经批准后处理。

（6）成品存量表的编制，并传递给物管部，由物管部处理。

（7）成品入库办理，检查，记账、核算，成品入库日报、周报、月报、季报的编制。

（8）成品出库办理，出库记账、核算，成品、半成品出库日报、周报、月报、季报的编制。

（9）退库成品的记账核算。

（10）成品盘存，编制盘存报表及核算。

（11）其他相关职责。

五、设备部职责范围

设备部受生产总监领导，直接向生产总监报告工作，下属部门为机电科、设备科、修理车间。部门职责如下。

（1）编制设备采购、维修、报废计划，并经批准后实施。

（2）设备检查、管理工作。

（3）设备保养维修工作。

（4）参与定额制订。

（5）修理车间的管理。

（6）设备改良、技术改造。

（7）进行设备使用培训、进行操作规程的制订。

（8）设备实物账的核算。

（9）设备账、卡管理。

（10）设备调拨和转移管理。

（11）预算编制，并在经批准后实施。

（12）工具收发、管理、实物核算。

（13）工具检查和管理。

（14）工具制作和维修。

(15)参与生产能力分析。

(16)作业报表的编制与报送。

(17)各种能源的核算与分配工作。

(18)设备及工具的安全使用检查与处理。

(19)其他相关职责。

六、技术开发部职责范围

技术开发部受生产总监领导,直接向生产总监报告工作。部门职责如下。

(1)参与新产品开发,负责产品工艺设计。

(2)主持成本定额、标准工时、标准用料的制订和修订。

(3)现有产品在设计上的研究与改良。

(4)客户原样蓝图定制(或委托加工)的研究与保管。

(5)企业布置、生产线布置。

(6)工艺流程设计与改善。

(7)样品制造进度控制。

(8)新产品使用说明与使用跟踪。

(9)各项操作规范的制订与检查(含样品制造)。

(10)一线工人作业方法的设计、改善、简化、策划与推行。

(11)订单标准用量的制订和修订。

(12)会同企划部做好产品企划。

(13)参与产品推广方案的制定。

(14)会同财务部实施定额考核。

(15)其他相关职责。

七、质量管理部职责范围

质量管理部受质量总监领导,直接向质量总监报告工作。部门职责如下。

(1)制订质量准则,经批准后实施。

(2)原料入厂质量检验的执行及异常情况处理。

(3)生产过程中质量的检查与记录。

(4)成品检查与记录。

(5)外协质量检验。

(6)成品各项功能测验。

(7)检验器具的使用与保管。

(8)质量异常的处理与追踪。

(9)协同处理质量投诉。

(10)执行质量管理的各种活动。

（11）质量问题分析、报告。

（12）质量体系的推行。

（13）质量体系的组织认证。

（14）其他相关职责。

八、物资采购供应部职责范围

物资采购供应部受生产总监领导，直接向生产总监报告工作。部门职责如下。

（1）根据市场与生产需求，负责制订采购计划，经批准后组织采购实施。

（2）供应商的选择与考评。

（3）采购合同的签订和实施。

（4）采购预算的编制，经批准后实施。

（5）采购成本的控制。

（6）受理各类购入申请。

第二节　生产班组各部门岗位职责综述

一、生产总监岗位职责

（1）全面管理企业生产和技术开发工作，组织生产部按照企业制订的工艺流程进行生产，并在总经理批准下组织技术开发部门对工艺流程进行改进。

（2）负责组织拟订生产、技术、供应、机电、质量各部门内部机构设置方案和内部管理方案，提高管理效率。

（3）负责组织设备增减计划的制订、设备的维护保养，努力提高设备的使用效率和完好率。

（4）负责组织制订生产、供应、技术开发等工作计划，协调生产环节各部门的关系，以及生产环节各部门与企业其他部门的关系。

（5）负责生产队伍的建设与考核工作。

（6）参与企业生产战略规划和年度、月份计划的制订。

（7）及时处理企业生产运作过程中出现的其他问题。

二、生产计划部经理岗位职责

（1）结合企业的经营目标和生产实际，为决策层提供生产规划方面的建议、方案。

（2）为实现企业的经营目标提供生产方面的保证。

（3）对企业的生产环节进行计划、组织、控制，并创造一个文明、安全、无污染的生产环境。

（4）负责对本部门下属员工的考核评价、教育指导和提升、转职申报等工作。

（5）代表本部门处理协调好与决策部门或其他部门的关系。

（6）完成生产总监交办的其他任务。

三、制造部经理岗位职责

（1）根据生产加工流程和技术要求确定所需人员的资格条件、工作步骤，对工作任务进行合理的分配。

（2）随时了解并分析物料市场的供应状况，对未来的供应趋势进行预测，完成相关的分析报告。

（3）与研发部门密切合作开发新产品，不断更新生产技术和工艺流程，以提高产品质量。

（4）制订与实施库存计划和生产成本控制计划。

（5）负责与供应商进行价格谈判。

（6）编制本部门的预算，审批部门工作各个环节的费用。

（7）协调制订维修、改造生产设施和设备的工作制度和工作流程。

（8）负责本部门员工的任用、培训和考核等各项工作。

（9）完成生产总监交办的其他任务。

四、技术开发部经理岗位职责

（1）制订并组织执行本部门的年度工作计划。

（2）制订并推进相关业务的技术与项目管理体系。

（3）编制和审批企业相关项目的施工计划，定期分析总结项目施工任务完成情况，及时解决项目施工活动中遇到的问题。

（4）负责所有在施项目的安全管理。

（5）贯彻落实国家技术法规、标准，组织工程项目的报验。

（6）负责本部门的成本费用核算与控制工作。

（7）负责本部门内部员工的招聘、考核、培训、管理工作。

（8）支持与协调本部门与其他部门之间的工作，配合相关部门完成企业相关技术资质的认证。

（9）完成生产总监交办的其他任务。

五、车间主任岗位职责

（1）按企业下达的生产任务，安排月、日生产进度，并落实各项生产指标，全面完成生产计划。

（2）结合企业车间的生产与管理工作，紧密联系员工的思想实际，做好车间员工的思想工作，做好车间精神文明建设。

（3）科学管理，严格要求，健全与落实各项管理制度，特别要抓好"质量第一""安全生产"与"节约能源"制度的管理工作，降低产品成本，提高生产效率与经济效益。

（4）切实重视车间建设，全面提高车间素质。

（5）积极组织车间员工的培训活动，不断提高员工的业务水平与工作能力。

（6）完成生产总监交办的其他任务。

六、质量主管岗位职责

（1）负责监控工艺状态，将工艺参数改变对产品造成的影响进行认定，并论证设定的合理性。

（2）根据企业的整体质量状况提出质量控制方案，监控产品的质量。

（3）定期对现有的工艺或质量控制方案进行评估，并做出适当的改进。

（4）制订企业产品质量的检验标准和产品信息反馈的统计流程。

（5）处理客户的反馈意见，依据反馈改善质量控制。

（6）总结产品的质量问题，并配合相关部门及时加以解决。

（7）负责来料检验及出货评审工作。

（8）协助跟踪产品的使用情况，并提供相应的改进意见。

（9）完成生产总监交办的其他任务。

七、总工程师岗位职责

（1）领导企业的总体工艺设计工作。

（2）对企业的重大工艺研究项目进行审批，并做出最终的决策。

（3）审批重要的工艺文件。

（4）对生产工艺的变更进行审批。

（5）签发企业内的各项工艺管理制度和主要奖惩条例。

八、工艺主管岗位职责

（1）在企业总工程师的领导下，负责企业的工艺技术工作与工艺管理工作，认真贯彻国家技术工作的方针、政策与企业的有关规定。组织制订工艺技术工作近期和长远发展规划，并制定技术组织措施方案。

（2）组织编制企业产品的工艺文件，制订材料消耗的工艺定额；根据工艺需要，设计工艺装备并负责工艺工装的验证和改进工作；设计企业、生产车间工艺平面布置图。

（3）组织工艺人员深入企业的生产现场，掌握生产质量情况；指导、督促生产车间的工艺员及时解决生产中出现的技术问题，搞好工艺技术服务工作。

（4）负责新产品图纸的会签与新产品批量试制的工艺工装设计，完善试制报告和有关工艺资料，参与新产品的鉴定工作。

（5）负责企业内部工艺技术管理制度的起草与修订工作，组织生产车间工艺人员做好工艺管理，监督工艺纪律的执行情况。

（6）组织领导新工艺、新技术的试验研究工作，抓好工艺试验课题的总结与成果鉴定，并组织推广应用。做好工艺技术资料的立卷、归档工作。

（7）协助有关部门做好对企业员工的技术培训与教育。

（8）积极开展企业内部的技术攻关与技术改进工作，负责的签署对技术改进方案与措施签署意见，不断提高工艺技术水平。

（9）负责本部门人员的管理工作和企业各部门工艺人员的业务领导和考核工作。

（10）负责本部门方针目标的展开和检查、诊断、落实工作。

（11）完成总工程师交办的其他各项临时任务。

九、生产线长岗位职责

（1）每天提前到达工作岗位，检查当日生产工具是否齐全，生产设备是否正常；确认当日生产任务，技术资料，材料是否准备就绪。

（2）严格按照计划部下达的生产计划，按工艺、订单要求，保时保量组织生产，负责看板管理，控制生产节拍。力保均衡生产，做好每日的生产统计日报表，确保投入产出清晰。

（3）做好物料控制工作，严格按生产定额领料、生产，努力降低生产成本，有来料不符合工艺、订单要求，要及时反馈给相关部门。

（4）督促员工执行工艺纪律，制定和实施员工的质量管理考核法，确保产品质量指标的完成。

（5）负责对本线、组所用的工具、仪器仪表的维护及申请使用。

（6）严格工厂考勤制度，每天检查全线人员的劳动纪律，推行无声操作管理。

（7）建设文明生产线，做好"5S"管理工作，严格按安置区堆放物料，确保物流、人流畅通。

（8）负责对新员工的操作技能、工厂纪律、工艺纪律的培训工作。

（8）关心员工的生活，做好工作，推进生产线企业文化建设。

（9）做好生产线的安全、保卫工作，防止人身事故，防止设备、工具、仪表人为损坏，防止火灾及火灾的苗头，防止偷盗财物，下班关好门、窗，切断水、电、气源等。

（10）带领全线员工完成工厂交给的各项生产任务及临时性工作。

十、生产副线长岗位职责

（1）协助线长安排生产和清机工作，严格按工艺操作，控制生产线产品质量，做好各种报表。

（2）严格执行安全操作规程，搞好文明生产，保持良好的生产秩序、环境卫生、现场管理。

（3）及时给线长汇报质量问题，提出纠正措施并跟踪落实，处理生产安排不当造成的质量问题及明确责任。

（4）及时、准确、清晰做好质量记录。

（5）负责样机的制作、跟踪。

十一、生产班长岗位职责

（1）在车间主任的直接领导下指挥开展工作。严格遵守、认真贯彻落实公司各项方针政策和规章制度。

（2）对本工序所带班组的生产效率、品质负总责，担任本工序所带班组消防、安全生产、5S推行、资产管理、文件资料管理负总责任，根据企业品质、5S等方针目标要求，负责本工序所带班组生产运作、品质控制、5S推行的自查、诊断、改善。

（3）负责本班组员工的管理、培训、教育、考核、指挥。根据实际提出临时培训申请，经批准后予以实施或协助上级实施，按时完成车间员工的相关考核。负责组内员工的考勤统计。

（4）格监督所带员工认真遵守企业安全生产相关规章制度，确保每日生产安全进行。定期检查车间消防设施状况，确保其各种性能达标，符合管理要求。

（5）导辖内员工严格遵守各项品质管理规程、工艺、作业标准，制止、纠正员工操作不当作业或其他违规违纪行为，确保当班生产产品/作业质量符合标准。

（6）加强对本工序所带班组设备、设施、工具、模具、半成品料、在制品、在用材料等的管理，定期进行盘点。监督本班组员工对车间工具、机器、设备、固定资产的日常维护和保养，并每日巡查其使用、运转、控制（开、关、维护、保养）状况，确保正常、符合规程、规范及管理要求。监督维修工对机器、设备的维护、保养、检修。

（7）导辖内员工做好现场3S（清理、整理、清洁）的各项工作，确保作业区域秩序井然、整洁，监控员工严格遵守《卫生管理制度》等各项规章制度。

（8）监督原材料、成品的进、出仓情况，统计当天不合格包装材料的数量，通知统计员办理退仓手续。完成本工序所带班组当班生产记录及工作报表等的填报、整理工作。

（9）班开启、上班时关闭本区域内的紫外线灯;下班时检查本区域的有关电源是否关闭。每日做好交接班工作。

（10）按照生产计划和生产需要，向上级提出需要解决的关键问题，并跟进其完成情况。

（11）总结生产中的经验，不断改进生产流程和品质控制手法，提高劳动生产率和产品质量。履行节约，严格控制用工，努力降低生产成本。

（12）负责本工序（所带班组）与其他工序（班组）之间的联络与协调。处理现场安全、品质、效率、5S等方面工作。

（13）服从工作安排，完成上级临时布置的各项任务。

十二、生产组长岗位职责

（1）认真贯彻组织的质量方针和质量目标，并作为本组质量工作的准则。

（2）按车间布置的生产任务组织本班组的生产工作，合理安排设备、场地、物资和人员，做到生产均衡、有序，按时、按质、按量完成生产任务。

（3）做好生产统计工作，数据准确，上报及时。

（4）负责本组作业环境的管理工作，做到设备、设施、工具、人员对号入座，产品摆放整齐、环境清洁、物流通畅。

（5）贯彻设备操作规程，做好本组设备的正常使用和日常维护保养工作，防止发生设备事故。

（6）贯彻安全规程，加强组内安全教育，防止发生重大人身事故。

（7）贯彻工艺纪律和工艺规程，严格按工艺文件或作业指导书的要求操作，防止发生质量事故。

（8）做好产品标识工作，按规定对不合格品进行标识和隔离，防止混淆。

（9）贯彻组织的规章制度，搞好本班组的管理工作。

十三、技术人员职责

（1）负责组织企业的工艺设计工作和工艺文件编制工作。

（2）组织技术人员开展工艺研究与试验。

（3）组织工艺分析和审查工作。

（4）编制工艺管理的各项制度。

（5）督促和抽查工艺文件执行情况，及时帮助车间解决工艺技术问题。

（6）定期组织工艺大检查，不断总结经验，提高工艺管理水平。

（7）组织开展企业范围内的全员技术革新活动，不断改进和完善工艺设计。

（8）做好企业工艺技术资料的整理、分析、总结和归档保管工作。

十四、生产车间技术工人岗位职责

（1）组织好新生产工艺的实施工作。
（2）做好技术培训，向操作人员讲清材料性能、工艺条件和技术关键措施等。
（3）做好工艺上的检查和薄弱环节的控制。
（4）做好日常工艺检查和考核工作。
（5）参与企业内部工艺改进的研究与试验。
（6）做好生产车间工艺资料的整理、总结和归档保管工作。

十五、生产调度主管岗位职责

（1）在生产总监的领导下，严格贯彻上级有关生产方面的方针、政策，根据企业的年、季、月度生产计划和公司内各项任务的要求，负责编制生产作业计划和辅助生产作业计划，并组织检查、落实和考核。

（2）根据新产品试制计划和生产技术准备的综合计划，编制本部门的生产技术准备计划，并组织实施。

（3）加强统一指挥，组织并领导企业的生产调度工作，定期召开生产调度作业会，严格按企业生产作业的计划进行督促、检查，对生产过程中出现的问题，及时协调平衡，搞好均衡生产。

（4）负责企业生产管理制度的起草和修订工作，并督促贯彻执行。

（5）加强对在制品、工位器具和工位模具管理，定期组织抽查、盘点活动。

（6）负责办理全公司工艺性外委协作和产品零件的外委外购合同的签订，承接外来修理加工等任务。

（7）根据企业的生产计划和生产需要，向工艺、动力、供应等有关部门提出需要解决的关键问题，并检查其完成情况。

（8）组织安排企业内部各级调度人员的业务学习，提高业务管理水平。

（9）负责做好生产作业统计工作，按时填报生产报表。

（10）根据企业方针目标展开工作，负责本部门内方针目标展开、落实、诊断、检查。

（11）按时完成企业临时布置的各项任务。

（12）对由于计划不周，调度工作不力而影响产量、品种计划的完成或达不到均衡生产要求的情况负责。

（13）对所下达调度命令的正确性负责。

十六、生产调度员岗位职责

（1）按照生产作业计划组织企业的生产活动，要做到指挥明确，组织严密，均衡地完成计划。

（2）严格执行企业生产调度会议上的各项决定与上级领导的指示，要做到执行及时，并对执行的情况随时进行检查。

（3）了解生产作业情况，掌握企业的生产动态，协调供、产、销、运各部门，做好综合平衡。及时了解并掌握各生产车间的生产、原料供应与产品的库存等情况，对于不平衡的现象要及时进行协调，并加以妥善解决。

（4）详细掌握企业的水、电、汽等设备的运行与供应情况，保证企业生产工艺的稳定。保证水、电、汽、煤气等的工艺要求，及时调节，平衡分配。

（5）掌握企业主要工艺指标的执行情况，主要生产设备的开、停机情况，以保证安全，稳定生产。

（6）经常深入生产现场进行生产作业的调查与检查，对薄弱的生产环节进行现场调度，并处理当班生产过程中出现的各种问题。掌握情况要准确，处理问题要及时，保证企业的正常生产。

（7）协调相关部门做好生产设备的检修工作，协调、联系工作要及时，以尽快完成设备的检修任务。

（8）对当班过程中出现的生产事故，要组织好抢救工作，防止事故的扩大，妥善处理生产现场情况，尽快恢复生产。同时要向上级领导与企业的安全部门汇报。

（9）负责对当班生产情况的综合分析，并总结前一天的生产、运输、设备检修以及产量的完成情况等，编写调度日报表并及时报送相关部门。

（10）认真、准时地做好交接班工作，严格按照企业的规定执行，在交接的过程中，要做到交接清楚，重点突出。

十七、采购部经理岗位职责

（1）全面负责企业采购部的工作，提出企业的物资采购计划，报生产总监批准后组织实施，确保各项采购任务的按时完成。

（2）调查研究企业各部门物资需求及消耗情况，熟悉各种物资的供应渠道和市场变化情况，做到供需心中有数。

（3）督促指导下属开展业务，不断提高业务技能，确保企业生产物资的正常采购量。

（4）审核年度各部门呈报的采购计划，统筹策划和确定采购内容。减少不必要的开支，以有限的资金，保证最大的物资供应。

（5）要熟悉和掌握企业所需各类物资的名称、型号、规格、单价、用途和产地。检查购进物资是否符合质量要求，对企业的物资采购和质量要求负有领导责任。

（6）监督参与大批量商品订货的业务洽谈，检查合同的执行和落实情况。

（7）按计划完成企业各类物资的采购任务，并在预算内尽量减少开支。

（8）认真监督检查各采购人员的采购进程及价格控制。

（9）在企业内部管理工作例会上，定期汇报采购落实结果。

（10）每月初将上月全部采购任务的完成及未完成情况逐项列出报表，呈生产总监及财务部经理，以便于上级领导掌握企业的采购项目。

（11）督促指导采购人员在从事采购业务活动中，要遵纪守法，讲信誉，不索贿，不受贿，与供货单位建立良好的关系，在平等互利的原则下开展业务往来。

（12）负责对下属员工进行教育与培训。

十八、采购部主管岗位职责

（1）协助采购部经理办理企业的采购事宜，以保证物资的正常供应。

（2）与供应商建立良好的合作关系，确保以最合理的价格采购到符合标准的物品。

（3）对采购物品的出入库手续和数量进行监督，并及时解决有关的技术问题，尽量压缩费用开支。

（4）合理安排下属员工的工作，全面安排采购计划，保证采购工作的顺利进行。

（5）随时了解市场信息，比值论价，降低费用开支。

（6）检查并监督进口物品的报关工作，做到手续齐全，资料齐备。

（7）协助采购部经理检查月末盘点工作。

（8）按时完成上级指派的其他工作。

十九、采购员岗位职责

（1）随时掌握企业各部门物资需求及各种物资的市场供应情况，掌握财务部及采购部对各种物资采购成本及采购资金控制情况，熟悉各种物资的采购计划。

（2）严格审核采购合同中的款项，订购业务必须上报经理或主管，经过研究后才可以付诸实施。

（3）对于采购物资，要做到在物美价廉的基础上，尽量选用优质产品；对于季节性的物资如部门尚未提出申购计划，应及时提供样板、信息，供经营部门参考。

（4）经常到各部门了解物资的消耗情况，根据需求订购；尽量避免积压商品，提高资金周转率；经常与仓库保持联系，全面了解掌握库存商品的情况，有计划、有步骤地安排好各项事务。

（5）严格把好质量关，对不符合质量要求的物资要坚决拒收；根据企业的生产情况，积极争取订购货源，按"畅销多进、滞销不进"的原则，保证充足的货源。

（6）企业各部门急需的物资要优先采购，并做到按计划采购；认真核实各部门的申购计划，根据仓库存货情况，定出采购计划；对常用物资按库存规定及时办理，与仓管员经常沟通，做好物资使用的周期性计划工作。

（7）严格遵守企业的财务制度，遵纪守法，不索贿、不受贿，在平等互利的原则下开展业务活动；购进物资要尽量做到单据（发票）随货同行交仓管员验收，报账要及时，不得随意拖账、挂账。

（8）努力学习业务知识，提高业务水平，接待来访业务要热情有礼，外出采购时要注意维护企业的形象、利益和声誉，不谋私利。

（9）严格遵守企业的各项规章制度，服从上级领导的工作安排。

二十、收货主管岗位职责

（1）严格遵守企业有关收货的各项规定。

（2）负责检查收货员工的出勤情况及仪表、仪容。

（3）负责维持正常的收货秩序，收货工作所有问题的解决不超过 24 小时。

（4）负责协调并维持与供应商及送货人的良好合作关系。

（5）负责调配收货员工的收货工作。

（6）严把物资的质量关，按企业的制度规范执行质检程序。

（7）严格要求收货员工，按收货流程执行验收工作，特别是严格执行扫描程序收货。对无条形码的物资，必须在收货部区域内粘贴完毕才可以收货，指导供应商正确地粘贴条形码。

（8）负责保管所有的收退货资料及单据，并及时归档整理，使档案管理整齐、有序、完整，便于查档。

（9）检查地磅是否准确。

（10）负责所有叉车司机的培训管理和各种电动、手动叉车的保管使用。

（11）负责对收货周转仓库的管理；指导仓库货物的合理摆放；确保所有物资的码放安全；清楚划分收货、退货区域；杜绝闲杂人员进出收货区、周转仓。

（12）负责所有收货门口的控制管理。

（13）负责所有本部门员工的培训、评价、升迁等工作。

（14）负责本部门区域内的清洁卫生、安全消防、安全作业，避免工伤事故和物资损坏事故的发生，做好安全防火、防盗工作。

（15）负责与其他部门的协调工作。

（16）保证所收的物资及时运送到企业车间相应位置。

（17）保障收货办公区、收货区、周转仓干净整洁。

（18）接受供应商及车间和财务人员的查单。

（19）负责指导本部门所有用具的正常维护和安全操作。

（20）核对收货报表、解决遗留问题。

二十一、物资验收员岗位职责

（1）按时参加部门会议，服从收货主管安排的工作，阅读岗位工作日志，做好接班工作。

（2）严格按验收程序进行物资验收。

（3）验收物资采用开箱抽检、感官检验等方法，参照企业有关质量标准进行。

（4）负责把好收货物资的质量关。

（5）优先验收易坏、易腐的生产物资。

（6）确保条形码与物资的对应准确无误。

（7）执行扫描原则，用终端逐一进行条形码检验，保证所有条形码均有效。

二十二、仓储主管岗位职责

（1）主要负责安排企业仓库工作人员的日常工作，保证物资进、出库的有序、准确、准时。

（2）合理对货位进行安排，以做到物资码放整洁、清晰，便于操作，确保库容得到最充分的利用。

（3）提升仓储的管理水平，确保突发（或困难）问题的及时、顺利解决。

（4）想方设法提高仓库各项资源的利用率，降低单位成本。

（5）努力改进各项操作规程、管理工具的方法，使仓库的管理更趋合理完善。

（6）定期与财务部门进行对账。

（7）对下属员工进行必要的岗位知识培训，同时对下属员工工作进行激励及评价。

二十三、仓库值班员岗位职责

（1）熟悉业务，认真钻研，提高业务水平。

（2）积极妥善地处理好职责范围内的一切业务。

（3）坚守工作岗位，不做与值班无关的事项，不得擅离职守。

（4）重大、紧急和超出职责范围内的业务，应及时地向上级业务指挥部门、企业领导汇报和请示，以便把工作做好。

（5）增强安全责任意识，保守机密，不得向无关人员泄露有关仓库内部的情况。

（6）维护好室内秩序和环境，严禁他人在工作时间大声喧哗。

（7）禁止无关人员随便进入仓库值班室。

（8）按规定时间交接班，不得迟到早退，并在交班前写好值班记录，以便分清责任。

（9）遇有特殊情况须换班或代班者必须经主管同意，否则责任自负。

（10）坚持批评与自我批评。

（11）团结互助，互相尊重。

（12）完成仓储主管的临时工作安排。

二十四、仓管员岗位职责

（1）对物资的保管和收发负有重要责任，严格审查各部门物资领用计划表，与库存核对后，缺口物资报采购主管。

（2）按照采购单内容和数量，办理验收手续。

（3）认真执行物资管理制度，加强对库存物资的管理、检查，把防火、防盗、防蛀、防霉烂等安全措施和卫生措施落到实处,保证库存物资的完好无损;物资存放做到有条理,美观大方。

(4)在办理验收手续后,应及时通知有关部门取货。

(5)定期抽查物资是否账、物、卡相符。

(6)管理好企业的生产物资,做好物资的收、发、存、报损等手续,每月报出物品盈亏情况,做到日清月结。

(7)协助采购部经理跟踪和催收应到而未到的物资。

(8)服从分配,按时完成领导指派的工作。

二十五、出库管理员岗位职责

(1)负责货物入库过程中人员的选派与相关工具的选用,并安排好工具的使用时段,以及人员的工作时间、地点、班次等。

(2)严格按照出库凭证发放货物,以做到卡、账、物相符。

(3)对货物进行严格的复查,当出库货物与所载内容不符合时应及时处理,视具体情况,对出库货物进行加工包装或整理。

(4)严格监督货物的装载上车,进行现场指挥管理。

(5)按时完成上级主管交办的其他任务。

二十六、搬运员岗位职责

(1)做好与上一道工序的衔接和配合,保证物资入库和出库的移动和搬运,不发生各种不合理的停顿。

(2)按照搬运业务规定进行,搬运物资时做到轻拿轻放,不野蛮搬运和装卸。

(3)根据各种物资的不同特性,合理选择和使用搬运作业设备和工具,做好日常维护和保养。

(4)根据特殊物资对搬运作业的要求,做出搬运作业设计,合理安排搬运人员和设备。

(5)加强搬运作业的安全生产管理,不发生各种安全事故。

(6)按时完成上级主管交办的其他任务。

二十七、理货员岗位职责

(1)主要负责物资的整理、拣选、配货、包装、复核、置唛与物资的交接、验收、整理、堆码等。

(2)核对物资的品种、数量、规格、等级、型号和重量。

（3）按照凭单上的内容拣选物资。

（4）对拣出的物资进行仔细的复核。

（5）检验物资的包装、标志，对出库待运的物资进行包装、拼装、改装或加固包装，对经拼装、改装和换装的物资填写装箱单。

（6）在出库物资的外包装上标注收货人的标记。

（7）按物资的运输方式、流向和收货地点将出库物资进行分类整理、分单集中，填写物资启运单，通知运输部门提货发运。

（8）对物资进行搬运、整理、堆码。

（9）鉴定货运质量，分析物资的残损原因，并划分运输事故责任。

（10）办理物资交接手续。

（11）按时完成上级主管交办的其他任务。

二十八、专职安全员岗位职责

（1）组织企业生产车间成员学习安全法律、法规、法令，以及本企业的安全规章制度和安全技术、生产卫生知识，交流经验，提高安全技术素质。

（2）协助生产车间主任经常对本车间成员，特别是新员工和调换工种的员工进行安全教育，督促其爱护和正确使用安全防护设施，认真执行安全作业规程和规章制度。

（3）经常检查各种生产设备的安全装置和防尘防毒设施，发现问题及时向车间主任反映并监督解决，保证其经常处于良好状态和正常运行。

（4）协助生产车间主任和有关部门检查有毒有害、易燃易爆等危险物品的运输、保管和使用情况，保证安全。

（5）发生伤亡或中毒事故应立即报告，并积极参加抢救工作，协助车间主任分析事故原因，采取有效措施，防止事故重复发生。

（6）督促生产车间主任按规定及时领取和发放个人防护用品，指导员工正确使用。

（7）有权协助车间主任制止任何人违章指挥、违章作业，并协助班组长将情况及时向上级及有关职能部门报告。

（8）发现企业的生产设备、作业环境存在明显重大事故隐患，随时可能危及员工生命安全或财产损失的紧急情况下，有权协助生产车间主任停止作业，组织员工立即撤离危险岗位，并及时向上级报告。

第2章　善阵者不战

——生产组织是基础

第一节　生产组织管理工作要点

一、生产组织管理工作任务

在充分考虑企业规模及产品销量的基础上,进行分支机构及人员的合理配置,以达到以下要求。

（1）各分支机构分布合理。

（2）管理幅度适当,管理渠道畅通。

（3）部门内部权责明确,避免内讧和推诿的现象产生。

（4）保证生产任务的高效完成。

（5）人员搭配合理有效。

二、生产组织管理工作流程

生产组织管理工作流程如下。

（1）适当考虑组织的个性特色成分。

（2）加入需要突出的亮点。

（3）综合策划,草拟方案。

（4）以假想方式运作。

（5）接收来自各方面实行者的意见,做必要的调整和修正。

（6）确定组织架构和岗位职责,明确岗位责任制。

（7）发布执行、落实。

第二节　生产组织结构模板

一、生产组织体系模板

生产运作管理组织机构由两部分组成：一部分是由企业生产总监领导下的与生产直接相关的管理体系，下设技术开发部、生产计划部、供应部、物管部、质量控制部等职能部门，直接对生产总监负责；另一部分是质量总监领导下的质量管理监督体系，下设质量管理部等职能部门。各职能部门根据工作需要再设立相应的职能岗位。

二、大型企业生产组织结构模板

大型企业生产组织结构模板如图 2 – 1 所示。

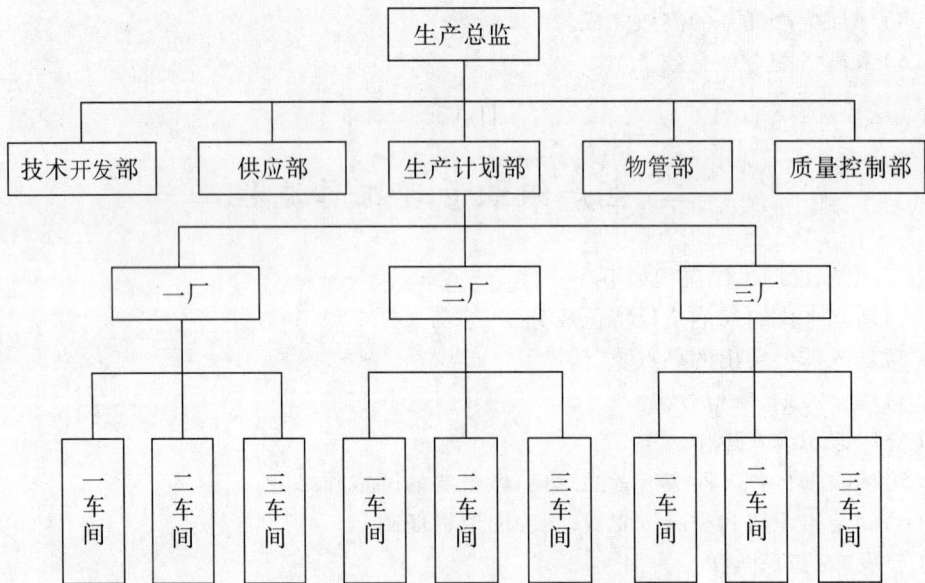

图 2 – 1　大型企业生产组织结构模板

三、中型企业生产组织结构模板

中型企业生产组织结构模板如图 2 - 2 所示。

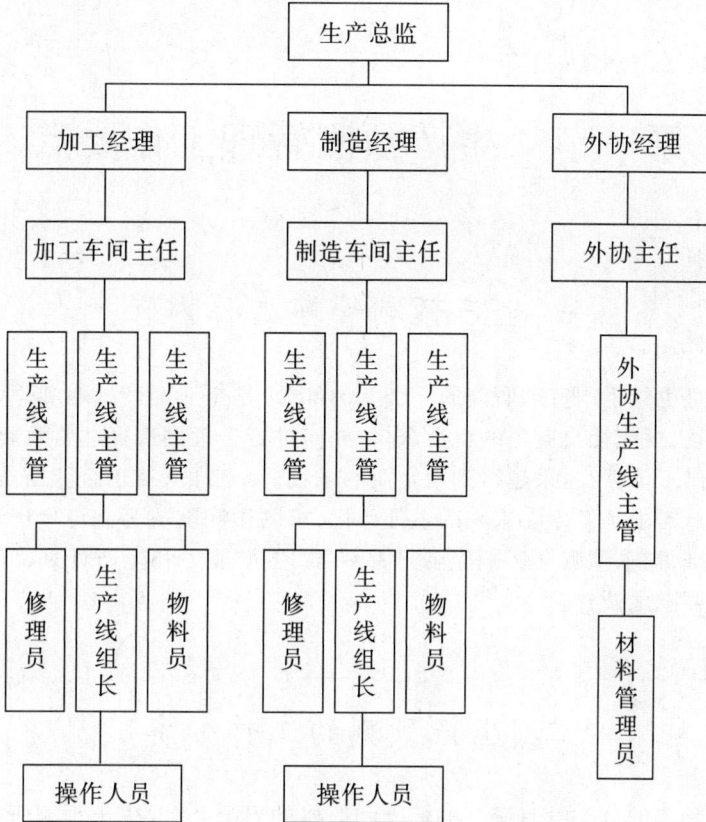

图 2 - 2　中型企业生产组织结构模板

第 3 章　立足现实，洞察先机
——生产预测管理

第一节　生产预测管理工作要点

一、生产预测管理工作内容

生产预测是主管生产管理职能的一个关键部分，是企业经营战略和作业决策的重要模型工具。而且，现代社会竞争的机会众多，如何进行合理的选择非常重要，生产预测就为机会选择提供了依据，越来越得到大企业的重视。一般的，对于企业而言，运用最广泛的是需求预测。需求是发生在未来的事件，对需求的预测就成为制订生产计划以及进行生产管理的基础，需求预测会影响企业产品种类、生产能力和生产计划，并使企业财务、营销和人事都要随之调整。

二、生产预测的工作分类

生产经济预测的分类没有统一的标准和严格的界限，它取决于预测研究的内容和目标。根据分类依据不同，预测可以有多种分类方式：根据内容不同，分为经济预测、技术预测、社会发展预测和市场需求预测；根据时间长短不同可以分为长期预测、中期预测、短期预测；根据预测方法不同，可以分为定性预测和定量预测。

尽管分类不同，但作为预测它们都有共同的特征，可以归结为以下几个方面。

1. 假定预测对象所在的系统在过去和将来都按照相同的规律进行，也就是说在历史中包含了事物未来发展的趋势。

2. 预测不可能绝对精确，实际结果往往而且在大多数情况下与预测值不同，也就是说预测存在偏差。

3. 预测的准确性随着预测时间的增加而降低，因为对于短期预测而言，不确定因素比长期预测要少，预测结果也就相对准确。

对不同类别下的预测方法进行分析构成了本章的主要内容，在下面还要对各个部分进行更深入的分析。

三、生产预测工作程序

生产预测是通过一定的程序实现的,在人们长期的实践中,总结出了一套具有共性的预测程序,这套程序总结了预测从开始到监控以及应用的各个环节。在实践中,这些环节往往通过计算机系统来实现,这里为读者提供这些程序,以供预测实施中作为参考。

1. 确定预测的目的,明确预测的用途。

预测目的的确定决定了采用什么预测方法,是预测的第一步,也决定了预测的详细程度、准确性和预测的费用。

预测方法只是工具,生产决策才是目的。因此,预测方法是为决策服务的,决策的内容决定了预测的方法,只有明确了预测的目的和决策的需求,才能确定具体的预测目标。比如,预测的目的是需要知道产品销售的情况,那预测目标就是对销售量的情况进行考察,即定位对象是销售量。

2. 确定预测时间覆盖范围(时间跨度),明确究竟是长期预测、中期预测还是短期预测。

确定预测的时间跨度非常重要,针对不同的预测对象,应当选用不同的时间跨度,比如,对国民经济发展趋势的分析显然不能局限在 1、2 年的中短期分析,更要着眼于 5 ~ 10 年甚至 15 年的长期分析,要注重在较长时段上产业结构的发展变化情况。

3. 采集数据并加以分析,为下一步的预测做好准备。

资料是进行预测的依据,根据预测目标的不同,收集预测需要的各种资料,包括预测对象本身发展的历史资料和统计数据,对预测对象发展有影响的各种因素。

在收集资料的同时,还要注意对数据资料进行必要的背景性分析,如数据资料的可靠性、可用性的分析,保证可靠的数据来源、可靠的数据资料内容和"稳健"的数据资料。

选择预测中选用的方法和数学模型,这是预测的关键所在,也直接影响了预测的结果。

要根据数据的结构特征和经济数据的特点,确定经济预测的模型和方法,必要时对不同类型的数据要采用不同的方法。

4. 计算预测的结果并且对结果进行分析。

在对实际的数据进行参数估计、预测计算和比较预测的基础上,得到经济预测的结果,并且对结果进行必要和有用的分析。

在生产计划和实践中应用预测的结果,并对预测进行监控和观察,如果预测的结果无法满足实际的要求,要考虑重新选用其他的预测方法或者数据,即所谓的动态调整。而且随着经济的发展,经济数据也会发生变化,这也要求对预测的结果进行动态的调整。

第二节　生产预测管理规范化制度

□　调查相关资料

第一条　调查每天作业量、生产进度的迟缓时间,分析工程上的资料,整理成适合统计管理要求的基础性资料。

第二条　每天作业量实绩调查,根据作业传票掌握每天各级的作业量,调查作业的进度。

第三条　为了管理作业成绩,需要每月计算与劳动时间相对应的作业实绩,通报各有关部门。

□　每天对半成品进行调查

第四条　每天调查作业过程中的半成品,并把控制半成品、掌握进度、对迟缓采取的对策等的资料合在一起,作为半成品余额报告的原始资料。

□　制作成本资料

第五条　每月 20 日之前,需要制作以下成本计算资料。

1.《综合半成品余额报告书》是关于半成品的评价报告,要以下列资料来制作《半成品余额报告书》。

(1)《工程管理表》。

(2)《半成品余额调查表》。

2.《零件进出余额月报》是关于材料、零件的报告,《进出余额表》要按以下资料制作。

(1)《材料进出卡》。

(2)《现货卡》。

3.《其余材料进出余额报告》是关于月内使用的其他材料的报告,要按以下资料制成《进出余额报告书》。

(1)《其余材料进出表》。

(2)《现货卡》。

□　对生产活动进行各种统计

第六条　对生产进行统计有固定格式,包括以下几种类型。

1. 资产量统计。

2. 不良产品统计。

3. 作业实绩统计。

4. 有关材料统计。

5. 外购材料统计。

6. 半成品余额统计。

7. 生产延期统计。

8. 有关生产的其他统计。

第三节　生产预测管理实用表单

一、经济生产量分析表

经济生产量分析表如表 3 - 1 所示。

表 3 - 1　经济生产量分析表

产品名称	前三月销量(台)	去年同期销量(台/月)	估计每日生产量(台/日)	换线损失产量(台)	经济产量(台)	生产日数(天)	备注

二、生产数量统计表

生产数量统计表如表 3 - 2 所示。

表 3 - 2　生产数量统计表

订单号码：

产品名称：　　　　　　　　　　数量：

日期 ＼ 单位	工时	产量	累计	工时	产量	累计	工时	产量	累计	工时	产量	累计	工时	产量	累计	工时	产量	累计
合计																		
效率																		

三、产品生产量计算表

产品生产量计算表如表 3 – 3 所示。

表 3 – 3　产品生产量计算表

产品名称	前三月销量	去年销量	估计每月销量	估计每日生产量	换线损失产量	产量	生产日数	销售日数	备注
单位	台	台	台/日	台/日	台/日	台	天	天	
计算式	(1)	(2)	(3)	(4)	天生产量 (5)	(6)	(7) (6)÷(4)	(8) (6)÷(3)	

四、工作量汇总表

工作量汇总表如表 3 - 4 所示。

表 3 - 4　工作量汇总表

项次	作业名称	同时作业人数	作业类型		发生频率		每次处理时间		每日工作量	安排人力	努力程度	偶然事件无法处理次数	备注
	产品名称					部门名称							
			固定	偶然	平均	最高	平均	标准					

五、作业量分析表

作业量分析表如表 3 – 5 所示。

表 3 – 5　作业量分析表

作业名称：

作业时间：每次小时

编号	作业单元名称	需同时处理人数	作业频率		发生频率	发生方式说明	每次处理时间		每日工作量	突发处理次数
			固定	突发			平均	最长		

六、工作效率分析表

工作效率分析表如表 3-6 所示。

表3-6　工作效率分析表

作业名称	负责部门	实　际　工　时　记　录																			标准工时	效率	工作期间	
																							起	止

第四节 生产预测管理规范化细节执行标准

一、生产定性预测工作方法

现在广泛使用的定性预测方法主要有 4 种,下面分别进行分析。

（一）部门主管集体讨论法

部门主管集体讨论法,又称为高层主管集体讨论法,把高层主管召集在一起进行讨论,将主管的看法与统计模型相结合,形成对需求的集体预测。这种预测方法特别适用于新产品的研制、开发和企业发展的中长期预测,优点在于结合了有实际经验的主管的意见,避免了个人主观臆断对企业造成的损失。但是,由于责任不明确,大家在讨论中都是不承担责任的,这也影响了预测的实施。

（二）销售人员意见征集法

每个销售人员对他所在地区的销售额做出自己的估计。企业的预测部门首先对这些意见汇集起来进行检查,确保真实性,然后将各地区预测相汇集形成企业需求的总预测。这种方法的主要缺点是:一方面,由于销售人员受短期和局部状况的影响,做出的判断往往具有主观色彩,影响预测的客观性;另一方面,企业将销售业绩作为评价销售人员的标准,因此销售人员为了超额完成任务往往会低估预测值,预测部门在进行预测时也应当予以充分的重视。

（三）德尔菲法

德尔菲法是 20 世纪 40 年代由 O·赫尔姆和 N·达尔克首创,经过 T·J·戈尔登和兰德公司进一步发展而成的。德尔菲这一名称起源于古希腊有关太阳神阿波罗的神话。传说中阿波罗具有预见未来的能力,因此这种预测方法被命名为德尔菲法。1946 年,兰德公司首次将这种方法用来进行预测,后来该方法被迅速广泛采用。

德尔菲法依据系统的程序,采用匿名发表意见的方式,即专家之间不得互相讨论,不发生横向联系,只能与调查人员发生关系。通过多轮次调查专家对问卷所提问题的看法,经过反复征询、归纳、修改,最后汇总成专家基本一致的看法,作为预测的结果。这种方法具有广泛的代表性,较为可靠。德尔菲法同常见的召集专家开会,通过集体讨论,得出一致预测意见的专家会议法既有联系又有区别。德尔菲法能发挥专家会议法的优点有如下几点。

（1）能充分发挥各位专家的作用,集思广益,准确性高。

（2）能把各位专家意见的分歧点表达出来,取各家之长,避各家之短,同时,德尔菲法又能避免专家会议法的缺点。

（3）能避免权威人士的意见影响他人的意见。

（4）能避免有些专家碍于情面,不愿意发表与其他人不同的意见。

（5）能避免出于自尊心而不愿意修改自己原来不全面的意见的做法。

德尔菲法的主要缺点是过程比较复杂，花费时间较长。

德尔菲法的具体实施步骤如下。

（1）组成专家小组。按照课题所需要的知识范围，确定专家。专家人数的多少，可根据预测课题的大小和涉及面的宽窄而定，一般不超过20人。

（2）向所有专家提出所要预测的问题及有关要求，并附上有关这个问题的所有背景材料，同时请专家提出还需要什么材料。然后，由专家做出书面答复。

（3）各个专家根据他们所收到的材料，提出自己的预测意见，并说明自己是怎样利用这些材料并提出预测值的。

（4）将各位专家第一次判断意见汇总，列成图表，进行对比，再分发给各位专家，让专家比较自己同他人意见的不同，修改自己的意见和判断。也可以把各位专家的意见加以整理，或请身份更高的其他专家加以评论，然后把这些意见再分送给各位专家，以便他们参考后修改自己的意见。

（5）将所有专家的修改意见收集起来，汇总后再次分发给各位专家，以便做第二次修改。逐轮收集意见并为专家反馈信息，是德尔菲法的主要环节。收集意见和信息反馈一般要经过三四轮。在向专家进行反馈时，只给出各种意见，但并不说明发表各种意见的专家的具体姓名。这一过程重复进行，直到每一位专家都不再改变自己的意见为止。

（6）对专家的意见进行综合处理。

（四）消费者市场调查法

消费者市场调查法通过电话采访、信件咨询、入户访问等多种形式，调查消费者或潜在消费者的购买计划。对采集的信息进行综合处理，得出对市场需求的预测。由于这些信息来自于消费者，直接反映了市场需求的状况，有利于根据消费者的要求，改善服务或对产品的功能进行改进。但是，由于这种方法需要的调查人员比较多，调查时间比较长，不适于经常采用。

二、时间序列预测分析方法

时间序列预测分析方法是定量分析中最普遍应用的方法，在实际数据的时间序列中，展示了所研究的经济对象在一定时期内的发展变化过程，时间序列分析就是在这些序列数据中寻找经济事物的变化特征、趋势和发展规律的信息预测。

时间序列是一系列均匀分布（每周、每月、每季等）的数据点。例如企业每天生产的数量、商店每天销售的数量等。以时间序列数据来做预测的基础是"历史包含一切"，将整个预测建立在历史数据的基础上，而忽略了其他因素的影响。

分析时间序列时首先将过去数据根据影响因素的区别分为几部分，然后将这种影响进行外推。一般的，将时间序列的变化归结为4个方面：趋势变化、季节性波动、周期性波动和随机波动。

趋势变化是数据在过去一段时间内的整体变动情况，是时间序列按照一定固定的趋势发展变化的过程，表示了变化的总方向。

季节性波动是指由于季节性原因对销售造成的影响，如夏天雨伞销售量增加而冬天减少。由于这种数据自身经过一定周期的天数、周数、月数或季数,也就是有季节性的不断重复。

　　周期性波动是指数据每隔几年重复发生的时间序列形式,这里的周期比季节性周期的跨度长。它们一般与经济周期有关,并将长周期分析同短期的经营结合起来。

　　波动是一些偶然和不确定性因素引起的波动。随机波动没有统一的数学形式进行表示。随机变动又可以分为突发性变动和随机变动。突发性变动是指由于战争、自然灾害或者其他偶然性因素引起的意外事件,对于这些数据需要进行另外的处理,比如稳健化处理。随机变动是大量的随机因素产生的宏观上的影响,它构成了预测分析的误差部分。

　　对于时间序列在经济预测中的 4 个因素进行合成,形成了两种描述方法,即统计学上的两种一般形式。使用最广泛的是一种乘法模型,即假定需求是 4 个成分的乘积:

　　需求 = 趋势变化 × 季节变性波动 × 周期变性波动 × 随机波动

　　另一形式是这 4 个成分相加得到需求总的变动情况:

　　需求的变动 = 趋势变化 + 季节性波动 + 周期性波动 + 随机波动

　　几种预测方法介绍如下。

　　在大多数实际模型中,由于随机波动的数学期望值为零,所以预测者都假定随机波动经过平均后可不考虑其影响。他们主要注意季节、趋势和周期波动相结合的成分。

　　1. 简单预测法

　　简单预测法是最简单的一种时间序列分析方法,顾名思义,简单即简洁的意思。它假定下一期需求与最近一期需求相同,用本期的需求预测下一期的需求。例如,某公司 10 月份的销售量是 100 台,我们可以预测 11 月销售量仍然是 100 台。

　　或许你会觉得这种方法太简单了,以至于你会怀疑它的准确性。实践证明,对某些产品的生产而言,简单预测法是效益费用比(一种衡量预测方法效用的比率,它是预测带来的效益与预测过程所花费的费用的比率)最高的预测模型。而且正因为它简单,而成为其他时间序列分析方法的出发点。

　　2. 简单移动平均法

　　简单移动平均法(Moving Averages)是通过用一组最近的实际数据值来求算术平均值进行预测,以一组观察序列的平均值作为下一期的预测值。如果市场需求在不同时期能够保持相当平稳的趋势,移动平均法是非常有效的。一个 4 个月的移动平均法即过去 4 个月的需求简单加总并除以 4。每过 1 个月,将前 3 个月数据加上最近 1 个月数据并去掉最早那 1 个月的数据。这种方法最大的优点就在于熨平了短期数据波动,使数据短期不规则波动变得更加平滑。

　　数学上这种简单移动平均数的计算公式是:

$$MA_{t+1} = (A_{t-n+1} + A_{t-n+2} + \cdots + A_t)/n \quad (t \geq n)$$

　　式中,MA_{t+1}——预测值;

　　　　　n——移动平均值的期数,例如,4 表示 4 个单位期间的移动平均值。

　　下面举例说明如何计算移动平均值:在过去的 6 个月中,某公司的销售情况见表 3 - 7,取移动平均的期数为 3($n = 3$),分别计算预测值。

表3-7　时间序列预测分析方法

月　份	销售数量(万元)	预　测　值(万元)
1	20	—
2	22	—
3	25	—
4	21	22.33
5	23	22.67
6	22	23

解:已知 $n = 3$,则4月份预测值是1~3月份的平均数:

$$MA_4 = (20 + 22 + 25)/3 = 22.33$$

同理可以得到5、6月份的预测值分别为22.67和23。

简单移动平均数的预测结果与 n 有密切的关系, n 越大,对其他因素干扰的敏感性会越低。

3. 加权移动平均法

预测中有一种明显的现象,远期的数据对下一期的数据影响比较小,而近期尤其是上一期的数据的影响最大,通过对不同时期的数据赋予不同的权数,表示它对预测值的影响程度,因此更接近当前的数据被加以更大权数。权数的选择带有一定主观性,因为没有权数选择的既定公式。因此,决定用什么权数需要有些经验和运气。如果最近一个月或一期权数过高,预测可能会过于灵敏地反映较大的异常波动。

加权移动平均法的数学表达式是:

加权移动平均数 = (第 n 期权数) × (第 n 期需求)/权数

表3-8表明了加权平均数的计算方法,对第1、2、3个数值分别赋予权数1、2、3。

表3-8　加权移动平均数法

月　份	销售数量(万元)	3个月的加权移动平均数
1	25	#
2	27	#
3	24	#
4	26	$(25 + 2 \times 27 + 3 \times 24)/6 = 25.17$
5	23	$(27 + 2 \times 24 + 3 \times 26)/6 = 25.5$
6	26	$(24 + 2 \times 26 + 3 \times 23)/6 = 24.17$
7	25	$(26 + 2 \times 23 + 3 \times 26)/6 = 25$
8	26	$(23 + 2 \times 26 + 3 \times 25)/6 = 25$

简单移动平均法和加权移动平均法在为使预测保持稳定而"平衡"掉需求的突然波动方面是有效的。但移动平均法有3个问题:第一,加大 n 数(平均法的期数)会使平滑波动效果更好,但会使预测值对数据实际变动更不敏感,降低预测的有效性。第二,简单移动平均值或加权移动平均值不能总是很好地反映出趋势。由于是平均值,预测值总是停留在过去的水平上,而无法预计会导致将来更高或更低水平的波动。移动平均法要有大量过去数据的记录。由于有一定期数的要求,小样本数据往往无法做出移动平均计算或者计算不具有代表性。第三,移动平均法具有滞后性。

4. 简单指数平滑法

简单指数平滑法是一种加权平均的方法,是在加权平均法的基础上形成的,也是对加权平均法的一种改进,可以理解为一种以时间定权的加权平均方法。

简单指数平滑法的数学表达式是:

新的预测＝上期预测＋(上期实际需求－上期预测值),计算公式是:

$$F_t = F_{t-1} + x(A_{t-1} - F_{t-1})$$

也可以表示为:

$$F_t = xA_{t-1} + (1-x)F_{t-1}$$

式中,x——平滑系数(实际中平滑系数的范围一般是 $0.05 \sim 0.5$);

　　F_t——下期预测值;

　　F_{t-1}——当期预测值;

　　A_{t-1}——当期实际值。

平滑指数越小,预测的平稳性越好,平滑指数越大,预测的实际值的变化越敏感。下面举例来说明。某公司今年各个月的实际销售情况见表 3-9。

表 3-9　实际销售情况

月 份	实际销售额	$x = 0.1$		$x = 0.5$	
		预测值	预测误差	预测值	预测误差
1	22				
2	21	22	-1	22	-1
3	23	21.9	1.1	21.5	1.5
4	24	22	2	22.25	1.75
5	22	22.2	-0.2	23.13	-1.13
6	25	22.18	2.82	22.56	2.44
7	25	22.46	2.54	23.78	1.22
8	23	22.71	0.29	24.39	-1.39
9	21	22.74	-1.74	24.69	-3.69
10	22	22.61	-0.61	22.92	-0.92
11		22.55		22.46	

指数平滑法便于使用,而且在企业各种不同的经营活动中都已经得到了广泛应用。平滑系数的取值是否合适会影响到预测的精确度。选取指数平滑系数值的目的是为了获得准确的预测。一个预测模型的总精确程度,可经由过去各期的预测值与实际需求的比较来得到。

确定平滑系数时应该注意这样几点:第一,如果预测误差由某些随机因素造成,预测目标的时间序列虽然有不规则的起伏波动,但是基本发展趋势比较稳定,这时的平滑系数应当小一些,以减少修正的幅度,使预测模型包含比较长时间序列的信息。第二,如果预测目标的基本趋势已经发生了系统性的变化,预测误差是由于系统变化造成的,则平滑系数的值应当大一些,这样可以根据当前的预测误差对原预测模型进行大幅度的修正,使得模型迅速与预测目标的变化相吻合。第三,如果原始资料不足,初始值选取比较随便,平滑系数的值也应当大一些,这样使模型加重对以后逐步得到的近期资料的依赖,以提高模型的适应能力。第四,如果描述时间序列的预测模型只是在某一段时间内能够比较好地表达这个时间序列,则应当选取比较大的平滑系数,以减少对早期资料的依赖。

实际应用中,大多采用计算机计算,大多数计算机预测软件都能自动找出具有最小预测误差的平滑系数。有些软件在预测误差超出可接受范围时能够自动进行调整。

5. 趋势调整指数平滑法

如同任意一种移动平均法一样,简单指数平滑法也无法反映趋势。为说明一种更复杂的指数平滑模型,我们来考虑经趋势调整的指数平滑法。这种方法是用前面讨论过的方法做出简单指数平滑预测,然后用正的或负的趋势滞后值进行调整。其数学表达式是:

$$趋势预测 = 新预测 + 趋势校正$$

为了平滑出趋势,趋势校正方程与简单指数平滑法类似,利用平滑系数。计算公式是:

$$T_t = (1 - x) T_{t-1} + x (F_t - F_{t-1})$$

式中,T——第 t 期经过平滑的趋势;

T_{t-1}——第 t 期上期经过平滑的趋势;

x——选择的趋势平滑系数;

F_t——第 t 期简单指数平滑预测;

F_{t-1}——对第 t 期上期简单指数平滑预测。

简单指数平滑也常称作一阶平滑,趋势调整平滑也称作二阶平滑,或二次平滑。此外,其他一些更高级的指数平滑模型也得到实际运用,包括季节调整及三次平滑法等。

三、生产预测监控实施标准

预测的完成并不意味着结束,预测的结果可能与实际运行的结果完全不同,如果偏差过大,预测的实际意义就大打折扣。为了保证预测能够实现,而且对于偏差能够进行修正,所以企业管理者重视的不仅在于预测的结果或其正确性,更重要的在于了解实际需求为什么同预测需求会产生差异,以及这种差异产生的原因是什么,这时就需要对预测进行有效的监控。

监控预测以使预测结果准确是进行监控的主要目的,目前经常采用的一种方法就是运用跟踪信号的手段来衡量预测的准确程度。在每个时期或阶段的经济数据进行更新时,与预测的数据进行比较并且得出实际数据与预测数据之间的差异。

跟踪信号由游动预测误差综合值除以平均绝对误差得到。

正的跟踪信号表明实际需求大于预测值,负的则表明实际需求小于预测值。一个令人满意的跟踪信号应该具有比较小的游动预测误差。小的误差是可以接受的,只要正的和负的误差进行抵消就可以了。

要将跟踪信号与预定的控制界限比较,控制界限规定了预测准确性的范围。若超过上下控制限,说明预测方法存在问题,管理预测人员应当采用新的预测方法或者对原有的预测方法进行调整。

控制界限并不是一个一成不变的东西,应当根据实际的情况加以确定。控制界限不能太窄,以至于任何误差都会超出这样的控制界限;反之也不能太宽,否则预测的精确度会受到影响。根据专家的建议,小批量的存货跟踪信号值应当在 $-8 \sim +8$ 之间变动,而大批量的存货应当控制在 $-4 \sim +4$ 之间。

第二部分

缔造完美的生产流程

第4章 未雨绸缪,居安思危
——生产计划管理

第一节 生产计划的管理工作要点

一、生产计划的制订目的

1. 生产计划是关于生产系统总体方面的计划。生产计划是在计划期内应达到的产品品种、质量、产量和产值等生产方面的指标,并在时间上对产品出产进度做出安排。它是指导计划期内生产活动的纲领性方案。

2. 生产计划是生产制造企业经营计划的重要组成部分,是对生产任务做出的统筹安排,是生产制造企业组织生产运作活动的基础。制订生产计划是生产与运作管理的一项基本任务,它是根据国家和市场的需求以及企业的技术、设备、人力、物资、动力等资源能力条件,合理地安排计划期内应当生产的品种、产量和出产进度,充分地满足社会和用户的需要。

3. 生产计划是生产管理工作的重要内容,是实现有效控制的前提。生产计划又是根据生产制造的利润目标和产品销售目标的要求,对生产要素进行有效配置的基本手段。科学地编制和有效地执行生产部门的生产计划,是提高计划工作效果的关键所在。

二、生产计划的分类

从系统的观点来看,生产计划是一个有机结合的系统,生产企业可以从时限上把生产计划分成长期计划、中期计划和短期计划3种类型。

(一)长期生产计划

长期生产计划是由决策部门制订的具有决定性意义的战略性规划。它是根据企业经营发展战略的要求,对有关产品发展方向、生产发展规模、技术发展水平、生产能力水平、新设施的建造和生产组织结构的改革等方面所做出的规划与决策。长期生产计划计划期一般为3~5年。

(二)中期生产计划

通常情况下的年度生产计划就是企业的中期生产计划,是生产企业中层管理部门制订的计划。它是根据企业的经营目标、利润计划、销售计划的要求,确定现有条件下在计划年度内实现的生产目标,如品种、产量、质量、产值、利润、交货期等。大致可分为生产计划、总体能力计划和产品出产进度计划几个部分进行管理。中期生产计划期一般为 1~3 年。

（三）短期生产计划

短期生产计划是年度生产计划的继续和具体化，是由执行部门制订的作业计划。它具体确定日常生产运作活动的内容，包括主生产计划、物料需求计划、能力需求计划和生产作业计划等。短期生产计划计划期一般为 1 年以内。

三、生产计划的主要衡量指标

（一）生产计划是指未来生产活动的安排

包括产品产量计划、产值计划、产品生产进度计划以及生产协作计划等。从性质上可将生产计划分为年度计划和生产作业计划。年度计划是整个企业全年的成品生产计划。生产作业计划是落实性计划，它是对年度计划的具体化，其目的是将整个企业的计划落实到车间、工段、班组、个人。

（二）生产计划的主要衡量指标

包括产品产量指标、产值指标、品种指标、质量指标。这些指标各有不同的内容和作用，并从不同的侧面来反映对生产的要求。

1. 产量指标

在计划期内生产的符合质量标准的工业产品数量。产量指标一般以实物单位计量，例如，汽车以"辆"表示、机床以"台"表示、轴承以"套"表示等。有些产品若仅用一种实物单位计量并不能充分表明其使用价值的大小，因而用复式单位计量，例如，电动机用"台/千瓦"表示。

2. 产值指标

用货币表示的产量指标。为了进行商品交换、实行企业经济核算以及综合地反映企业生产的总成果，有必要采用货币形式来表示产品产量。由于产值指标包括的具体内容及作用不同，产值指标分为产品产值、总产值及净产值 3 种。

3. 品种指标

在计划期内生产的产品品名和品种数。品种指标不仅反映了在产品品种方面满足市场需要的程度，也反映了生产制造企业的生产技术水平和管理水平。

4. 质量指标

生产部门在计划期内提高产品质量应达到的指标。常用的综合性质量指标是产品品级指标，如合格品率、一等品率、优质品率等。

四、生产计划管理的工作内容

生产计划管理是指确定和实现生产目标所需要的各项业务工作，其中包括市场预测、生产能力测算、具体编制计划、贯彻执行计划和检查调整计划等内容，按其实施步骤主要有以下内容。

（一）准备编制生产计划

编制计划准备工作的内容是预测计划期的市场需求，核算自身的生产能力，为确定生产计划提供外部需要和内部可能的依据。这就需要确定市场对产品的需要，预测外部的环境条件，分析内部的生产条件，对各种资料和信息进行汇总、整理和综合分析。

（二）确定生产计划指标

必须根据满足市场需要、充分利用各种资源和提高经济效益的原则，综合、平衡地确定和优化生产计划指标。

生产决策所需要的计划指标主要反映在以下几个方面。

1. 产品品种指标

产品品种指标是指在一定时期内规定生产产品的名称、型号、规格和种类。它不仅反映了满足社会需求的能力，还反映了企业的专业化水平、生产管理水平。产品品种的确定在生产计划中占有十分重要的位置，处于首要地位。

2. 产品产量指标

在一定时期内生产的、符合产品质量要求的实物数量就是所谓的产品产量指标。它是以实物数量计算产品产量，反映生产的发展水平。它还是制订和检查产量完成情况、分析各种产品之间的比例关系并进行产品平衡分配、计算实物量生产指数的依据。

3. 产品质量指标

作为衡量生产制造企业经济状况和技术发展水平的重要标志之一，产品质量受若干个质量参数控制。对质量参数要求的统一规定就是质量技术标准。质量标准有国际标准、国家标准、部颁标准、企业标准、企业内部标准等几种形式。

产品质量指标包括两大类：一类是反映产品本身内在质量的指标，主要是产品平均技术性能、产品质量打分等；另一类是反映产品生产过程中工作质量的指标，如质量损失率、废品率、成品返修率等。

4. 产品产值指标

产品产值指标应包括以下 3 种。

（1）工业总产值。工业总产值是指在报告期内生产的工业产品总量的货币表现。它是反映一定时期内工业生产总规模和总水平的指标，是计算生产发展速度和主要比例关系及一些经济指标的依据。工业总产值包括成品价值，工业性作业价值，自制半成品和自制设备在产品期末、期初结存差额价值。价格根据不同需要可以采用可变价格或不变价格。

（2）工业商品产值。工业商品产值是在一定时期内生产的预定发售出的工业产品的总价值，是可以得到的货币收入。将商品产值和生产制造的销售实际收入相比较，可显示出生产与市场需求的契合程度。两者差距越小，则说明生产越符合市场需求。商品产值包括，利用自备材料生产成品价值、利用订货者的来料生产成品的加工价值、完成承接外单位的工业性作业的价值等。

（3）工业增加值。工业增加值是在报告期内以货币表现的工业生产活动的最终成果。工业增加值以社会最终成果作为计算的依据，而工业总产值是以企业的最终成果作为计算的依据。以社会范围确定最终成果，不包括生产企业之间、部门之间相互消耗产品的转移价值。工业增加值的价值构成是新创造的价值加固定资产折旧。

（三）计算核定的生产能力，安排好生产进度

确定生产任务，妥善安排商品出产进度计划。既要从时间上保证生产指标的实现，

保证产销的衔接,又要能保证生产秩序和工作秩序的稳定。

生产计划的制订一般先由计划部门提出初步指标方案,然后进行综合平衡,研究措施,解决矛盾,使社会需要与生产可能之间相互平衡,使得生产能力和资源都能得到充分的利用,从而确保生产制造企业获得良好的经济效益。

生产计划的综合平衡主要包括以下几个方面。

(1)生产任务与生产能力的平衡。测算企业设备、生产场地、生产面积对生产任务的保证程度。

(2)生产任务与劳动力的平衡。测算劳动力的工种、等级、数量、劳动生产率水平与生产任务的适应程度。

(3)生产任务与物资供应的平衡。测算原材料、燃料、动力、外协件、外购件及工具等的供应数量、质量、品种、规格、供应时间对生产任务的保证程度,以及生产任务同材料消耗水平的适应程度。

(4)生产任务与生产技术准备的平衡。测算设计、工艺、工艺装备、设备维修、技术措施等与生产任务的适应和衔接程度。

(5)生产任务与资金占用的平衡。

(四)正式编制生产计划

最终制订的生产计划安排必须包括以下几方面内容。

(1)编制生产计划的指导思想和主要依据。

(2)预计年度生产计划完成情况。

(3)计划年度产量、产值增长水平及生产进度安排。

(4)实现计划的有利条件和不利因素,存在的问题及解决措施。

(5)对各单位、各部门的要求。

生产计划管理的最终目的是通过一系列综合平衡工作,为生产系统的运行提供一个优化的生产计划。所谓优化的生产计划,必须具备以下 3 个特征。

(1)有利于充分利用销售机会,满足市场需求。

(2)有利于充分利用营利机会,并实现生产成本最低化。

(3)有利于充分利用生产资源,最大限度地减少生产资源的闲置和浪费。

五、市场预测的工作流程

1. 确定预测的目的与作用。
2. 根据不同的产品及其性质进行分类,并选择预测对象。
3. 确定影响产品需求的因素及其重要性。
4. 收集并分析相关资料。
5. 确定预测的时间跨度,并选择适当的预测方法与模型。
6. 计算并核实初步的预测结果。
7. 综合评定生产制造企业内部与外部的各种因素。
8. 综合分析预测结果,估计预测误差,并做出修正。
9. 将预测的结果运用到生产计划中。

10. 根据生产实际对预测进行监控评估。

第二节　生产计划管理规范化制度

一、生产计划标准模板

本部门坚持以市场为导向,加强生产与经营管理,做好计划管理和生产调度。在提高质量、增加品种、搞好节约、保证安全的前提下,努力开发适销对路的新产品。全部门总产值预计×~×月可达到××万元,为全年增产指标××万元的××%。

(一)指导思想

必须认真贯彻以经济建设为中心的指导思想,全面提高各阶段技术经济指标,努力增产短线产品,厉行节约,实现增产增收,力争达到一个没有水分的增长速度。

贯彻5个原则。

(1)贯彻总公司关于今年生产实际比上年增长的原则,全年总产值一定要达到计划或超过××万元。

(2)继续贯彻以质量求生存,生产提前不靠后的原则。

(3)贯彻设备开足、劳动力用足、生产能力不放空的原则。

(4)贯彻编制计划的严肃性、先进性并留有一定余地(超产幅度××%~××%)。

(5)贯彻计划综合平衡的原则。

(二) 要抓好4个方面的工作

(1)加强市场调查,狠抓产品质量和新产品开发,千方百计生产适销对路的产品。特别是×××要根据市场以销定产,防止库存积压。

(2)通过企业整顿,建立健全各项生产管理制度,把工作重心转移到提高经济效益上去;要反骄破满,认真找差距,各项技术经济指标要努力达到本公司最高水平;要克服消极畏难情绪和本位主义、分散主义的倾向;加强车间之间、科室之间的协调;不断提高质量,降低成本,增加收入。

(3)切实抓好原材料和能源的供应与节约,确保生产稳定增长,根据目前部分原材料供应紧张的情况,必须千方百计、保质保量地供应原材料、辅助材料,搞好能源使用和节约等工作。

(4)搞好安全生产,做好×××等防护工作。安排好××人员的宿舍,搞好饮料食品的供应和食堂卫生等工作。针对本季度×××的实际情况,采取可行的方法,预防事故发生,确保安全生产。

(三) 各车间生产安排(略)

××公司生产部
×年×月×日

二、生产计划管理制度

第一条　计划部制订计划时，要考虑生产状态，以过去数年中的实绩作为标准，制订年度计划预定表，并把此表送交营业部。

第二条　计划部每月前要制订出月度计划表交送营业部。

第三条　营业部要通过各车间送来的计划预定表了解市场情况，制订出下个月乃至下下个月的生产进度表返交各车间。

第四条　车间要根据营业部下达的生产进度表，计算自己当月的生产预定量，并把此表上交营业部。

第五条　在车间的最后一道工序，要汇总每天的生产数量，然后入库，并在最后工序的入库账上进行登记，根据入库量计数，算出与进度计划相对照的超过或不足数量，再以此数据记入生产日报，送交营业部。

第六条　计划部要根据超过或不足数量，计算次日的机器使用情况。如要对原先的计划做出变更，需得到主管处长及生产总监的同意，并通知运输、工程及试验部门，采取恰当的措施。也就是说，根据制造进度表，决定制造预定计划后，制造部门要计算出各部门每天必须生产制造的数量，对各部门实施中出现的超过或不足计划数值的情况，要通知承担任务的部长采取恰当措施。此外，对各部门每天的在制品要进行试验性检查，以保证产品的质量。在最后一道工序，要进行产品质量的各项检查，确定产品的质量等级。

第七条　每月中旬要对当月的在制品进行盘存。在系统地调查当月生产状况的同时，要算出生产效率、实绩与计划的差异，而后制订作业方针。

第八条　如果发生事故而减少生产，造成预定产量的不足，此不足须填入营业部的有关图表中。同时，营业部要根据市场行情，把可以推到第二个月的生产任务移至第二个月。

第九条　产品若可能延期，则要考虑其损失的大小以及其他替代产品的选择问题。

第十条　计划部在对要求试验的产品和部门进行调度时，要考虑营业部提出的有关数量、成本等方面的要求。

第十一条　营业部要考虑计划科的要求，在半月或一月前向计划部提交生产进度表。

第十二条　根据计划部长的指示，计划科要以工程主任及调查处联合会议上提出的希望条件为标准，根据实际情况，决定哪些机器开动，哪些机器暂停，然后算出这一时间段内预估的产量。

三、一般计划工作模板

第一条　确定制造期限。

企划部要经常备有《标准完工工程表》《制造作业能力表》等表格，在考虑预定的加工传票及订货传票有关工程结束期限要求和物资进货日期的基础上，确定结束设计及结束工程的时间,并把这个期限记入《制造指令》中。

第二条　制订每月制造实施计划。

企划部要每月召开一次制造加工有关处室的联合会议,以季度制造预算为基准,考虑营销部的要求,制订目标与预算。

采购物资按照本季度中不同品种产品加工制造所需而进行,具体分解到月。

接受订货按照本季度实有时间(全部工作时间减去未完成订货任务必须占用的时间)安排,具体分解到月。

第三条　完成报告。

(1)在产品加工制造结束并作为成品入库后,应按规定办理相关手续,手续完成后,要立即填写《完成报告书》。

(2)企划部要每月汇总各车间的《完成报告书》,写成综合的《完成报告书》,并向有关的处室分发通报。

四、中间日程计划

□　中间日程计划

第一条　中间日程计划是以每月制造实行计划为基础的不同部门、不同零件的工程计划。它是日程管理的基准。

第二条　中间日程计划以《基准日程表》《能力调查表》《标准作业时间表》为基础制订。对偶发性事故要进行调查,并做出处理。

□　制订《基准日程表》

第三条　意义。

所谓基准日程,是指以标准作业方法和正常工作强度进行操作,而完成某一项工程所需的时间。在机械加工厂,由于加工工序很多,基准日程就表现为从一道工序到下一道工序,或从这一车间到下一车间的时间。

第四条　设定内容。

基准日程表因产品、型号、功率等不同,具体内容也有所不同。通常需要设定以下内容。

(1)制造过程所需开动的机器台数。

(2)材料的下料时间。

(3)主要工程的开始与完成时间。

(4)试验的时间。

(5)完成与入库的时间。

□　制作《能力调查表》

第五条　《能力调查表》主要为了解劳动力的情况而制作。通过调查不同职业工种、不同工程部门保有的劳动力,算出根据生产计划所需要的劳动力,进而算出劳动力的供需状况,并据此编制中间日程,进行人员配置。

□　制定《标准作业时间表》

第六条　《标准作业时间表》规定了不同零件、不同作业的标准作业时间,它以所需劳动力计算为基础。

□　制定《每月实行计划表》

第七条　每月实行计划要以在生产制造部门联合会议上所定的制造计划为基础,制订《每月制造预定表》后,要向各有关部门下达。

□　确定期限

第八条　确定作业日程。

中间日程计划的期限根据进度表而定。进度表根据《基准日程表》、《能力调查表》而制订。工程期限要向材料、零件、焊接、组装等各作业部门下达。

第九条　确定订货日程。

按照《能力调查表》,制作订货卡片,按卡片所填的日程执行。

五、生产分配制度

第一条　确定材料零部件的数量。

1. 仓库常备物资、零部件的数量。

仓库常备物资、零部件要根据下面的资料确定所需的数量。

(1)《每月实行计划表》。

(2)《库存余额表》。

(3)其他。

2. 半成品生产所需物资。

第二条　半成品生产所需物资按照以下资料确定所需数量。

(1)《半成品余额表》。

(2)《每月实行计划表》。

(3)《库存余额表》。

(4)其他。

第三条　管理零部件半成品。

零部件半成品的管理按零部件半成品管理规定办理。对自制零部件的订货,需认真填制以下表单。

(1)《订货分配表》。自己制造的半成品零部件,要以《每月实行计划表》、每月现货库存余额、半成品、订货余额的调查为基础,制订《订货分配表》,并以此确定每月的订货数量。

(2)《订货时间基准表》。规定各种零部件的订货时间必须先于工程进行时间的一种标准。由于从订货到进货有一个间隔时间,不能临时订,马上用;但如果订货时间太早,又会占用仓库面积、占用资金。《订货时间基准表》是为了解决这个矛盾而制订的。

（3）订货单。在生产半成品零部件时，要根据《订货分配表》及《订货时间基准表》，决定订货数量以及到货日期，并把需注明的事项记入所定的订货单中，做好订货安排。

第四条　发出传票。

（1）轮班作业时，要根据各班的特点，发出相应的作业传票。

（2）对综合管理作业发出传票。

（3）综合管理作业要在《综合管理表》上记入每天作业的实绩，在截止时间发出不同级别、不同工程的作业传票。

第三节　生产计划管理实用表单

一、工业产值与产量年度计划表

工业产值与产量年度计划表如表4－1所示。

表4－1　工业产值与产量年度计划表

序号	项　　目		单位	单价（元）	2007年预计	2008年计划	2008年各季度分配				2008年计划为2007年预计的%
							一季度	二季度	三季度	四季度	
1	总产值（按不变价格计算）		万元								
2	商品产值（按现行价格计算）		万元								
3	主要产品产量	甲产品	台								
		乙产品	台								
		丙产品	台								
4	机床维修备件		件								
5	工业性作业		万元								
6	自制设备		台								
7	新产品试制		台								
8	工业净产值		万元								

二、生产计划安排表（一）

生产计划安排表（一）如表4-2所示。

表4-2 生产计划安排表（一）

编 号：　　　　　　　　　　　　　　　　　　　　　　　　　　　　　　　月 份：

生产单位	生产项目	生产数量	预计日程		人力	预计产值	原料成本	物料成本	人工成本	制造费用	制造成本	毛利
			起	止								

总经理：　　　　　　　　厂 长：　　　　　　　审 核：　　　　　　　拟 定：

三、生产计划安排表（二）

生产计划安排表（二）如表4-3所示。

表4-3 生产计划安排表（二）

编 号：　　　　　　　　　　　　　　　　　　　　　　　　　　　　　　　月 份：

部门	生产项目	生产数量	起止日期		人力需求	阶段一		阶段二		阶段三		备注
			自	至		人力	起止日期	人力	起止日期	人力	起止日期	

四、车间生产计划安排表

车间生产计划安排表如表 4-4 所示。

表 4-4　车间生产计划安排表

编　号：　　　　　　　　　　　　　　　　　　　　　　　　　　　　　　　月　份：

产品名称	部　门									备　注
	生产数量	人力	起止日期	人力	起止日期	人力	起止日期	人力	起止日期	

五、产销状况预测表

产销状况预测表如表 4-5 所示。

表 4-5　产销状况预测表

编　号：　　　　　　　　　　　　　　　　　　　　　　　　　　　　　　　日　期：

客户名称	产品种类	月预计				月预计				月预计				月预计			
		期初	期末	生产量	交货量	期初	期末	生产量	交货量	期初	期末	生产量	交货量	期初	期末	生产量	交货量

六、产销计划表

产销计划表如表 4 -6 所示。

表 4 -6 产销计划表

产品名称											
规格及售价											
产销计划	说明	数量	金额	数量	金额	数量	金额	数量	金额	数量	金额
	每月										
	旺季每月										
	淡季每月										
	设计产量										
	每年										
	旺季每月										
	淡季每月										
	设计产量										

七、产销计划拟定表

产销计划拟定表如表 4 -7 所示。

表 4 -7 产销计划拟定表

编 号：　　　　　　　　　　　　　　　　　　　　　　　　　　　　　　　　　月 份：

产品名称	单价	销售数量	销售金额	生产数量	生产金额	存货数量	存货金额	本月材料成本	本月人工费用	生产费用预计	销售费用预计	毛利

总经理_____　　副总经理_____　　审 核_____　　填 表_____

八、产销状况控制表

产销状况控制表如表4-8所示。

表4-8　产销状况控制表

起 日期	止 日期	客户 名称	产 量	需要 日期	生产负荷			预定 日程	生产 单位	更改 记录	生产 记录
					人数	工时	工作日数				

九、每日生产计划表

每日生产计划表如表4-9所示。

表4-9　每日生产计划表

部　门：　　　　　　　　　　　　　　　　　　　　　　　　日　期：

起止时间		产品编号	计　划	实　绩	差　异

十、每周生产计划表

每周生产计划表如表4－10所示。

表4－10　每周生产计划表

编　号：

往来客户			星期一		星期二		星期三		星期四		星期五	
一车间	客户编号												
	产品编号												
	品　名												
	颜　色												
	数量	预定											
		实绩											
二车间	客户编号												
	产品编号												
	品　名												
	颜　色												
	数量	预定											
		实绩											
三车间	客户编号												
	产品编号												
	品　名												
	颜　色												
	数量	预定											
		实绩											

十一、月度产销计划汇总表

月度产销计划汇总表如表4－11所示。

表4－11　月度产销计划汇总表

编号：　　　　　　　　　　　　　　　　　　　　　　　　类　别：

产品名称	本月销售预测	本月库存数量	本月生产数量	预计生产日数	开机台数	原料用量计划		

审　核：　　　　　　　　　　　　　　　　　　　　　　　拟　定：

十二、车间月度生产计划表

车间月度生产计划表如表4－12所示。

表4－12　车间月度生产计划表

编　号：　　　　　　　　　　　　　　　　　　　　　　　　　月　份：

零件名称	全月任务	项　目		工　作　日												
				1	2	3	4	5	6	7	8	9	10	11	12	13
A		出产	计划													
			实际													
		投入	计划													
			实际													
B		出产	计划													
			实际													
		投入	计划													
			实际													
C		出产	计划													
			实际													
		投入	计划													
			实际													

十三、工段月度生产计划表

工段月度生产计划表如表4－13所示。

表4－13　工段月度生产计划表

编　号：　　　　　　　　　　　　　　　　　　　　　　　　　月　份：

零件编号（或件名）	全月任务	分旬进度		
		上旬	中旬	下旬
A				
B				

十四、月度生产计划表

月度生产计划表如表 4 – 14 所示。

表 4 – 14 月度生产计划表

编　号：   月　份：

生产批号	产品名称	数量	金额	制造单位	制造日程		预交货日期	需要工时	估计成本			附加值	备注
					起	止			原料	物料	工资		

十五、季度生产计划表

季度生产计划表如表 4 – 15 所示。

表 4 – 15 季度生产计划表

产品名称	全年生产量	第一季度（1~3月）	第二季度（4~6月）	第三季度（7~9月）	第四季度（10~12月）

十六、年度生产计划表

年度生产计划表如表4－16所示。

表4－16　年度生产计划表

工　厂：　　　　　　　　　　　　　　　　　　　　　　　年正常工作小时：

机器名称：　　　　　　　　　　　　　　　　　　　　　　年最大工作小时：

品　名	每小时产量	年预产量	周预产量	周生产小时 （理想工作时间）	周生产小时×@ （预计工作时间） （@ ＝宽限率）

十七、战略生产计划表

战略生产计划表如表4－17所示。

表4－17　战略生产计划表

编　号：　　　　　　　　　　　　　　　　　　　　　　　日　期：

产品名称	类　别	单　价	月		月		月		月		月		月	
			数量	金额	数量	金额	数量	金额	数量	金额	数量	金额	数量	金额
合计产值														

十八、生产计划综合报表

生产计划综合报表如表 4 – 18 所示。

表 4 – 18　生产计划综合报表

编　号：　　　　　　　　　　　　　　　　　　　　　　　　　　生产期间：

产品名称	目前库存量	单价	库存价值	估计每日销量	可销售日数	经济产量	每日产量	需生产日数	预定生产日程							
									自	至	日数	产量	自	至	日数	产量
合计																

十九、各部门生产计划表

各部门生产计划表如表 4 – 19 所示。

表 4 – 19　各部门生产计划表

编　号：　　　　　　　　　　　　　　　　　　　　　　　　　　月　份：

产品名称	生产数量	人力	起止日期	人力	起止日期	人力	起止日期	人力	起止日期	人力	起止日期	人力	起止日期	备注

二十、年度生产预测表

年度生产预测表如表 4 - 20 所示。

表 4 - 20 年度生产预测表

车 间	机 器	产 品	预计生产量	预计售价	生产值	备 注

二十一、工作人员计划表

工作人员计划表如表 4 - 21 和表 4 - 22 所示。

表 4 - 21 直接人员工作人员计划表

单位或类别	年 月至 年 月				年 月至 年 月			
	人数	工时数	每人月薪	每月工资	人数	工时数	每人月薪	每月工资

表4－22　间接人员工作人员计划表

| 单　　位 | 1 | 2 | 3 | 4 |
	编制人员	编制人员	编制人员	编制人员

二十二、订单安排表

订单安排表如表4－23所示。

表4－23　订单安排表

编　号：　　　　　　　　　　　　　　　　　　　　　　　　　日　期：

| 序号 | 产品名称 | | 产品编号 | | 规　格 | | | | |
	订单编号	接单日期	规格式样及色泽说明	数　量	交货期	合并记录	制造批号	备　注

二十三、生产计划变更通知表

生产计划变更通知表如表4-24所示。

表4-24　生产计划变更通知表

部　门：　　　　　　　　　　　　　　　　　　　　　　　　　　　　　　　日　期：

工令号码	生产线别	原　计　划			变　更			备　注
		品　名	数　量	完成日期	品　名	数　量	完成日期	

第四节　生产计划管理规范化细节执行标准

一、生产作业计划标准的确定方法

生产作业计划标准又称期量标准,是对加工对象(产品、部件、零件等)在生产期限和生产数量上所规定的标准数据。它是编制生产作业计划的重要依据。作业计划标准又称期量标准期,是指时间,例如制造一件产品需要多长时间,相隔多长时间生产出一件产品。量,指数量,例如一次同时投入生产运作的制品数量、库存在制品的数量。

大量流水生产的期量标准有:节拍、流水线工作指示图、在制品定额等。

成批生产的期量标准有:批量、生产间隔期、生产周期、提前期、在制品定额等。

单件生产的期量标准有:产品生产周期、提前期等。

期量标准并不是一成不变的,它随着企业生产类型、产品品种和生产组织形式的不同而不同,但在制订期量标准时都应遵循科学性、合理性和先进性的原则。

二、生产能力的确定标准

（一）生产能力

生产能力简称产能，是生产设备在一定的组织条件下和一定时间内所能生产的最大产品数量。产能分为正常产能和最大产能。正常产能是历年来生产设备的平均产量；最大产能是生产设备所能产出的最大产量或所能安排的最高负荷量。超出产能的工作负荷，将会导致失信于顾客并且造成过高的在制品库存；反之，太少的工作负荷会造成产能差异大，成本上升。

（二）生产负荷

生产负荷是生产活动中机器设备或生产面积，按规定应承担加工的任务。一般按每类设备或同性质的工作地计算，或按工段（小组）、车间、整个计算。产量以台数或平方米/小时表示。

人力负荷 = 产品所需总工时/每人每天的工作时间 × 每月工作日 × (1 + 时间系数)

产品所需的总工时 = 生产产品各零件所需工时的总和

零部件所需工时 = 产品用到的零件数量 ÷ 生产一个零件所需要的工时

时间系数 = 1 - 假定的理想工作时间百分比

（三）决定产能的步骤

（1）决定毛产能：假定所有的机器每周工作 7 天，每天工作 3 班，每班 8 小时且没有任何停机时间，即生产设备在完全发挥最理想状态下的最高生产潜力。因此，在现实中不可能或很少出现，一般只作为日后计算实际产能的一种标准参考值。

（2）决定计划产能：以每周的实际工作天数、实际工作人员和实际工作时间进行计算。

（3）决定有效产能：因为机器设备有检修、保养、待料等时间耗费，而且有实际工作时间不能达到计划工作时间的情况发生，因此减去这些消耗后的产能便是有效产能。

（四）生产能力的核定

生产能力的核定是对实际生产能力进行核算和确定的工作。主要分为单一品种生产能力核定和多品种生产能力核定。

单一品种生产能力核定可以采用下面几种方法。

（1）联动机单位时间法

联动机单位时间生产能力 = 原料重量 × 单位原料的产量系数 × (计算能力时间内联动的有效工作时间 ÷ 原料加工周期的延续时间)

（2）流水线生产能力法

流水线生产能力 = 流水线有效工作时间 ÷ 生产节奏

生产节奏是流水线上两件相同的制成品产生的时间间隔，反映的是流水线的生产速度。

（3）实验量法

设备生产能力 = 单位设备有效工作时间 × 设备数量 × 单位设备产量定额 = 单位设备有效工作时间 × 设备数量 ÷ 单位产品用时定额

（4）生产面积法。

生产面积的生产能力＝有效面积的有效利用时间×生产面积数量÷单位产品占用生产面积×单位产品占用时间

（五）确定保本产量

保本产量是核算产量、成本、利润三者间关系的方法，若生产量低于保本产量则亏本，高于保本产量则是盈利。其数学表达式为：

保本产量＝固定成本÷（单位产品销售价格－单位产品变动成本）

（六）产能分析的主要依据

（1）制造何种产品，此类产品的制造流程。

（2）设备的负荷能力。

（3）产品的总标准时间。

（4）每个制造流程的标准时间，也就是人力负荷能力。

（5）材料的前置准备时间。

（6）生产线和仓库所需要的场地大小，也就是场地负荷能力等指标。

三、确定生产计划指标工作标准

确定生产计划指标是制订生产计划的中心内容，编制生产计划的过程也就是确定生产指标的过程。生产计划的主要指标如下。

（一）产品品种指标

产品品种指标是指在计划期内应当出产的产品品种和产品数。主要包括产品名称、产品规格、产品品种、产品线宽度和长度及深度。

（二）产品品质指标

产品品质指标是计划期内应达到的质量指标。首先应达到国家强制性标准，符合国家推荐性标准和有关产品品质方面的法律法规，然后应达到国际标准或地方性标准。其主要包括产品性能、使用寿命、工作精度、安全性、可靠性、可维修性、颜色、式样、包装、重量、体积等指标。

（三）产品产量指标

产品产量指标通常以实物指标或假定实物指标表示。例如钢铁用"吨"，发电量用"千瓦·时"等。它反映了在一定时期内向市场提供使用价值的数量。

（四）产品产值指标

用货币表示的生产产品的数量。它以商品产值、总产值、净产值作为衡量形式。

（1）商品产值＝自备原材料生产的成品价值＋外销半成品价值＋订货来料加工价值＋对外承做的工业性劳务价值

商品产值一般采用现行价格结算。产品的现行价格是产品在报告期内的实际出厂价格，包括成本、税金、利润。

（2）总产值＝商品产值＋（期末在制品、半成品、自制工具、模型的价值－期初在制品、半成品、自制工具、模型的价值）＋订货来料的价值

总产值计算一般采用不变价格，这样可以消除各个时期价格变动的影响，保证不同

时期总产值资料的可比性。

（3）净产值＝总产值－各种物资消耗的价值＝工资＋税金＋利润＋其他属于国民收入初次分配性质的费用支出

净产值是计划期内新创造的价值，一般按照现行价格计算。

四、生产计划的执行与评估工作标准

生产计划是一种想象中的计划，是没有经过实践检验的空想。因此，必须在实际生产中，通过生产进度、产品品质等现象，评估其实际效果。如果没有达到实际的目标，应该仔细检查是哪个环节上出现了问题，并注意总结经验教训，这样才可能保证下一次的计划更加完善。

五、生产计划的主要指标管理工作标准

确定生产计划的指标，是制订生产计划的核心内容，编制生产计划的过程也就是确定生产指标的过程。生产计划的主要指标有：产品品种、产品产量、产品质量与产值。

（一）品种指标

品种指标是指在计划期内应当出产的产品品种和品种数。它既反映在产品品种方面满足社会需要的情况，也反映技术水平和管理水平提高的情况。

严格按照计划品种组织生产，是保证国民经济协调发展的重要条件。产品品种指标包含两方面的内容。

（1）在计划期内生产的产品名称、规格等质的规定。

（2）在计划期内生产的不同品种、规格产品的数量。

品种指标能够在一定程度上反映生产制造企业适应市场的能力。一般来说，品种越多，越能满足不同的需求。但是，过多的品种会分散的生产能力，难以形成规模优势。因此，应综合考虑，合理确定产品品种，对于销售收入高、利润大的产品，应是重点发展的品种；对于销售收入高，但利润偏低的产品，应降低其成本；对销售收入不高但利润大的产品，应努力提高销售额以获得更大的盈利。

（二）产量指标

产量指标是指在计划期内应当生产的合格的工业品实物数量或应当提供的合格的工业性劳务数量。这里所指的产品产量指标，不仅指供应其他企业单位，而且也包括供应本企业基本建设、大修理和非生产部分的需要。产品的产量指标常用实物指标或假定实物指标表示。产品产量指标反映生产企业在一定时期内向社会提供的使用价值的数量，以及生产发展的水平。产品产量是进行产销平衡、物资平衡，计算和分析实物劳动生产率、原材料消耗、成本利润等指标的基础，也是安排生产作业计划和组织日常生产的重要依据。

（三）质量指标

质量指标是指在计划期内应该达到的质量标准。产品的质量标准有国家标准、部颁标准、企业标准和所订合同规定的技术要求等,生产制造企业不能随意降低标准。产品质量指标包括内在质量和外在质量两个方面:内在质量,是指产品的性能、使用寿命、工作精度、安全性、可靠性和可维修性等因素;外在质量,是指产品的颜色、式样、包装等因素。产品的质量指标是衡量一个企业的产品满足社会需要程度的重要标准,是企业赢得市场竞争的关键因素,因此,每个都企业应当努力提高产品质量,使之更有效地实现使用价值,以满足社会需要。

（四）产值指标

产值指标是指用货币表示的生产产品的数量,它解决了生产多种产品间,不同产品产量之间不能相加的问题。产品产值指标有商品产值、总产值和净产值3种表现形式。

（1）商品产值:是指以价值形式表现的生产的可供销售的产品和工业劳务的价值。其内容包括用自备原材料生产的可供销售的成品和半成品的价值及用订货者来料生产的产品的加工价值。商品产值的内容可用下列数学表达式表示:

商品产值＝自备原材料生产的成品价值＋外销半成品价值＋用订货者来料生产产品的加工价值＋对外承做的工业性劳务价值

商品产值的计算,一般采用现行价格。产品的现行价格是产品在报告期内的实际出厂价格,它包括成本、税金和利润。

（2）总产值:是指用货币表现的在计划期内应该完成的产品和劳务总量。它反映企业在计划期内生产的总规模和总水平,其内容包括商品产值、订货者来料的价值、在制品、半成品、自制工具的期末期初差额价值,它是计算生产发展速度和劳动生产率的依据。总产值包括的内容可用下列数学表达式表示:

总产值＝商品产值＋（期末在制品、半成品、自制工具、模型的价值－期初在制品、半成品、自制工具、模型的价值）＋订货者来料的价值

总产值的计算一般采用不变价格,以消除各个时期价格变动的影响,保证不同时期总产值资料的可比性。

总产值指标虽然受产品中转移价值比重大小的影响,不能正确反映生产成果,但是在计算生产发展速度和劳动生产率等指标时,还要以总产值为依据。

（3）净产值:是指表明在计划期内新创建的价值,它从工业总产值中扣除物质消耗价值的办法或将构成净产值的各要素直接相加求得净产值。

净产值是在计划期内新创造的价值。一般按现行价格计算。利用这一指标来反映生产成果时,可以避免受价值转移的影响。但是,新创造的价值,仍要受价格的影响。它包括的内容可用下列数学表达式表示:

净产值＝总产值－各种物资消耗的价值

或

净产值＝工资＋税金＋利润＋其他属于国家收入初次分配性质的费用支出

六、确定生产计划指标的工作步骤

确定生产计划指标应该在运用价值规律的基础上,充分发挥生产制造企业的积极性与主动性,力求符合客观实际,符合社会需要。要做到这一点,确定生产计划指标就要认

真进行调查研究,采用定量分析方法,并组织好各方面的平衡。

(一)收集分析信息

确定的生产计划指标必须做到同社会需求和自身的生产能力相适应,因此,要摸清外部和内部的情况,了解和掌握社会需要与能力,力求做到以销定产。

(1)分析需求情况。

可以根据历史销售资料,特别是上期实际销售资料,结合市场调查,找出销售规律,掌握不同品种的递增、降低或维持原有水平的速度;如通过用户的直接订货、对市场需求的预测及经济技术情报资料,长期发展规则或长期经济协议等了解和分析同行业生产情况,掌握产品供求的趋势,摸清协作部门、配套部门生产增长情况,掌握它们的要求和配合的可能。

(2)分析资源供应情况。

应对各类物资采取不同的方法进行调查。能否生产足够的产品满足社会的需要,取决于生产企业能否取得必要的资源并把资源转化为产品。因此,应对资金、原材料、燃料、电力、设备、工具等的供应情况进行充分的了解和分析。对于主要由各地供应的物资,也可以通过物资调剂会议了解各种物资调剂的可能;对于实行固定协作关系的物资,可以向有关协作单位了解情况;对于需要由市场供应的物资,可以通过生产资料市场,了解和掌握市场可供量的情况;还要通过能源部门,了解能源的可供情况,等等。同时应意识到外部的资源条件,在很大程度上取决于宏观经济形势和生产企业所处地区的经济发展状况,因此,生产制造企业对此应留有余地并具有应变能力。

(3)分析生产能力。

主要分析了解和掌握内部各种生产条件有没有把从外部获得的资源转化为产品的生产能力,以及生产制造企业的销售能力。生产企业要根据已接合同的销售预测、分析品种结构的变化对单位产品平均产值的影响以及对设备、工种负荷的影响;要具体掌握计划期内生产能力、技术能力和劳动力的情况;等等。

(二)采取定量分析方法

(1)要为生产决策寻求一个有效的数量解,使拟订的生产计划指标优化。把这种定量分析与定性分析很好地结合起来,才能正确地确定生产计划指标。

(2)运用线性规划合理搭配品种的方法。

单品种生产的,在确定了产品总产量和各期产品产量以后,就可以着手编制生产计划指标了。但是,对于多品种生产的,在确定产品产量和品种平衡过程中,往往受很多因素(如设备、劳动力、原材料、资金、时间等)的限制或约束。

在这种情况下,如何搭配品种生产,使经济效果最好,就必须考虑以下几个方面的问题:对经常生产和产量较大的产品,要考虑在保证市场供应和满足顾客订货的前提下,尽量在全年各季度、各月份安排均衡生产,以保持生产过程的稳定性;对于企业生产的非重要品种,要组织"集中轮番"生产,加大产品生产的批量,完成一种产品的全年生产任务之后,再安排其他品种的生产。复杂产品与简单产品、大型产品与小型产品、尖端产品与一般产品,在生产中应合理搭配,以使各个工种、设备及生产场地得到充分的利用。运用线性规划可以帮助选择最优化方案。

线性规划是运筹学的一个重要组成部分,它是在满足一定的约束条件下,按照某一衡量指标寻求最优方案的一种有效管理方法。

（三）最佳指标方案的确定

生产计划指标的确定不是孤立的，而是受各方面因素的制约，既涉及产供销，又涉及人、财、物，这就必须对它们进行综合平衡，做到统筹兼顾。平衡的具体内容主要有以下几个方面。

（1）生产指标与生产能力之间的平衡。

生产任务与生产能力进行平衡时，要以近期和长期的发展情况进行分析比较，既要照顾当前，也要兼顾长远。综合平衡可通过主要设备生产能力与品种产量指标的比较来显示。

（2）生产指标与生产技术准备能力、劳动力、物资供应之间的平衡。

如果生产任务大于生产技术准备能力，就需要采取各种措施来压缩生产技术准备周期，使生产任务和生产技术准备之间相互衔接，趋于平衡。如在物资供应方面，主要根据物资订货会议以订货的情况，需要预测原材料供应保证的可能程度。对存在的物资缺口，应采取措施，力求同品种产量指标平衡；在劳动力方面，主要测算现有劳动力数量、劳动生产率水平与各个季度、各个基本生产车间的生产任务是否相适应，并对关键车间、关键工种进行平衡，若出现劳动力不足的情况，则可采取改进劳动组织结构，压缩工时定额以及车间之间内部调剂等措施解决。

（3）生产指标和利润、成本、资金指标之间的平衡。

在生产指标平衡过程中，当下达的品种产量指标中结构有了变化，如利润大的品种产量减少，利润小的品种产量增加时，往往会出现同利润指标的矛盾。为此，生产企业必须采取有力措施保证生产指标间的平衡。如企业根据目标利润，预测产品目标成本，计算并确定成本降低率和降低额。当目标成本不能保证目标利润时，要采取措施降低成本费用；或者设法增加适销对路的产品产量，通过增加产量来增加利润，以保证生产企业的利润目标。除了考虑成本利润外，还要测算生产所需的资金。

生产计划指标确定得合适不合适、科学不科学，就要看调查研究、定量分析和综合平衡搞得怎样。这3个方面做得越深入细致，确定的生产计划指标就越能体现先进性和现实性。

（四）生产计划的修正与实施

根据综合平衡的结果，即可编制年度生产计划指标草案，并经有关部门、车间、员工充分讨论后做必要的修正，经生产总监或有关部门批准，就可组织实施。

七、年度生产计划编制工作标准

（一）编制年度生产计划的目的

编制年度生产计划，就是将已确定的生产任务，按品种、规格、数量具体地分配到各季、各月，并规定各车间的生产任务。

它具有如下目的。

1. 合理地安排产品出产进度，进一步落实全年生产任务。

2. 为做好生产准备工作提供依据。

3. 给组织均衡生产创造条件，提高生产的经济效益。

（二）年度生产进度要求

在安排年度生产计划时，为了合理组织生产，取得良好的经济效益，一般应考虑以下要求。

1. 在安排产品生产进度时，必须按照完成订货合同任务的要求，在计划生产的时间和数量上得到保证，并且要根据订货合同的轻重缓急进行排队，先重点，后一般。

2. 要尽可能保证全年各季、各月均衡地出产产品，使设备和劳动力负荷均衡。

3. 要与生产技术准备工作，即相关项目投入生产中的时间衔接起来。

4. 对于需求有季节性特征的产品，其出产进度一定要符合季节性要求，做到不误季节，及时生产。

（三）年度生产计划的基本类型

产品生产进度的安排取决于生产类型、产量大小和产品的生产技术特点。表现在方法上，安排的重点上，以及所考虑的具体因素上，都各具特点。下面就不同生产类型分别加以阐述。

1. 单件小批量生产类型

单件小批量生产的特点是：产品的品种多、规格多、单个小批量多和生产技术准备工作量大；要根据不同用户的要求来生产；在编制年、季计划时订货任务还不能全部具体落实；承接的订货来得迟、要得急、变动多。单件小批量生产的产品出产进度安排在实施时要注意以下要点。

（1）全年产品生产进度的安排只能比较概略，首先要考虑保证订货合同规定的产品出产日期和数量，先安排那些已经明确了的生产任务，对尚未明确的任务则按概略的计划做初步安排，各季、各月的任务做粗略分配。

（2）单件生产的新产品和需要关键设备加工的产品，尽可能按季分配，交错安排，以提高生产的经济效益。

（3）小批生产的产品，做好归类搭配生产，可以采用集中轮番的安排方式，以减少在一定周期内生产的品种，简化生产组织工作，提高生产经济效益。如对那些已经订货的产品优先安排生产周期长，工序多的产品，优先安排延期交货罚款多的产品，优先安排交货期紧的产品等。

2. 大批量生产类型

大批量生产的，产品品种比较单一或较少，生产又稳定，因此生产进度安排的主要内容是决定各种产品的产量在各季、各月的分配问题。常见的分配形式有平均分配（市场需要量比较稳定）、分期递增（市场需要量不断增加）、小幅度连续递增（新产品投入生产）等方式。

3. 多品种批量生产类型

多品种批量生产的，由于产品品种比大批量生产要多，因此，产品出产进度的安排就不单纯是按季、按月分配各种产品的产量，而且要考虑到各品种的生产搭配，以选择和确定最合理的品种搭配方案。多品种批量生产的产品生产进度安排在实施时要注意以下要点。

（1）先要安排重点产品，这类产品一般是经常生产、产量比较大的产品。对于这类产品，可采取细水长流的方式，即在全年各月份或大多数月份中都安排出产这种产品。这样做，有利于生产的稳定。

（2）安排新老产品出产进度时，应有一定交替时间。在交替时间里，新产品产量逐渐扩大，老产品产量逐渐缩小，为避免突然变动过大。并尽量使人力、物力、财力得到充分利用，要做好生产能力的核算平衡工作，保证各种订货按期投入生产。这样做，有利于掌握新产品的生产，避免由于新老产品交替而出现的生产波动。

（3）把需要关键设备和关键工种加工的产品适当分散交替进行，以提高生产的经济效益。

（4）对计划年度的第4季度应留有余地（特别是12月份的任务更应少些），为提前完成年度计划和为下年度准备工作创造有利条件。

（5）分季分月安排产品进度时，还要考虑原材料、半成品、外购件以及外协供应的先后。

总之，成批生产的进度安排要比大批量生产复杂，矛盾较多。生产计划部门应制订出不同的方案对经济效益进行分析比较，从中选出最优方案。

八、作业计划管理工作标准

（一）作业计划

在车间生产管理中，制订车间作业计划是一项非常重要的工作。从作业计划的性质上看，它是公司级生产计划的子计划，是生产计划在车间的具体化。通过 MRP（物料需求计划）等方法制订出的公司级生产计划，确定出了各车间或有关生产单位应完成的生产任务。在公司级生产计划的基础上，车间作业计划要同时考虑本车间的人员和设备状况及生产技术准备情况，制订出车间的作业计划，把车间生产任务落实到具体的班组、具体的设备或者具体的操作者。不仅如此，车间作业计划还要规定各生产任务的投入时间和产出进度。作业计划的内容详尽而具体，可以指导操作者的日常生产作业活动。

（二）作业计划的功能

作业计划需要完成的概念主要包括以下几个方面。

1. 对各个工作点分配工作任务计划、工作相关设备和人员配备，在安排的过程中要实现需求能力和实际生产能力的基本平衡。

2. 根据优先的顺序安排完成工作任务的先后次序，决定生产的顺序。

3. 安排整个生产的进度和日程，根据日程完成工作任务，实施作业计划。

4. 对工作任务在各个工作点的情况，进行跟踪和监督。

5. 在工作任务与计划发生脱节时进行及时的调整，使工作回到正常的轨道。

（三）编制作业计划的基本准则

为了实现以上几个方面的功能，在制订作业计划的过程中需要遵循几个准则。

1. 充分利用资源

即减少工件和设备的等待时间。工件在某道工序完成之后，执行下一道工序的设备还在准备它的工件，工件要等待一段时间才能进入下一道工序，这个时间段即工件等待时间。而设备等待时间是指某个机器已经完成对某个工件的加工，但随后的工件尚未到达，使设备空闲的一段时间。这两种等待时间都会给企业带来一定的损失。为了保证生产资源的充分利用，应该尽量减少这两种等待的时间。

2. 保证工件在车间的流程时间最短

工件在车间的流程时间,也就是工件的停留时间,是从上一工序的工件到达车间起,直到被加工完毕离开车间为止的全部时间,一般包括到达车间后的等待时间(工件等待时间)和工件在机器上加工所花费的时间。由于工件的加工时间取决于技术性因素,它一般是固定的,因此工件的等待时间越短,工件在车间的停留时间也就相对比较短。

3. 保证车间在制品的数量最少、停放时间最短

在制品是对从原材料到成品入库过程中尚未完工的所有毛坯、零部件、半成品、产品的总称,是生产过程中的物化。在制品数量越多或者在车间的停留时间越长,对资金的占用也就越多,流动资金的周转速度越慢,企业损失越大。因此,在作业的安排上要考虑在制品的影响。

4. 按时完成任务

生产任务都有不同的交货期要求,管理人员要通过精心策划和安排尽可能地满足所有任务的交货期要求。如果因生产能力的限制等因素而不能保证所有任务都按期完成,也应使延期的损失最小。

(四)作业排序管理

1. 作业排序的必要性

作业计划的编制往往面对的是几项不同的任务,如几种不同的工件要在一台或一组设备上加工,每种工件都有各自的加工时间和要求完成的时间(即交货期)。由于设备是有限的,所以必须对每个工件的加工进行排序,安排在不同的时间进行生产,管理人员首先要解决的一个问题就是如何安排这些工件的加工顺序,使整个作业计划能最大限度地满足上述4条基本原则的要求。作业排序就是这种在生产作业过程中安排加工顺序,决定哪个作业首先开始工作的活动。

作业排序是制订作业计划的一个中心环节,但它不等于作业计划,它是作业计划的一部分。排序只能确定各个工件在设备上加工的先后顺序,在此基础上再给定每一个工件加工的日程和进度,这些共同构成了一个完整的作业计划。

2. 作业排序的准则

作业排序根据的基本原则是优先调度规则,根据一些数据信息确定工件生产的顺序,优先调度的结果需要满足以下条件。

(1)满足顾客或下一道工序作业的交货日期。

(2)使流程时间即作业在工序过程中耗费的时间最短。

(3)使在制品库存最小化。

(4)使设备和工人的闲置时间最短。

其实,这4条标准和前面提到的4条准则是一致的。

根据这样的标准,最常用的优先调度规则主要有以下10种。

(1)先到先服务准则。

按工件到达车间的先后顺序或者订单的先后顺序安排加工。

(2)后到先服务准则。

即后运到车间的工件往往最先加工,所以称为后到先服务。这个规则常常作为作业排序的默认规则应用。

(3)随机安排准则。

管理人员或操作者随机地选择一个工件。

（4）每个工件的剩余松弛时间准则。

计算表达式为：

每个工件剩余松弛时间＝（交货期前剩余的时间－剩余加工的时间）÷剩余的作业。

（5）关键比率。

关键比率＝（交货期－当前日期）÷剩余的工作日数。

（6）排队比率。

即计划中剩余的松弛时间除以计划中剩余的排队时间，排队比率最小的作业最先执行。

（7）最短作业时间优先准则。

所需加工时间最短的作业优先安排，然后是加工时间第二短的，如此，等等，依此排列，一直到加工时间最长的那个工件。这个准则有时又被称为 SPT（Shortest Processing Time）。

（8）交货期最早优先准则。

要求交货期早的工件优先安排，而交货期要求晚一些的工件则到后面加工。

（9）开始日期先后准则。

交货期减去正常的提前期，即最早进入工序的作业最早完成。

（10）剩余松弛时间最少准则。

剩余松弛时间等于从当前时间起距交货期的剩余时间减去工件剩余的加工时间。按剩余松弛时间的长短，从短到长安排作业顺序。

第5章 创造自己独特的卖点
——产品开发管理

第一节 产品开发与管理工作要点

一、产品开发工作内容

所谓新产品指在原理、结构、性能、技术、材质、用途等某一方面或某几方面具有创新或改进的产品。新产品是一个相对的概念,在不同地区、不同时间、不同环境中,其具体含义和特点会有所不同。但如果只有商标、品牌、包装装潢等方面的改进和提高,没有结构、性能等的创新与提高,就不能构成新产品。

为了便于对新产品进行分析研究,可以从多个角度对它进行分类。

(一)按新产品所在的地域特征分类

1. 国际新产品。指在世界范围内首次研制成功并生产销售的产品。

2. 国内新产品。指在国外已经试制成功但国内尚属首次生产和销售的产品。

3. 地区或企业新产品。指在国内其他地区或企业已经生产但本地区或本企业首次生产和销售的产品。

(二)按新产品创新程度分类

1. 全新新产品。指利用新的科技成果,采用新的原理或技术生产出的产品。

2. 换代新产品。指在原有原理的基础上,采用新技术、新材料或新结构制成,其性能指标比原有产品有较大提高。

3. 改进新产品。指利用改进技术,对原有产品的功能、外观、型号等进行改善后制成的产品。

(三)接新产品的开发方式分类

1. 独立开发新产品。指从用户所需要的产品功能出发,探索能够满足功能需求的原理和结构,结合新技术、新材料的研究独立开发制造的产品。

2. 技术引进新产品。指避开自身开发能力较弱的难点,直接引进市场上已有的成熟技术制造的产品。

3. 混合开发新产品。指新产品的开发过程中,既有独立开发的部分,又有直接引进的部分,将两者有机结合在一起而制造出的新产品。

二、产品生产管理的内容

产品生产管理的内容包括以下内容。

1. 统计管理车间在制品、库存在制品及其流转

车间在制品，是指车间内部正在加工、检验、运输或停放的尚未完工入库的产品。库存在制品，是指车间之间待配套装配和加工的在制品，通常存放在毛坯库和零件库（中间库）。这两种类型的在制品，是储存起来的生产能力，具有调节和缓冲生产的作用。它们通常是通过作业统计来进行管理的。

2. 确定半成品、在制品的合理储备和进行成套率检查

各种半成品、在制品的合理储备，是企业均衡配套生产的重要条件。合理储备量的确定，取决于企业的生产类型、生产组织形式以及原材料、生产批量等因素。

3. 加强存储管理，发挥中间仓库的控制作用

加强存储管理，要规定在制品及产成品的保管方法，明确保管责任，严格准确地执行车间之间的收付制度。其重点是要求严格掌握库存在制品数量的动态变化，做到账物相符，账账相符。

三、产品构想实施流程

新产品开发的风险是很大的。高层经理可能会不顾市场调研已做出了否定的报告，强力推行他喜爱的产品构思；也可能构思是好的，但是对市场规模估计过高；也可能实际产品并没有达到设计要求；也可能产品在市场上定位错误，没有开展有效的广告活动，或对产品定价过高；也可能产品的开发成本高于预计数；也可能竞争对手的激烈反击超出事先估计。

一般来讲，成功开发的新产品具有以下特征。

（1）相对优点突出。

（2）适应性强。

（3）利于保护环境。

（4）时代感强。

（5）多功能化。

（6）人体工程化，对生活消费品要更多地考虑这一点。

（7）简易化。

（8）微型化、轻便化。

以上几方面是对企业发展新产品的要求，也标明了今后新产品的发展趋向。

对于企业来说，新产品开发成功的最根本保证主要在于以下两个方面。

首先，必须进行细致的市场调查。一项调查表明，相比于竞争者有更高优势的产品成功率为98%，较占优势者有58%的成功率，稍占优势者为18%的成功率。可见，开发一项新产品必须首先仔细地界定和估计目标市场、产品要求和利益，这就需要进行深入

细致的市场调查。

其次,要有可靠有效的组织保证。公司在处理新产品开发中有以下几种方法。

(1)组建一个高层管理委员会负责审核新产品。缺点是他们少有时间考虑新产品,同时他们也缺乏开发新产品所需的专有技能和知识。

(2)在公司内部设有属产品经理领导的新产品经理职位。一方面,这个职位使得开发新产品的功能专业化;另一方面,新产品经理的工作局限于他们产品市场范围内的产品改进和产品线的扩展。

(3)常设一个新产品部,该部的主管拥有实权并与高层管理当局密切联系,其主要职责包括产生和筛选新构思,指挥和协调研究开发工作,进行实地试销和商品化。

(4)3M 公司等则把新产品开发的主要工作指派给新产品试验组。新产品试验组由各业务部门人员组成,负责把一种特定产品或生意投入市场。他们暂时解除其他职务,制订预算、期限与"战斗任务"。

(5)为了加快新产品的开发,许多公司采用了小组导向的方法,并称为同时并进的产品开发。这种组织架构保证了了产品开发,它要求与开发、工程、制造、采购和营销等各部门的人一开始就密切配合。

新产品的"构想"是在企业战略基础上开发的,也有称为"创意"或"设想"。新产品的"构想"从哪里来? 主要来源有购买者(包括消费者和工业用户)、专家、批发商、零售商、竞争者、企业的营销人员及各级决策人员。

因此在企业中,以上人员的工作有以下几项。

(1)寻找"构想"。设法从环境中发掘好的关于产品的"构想",如从消费者对现有产品的意见中发现,从专家的新的科技成果中寻找,也可以从竞争对手企业的产品上思索。

(2)激励"构想"。设法鼓励企业内部的工作人员产生和发展新"构想"。在这项工作中,不可忽视营销人员的作用,因其经常与顾客打交道,了解顾客对产品的喜恶,往往能产生出新的"构想"

(3)增修"构想"。将收集的、汇集的"构想"送到企业内部有关部门,征求修正和补充意见,以完善最初"构想"。

在收集"构想"过程中,最有效地发掘出"构想"需要一定的方法。可用的方法有以下几种。

(1)特点罗列法。把某一产品的特点列出,然后逐一推敲,以便找寻出另一组特点的组合来对本产品进行改进。

(2)硬性结合法。将不同产品项目排列出来,通过自由联想,考虑不同的产品的关系,进而组合成新的产品的"构想"。

(3)多因素分析法。将存在的几个重要因素提出来,考虑每一个变化的可能性,在这几种因素的基础上,试验其改进的可能性。

(4)头脑风暴法。可采用几人一组的方法(6~10 人最适宜),将问题告诉大家,任他们对所遇问题发表看法,这样一个想法会激起另一个新的"构想"的产生。

四、产品开发策略

企业要在风云突变的商场上立于不败之地,光靠硬打硬拼与竞争对手竞争,往往会被动挨打,故还得靠智谋策略,巧妙运用产品开发策略。

(一)领先策略

领先策略就是在激烈的产品竞争中采用新原理、新技术、新结构优先开发出全新产品,从而捷足先登,领略市场上的无限风光。这类产品的开发多属于发明创造范围,采用这种策略,投资数额大,科学研究工作量大,新产品实验时间长。故而采用此种策略的企业往往须有一支人员素质高、实力雄厚的科研队伍,这支队伍可为企业提供外界不具备的科学技术成果,具有更快、更强的开发和运用新技术开发新产品的能力。

如日本索尼公司素有"先驱者"的美称,总是率先推出新产品以领导电器发展的新潮流,如随身听等产品改变了无数人的业余生活。它之所以能够做到这一点,不仅由于其拥有一支高水平、高素质的科学研究队伍和一流的实验设备,也源于公司的价值观:索尼是开拓者,永远向着那未知的世界探索,朝气蓬勃,充满青春气息。

要做到领先,就应能够领导市场,而不是跟随市场,企业应该注意研究消费者的心理,注意分析、预测市场趋势,才能抢先一步研制生产新产品,激起消费者的消费欲望,引导市场走向。如柯达公司在发明自动式照相机后,敏锐地捕捉到胶卷的巨大商机,公开宣布放弃柯达照相机的专利,随着许多厂商纷纷仿造这种被称为"傻瓜"的相机,对胶卷的需求量剧增,柯达胶卷很快就席卷了全球。

(二)跟随策略

采用跟随策略的厂商往往针对市场已有的产品,进行仿制或进行局部的改进和创新,但基本原理和结构是仿制的。这种厂商紧跟既定技术的先驱者,以求用较少的投资得到成熟的定型技术,然后利用其特有的市场或价格方面的优势,在竞争中对早期开发者的商业地位进行侵蚀。

如松下电器公司就是一家专门模仿他人产品的公司。松下电器公司拥有20多个技术先进的研究室,这些研究室不仅设备精良,而且研究人员不乏电器行业的精英,但是松下电器公司的老板却很少让他们做领头羊,开发研制新产品。而是命令他们专门分析同行业竞争对手的产品,从中发现不足或缺点,寻找改进的办法,努力使自己产品的质量和功能在竞争对手已有产品的基础上更加完善。

(三)补缺策略

任何一个企业都不可能满足市场的所有需求,因此在市场上总存在着未被满足的需求,这就为厂商留下了一定的发展空间。这就要求企业对市场上现有产品及消费者的需求进行详细的分析,从中发现尚未被占领的市场。这种策略可以用日本电脑公司创始人佐木明的一句话来概括:"用并不比别人高明的技术去开发别人还没有注意到的社会需要。"

五、产品生命周期

产品生命周期是指一种产品从投放市场开始,经历成长、成熟和衰退阶段,直至被市场淘汰的整个过程。

典型的产品生命周期曲线呈 S 型,可分为开发期、介绍期、成长期、成熟期和衰退期5个阶段。

（1）开发期指的是产品引入市场时销售缓慢成长的时期。在这一阶段，因为产品引入市场所支付的巨额费用所致，利润几乎不存在。

（2）介绍期指的是产品刚刚投放市场，没有什么知名度，销售增长缓慢。由于高额的开发研究费用和推销费用，并且生产批量较小，几乎没有利润，甚至可能亏损。

（3）增长期指的是产品被市场迅速接受，利润大量增加的时期。

（4）成熟期指的是因为产品已被大多数的潜在购买者所接受而造成的销售成长减慢的时期。为了对抗竞争，维持产品的地位，营销费用日益增加，利润稳定或下降。

（5）衰退期指的是销售下降的趋势增强，利润不断下降的时期。

并非所有的产品都呈现 S 型产品生命周期。研究人员确定了 6~17 种不同的产品生命周期形态。如"成长—衰退—成熟"的形态。小型厨房设备常常具有这种特点。例如，电动刀具在首次导入时销量迅速上升，然后就稳定或"僵化"在该水平上。这一僵化水平之所以能维持，是因为后期采用者的首次购买与早期采用者之间的相互更换。

第二节　产品管理规范化制度

一、产品管理制度模板

□　总则

第一条　本生产部为求仓库作业合理化，特制订本制度，所有有关产品的管理事项，都应依照本制度进行处理。

第二条　本制度所称产品，系指应销售需要而储存的各型产品及其供应品。

第三条　本制度所称产品管理，包括存量计划与控制、进货、出货、试用、调货、保管、商品账务作业与作业流程及产品运输等。

□　存货计划与控制

第四条　本生产部各项产品的存量，应由仓管部妥为控制，以避免资金呆滞或存量不足影响销货，以期达成适货、适量、适时的产品供应目标。

第五条　销路广的产品，仓管部门都应于每月 10 日（或随时）会同各有关部门，参照以往销售记录、市场状况及营业计划等因素，分别机动制订最合适的订购点、订购量以及安全存量。

第六条　订有订购点、订购量及安全存量的商品，应由仓管部确实地据以控制，存量到达订购点时，应及时申请购货补充。

□　进货

第七条　所有产品，不论购入、销货退回、旧货估回或试用、表演收回等，均应经仓管部门检验后始得入库。

第八条　仓管部门应将每项进库的产品,限于翌日清晨以前详加验收后,列记产品型号入账,凭此控制每件产品的性能。

第九条　产品的验收,应依有关的订购单、提货单、验收单等所列的品名、型号或规格办理验收。如发现型号、规格不符或外箱破损等情形时,应立即通知进货或采购单位办理。

第十条　因试用、表演、更换、销货退回、调货等而重新入库的产品,于交回时应保持领用时的状况,如果有损坏,应由仓管部会同服务部鉴定修护费用后,由领货人照价赔偿,如果附件遗失或不全时,应由领货人依据产品的价格进行赔偿。

第十一条　进货部门收货时,如发觉附件短少、数量不符或商品破损、性能变质时,最迟应于收货次日通知发货部门,否则概以完整论。

第十二条　各部门不得于销货退回时未经仓管部门签认而自行在销货报告上予以销退。

□　出货

第十三条　仓管部门应在下列 6 种情况下出货。

1. 交货。

2. 交客户试用。

3. 示范表演。

4. 本生产部员工职前或在职训练时使用。

5. 展示中心陈列。

6. 本生产部各部门因业务需要而借用。

第十四条　除上述各项出货外,生产部仓库可随时视实际情形的需要对分厂出货。

第十五条　各项出货除仓管部对分厂的出货应凭分厂填具的《产品(供应品)订货单》出货外,其余各项出货应由出货人出示业经其单位主管亲笔签准的《产品(供应品)领货单》及《产品(附件)领货记录卡》向仓管人员出货。

第十六条　生产部仓库在接到分厂的订货单时,应即于当日发货,如缺货而需调拨供应时,也应于当日回复预定供货的日期。

第十七条　仓库库存充足时,应依据过去的销售资料统计及各分厂市场需要的预测,随时注意分厂的库存情形,将库存产品依比例分配给各分厂。

第十八条　任何出货,仓管人员均应于出货当日将有关资料入账,以利于存货的控制。

第十九条　各部门人员向仓管单位领货时,应在仓库的柜台办理,不得随意自行进入仓库内部,各仓管人员应拒绝任何人擅自入内。

第二十条　出货人在产品领出时,应同时要求仓管人员详细检查产品的性能、品质及附件是否优良或齐全。

第二十一条　产品领出后,严禁出货人擅自将所领出的产品转移给其他同事、其他单位或任意更换产品给客户。

第二十二条　库存产品经出货后(除陈列展示外)一律限于当天还仓或开立发票交货,如当天未能交货而必须交予客户试用者,则应按规定办理。

□　试用

第二十三条　为了做好市场推广并做好对客户的服务,本生产部的部分产品可应顾客的要求,做短期的试用。

第二十四条　为保持生产部产品的流通,各型号产品均应依试用规定期限归还,营业部门主管的试用期限核准权限最高为 7 日,如果因特殊情形而需超过此期限者,则应事先以书面表明理由及希望延长天数,报请所属副总经理核准,书面报告即日转交仓管单位作为延长试用的凭证。

第二十五条　试用的规定。营业人员在外试用产品最多不得超过 3 件,如超过 3 件,而欲再行出货时,则其《产品(供应品)领货单》及《产品(附件)领货记录卡》须经仓库单位主管加签核准后始得出货(分厂由单位主管加签核准)。

第二十六条　生产部各部门主管应负随时审查在外试用的产品有无未经核准而超越期限之责,如果经仓管部发觉各单位的试用产品有超越期限者,则该单位主管应立即追回试用商品并交还仓库部。

第二十七条　申请产品试用时,应取得经客户盖章及负责人签字的《产品试用签收单》,并应填明客户的详细地址、电话号码以及约定的试用天数,由仓管部门主管负责查证。如果因特殊情形无法取得正式签收单时,则应于试用当天将产品试用签收单呈报单位主管签核后,交仓管管理部门收存,仓库管理部门主管应根据该签收单上所列资料派员予以查证。

第二十八条　《试用签收单》应于出货的当日交仓管人员保管。

第二十九条　试用签收单的内容必须与事实相符,所有要项均应确实详填,营业人员不得假借理由伪造《产品试用签收单》。

□　调货

第三十条　为调节各地的需要,生产部的仓管管理部门应保有各分厂库存情形的动态记录,并可根据需要,随时发出调货通知。

第三十一条　各分厂与生产部各营业部间的调货,应由仓管部以《产品(供应品)调拨单》统筹办理,严禁各单位间擅自进行产品的调拨。

第三十二条　生产部仓库管理部门的紧急调货单应视为调货命令,各部门对生产部仓库所发出的《紧急调货单》,除非该项产品将于 3 天内交货,否则均不得对该项调货的要求予以拒绝,并应依通知的内容,尽速于 2 日内(自通知发出之日起算)办理完毕。

第三十三条　如果分厂以将在 3 天内开立发票销货为由,拒绝调货,则仓管部应根据销货报告与存货账表查核该单位对调货通知的答复是否确实。

第三十四条　仓管部的调货通知以及分厂对调货的答复,均应以书面办理,但紧急时由主管以电话联络,随即补发书面通知并在备注栏内加注电话联络的日期、时间等。

□　保管

第三十五条　生产部仓库及分厂可就既有的仓库场所,分别陈列各项产品并予以保管。

第三十六条　各仓库的管理人员应负责办理该仓库产品的出货、储存、保管、检验及账务表报的登录等业务。

第三十七条　生产部仓库管理人员对于所经管产品的排形以利于先进先出的作业原则分别决定储存方式及位置。

第三十八条　产品应考虑其忌光、忌热、防潮等因素妥为存放，仓库内部应严禁烟火，并定期实施安全检查。

第三十九条　库存产品如有呆废或损毁，非仓管人员可自行克服，仓管管理人员应即填具《产品送修单》连同产品送交服务单位修护。

第四十条　各仓库除管理人员外，其他人员未经允许不得擅自进入。

第四十一条　生产部仓库管理人员对于所经管的库存产品应予以严密稽核清点，并得随时受单位主管或财务部稽核人员的抽点。

第四十二条　每到年末，生产部仓库管理部门应会同财务部、服务部等共同办理总盘存，盘存时必须实地查点产品的规格、数量是否与账面的记载相符。

第四十三条　盘点后应由盘点人员填具盘存报告表，如有数量短少、品质不符或损毁情况，应详加注明后由仓管管理人员签名负责。

第四十四条　盘点后如有盘盈或不可避免的亏损情形时，应由仓库管理部门主管呈交生产总监核准调整，如果为保管责任短少时，则由仓库管理人员负责赔偿。

第四十五条　直接保管产品的仓管人员出现调动时，应该由其所属的单位主管查列库存产品的移交清册后，再由交接双方会同监交人员实地盘存。

□　产品账务作业及其作业流程

第四十六条　对于产品的进货如新购，采购部门应负责于抵库前3日内将有关的订购单、提单或验收单等交仓库管理部门，由仓库管理部门凭验收登账；抵达仓库的产品如果属于产品类，则仓库管理人员应将其型号等详列于《型号登记簿》上，如果属于供应品，则应将其规格、数量等详细登入《存货日记簿》上，仓库管理部门并应于进货的当日，根据实际进货的规格、数量填制《产品（供应品）进库单》，除第4联自行留存外，余第1、2、3联应即转送财务部入账。

第四十七条　各分厂的进货应凭《产品（供应品）订货单》向仓库部订货。

第四十八条　生产部仓库管理部门对各分厂的订货，应于接到订货单的当日答复并出货，出货时应填制《产品（供应品）调拨单》，除第4联自存外，第1、2、3联应连同商品寄送进货部门签收进货之用。

第四十九条　各分厂在收到仓库管理部寄来的产品时，应即根据《货品交运明细表》及《产品（供应品）调拨单》上所载的进货内容办理验收进货后，在《产品明细表》或《存货日记簿》上入账，《产品（供应品）调拨单》应于验收无误签收后，将其第2联寄还仓管部，第3联连同《货品交运明细表》第2联寄送财务部，第1联自行留存。

第五十条　生产部仓库管理人员应就所保管的产品按型号或规格分别列记于《型号明细表》或《存货日记簿》上。

第五十一条　任何一种库存产品的出货，都应该由领货人出示业经单位主管签准的《产品（供应品）领货单》，营业单位人员并应另填《产品（附件）领货卡》等作为出货的凭单。

第五十二条　《产品（供应品）领货单》一式两联，第1联由领货人交本部门会计员处存查,第 2 联由仓库管理部门存查。《产品(附件)领货卡》由仓库管理部门于每月月底当天将营业部门各月内所领出产品尚未还仓部分逐一按姓名过人登卡后,发文至各部门并由各部门会计员统一代为保管。

第五十三条　库存产品经出货后,仓管管理人员应即于当日凭《产品(供应品)领货单》上的记载登入《型号登记簿》中有关的记载栏内,作为该产品去向的追踪,《产品(附件)领货记录卡》则应于出货时,由仓库管理人员签注后,立即交还原出货人。

第五十四条　领货人除了应在出货的当日即行开立发票交货外,否则统限于出货的当日下午下班前将领出的产品归还仓管单位。如经持往客户处试用致无法还仓时,亦应于出货的当日下午下班前,将业经客户正式盖章签收或单位主管签准的《产品试用签收单》,交仓库管理人员保管。

第五十五条　生产部各营业部门的会计员于开立发票时应先核对《交货通知请示单》内有关客户名称、型号、号码等的记载是否与《产品(附件)领用记录卡》上所载相符,同时根据卡上所载内容详细记载于发票摘要栏内,不得误登或漏登。

第五十六条　领出的产品如系供客户试用、表演或更换等需还仓时,原领货人应将产品及《产品(附件)领用记录卡》一并持至仓管部,由仓库管理人员负责验收后在《产品(附件)领用记录卡》上签收,并将原领货人的《产品(供应品)领货单》加注产品还仓日期后作废。还仓的产品如果经发现有毁损或附件短缺情形时,则仓管人员应依据实际验收情形,另行填制《产品(附件)毁损赔偿明细单》,交由领货人签认后,第 1 联由领货人留存,第 2 联送财务部扣款,第 3 联由仓库管理人员留存。

第五十七条　当生产部营业部门在销售商品时应客户要求必须估回旧货时,应依《权责划分办法》的规定,事先请示核准后,始得办理估回旧货手续。旧货估回时,应立即填制《产品(供应品)进库单》同时在备注栏内注明《旧货估回》等字样,并依《权责划分办法》的规定,呈请签准后,连同商品向仓管单位办理产品进仓。

第五十八条　仓库管理人员于收到估回旧货的产品时,应依《产品(供应品)进库单》上所载的内容,办理签收入账,第 2 联交由原持货人持回,交单位会计员附于当日的进货报告上,一并送交财务部稽核,第 3 联由仓库部留存。

第五十九条　当营业部门在销售产品时遇有销货退回情形发生时,应立即填制《产品(供应品)进库单》同时在备注栏内注明《销货退回》字样,按权责划分办法的规定呈请签准后,连同产品向仓库管理部门办理货物进仓手续。

第六十条　仓库管理人员应该在收到销货退回的产品时,进行详细的检查,如无毁损或附件短少情形者,应在《产品(供应品)进库单》上予以签收后同时登入《产品登记簿》内,并将《产品(供应品)进库单》的第 1 联转送财务部入账,第 2 联交由原持货人持回交单位会计员办理销货退回手续后附于当日的销货报告上一并送交财务部稽核,第 3 联仓库管理部门留存。如产品经仓库管理人员检查发现有毁损或附件短少情形时,应立即依实际验收的情形另行填制《产品(附件)毁损赔偿明细单》交由原持产品人签认后,第 1 联由原持商品人留存,第 2 联送财务部扣款,第 3 联由仓库管理人员留存。

第六十一条　供应品经出货后,如系耗用,则领货人应填具《附件(供应品)耗用单》,并依《权责划分办法》规定呈报核准后,交仓库管理部门凭以销账。

第六十二条　各营业部门会计人员在填制销货报告时,注意不要有漏填型号的事情发生。未经出货的情况下,各营业部门会计员不得擅自虚开发票。如因实际需要应由该笔交易的经办人事先书面层呈所属副总经理核准后,始得先行开立发票,该书面报告应随同销货报告转送仓库管理部门进行保管。

第六十三条　仓库管理人员应每日根据销货报告分别销账,不得误销或漏销。

第六十四条　库存产品如因不可避免的因素,致有所毁损或待料时,仓库管理人员应填具《产品送修单》述明缺件或故障情形,连同产品送服务单位修护。分厂若无法解决时,也应填具《产品送修单》,并应将货物寄送仓库管理部门,统由仓库管理部门转送服务部修护。

第六十五条　《产品送修单》一式四联,第1联由送修部门仓库管理人员存查,第2、3联由送修部门连同产品仓库管理部门转送服务部签收后,第2联由仓库管理部门留存,第3联由服务部留存,第4联由服务部填好预定修理完成日期后,寄还送修单位交仓管管理人员收存。

第六十六条　服务部修好送修的产品后,应将原留存的《产品送修单》第3联及产品一并持交仓库部并由仓管管理人员签收后收存,如该产品是分厂送修的产品,则仓管管理人员应于2日内寄还送修单位。

第六十七条　分厂送修的等料产品,除非向仓库管理部办理调拨手续转由仓库部进货,否则一律视为存货账上的库存产品。

第六十八条　仓管管理人员应于每日自行清点所经管的产品,分厂的仓库管理人员并应于每周末及每月月底当天清点后,填制《产品存货月报表》及《供应品存货月报表》寄送总厂仓库管理部及财务部核对,仓库管理部在核对无误后,于次月5日前呈报迄上月底止全生产部《产品存货月报表》及《供应品存货月报表》。

□　**产品运输**

第六十九条　所谓产品运输是指经本生产部仓管管理部的一切产品在其正式销售前的运送。

第七十条　对于有关仓管部与各单位之间的产品运输,包括运输人员、运输车辆、车辆调配、货品包装托寄、保险、索赔等,概由仓管部负责,并会同有关单位办理。

第七十一条　对本生产部库存产品的运输,除由产品备置车辆进行输送外,还要根据实际业务的需要,由仓管部会同总务部交由托运处进行托运。

第七十二条　产品在运输前,仓库管理人员应妥善处理装箱、包装、搬运等工作,以确保运输产品的安全。

第七十三条　产品交运时,仓库管理人员除应将交运件数详细登载于《货品交运明细表》上,交由运送人员持往运往单位凭以签收外,应另行填制《产品(供应品)调拨单》寄往运往单位签复,同时作为其进货的入账凭证。

第七十四条　当产品经由生产部的车辆运送时,有关车辆的调配等悉依《车辆管理办法》办理。

二、产品管理细则模板

□ 总则

第一条 为规范本公司产品管理行为,使本公司产品管理更加合理,特制订本制度。

第二条 本制度中所称产品,指应销售需要而储存的各类型产品及其供应品。

第三条 本制度由公司董事会起草制订,凡生产部有关产品管理各项事宜如存货、进货、出货、调货、试用、保管等均应遵照本制度执行。

□ 存货管理

第四条 为了避免资金呆滞或存量不足影响产品销量,同时为了达成适货、适量、适时的产品供应计划,本公司所有产品的存货都由物流部仓库控制。

第五条 仓库工作人员于每月1日会同销售部、生产部人员分析畅销产品库存量留置,确定最合适的产品库存。

□ 进货

第六条 本公司所有产品,包括购入材料、退货、残次品,均有仓库人员验货后入库。

第七条 仓库工作人员应将每项验收后进库的产品列记产品型号入账。

第八条 产品的验收,应依有关的订购单、提货单和验收单等所列的品名、型号、规格等办理验收。如发现型号、规格不符或外箱破损等情形时,应立即通知进货或采购单位。

□ 出货

第九条 本公司所有出货事项,仓库都应凭《产品(供应品)订货单》出货。

第十条 仓库接到订货单,即于当日发货,如缺货而须调拨供应时,亦应于当日回复预定供货的日期。

第十一条 仓库部库存充足时,应依据过去的销售资料及市场营销部对市场需要的预测,随时注意库存情况。

第十二条 任何出货,仓管人员均应于出货当日将有关资料入账,以利于存货的控制。

第十三条 其他各单位人员不得随意自行进入仓库内部,仓管人员有权拒绝任何人擅自入内。

第十四条 出货人于产品领出时,应同时检查产品的性能、品质及附件等是否优良或齐全。

第十五条 库存产品经出货后(除陈列展示外)一律限于当天还仓或开立发票交货,如当天未能交货而必须交与客户试用者,则应按规定办理。

□ 试用

第十六条 为市场推广及服务客户,部分产品可应客户的要求,做短期的试用。

第十七条　为保持产品的流通,各型号产品均应依试用规定期限归还,销售主管的试用期限核准权限最高为 7 日;若因特殊情形而需超过此期限者,应以书面形式表明理由及希望延长天数,报请所属销售经理核准,且书面报告即日转交仓管部作为延长试用的凭证。

第十八条　试用的规定:一般一次领用试用的产品不得超过 3 件,如超过 3 件则应填写《产品(供应品)领货单》经销售经理及仓库主管加签核准后出货。

□　调货

第十九条　为保证产品的供应,仓管部应根据需要,随时发出调货通知。

第二十条　调货应由仓库部以《产品(供应品)调拨单》统筹办理。

第二十一条　仓库工作人员的《紧急调货单》应视为调货命令,各单位对仓库所发出的《紧急调货单》,除非该产品将于 3 天内交货,否则均不得对该项调货的要求予以拒绝,并应依通知的内容,于 2 日内(自通知发出之日起算)办理完毕。

□　产品运输

第二十二条　本章所称《产品运输》是指已经抵达仓管部的产品在其正式销售之前的运送,产品抵库前的一切运输问题均由采购单位负责与供货厂商洽办。

第二十三条　有关仓管部与各单位间的产品运输,包括运输人员、运输车辆、车辆调配、货品包装托寄、保险和索赔等,由仓管部负责,并会同有关单位办理。

第二十四条　本公司库存产品的运输,除由公司备置车辆输送外,视实际业务的需要,由仓管部会同市场营销部洽请托运处托运。

第二十五条　产品运输前,仓管人员应妥善处理装箱、包装和搬运等工作,以确保运输产品的安全。

第二十六条　产品交运时,仓管人员除应详细填写《货品交运明细表》,交由运送人员持往运往单位凭以签收外,应另行填写《产品(供应品)调拨单》寄往运往单位签复,同时作为其进货的入账凭证。

第二十七条　凡产品经由公司车辆运送时,有关车辆的调配等悉依《车辆管理办法》办理。

□　附　则

第二十八条　本办法自核准之日起实施。

第二十九条　本制度最终解释权归于公司董事会。

三、产品设计管理方法

第一条　为了规范新产品开发设计工作流程,使之有章可循,特制订本办法。

第二条　凡本公司新产品的开发设计,悉依照本办法的规定管理。

第三条　开发部负责本办法制订、修改、废止的起草工作。

第四条　总经理负责本办法制订、修改、废止的核准。

第五条　新产品技术任务书。在产品的初步设计阶段,开发部需提出技术任务书,技术任务书应列出体现产品合理设计方案的改进性和推荐性意见。

第六条　新产品技术任务书应根据公司产品开发的中长期策略和年度目标,提出现在进行新产品开发设计的必要性、可行性。

第七条　新产品技术任务书应明确说明新产品的用途和使用范围。

第八条　新产品技术任务书应对开发计划提出有关的修改意见。

第九条　新产品技术任务书应说明新产品的基本参数及主要性能指标。

第十条　新产品技术任务书应叙述新产品的总体布局及主要部件结构。

第十一条　新产品技术任务书应说明新产品的工作原理。

第十二条　新产品技术任务书应列出同行或本公司同类型产品的主要技术性能、规格、结构、特征,予以详细比较,阐明新产品的优缺点。

第十三条　新产品技术任务书应列出新产品预期达到的标准化系数与该类产品的国际标准、国家标准或行业标准、企业标准之间的比较。

第十四条　新产品技术任务书应列出关键技术解决办法的说明。

第十五条　新产品技术任务书应列出特殊材料、重要部件的资源分析。

第十六条　新产品技术任务书应列出对新产品设计方案的价值工程分析,提出不同方案的优缺点供比较。

第十七条　新产品技术任务书应列出新产品开发设计的周期预估计划。

第十八条　新产品技术任务书应列出新产品开发的费用预算。

第十九条　技术设计流程。技术任务书经权责主管核准后,由开发部对产品做进一步的技术设计。

第二十条　完成设计过程中必须的试验研究,并写出试验研究大纲和试验研究报告。

第二十一条　做出产品设计计算书(如对运动强度、刚度、热变形、振动、电路、液气路、能量转换、能源效率等方面的计算、核算)。

第二十二条　画出产品总体尺寸图,主要零部件图,并校准。

第二十三条　对产品中造价高、结构复杂、体积笨重、数量多的主要零部件结构、材质、精度进行价值分析、比较,选择合理方案。

第二十四条　绘出各种系统原理图。

第二十五条　提出特殊条件、外购件及零部件明细方案。

第二十六条　列出预计开发的模具清单。

第二十七条　对产品的可靠性和可维护性进行分析。

第二十八条　对技术任务的某些内容进行审查、修正或补充。

第二十九条　技术资料设计。是指在技术设计完成后,形成进一步的用于指导试制及量产的全部工作图样和设计文件,由开发部负责设计。

四、新产品开发周期管理办法

□　总　则

第一条　制订目的。为了规范新产品开发各阶段周期的时间,提高新产品开发的效率,特制订本办法。

第二条　适用范围。凡涉及新产品开发各阶段的作业,其周期管理悉依本办法执行。

第三条　权责单位。

(1)开发部负责本办法制订、修改、废止的起草工作。

(2)总经理负责本办法制订、修改、废止的核准。

□　新产品种类区分

第四条　技改型新产品。由原有的老产品,在保留大部分(或全部)性能和结构的基础上,仅做局部改良或变更而产生的新产品,称为技改型新产品。

第五条　移转型新产品。由客户或其他途径移转过来的,已经过试验、量产的(如OEM产品),已有较为完整的可行性分析、产品设计资料、试制工艺和鉴定结论的产品,称为移转型新产品。

第六条　开发型新产品。完全新的产品类别或虽属于老产品类别,但在性能和结构原理上有很大的改变,或外观造型有巨大变化的产品,称为开发型新产品。

□　产品开发周期规定

第七条　开发型新产品。

(1)调查研究,可行性分析周期:一般产品1~2个月,复杂产品2~3个月。

(2)产品设计周期:一般产品1~2个月,复杂产品2~3个月。

(3)模具制作、物料供应商开发周期:一般产品2~3个月,复杂产品4~6个月。

(4)样品试制与鉴定周期:1~2个月,但鉴定中长期性试验工作(如寿命试验)除外。

(5)小批试制与鉴定周期:1~1.5个月。

(6)产品评审与量产导入周期:1个月内。

第八条　技改型新产品。可直接从技术设计开始,除模具制作与长期性试验外,周期应在1~3个月内。

第九条　移转型新产品。一般参照开发型新产品,从样品试制阶段开始,周期为2~4个月。

第十条　补充说明。

(1)各阶段工作可以交叉进行,如在进行技术资料设计的同时,模具制作与物料供应商开发可以同时进行。

(2)不同类型产品周期不同,应在年度开发计划书中予以明确。

第三节　产品管理实用表单

一、半成品转移卡

半成品转移卡如表5－1所示。

表5－1　半成品转移卡

编号：

序号	日期	时间	数量	签发	序号	日期	时间	数量	签发

二、半成品转交单

半成品转交单如表5－2所示。

表5－2　半成品转交单

编号：

日期	摘要	领料		发料		单位	废料	实费工时	收料签章
		码数	重量	码数	重量				

三、在制品控制表

在制品控制表如表5-3所示。

表5-3　在制品控制表

编号：

生 产					移 出					结存数量	备注
月	日	班别	产品名称	数量	月	日	班别	数量	等级		

四、产成品库存日报表

产成品库存日报表如表5-4所示。

表5-4　产成品库存日报表

编号：　　　　　　　　　　　　　　　　　　　　　　填写日期：

品 种	规 格	数 量	损 耗	备 注

五、产成品月报表

产成品月报表如表 5-5 所示。

表 5-5　产成品月报表

编号：　　　　　　　　　　　　　　　　　　　　　　　填写日期：

目录	产品编号	名称规格	颜色	数量	平均单位	价值	百分比	清点记录	备注

六、产成品入库单

产成品入库单如表 5-6 所示。

表 5-6　产成品入库单

品名	规格	色纹	单位	数量		重量	备注
				件数	箱数		

七、出货单

出货单如表5-7所示。

表5-7 出货单

货品名称	货品号码	规格	数量	单位	单价	总价	备注

签发人： 仓库： 审核： 填表：

八、发货通知单

发货通知单如表5-8所示。

表5-8 发货通知单

客户名称： 地址：

订单号码： 交货日期：

产品名称	产品编号	数量	单位	金额

仓库： 主管： 审核： 填表：

九、样品数量管理表

样品数量管理表如表 5 -9 所示。

表 5 -9　样品数量管理表

项目	品名	名称规格	数量	样品收发记录						结存
				日期	数量	日期	数量	日期	数量	

第6章 统筹兼顾,开源节流
——采购管理

第一节 采购管理工作要点

一、采购管理工作原则

物资采购的基本原则,就是人们常提到的 5R 理论:"合适的价格(Right Price)、合适的品质(Right Quality)、合适的时间(Right Time)、合适的数量(Right Quantity)、合适的地点(Right Place)"。在这一理论中,最需要采购部门注意的就是合适的品质。品质不是最优最好,而是最合适最好,它需跟随产品定位进行测定。

(一)合适的价格

合适的价格是指采购所需的物资,在满足数量、质量、时机的前提条件下,支付最合理的价格。适当价格这一目标的提出,在于付出的原材料采购成本能确保产品立于有利的竞争地位,并在维持物料买卖双方共赢的前提下,使原料供应源源不断。

(二)合适的品质

采购的基本要求一方面是采购人员要以最便宜的价格购买到生产所需要的最佳品质的物料;另一方面,采购人员要不断地去推动那些长期合作的供应商们去完善其品质管理体系,来提供质量更加稳定的物料。

如果采购的物资出现品质方面的问题,将会对生产活动带来极大的危害。

(1)致使生产计划延误。

由于耽误了交货时间,会降低生产企业的信誉度,会失去更多的客户。

(2)返工率会增加。

不良物资的采购,会使生产线上的产品质量受到极人的影响,误工、窝工、待修现象增多,影响了生产效率。

(3)检验成本将增加。

物资品质不良,物资的甄选、分类耗费更多的时间和精力,使得检验费用增加,产品成本居高不下。

(4)管理费用会剧增。

客户投诉、产品返工、生产效率低下,这些问题都使得管理人员疲于应付,突增更大的管理成本。

品质合格的物资,要具有以下特性。

（1）合适性。

即适当的品质，要根据产品生产的实际需要，考虑其经济与实用两方面的成本和价值。

（2）可用性。

可用性是指在合理的时间内，可随时以合理价格获得充分的数量。

（3）经济性。

经济性是指使采购费用继续维持在最低水平，以期达到最佳经济利益。

（三）合适的时间

在生产制造企业，较为流行的采购理论，是基于零库存和及时供给理论，也就是在不对生产和客户造成任何影响的前提下，尽量减少库存的持有量。这就需要在最恰当时购回生产所需要的原物资。

（四）合适的数量

物资采购，是一次性采购还是分批量采购，需要采购人员对生产需求、物料损耗、搬运和仓储费用等进行仔细的计算，来制订周密的采购计划，最终确定究竟采用哪一种采购方式。

不论采用何种方法，都要以适量库存为基本要求，因为任何理由或任何形式的超购，都将导致呆滞、废料的发生，并且会占用企业的流动资金。

（五）合适的地点

采购地点的选择要以实现采购成本最低为基本出发点，不同地区的采购成本是不同的，在同等条件下，成本最低的地方就是最合适的采购地点。

二、物资采购的基本要素

（一）就近采购

在物资采购的交货期当中，有很多的时间消耗在运输上。因此，物资的运输时间和成本在物资采购中的作用不容忽视。有些物资是低值易损产品，长途运输无疑将增加采购成本、运输和报价成本，有时这些费用甚至超过了所采购物资本身的价值。因此，选择就近采购，来尽量缩短交货周期、减少运输成本成为很多生产制造企业的共识。

（二）建立良好的采购关系

买卖双方的良好合作关系，是通过长期的诚信、互利合作才形成的，其中货款的及时支付是一个最重要的标准。良好的信誉能极大地提升采购方在谈判中的有利地位，采购员在向供应商要求更长时间的货款支付时也不会左右为难。另外，良好的买卖双方关系还可以使买方在市场物资短缺，价格上扬时仍能以相对合理的价格及时得到供货，在供应充裕时又可以获得相当优惠的价格。

（三）树立正确的采购观念

物资的采购从生产计划排单，接受采购任务，制订采购计划，选择供应商到价格谈判、签约以及跟踪催单等，实际上也是一个系统工程。采购回来的物资的数量与品质，与产品的生产设计、产品的品质、产品的销售是一个相互制约的关系，各部门的协调配合、观念的一致，对生产企业整体运作至关重要。

（四）数量优势

数量优势在采购价格谈判中，经常被买方所运用。也就是说物资采购的批量是买方在谈判中的最大优势，从某种意义上讲，它可以左右采购物资的最终价格。为了维持价格的竞争优势始终有利于己方，同时也为了分散采购风险，通常某一类物资要维持 2～3 个供应商。对于某些比较零散的物资采购，如果采取分散采购，则会削减自己的批量优势。这种情况下可以将同类商品，甚至不同类的商品进行合并采购，从而提升谈判的力量。

（五）选择综合型供应商

当要选择合并采购项目时，选择单一物资的供应商与选择一个综合型的供货商，各有其优缺点。对于单一物资的供应商，他们虽然具有足够大的成本优势，但其提供给买方的不一定是最优惠的价格（特别是对新的采购商），而且也不会单独为某一客户储备大量的库存。而一些大型的供应商由于本身制度的原因，也不会为每个客户储备足够的库存，并且交货的速度往往更慢。

相对而言，有时选择综合型的中小型供应商，可能更能满足买方全方位的需求，买方庞大的采购批量往往能够获得特别的折扣，他们还可以要求供应商储备一定的库存量，从而将本企业库存削减到最小。

三、物资采购工作任务

物资采购有以下几个方面的任务。

（一）保证物资的正常供应

采购部门的首要任务就是保证所需物资的正常供应。如果不能正常供应物资，生产经营活动将无处谈起。因为基本任务就是生产产品，若物资不能正常供应，产品品质将得不到保证，产品就无法销售出去，必然会给企业带来生存的危机。

（二）尽量缩短采购流程

采购的首要任务完成后，还要不断优化改进采购流程，使采购的时间最短，环节最少，以降低直接采购成本和间接采购成本。

（三）力争降低物流成本

采购部门完成了以上阶段的任务后，就需要通过物流系统将采购到的物资运回。物流成本是原材料成本之外的第二大成本，它主要包括：物流过程中所耗费的各种资源的货币表现，如包装、装卸、运输、储存、流通加工、物流信息等各个环节所支出的人力、物力、财力总和。对于制造来说，随着生产能力的增加，物流体系的成本也同样在上升。一般来说，物流成本占总成本的30%左右。对于不同行业，这一比例有所不同，如医药行业的物流成本达到40%，某些鲜活产品的物流成本则高达60%。物流成本最主要的来源就是采购部门，因此，研究降低物流成本同样是采购部门的基本任务。

（四）采购档案与文件的管理

采购部门的另一大任务是要负责管理、控制好与采购相关的文件及信息，如程序性文件、作业指导书、供应商调研报告、供应商考核以及认可报告、图纸及样品、合同、发票等。

四、物资采购管理工作内容

现代化的物资采购管理理论,把采购管理、供应管理及运储管理作为企业生产过程的三大管理,其与销售管理占同等地位。物料采购管理的基本职能包括以下几个方面。

（一）拟定物资采购政策

采购政策是完成采购目标的保障。因此,采购政策的拟定,必须根据产业特性,并且综合权衡企业的内外部环境,来制定正确的采购政策。采购政策确定以后,才能制订具体的采购执行计划。

（二）制订物资采购计划

一般应该根据产销计划及存料、耗用等资料,编制采购计划与销售计划,进而制订出生产计划,然后由各用料部门汇编用料总预算,再参考物料存量编制购料及预算,并参考生产计划进度,可用存量及资金状况,编制分期采购计划及预算。

（三）进行市场调查

进行市场调查的目的,是为了掌握有利的供应来源,研究拟订采购计划,为新产品寻求新材料来源,以及为改良产品寻找代用品。基于这个目标,市场调查必须有计划、有目的,用系统、科学的方法,去调查有关供应商的全部信息与资料,作为日后供应商评价、制订价格和谈判策略的基础。

（四）对供应商进行评估

对供应商的选择,是确保物资供应品质和服务最重要的措施之一。找到合适的供应商,才能在最适当的价格下,得到适当品质的物资数量及优质的服务。在选择供应商时,还要考虑采购的方式。

（五）进行价值分析

生产所需物资的品质确定,虽然是技术人员的事,但是,采购人员仍必须要充分了解所购物资的特性、品质与用途,并依据物资产品本身的需要以及市场供应情形,提出使用新的产品原料或代用品的建议。其次,要研究采购价格管理方法、提出减低成本的方案。另外就是参与对所购物资进行的价值分析。所谓价值,是由物资的品质、价格与效用所构成,即进行物料价值分析,一方面是通过合适的采购步骤,获得满足生产需要、适当品质的物资;另一方面就是要尽量降低物资采购的成本。

（六）确定采购数量

采购数量的确定,关系到存货管理策略,零库存理论,如经济批量问题、物资的管理等问题。至于采购物资的时机,则应该考虑物资的品质、价格、需要量、采购折让、季节折让、运输折让及流动资金等因素综合决定。

（七）选择采购方法

进行物资采购的方法有很多,如公开采购、比价采购、议价采购、订货采购、拍卖采购等,这完全视企业对于生产物资的采购政策及市场供需情况而定。

（八）做好交货管理

采购的最终目的,在于在最适当的时间内获得交货,所以必须改进交货管理。这种管理必须考虑交货日期、采购标准时间、缩短物资储运时间、分析延误交货的原因,以及必要的应对之策。

（九）内部协调管理

采购部门还要注重在生产企业内部各部门之间的职责划分与协调配合工作,研究出合适的管理方式来进行管理,以保证物资采购作业的有效进行。

（十）进行绩效评估

对于整个采购作业进行评估,并确定采购工作的效率,找出存在的问题与解决之道,这也是采购部门的基本管理职责之一。物资采购绩效评估办法,要看是采取集中采购还是分散采购而定。采购绩效优异的,一般都具备以下几个共性。

（1）有统一的采购策略。

（2）有标准的测评机制。

（3）科学的组织架构。

（4）全企业范围内的整合,建立优秀的采购团队。

五、物资采购工作方式

物资采购形式依采购的组织、地区、方式的不同,有不同的划分形式。

（一）按照采购组织进行分类

1. 上门采购

上门采购适合于采购量不多、交货次数有限的小型生产制造企业。也可以采用采购员、检验员和调拨员集于一身的采购形式,便于就地开单、就地检验、就地直发车站、码头。

2. 采购小组

对于供应商比较集中的地区,可以采取划片进行集中采购,然后在片区的中心供应商处设立采购小组,统一办理采购的一切手续。

3. 驻点采购

对于那些采购量大、品种多、交货次数频繁的大中型生产制造企业,可配备专职的采购、调拨和检验人员,驻厂开展物资采购业务,就地开单、就地检验、就地发货。还可以在供应商厂内设立专用存料采购点。

（二）按照采购地区进行分类

（1）国内采购。

（2）国外采购。

（3）企业内部采购。

一些大型企业集团,下属各分厂经济上独立核算,且分厂间的产品互为原材料,存在企业内部的采购行为。

（三）按照采购方式进行分类

1. 委托采购

将所需要的物资,全部或部分委托外部专门的采购机构办理,受委托机关代委托者签订采办合约,收取代办费。这种方式,受委托人处于代办的地位,除有过失外,不负风险责任。

2. 集中采购

各用料部门按照本部门的预算，填送请购单，交由专设机构统筹办理。

3. 调拨采购

对各部门存有的大量未用或停用的物资、原料、设备与家具，经过审计部门的评估，然后根据需用单位的需要，由物资部门以此库存物资作为供应。

4. 直接采购

直接采购是指用料单位直接向国内外市场采购。

（四）按采购性质分类

1. 正常性采购

按计划进行不带投机性质的采购行为。

2. 投机性采购

物资价格低廉时批量购入，或作为企业长期备料，或在高价时转手卖出的采购行为。

3. 紧急采购

用于设备、设施紧急维修所需配件的采购行为。此类采购往往事前都有相应的规章制度，所以不需要临时再经过层层审批就可以进行的采购行为。

4. 大量采购

数量巨大、类别繁多的采购行为。

5. 零星采购

采购数量很少、类别不多的采购行为。

（五）按采购价格模式分类

1. 直接采购

采购方根据以往合作的信誉及物资的供应情况，直接向某供应商提出采购计划和售价建议，经双方商讨后签订采购合同的一种没有竞争的采购方式。

2. 指定价格采购

指定价格采购，采购方以"价格 = 材料成本 + 加工成本 + 运费"来设定购买单价，然后与供应商签订采购合同。

3. 招标采购

采购方通过报纸、电视等媒体刊登招标广告，将物资采购的所有要素以公告的方式详细列明，以吸引更多的供应商参加投标竞争，采购商从中选择中标者的招标方式。

4. 邀标采购

由采购方选择足够数量的供应商，向其发出投标邀请书，邀请他们参加招标竞争，采购方最后从中选择一家供应商中标。

5. 询价采购

询价采购是指采购方向有关的供应商发出询价单让其报价，然后在报价的基础上进行综合比较，确定中标供应商的一种采购方式。

六、物资采购的流程

物资采购的流程根据采购物资的种类、数量的多少以及规模的大小而不同。一般来说,越靠近生产性物料,其采购流程越短;采购数量和金额越小,其采购流程越短;规模越小,其采购流程越短。

通常情况下,物资采购流程都要包括以下几个步骤。

(一)提交采购申请单

采购人员在接到需求采购信息之后,应该开出相应的采购申请单并交给采购部门。申请单上的采购信息包括以下4点。

(1)各类物资缺少的信息。

(2)市场信息(例如,某类物资将要涨价或者短缺等、市场竞争情况导致的某类产品生产超过计划等)。

(3)某类订购合同将要到期。

(4)计划采购设定条件成熟等。

(二)制订并审核物资采购计划

采购部门应根据具体的使用信息,决定购买哪些物资及数量是多少,并确定初步价格的大致范围。具体细节,如品质、包装、售后服务、运输及检验方式等,也要明确说明。

在上述任务完成后,采购部门将计划上交采购部门主管和拥有审核权的企业领导。

(三)寻找合适的供应商

采购部门根据领导审批的采购计划,利用各种渠道收集供应信息,确定供应商与购买时机,研究谈判技巧和价格幅度等内容,决定相应的物流方案与物资检验标准,决定采购方法等事项。

(四)实施采购并签订采购合同

对于一般采购来说,要经过询价、报价、比价等程序决定对己有利的价格。对于特殊采购来说,要按照招标的方式进行个性工作的准备,做到合法招标。上述程序完成后,采购部门就要与供应厂商签订采购合约、开具物资订购单。

(五)采购物资的运输和验收

如果供应商负责物资的运输,采购部门应该时刻监督供货商能否准时交货。一般情况下供应商负责运输,但因为各种原因,采购方或厂商可能会自行运输。在这种情况下,采购部门就要和本企业的运输部门做好协作,并制订出相应的物流方案。物资运输到后,将依据合同上的运输、物料品质等相关条款,对物料和物料运输单据进行验收,对供应商出具验收检验报告,并对供货商的不良产品加以处理。

在这一阶段采购部门应该特别注意以下两个问题。

(1)对各类票据表单的核对。交货验收合格后,采购部门应随即开具各类表单,要对发票的内容进行审核,采购部门核对无误后,财务部门办理付款手续。

(2)物资的退货和重购。所交货品与合约规定不符等验收不合格的物资,应依据合约规定退货并立即办理重购,此种情况应该向物资主管或生产总监进行通报并等待审批结果。

(六)入库或进入生产领域

这是采购工作的最后一个环节。采购部门工作人员应该与库房管理机构进行各种事务的交接。只有这项工作完成后,采购部门的工作才算基本完成。库房管理机构和生产部门在日后的工作中,发现物资问题还需要采购部门核实,核实之后再与供应商进行相关的交涉。

七、供应商选择工作流程

（一）成立内部审核小组

内部审核小组主要是依据一定的评判标准对供应商各方面的资质（如是否拥有供货实力，供货方有无信用度等）进行评估。审核小组的成员应该包括领导层成员、采购部门、生产部门、品保部门、财务及物控部门等。

（二）对供应商进行分类

内部审核小组根据审核项目和指标等审核规则，对合格的供应商进行等级划分，并依据不同等级的供应商制订相应的工作规范，以避免采购人员的工作失误。

（三）确定供应商的数量与供应关系

传统采购管理往往倾向于一种物料有多个供应商，而现代管理的趋势是减少供应商，并建立长期稳定的互信、互利、互助的合作伙伴关系。

合作伙伴关系的好处是可以简化采购计划及调配；可以形成经济采购批量，争取优惠；减少供方的专用工艺装备费用；简化运输管理；减少库存，从而有利于控制质量，降低成本。因而应简化供应商数目并选择好的供应商，建立合作伙伴关系，形成稳定的合作链条。

（四）确定谈判筹码

如果向多家供应商购买物料，那么选择余地与谈判空间就较大；同样，如果供应商向不同采购商供应物资，那么供应商的选择余地与谈判空间就较大。因此，采购商和供应商在谈判时，因为数目的关系会形成不同的供应能力。

八、采购计划的制定

1. 物资的采购计划工作，自产品的设计开始，它无论是正常的量产或特殊的订货生产，都必须事先经过一系列的计划工作，以便能顺利地获得物资来满足生产所需。

2. 开始时先由技术部门提出产品设计草案、蓝图及有关的规格等，同时列出产品在进行生产时所需要物资的明细表，包含材料、零件、工具、设备等。

3. 生产部门则依据这些物资，研究生产的细部计划并决定如何完成产品的生产。

4. 制造部门则审查现有的生产条件，考虑生产的步骤及排定生产日程。

5. 材料计划及成本会计部门则汇集有关资料，提出成本预算方案。

6. 采购部门则根据现有产品种类、经济状况、企业政策、生产计划等因素，提出产品采购方案。

7. 最后由生产企业的决策层决定该生产计划要照预定进行或加以修正或放弃。

8. 为满足生产需要，以使生产能顺利进行，对于生产所需物资的数量进行仔细的分析，其主要考虑项目如下。

（1）预测下月份、下季度或下年度的需要量。

（2）确定获得所需物资的预备时间。

（3）预计在预备时间内材料的需要量。

（4）设定安全存量。

（5）准备采购数量。

（6）决定备用或安全存量。

物资采购成本的控制主要决定于物资的需要量及订购量，而物资订购量的多少则受对未来物资需要量预测的影响，如果物资需要量预测不正确，将会影响物资的订购量，而使将来期末物资存量不正确，如此便无法达到成本控制的目标。

九、采购信息管理的工作内容

（一）采购时间

采购的时机，与经济景气、价格涨跌有所关联，必须加以仔细、全面地调查。

（二）采购数量

供应商的生产能力、设备情况、财务状况等的资料须加以收集，以便作为采购物资供应来源的能力的参考。

（三）采购对象

由供应商或直接向制造厂采购，因为采购对象不同价格也会不尽相同。

（四）品质规格

收集采购物资的品质及规格，不光是标准品、一般品，还包括代用品，这些资料对于降低采购成本是非常有用的。

（五）物资的品牌

不同的品牌、不同的商标，产品的式样会不同，其价格也因而不同。因此在采购以前，要充分利用市场上所收集的资料，对物资适合性和采购以降低成本为重点来加以判断，决定使用哪一品牌、哪一种商标与哪一种式样的产品。

（六）交货日期

订货时间充分与否关系到交货日期是否能准时，因此必须收集到能够做到最快交货时间的供应商资料，以便配合生产。

（七）付款条件

付款条件的不同，也会影响到采购价格。所以，为了计算合适的价格，必须从用现款采购或非现款采购或预付货款采购等不同条件去分析哪一种更为有利。

第二节　采购管理规范化制度

一、标准采购作业管理制度

□　请购

第一条　请购部门的划分。

1. 常备物资由生产管理部门负责。

2. 预备物资由物资管理部门负责。

3. 非常备物资。

(1)订货生产用料由生产管理部门负责。

(2)其他用料由使用部门或物资管理部门负责。

第二条　请购部门应按照存量管制基准、用料预算,并参考库存情况填写《请购单》,逐项注明材料名称、规格、数量、需求日期及注意事项,经部门主管审核后按规定逐级呈核并编号,最后送采购部门。

第三条　来源与需用日期相同的物资,可用一单多品方式提出请购。

第四条　特殊情况需按紧急请购办理时,须在《请购单》的备注一栏写明原因,以急件递送。

第五条　总务用品由物资管理部门按每月实际耗用状况,并考虑库存条件,填写《请购单》办理请购。

第六条　以下总务性物资可免开清单,而通过总务用品申请单委托总务部门办理,如招待用品、书报、名片、文具、报表以及小额采购的物资等。

第七条　请购权限。

1. 内购

(1)原料:请购金额预估在 1 万元以下的,由主管核决。请购金额预估在 1 万~5 万元的,由经理核决。请购金额预估在 5 万元以上的,由生产总监核决。

(2)财产支出:请购金额预估在 2000 元以下的,由主管核决。请购金额预估在 2000 元~2 万元的,由经理核决。请购金额预估在 2 万元以上的,由生产总监核决。

(3)总务性用品:请购金额预估在 1000 元以下的,由主管核决。请购金额预估在 1000 元~1 万元的,由经理核决。请购金额预估在 1 万元以上的,由生产总监核决。

2. 外购

(1)请购金额预估在 10 万元(含)以下的,由经理核决。

(2)请购金额预估在 10 万元以上的,由生产总监核决。

第八条　请购案件的撤销。

1. 撤销请购时应由原请购部门通知采购部门停止采购,同时在《请购单(内购)》或《请购单(外购)》第一、二联上加盖红色"撤销"戳记并注明撤销原因。

2. 采购部门依下列规定办理撤销。

(1)采购部门在原请购单上加盖"撤销"章后,送回原请购部门。

(2)当原请购单送物资管理部门待办后收料、采购部门通知撤销时,由物资管理部门将原请购单退回原请购部门。

(3)原请购单未能撤销时,采购部门应通知原请购部门。

□　采购

第九条　采购部门的划分。

1. 内购。由国内采购部门负责办理。

2. 外购。由国外采购部门负责办理,其进口业务由相应的业务部门办理。

3. 生产总监对于重要物资的采购,可直接与供应商或代理商议价。专用物资必要时由生产总监指派专人或指定部门协助办理采购作业。

第十条　采购部门应按物资使用及采购特性,选择最有利的方式进行采购。

1. 集中计划采购:对具有共同性的物资,应集中办理采购。先核定物资的项目,通知各请购部门提出请购计划,再报采购部门定期集中办理。

2. 长期报价采购:凡经常使用且使用量较大的物资,采购部门应事先选定厂商,议定长期供应价格,报批后通知各请购部门按需提出请购。

第十一条　采购作业处理期限。采购部门应依采购地区、物资的特性及市场供需,分类制订物资采购作业的处理期限,通知各有关部门以供参考。遇有变更时,应立即进行修正。

□　国内采购

第十二条　价格。

1. 采购人员按照《请购单(内购)》后记录的请购事项的缓急,并参考市场行情、过去采购记录或厂方提供的报价,精选3家以上供应商进行价格对比。

2. 如果报价规格与请购部门的要求略有不同或属代用品,采购人员应检附有关资料并于请购单上予以注明,报经主管核发,并转使用部门或请购部门签注意见。

3. 属于惯例超交者,采购人员应在议价后,在请购单的"询价记录栏"中注明,报主管核签。

4. 对于厂商报价资料,经办人员应深入整理分析,并以电话等方式向厂方议价。

5. 采购部门接到请购部门紧急采购的口头要求时,主管应立即指定经办人员先询价、议价,待接到请购单后,按一般采购程序优先办理。

第十三条　呈批手续。

1. 采购人员询价完成后,在请购单上详填询价或议价结果并拟订"订购厂商""交货期限"与"报价有效期限",经主管审核,并依请购核决权限呈核。

2. 采购核决权限。

第十四条 订购程序。

1. 采购经办人员接到已经审批的请购单后应向厂方寄发《订购单》并以电话等方式确定交货日期,要求供应方在送货单上注明"请购单编号"及"包装方式"。

2. 分批交货时,采购人员应在请购单上加盖"分批交货"章以利识别。

3. 采购人员使用暂借款采购时,应在请购单上加盖"暂借款采购"章,以利识别。

第十五条 进度控制。

1. 国内采购部门可分询价、订购、交货 3 个阶段,依靠采购进度控制表控制采购作业进度。

2. 采购人员未能按既定进度完成采购时,应填制采购交货延迟情况表,并注明"异常原因"及"预定完成日期",经主管批示后转送请购部门,与请购部门共同拟定处理对策。

第十六条 采购单据整理及付款。

1. 来货收到以后,物管部门应将请购单连同《材料检验报告表》送采购部门与发票核对。确认无误后,送会计部门。会计部门应于结账前,办妥付款手续。如为分批收料,《请购单(内购)》中的会计联须于收到第一批物资后送会计部门。

2. 内购物资须待试车检验后,其订有合约部分,按合约规定办理付款;未订合约部分,按采购部门报批的付款条件整理付款。

3. 短交待补足的,请购部门应依照实收数量,进行整理付款。

4. 超交的应经主管批示方可按照实收数量进行付款,否则仍按原订货数付款。

□ 国外采购

第十七条 价格。

(1)外购部门按照《请购单(外购)》的急缓加以整理后,依据供应商报价,并参考市场行情及过去询价记录,以电话(传真)方式向 3 家以上供应商询价。特殊情形下除外,但应于《请购单(外购)》上注明。在此基础上进行比价、分析、议价。

(2)请购物资的规范较复杂时,外购部门应附上各供应商所报物资的主要规范并签注意见,再转请购部门确认。

第十八条 呈批手续。

1. 比价、议价完成后,由外购部门填具请购单,拟定"订购厂商""预定装运日期"等,连同厂方报价,送请购部门按采购审批程序报批。

2. 核决权限。采购金额在 8000 元以下者由经理核决。采购金额超过 8000 元者由生产总监核决。

3. 采购项目经审批后又发生采购数量、金额等变更,请购部门须按新情况所要求的程序重新报批。但若更改后的审批权限低于原审批权限时仍按原程序报批。

第十九条 订购程序。

1. 请购单经报批转回外购部门后,即向供应商订购并办理各项手续。

2. 如需与供应商签订长期合约,外购部门应将签呈和代拟的长期合约书,按采购审批程序报批后办理。

第二十条 进度控制。

1. 外购部门依照《请购单(外购)》及《采购控制表》控制外购作业进度。

2. 外购部门在作业进度延迟时,应主动开具《进度异常反应单》,来记明异常原因及处理对策,凭此修订进度并通知请购部门。

3. 外购部门一旦发现外购"装货日期"有延误时,应立即主动与供应商联系催交,并开立《进度异常反应单》,来记明异常原因及处理对策,通知请购部门,并按请购部门意见办理。

第二十一条　进口签证前《请购单(外购)》核准后的专案申请。

1. 专案进口机器设备的申请。专案进口机器设备时,外购部门应准备全部文件申请核发《输入许可证》,申请函中并应请求《国贸局》在《输入许可证》上加盖"国内尚无产制"的戳记及核准章,以便进口单位凭以向海关申请专案进口及分期缴税。

2. 进口度量衡器具及管理物资时,外购部门应于申请《输入许可证》之前准备《报价单》及其他有关资料送进口单位向政府机关申请核准进口。

第二十二条　进口签证外购物资订购后,外购部门应立即检具《请购单(外购)》及有关申请文件,与《申请外汇处理单》一道送进口单位办理签证。进口单位应依预定日期向国家贸易局办理签证,并在《输入许可证》核准后通知外购部门。

第二十三条　进口保险。

1. 具有 FOB、FAS、CIF 条件的进口项目,进口单位应依《请购单(外购)》上外购部门指示的保险范围办理进口保险。

2. 进口单位应将承保公司指定的公证处在《请购单(外购)》上标示,以便货品进口必须公证时,进口单位凭此联络该指定的公证处办理公证。

第二十四条　进口船务。

1. FOB、FAS 的进口项目,进口单位(船务经办人员)于接到《请购单(外购)》时,应视其"装运口岸"及"装船期限"并参照航运资料,原则上选定 3 家以上船运公司或承揽商,以便进口货品可机动选择船只装运。

2. 进口单位(船务经办人员)应将所选定的船运公司或承揽商名称,提供给进口结汇经办人员,并在《信用证开发申请书》上列明,作为信用证条款,向发货人指示装船。

3. 如因输出口岸偏僻或因使用部门急需,为避免到货延误,外购部门应于《请购单(外购)》上注明,避免在信用证上指定船运公司后又委由发货人代为安排装船。

第二十五条　进口结汇。

进口单位应依《请购单(外购)》标示的"开发信用证日期"办理结汇,并于信用证(L/C)开出后以开发 L/C 快报通知外购部门联络供应厂商。

第二十六条　税务。

1. 免货物税及《工业用证明》的申请进口的货品可申请免货物税者,外购部门应于《输入许可证》核准后,检具必需文件,向税物处申请,经取得核准函后向海关申请免货物税。

2. 税则预估、分期缴税的申请及办理。外购部门应于进口前检具有关文件,凭此向海关申请税则预估,经核准后办理分期缴税及保证手续。

第二十七条　输入许可证、信用证的修改。

供应商要求修改《输入许可证》或信用证时,外购部门应开立《信用证、输入许可证修改申请书》,经呈核后,检具修改申请文件送进口事务科办理。

第二十八条　装船通知及提货文件的提供。

1. 外购部门接到供应商通知有关船名及装船日期时,应立即填制《装船通知单》,分别通知请购部门、物资管理部门及有关部门。

2. 外购部门收到供应商的装船及提货文件时,应出具输入许可证及有关文件,将《装运文件外购单》送进口单位办理提货背书。

3. 提货背书办妥后,外购部门应检具《输入许可证》及其他有关文件,以《装运文件处理单》办理报关提货。

4. 进口管理物资时,外购部门应在收到装运文件后,检具必需文件送政府主管机关申请进口放行证或进口护照,以便据此报关提货。

第二十九条　进口报关。

1. 关务部门收到《请购单(外购)》及报关文件时,应视买卖、保险及税率等条件填制《进口报关处理单》连同报关文件,委托报关处办理报关手续,同时开立《外购到货通知单(含外购收料单)》,送仓库办理收料。

2. 对于不结汇进口物品,进口单位(邮寄包裹则为总务部门)应于接获到货通知时,查明品名、数量等资料,并会同外购部门确认需要提货时再行办理报关提货。如系无价进口的材料、补运赔偿及退货换料等,报关时关务部门应开立《外购到货通知单(含外购收料单)》通知收货部门办理收料,而属其他物资的则应该由收件部门于联络单签收后,送处理部门处理。

3. 缴纳关税前进口单位应核对税则、税率,然后申请暂借款缴纳。

4. 海关估税的税率如与进口单位估列不符时,进口单位应立即通知外购部门提供有关资料,于海关核税后14天内以书面形式向海关提出异议,申请复查,并申请暂借款办理押款提货。押款提货的项目,进口单位应在进口报关追踪表记录,以便督促销案。

5. 税捐记账的进口案件,进口单位应依《请购单(外购)》,于报关时检具必需文件办理具结记账,并将记账情况记入税《捐记账额度记录表》及《税捐记账额度控制表》。

6. 船边提货的进口物资,进口单位应于货物抵港前办妥缴税或记账手续,以便船只抵港时,即时办理提货。

第三十条　报关进度控制分报关、验关、估税、缴税、放行五阶段,关务部门以进口报关追踪表控制通关进度。

第三十一条　公证。

1. 各公司事务部应依物资进口索赔记录及材料特性等因素,研判材料项目,通知进口单位在物资进港时,会同公证处前往公证。

2. 外购物资于验关或到厂后发现短损且符合索赔条件者,进口单位应于接到报关处或物资仓库的通知时,联络公证处办理公证。

3. 进口物资在办理公证时,进口单位应于公证后根据索赔经办时效,索取公证报告分送有关部门。

第三十二条　退汇。

外购部门依进口物资的装运情况,判断信用证剩余金额已无装船的可能时,应在提供报关文件时提示进口单位,并于进口物资放行及《输入许可证》收回后,开立《信用证退汇通知单》连同《输入许可证》送进口事务科办理退汇。

第三十三条　索赔。

1. 外购部门接到收货异常报告后,应立即填制《索赔记录单》连同索赔资料交索赔经办部门办理。

2. 以船运公司或保险公司为索赔对象时,由进口单位办理索赔;以供应厂商为索赔对象时,由外购部门办理索赔。

3. 索赔案件办妥后,《索赔记录单》应依原采购核决权限呈核后归档。

第三十四条　退货。

1. 外购物资须予退货或退换时,外购部门应适时通知进口单位依政府规定期限向海关申请。

2. 外购部门应负责办理复运出口、进口的有关事务,其出口进口签证、船务、保险报关等事务则委托出口单位及进口单位配合办理。

□　价格品质复核

第三十五条　价格复核。

1. 采购部门应经常调查主要物资的市场行情,建立供应商资料,作为采购及价格审核的参考。

2. 采购部门应对企业内部各部门所列重要物资以及提供的市场行情资料,作为物资存量管制及核决价格的参考。

第三十六条　品质复核。

采购部门应对企业内部所使用的材料品质予以复核,并形成完整资料。

第三十七条　异常处理。

审查作业中如果发现异常情形,采购部门、审查部门应立即填写《采购事务意见反映处理表》,通知有关部门处理。

二、采购作业实施制度

□　总　则

第一条　为使采购作业有章可循,规范采购作业事务,提高采购成效,特制订本制度。

第二条　要求。

1. 采购对象。采购前对物资质量、性能,供应商报价水平、交货期限、售后服务等做出评价,以供选择时参考。

2. 价格质量。以合理价格购取较高品质物资。

3. 时限。配合使用部门需要日期及需要量,联络供应商及时供应。

第三条　采购方式。采购部门应视物资的使用状况、用量、采购频率、市场供需状况、交易习惯及价格稳定性等因素,选择最有利的采购作业方式来办理采购作业。

1. 定期合同采购。对于经常使用且生产过程中不可或缺的,或经常使用且市场价格稳定的生产物资,可选用本方式办理。

2. 特约厂商采购。对于用量、费用不太高的单项物资,可简化采购作业,由采购部门择定特约厂商,介绍使用部门直接向该厂商洽购。但在付款前应送采购部门审核,不高于市价时予以付款。

3. 一般采购。不适用于前述采购方式者,采购部门按请购部门提出的请购单,逐笔询价、议价,在了解交易条件后订购。

第四条　采购期限。

1. 采购部门应按照请购部门提出的需要日办理采购。为达到这一要求,掌握适当的采购时机,采购部门应召集有关部门按物资的特性、采购地区及市场供需状况等拟订各项物资采购作业处理期限,呈总经理核准后公布实施。原则上应以供货合约拟明的交货期限为准,加计请购呈批及验收所需时间。

2. 原定采购作业处理期限变更时,采购部门应专函报告具体原因,呈总经理核准后,通知各有关部门,以利于存量管制及适时提出请购。

第五条　核批权限。

特约厂家采购项目由经理核批,涉及资金超过××元时呈总经理核批。

□　供应厂商

第六条　各项生产物资的供应商至少应有 3 家,各家背景及交易资料应记载于供应厂商资料卡存档备用。对于未达标准的生产物资,采购部门应开发新供应商,或报送主管部门拟订开发计划。

第七条　新供应商的开发,由生产管理部门会同采购人员实地考察生产设备、工艺流程、生产能力、产品质量等后填制供应厂商资料卡。呈总经理核准后,列为备选厂商。

第八条　对于交货质量不良、无法按期交货或停止营业的供应商应予撤销设定。届时应该由采购部门以签呈方式说明原因,送生产管理部门复查,并呈总经理核准后,通知对方。

□　采购作业

第九条　询价作业。

1. 采购部门收件人员收到请购单或外购单时,即加盖收件章,转采购经办人员办理询价作业。

2. 各采购人员收到请购单或外购单时,应先判断请购物资的品名、规格、需求日期、数量等是否填写明确,有无供应厂商报价。对于资料填写不全或规格不详者,注明"填单异常,说明欠详"等字样后退回请购部门修订。

3. 询价程序。

(1)由采购人员参考过去采购记录或供应厂商资料卡拟定至少 3 家询价对象(独家代理、原厂牌零配件无法替代等并报经主管核准者除外),并填记在请购单上。

(2)对于加工合同采购项目,采购部门应要求厂商填具《成本分析表》连同报价单一并送来,作为议价参考。

(3)采购人员询价时,应将询价截止日期填注于请购单内,以便通知供应厂商。

(4)采购人员在通知厂商报价后,应紧跟催促进度。

4. 询价完成后,采购助理人员应将询价、报价的全部资料整理报送采购人员据以议价。

5. 如果报价物资的规格较复杂或与请购规格不尽相同,采购助理人员可将全部资料填制《采购事务征询单》,连同有关报价资料送请购部门签注意见。签注完成后,送交采购人员按请购部门意见处理,必要时重新询价。

第十条　议价作业。

1. 采购人员收到不需会签或已会签完成的询价、报价资料时,应结合会签结果、各厂商报价,查阅前购记录及供应商资料卡、市场行情,经成本分析后,拟定议价对象、议价策略及拟购底价(并报告有关主管),以供议价之用。

2. 议价。

(1)议价时除注意质量、价格外,还应注意交货期有无保证,能否向厂商争取分期付款等。

(2)议价可采用多种形式进行。议价完成后,由采购人员拟定合作对象,呈请有关主管核批。

第十一条　订购作业。

1. 由采购人员于请购单上填记订购日及约定日,再交由采购助理人员填制《采购联络函》,寄送厂商。将《请购单》第二联送仓库以待收料。

2. 预付订金或采购金额较大,或有附带条件的采购项目,采购人员应先与厂商签订供销合同书。合同书正本两份,一份存采购部门,一份存供应厂商;副本若干份,分存请购部门、收料部门、会计部门及供应厂商。

□　采购异常处理

第十二条　请购项目的撤销。各采购人员收到原请购部门送来的撤销请购单后按下列方式办理。

1. 如果原请购项目尚未办理,由采购人员在原请购单据上加盖"撤销"章,再交由采购助理人员将原请购单与撤销请购单第 2 联退原请购部门,第 1 联自存,按一般请购单据存档方式处理。

2. 如果原请购项目已向厂商订购,由采购人员与供应厂商接洽撤销订购,经供应厂商同意撤销后,向供应厂商取回《采购联络函》,依第(1)项方式处理。如果供应厂商坚持不能撤销,采购人员应于撤销请购单上注明原因,呈总经理核签后,由采购助理人员将撤销请购单寄回原请购部门。

第十三条　紧急请购。采购人员接到紧急请购通知时,应立即查明请购物资的名称、规格、数量、请购单号及交货地点等资料,并以电话询议价格,待收到正式请购单时,补入询议价结果,按急件方式处理。

第十四条　交货质量异常。各采购人员收到物资管理部门验收不合格的物资检验报告表时,应尽快与供应厂商交涉扣款、退货、换货等事宜,并将交涉结果记录于物资检验报告表的采购处理结果栏内,呈总经理核签后,送回仓库。

1. 对于需退料、换料或补交者,采购人员应于物资检验报告表的采购处理结果栏内注明厂商电话及预定的处理日期。

2. 因质量不合格而退货换料,可按逾期交货处理。而逾期日数应从采购经办人员通知厂商换料之次日起计算。

3. 采购人员如未能按请购部门意见处理时,应将与厂商交涉结果记入采购处理结果一栏,送原请购部门签注意见,或会同原请购部门共同处理。

4. 交期延误罚扣处理。采购人员收到交货延误或统一发票逾 7 天未送资料科整理付款事务时,应按下列方式处理。

（1）计算逾期罚扣金额并通知厂商罚扣原因与金额。

（2）在厂方同意扣款或补足发票时,由采购人员在收料单及发票上填记实付金额或发票号码,呈生产总监核签后,连同原请购单第2联、收料单、物资检验报告表等资料,送会计部门整理付款。

（3）如厂方不同意按第（1）项方式扣款,采购人员应继续与厂商交涉并呈董事长核决后按第（2）项方式处理。

第十五条　属销售惯例或厂商超交的,采购人员应于请购单采购记录栏内注明,以作为仓库收料的依据。

第十六条　以暂借款采购,采购人员应在请购单采购记录栏内加盖"采购部门整理付款章",以免会计部门重复付款。

第十七条　价格变动处理。

1. 外销产品原材料价格变动时,采购部门应立即通知外销部门重新审理产品报价水平,避免不当损失。

2. 采购部门应于奇数月5日前,核算各种材料价格变动情形,填写《主要原材料价格波动月报表》,呈生产总监核批处理。

第十八条　采购作业进度控制。

1. 采购人员对于每一采购项目均应根据需要确定作业进度管制点,预定作业进度。

2. 预定作业进度应能配合请购项目缓急,且各作业进度必须在预定日期前完成。

3. 对于未能在预定日期前完成的采购项目,采购人员会请购部门研究处理对策。

三、采购物资检验管理制度

第一条　确保采购物资的质量合乎标准。

第二条　范围。原料、外协加工品的检验。

第三条　实施单位。质量管理部进料科、加工品科及其他有关单位。

第四条　检验员收到验收单后,要依检验标准对采购物资进行检验,并将供应厂商、品名、规格、数量、验收单号码等,填入检验记录表内。

第五条　判定合格后,即将进料加以标示"合格",填妥检验记录表及验收单内的检验情况,并通知仓储人员办理入库手续。

第六条　判定为不合格的物资,即将进料加以标示"不合格",填妥检验记录表及验收单内的检验情况。并将检验情况通知采购部门、请购部门。

第七条　采购物资应于收到验收单后3日内验毕,但紧急需用的进料优先办理。

第八条　检验时如无法判定物资的合格与否,则即请工程部（设计工程科）、请购单位派人会同验收,判定合格与否。会同验收者,也必须在检验记录表内签章。

第九条　检验员执行检验时,抽样应随机化,并不得掺进个人的喜好等感情色彩。

第十条　对进料检验情况进行反馈,将供应商交货质量情况及检验处理情况登记于厂商交货质量履历卡内及厂商交货质量月报表内。

第十一条　依检验情况对检验规格（物资、零件）提出改善意见或建议。

第十二条　检验仪器、量规的管理与校正。

第十三条　本规定经质量管理委员会核定后实施，修正时相同。

四、采购物资验收管理制度

□　内购收料

第一条　物资进厂后，收料人员必须依采购单的内容核对供应商送来的物资的名称、规格、数量和送货单及发票。清点数量无误后，将到货日期及实收数量填记于请购单，办理收料。

第二条　如发现所送来的物资与采购单上所核准的内容不符时，应即时通知采购部门进行处理。原则上非采购单上所核准的物资不予接受，如采购部门要求收下所送物资，收料人员应告知主管，并于单据上注明实际收料状况，并会签采购部门。

□　外购收料

第三条　物资进厂后，物资管理人员即会同检验单位依装箱单及采购单开箱核对物资的名称、规格，清点数量，并将到货日期及实收数量填于采购单。

第四条　开箱后，如发现所装载的物资与装箱单或采购单所记载的内容不同时，通知经办人员及采购部门进行处理。

第五条　如果发现所装载的物资有倾覆、破损、变质、受潮等异常时，经初步计算损失超过5000元以上者，收料人员应即时通知采购人员联络公证处前来公证或通知代理商前来处理，并尽可能维持异常状态以利公证作业。如未超过5000元者，则依实际的数量办理收料，并于采购单上注明损失数量及情况。

第六条　损失超过5000元以上者由公证处或代理商确认后，物资管理人员开立索赔处理单呈主管核示，核实后送会计部门及采购部门督促办理。

□　物资待验

第七条　进厂待验的物资，必须于物资的外包装上贴材料标签并详细注明料号、品名、规格、数量及入厂日期，且与已检验者分开储存，并规划待验区以便于区分。

第八条　收料后，收料人员应将每日所收物资汇总填入进货日报表作为入账销单的依据。

□　数量超出的处理

第九条　交货数量超过订购量部分应予以退回。属买卖惯例、以重量或长度计算的物资，其超交量在3%以下，由物资管理部门收料时，在备注栏注明超交数量，经请购部门主管同意后，始得收料，并通知采购人员。

□　数量短缺的处理

第十条　交货数量未达订购数量时，以补足为原则，但经请购部门主管同意，可免补交。短交如需补足时,物资管理部门应通知采购部门联络供应商处理。

□ 急用物资的收料

第十一条 紧急物资于厂商交货时,如果物资管理部门尚未收到请购单,收料人员应先洽询采购部门,确认无误后,始得依收料作业办理。

□ 物资的验收规范

第十二条 为利于物资检验收料的作业,质量管理部门应就材料重要性及特性等,适时召集使用部门及其他有关部门,依所需的物资质量研定物资验收规范,呈总经理核准后公布实施,作为采购及验收的依据。

□ 物资检验结果的处理

第十三条 检验合格的物资,检验人员在外包装上贴合格标签,以示区别,物资管理人员再将合格品入库定位。

第十四条 不符合验收标准的物资,检验人员在物资包装上贴不合格的标签,并在物资检验报告表上注明不良原因,经主管核示处理对策并转采购部门处理及通知请购部门后,再送回物资管理部门凭此办理退货,如特采时则办理收料。

□ 附则

第十五条 本制度由生产部起草制订,由生产总监核定并报总裁批示后启用。

五、一般物资采购合同

订立合同双方:

供方:_____

需方:_____

供需双方本着平等互利、协商一致的原则,签订本合同,以资双方信守执行。

第一条 商品名称、种类、规格、单位、数量。

品名	种类	规格	单位	数量	备注

第二条 商品质量标准可选择下列第_____项作标准。

1. 附商品样本,作为合同附件。

2. 商品质量,按照_____标准执行(副品不得超过_____%)。

3. 商品质量由双方议定。

第三条　商品单价及合同总金额。

1. 商品定价,供需双方同意按_____定价执行。如因原料、材料、生产条件发生变化,需变动价格时,应经供需双方协商。否则,造成损失由违约方承担经济责任。

2. 单价和合同总金额:_____。

第四条　包装方式及包装品处理_____。

(按照各种商品的不同,规定各种包装方式、包装材料及规格。包装品以随货出售为原则;凡须退还对方的包装品,应按铁路规定,订明退还方法及时间,或另作规定。)

第五条　交货方式。

1. 交货时间:_____。

2. 交货地点:_____。

3. 运输方式:_____。

第六条　验收方法_____。

(按照交货地点与时间,根据不同商品种类,规定验收的处理方法。)

第七条　预付货款(根据不同商品,决定是否预付货款及金额)。

第八条　付款日期及结算方式_____。

第九条　运输及保险_____。

(根据实际情况,需委托对方代办运输手续者,应于合同中订明。为保证货物途中的安全,代办运输单位应根据具体情况代为投保运输险。)

第十条　运输费用负担_____。

第十一条　违约责任。

1. 需方延付货款或付款后供方无货,使对方造成损失,应偿付对方此批货款总价_____%的违约金。

2. 供方如提前或延期交货或交货不足数量者,供方应偿付需方此批货款总值_____%的违约金。需方如不按交货期限收货或拒收合格商品,亦应按偿付供方此批货款总值_____%的违约金。任意一方如提出增减合同数量,变动交货时间,应提前通知对方,征得同意,否则应承担经济责任。

3. 供方所发货品有不合规格、质量或霉烂等情况,需方有权拒绝付款(如已付款,应订明退款退货办法),但须先行办理收货手续,并代为保管和立即通知供方,因此所发生的一切费用损失,由供方负责,如经供方要求代为处理,并须负责迅速处理,以免造成更大损失,其处理方法由双方协商决定。

4. 约定的违约金,视为违约的损失赔偿。双方没有约定违约金或者预先赔偿额的计算方法的,损失赔偿额应当相当于违约所造成的损失,包括合同履行后可以获得的利益,但不得超过违反合同一方订立合同时应当预见到的因违反合同可能造成的损失。

第十二条　当事人一方因不可抗力不能履行合同时,应当及时通知对方,并在合理期限内提供有关机构出具的证明,可以全部或部分免除该方当事人的责任。

第十三条　本合同在执行中发生纠纷,签订合同双方不能协商解决时,可向人民法院提出诉讼(或申请_____仲裁机构仲裁的解决)。

第十四条　合同执行期间，如因故不能履行或需要修改，必须经双方同意，并互相换文或另订合同方为有效。

需方：＿＿＿＿＿＿＿＿＿（盖章）　　　供方：＿＿＿＿＿＿＿＿＿（盖章）

法定代表人：＿＿＿＿＿（盖章）　　　法定代表人：＿＿＿＿＿（盖章）

开户银行及账号：＿＿＿＿＿　　　开户银行及账号：＿＿＿＿＿＿

　　　　　　　　　　　　　　　　　　＿＿＿年＿＿＿月＿＿＿日

六、工业品采购合同范本

合同编号：＿＿＿＿＿＿＿＿＿

出卖人：＿＿＿＿＿＿＿＿　　签订地点：＿＿＿＿＿＿＿＿＿

买受人：＿＿＿＿＿＿＿＿　　签订时间：＿＿＿＿年＿＿＿＿月＿＿＿＿日

第一条　标的、数量、价款及交（提）货时间。＿＿＿＿＿＿＿＿＿＿

第二条　质量标准。＿＿＿＿＿＿＿＿＿＿＿＿＿＿＿＿＿＿＿＿＿＿

＿＿＿＿＿＿＿＿＿＿＿＿＿＿＿＿＿＿＿＿＿＿＿＿＿＿＿＿＿＿＿＿

第三条　出卖人对质量负责的条件及期限。＿＿＿＿＿＿＿＿＿＿＿＿

＿＿＿＿＿＿＿＿＿＿＿＿＿＿＿＿＿＿＿＿＿＿＿＿＿＿＿＿＿＿＿＿

第四条　包装标准、包装物的供应与回收。＿＿＿＿＿＿＿＿＿＿＿＿

＿＿＿＿＿＿＿＿＿＿＿＿＿＿＿＿＿＿＿＿＿＿＿＿＿＿＿＿＿＿＿＿

第五条　随机的必备品、配件、工具数量及供应办法。＿＿＿＿＿＿＿

＿＿＿＿＿＿＿＿＿＿＿＿＿＿＿＿＿＿＿＿＿＿＿＿＿＿＿＿＿＿＿＿

第六条　合理损耗标准及计算方法。＿＿＿＿＿＿＿＿＿＿＿＿＿＿＿

＿＿＿＿＿＿＿＿＿＿＿＿＿＿＿＿＿＿＿＿＿＿＿＿＿＿＿＿＿＿＿＿

第七条　标的物所有权自＿＿＿＿＿＿时起转移，但买受人未履行支付价款义务的，标的物属于＿＿＿＿＿＿所有。

第八条　交（提）货方式、地点。＿＿＿＿＿＿＿＿＿＿＿＿＿＿＿＿＿

＿＿＿＿＿＿＿＿＿＿＿＿＿＿＿＿＿＿＿＿＿＿＿＿＿＿＿＿＿＿＿＿

第九条　运输方式及到达站（港）和费用负担。＿＿＿＿＿＿＿＿＿＿

＿＿＿＿＿＿＿＿＿＿＿＿＿＿＿＿＿＿＿＿＿＿＿＿＿＿＿＿＿＿＿＿

第十条　检验标准、方法、地点及期限。＿＿＿＿＿＿＿＿＿＿＿＿＿

＿＿＿＿＿＿＿＿＿＿＿＿＿＿＿＿＿＿＿＿＿＿＿＿＿＿＿＿＿＿＿＿

＿＿＿＿＿＿＿＿＿＿＿＿＿＿＿＿＿＿＿＿＿＿＿＿＿＿＿＿＿＿＿＿

第十一条　成套设备的安装与调试。_____
_____
_____

第十二条　结算方式、时间及地点。_____
_____
_____

第十三条　担保方式(也可另立担保合同)。_____
_____
_____

第十四条　本合同解除的条件。_____
_____
_____

第十五条　违约责任。_____
_____
_____

第十六条　合同争议的解决方式:本合同在履行过程中发生的争议,由双方当事人协商解决;也可由当地工商行政管理部门调解;协商或调解不成的,按下列第_____种方式解决。

1. 提交_____仲裁委员会仲裁。
2. 依法向人民法院起诉。
第十七条　本合同自_____起生效。
第十八条　其他约定事项。_____
_____
_____

七、工矿产品采购合同

订立合同双方:
买受人(全称):_____
出卖人(全称):_____

为了增强买卖双方的责任感,确保双方实现各自的经济目的,经双方充分协商,特订立本合同,以便共同遵守。

第一条　产品的名称、品种、规格和质量。
1. 产品的名称、品种、规格(应注明产品的牌号或商标):_____。
2. 产品的技术标准(包括质量要求),按下列第(　　)项执行。
(1)按国家标准执行。
(2)无国家标准而有行业标准的,按行业标准执行。
(3)无国家标准和行业标准的,按企业标准执行。
(4)没有上述标准的,或虽有上述标准,但买受人有特殊要求的,按买卖双方在合同中商定的技术条件、样品或补充的技术要求执行。

注:在合同中必须写明执行的标准代号、编号和标准名称。对成套产品,合同中要明确规定附件的质量要求;对某些必须安装运转后才能发现内在质量缺陷的产品,除主管部门另有规定外,合同中应具体规定提出质量异议的条件和时间;实行抽样检验质量的产品,合同中应注明采用的抽样标准或抽验方法和比例;在商定技术条件后需要封存样品的,应当由当事人双方共同封存,分别保管,作为检验的依据。

第二条 产品的数量和计量单位、计量方法。

1. 产品的数量:_____。

2. 计量单位、计量方法:_____。

注:国家或主管部门有计量方法规定的,按国家或主管部门的规定执行;国家或主管部门无规定的,由买卖双方商定。对机电设备,必时应当在合同中明确规定随主机的辅机、附件、配套的产品、易投备品、配件和安装修理工具等。对成套供应的产品,应当明确成套供应的范围,并提出成套供应清单。

3. 产品交货数量的正负尾差、合理磅差和在途自然减(增)量定及计算方法。

第三条 产品的包装标准和包装物的供应与回收。

注:产品的包装,国家或业务主管部门有技术规定的,按技术规定执行;国家与业务主管部门无技术规定的,由买卖双方商定。产品包装物,除国家规定由买受人供应的以外,应由出卖人负责供应。可以多次使用的包装物,应按有关主管部门制定的包装物回收办法执行;有关主管部门无规定的,由买卖双方商定包装物回收办法,作为合同附件。产品的包装费用,除国家另有规定者外,不得向买受人另外收取。如果买受人有特殊要求的,双方应当在合同中商定。其费用超过原定标准的,超过部分由买受人负担;其包装费低于原定标准的,相应降低产品价格。

第四条 产品的交货单位,交货方法、运输方式、到发地点(包括专用线、码头)。

1. 产品的交货单位:_____。

2. 交货方法,按下列第( )项执行。

(1)出卖人送货(国家主管部门规定有送货办法的,按规定的办法执行;没有规定送货办法的,按双方协议执行)。

(2)出卖人代运(出卖人代办运输,应充分考虑买受人的要求,商定合理的运输路线和运输工具)。

(3)买受人自提自运。

3. 运输方式:_____。

4. 到货地点和接货单位(或接货人)_____。

注:买受人如要求变更到货地点或接货人,应在合同规定的交货期限(月份或季度)前40天通知出卖人,以便出卖人编月度要车(船)计划;必须由买受人派人押送的,应在合同中明确规定;买卖双方对产品的运输和装卸,应按有关规定与运输部门办理交换手续,做出记录,双方签字,明确双方当事人和运输部门的责任。

第五条 产品的交(提)货期限。

注:规定送货或代运的产品的交货日期,以买受人发运产品时承运部门签发的戳记日期为准,当事人另有约定者,从约定;合同规定买受人自提产品的交货日期,以出卖人按合同规定通知的提货日期为准。出卖人的提货通知中,应给予买受人必要的途中时

间,实际交货或提货日期早于或迟于合同规定的日期,应视为提前或逾期交货或提货。

第六条　产品的价格与货款的结算。

1. 产品的价格,按下列第( )项执行。

(1)按政府定价执行。

(2)按政府指导价执行。

(3)不属于政府定价或政府指导价的产品,或因对产品有特殊技术要求需要提高或降低价格的,按买卖双方的商定价执行。

注:执行政府定价或政府指导价的,在合同规定的交货或提货期内,遇政府调整价格时,按交货时的价格执行。逾期交货的,遇价格上涨时按原价执行;遇价格下降时按新价执行。逾期提货或逾期付款的,遇价格上涨时按新价格执行;遇价格下降时按原价执行。由于逾期付款而发生调整价格的差价,由买卖双方另行结算,不在原托收结算金额中冲抵。执行协商定价的,按合同规定的价格执行。

2. 产品货款的结算:产品的贷款、实际支付的运杂费和其他费用的结算,按照中国人民银行结算办法的规定办理。

注:用托收承付方式结算的,合同中应注明验单付款或验货付款。验货付款的承付期限一般为 10 天,从运输部门向收货单位发出提货通知的次日起算。凡当事人在合同中约定缩短或延长验货期限的,当在托收凭证上写明,银行从其规定。

第七条　验收方法。

注:合同应明确规定:(1)验收时间。(2)验收手段。(3)验收标准。(4)由谁负责验收和试验。(5)在验收中发生纠纷后,由哪一级产品质量监督机关执行仲裁等。

第八条　对产品提出异议的时间和办法。

1. 买受人在验收中,如发现产品的品种、型号、规格、花色和质量不合规定,应一面妥为保管,一面在_____天内向出卖人提出书异议;在托收承付期内,买受人有权拒付不符合合同规定部分的货款。

2. 买受人未按规定期限提出书面异议的,视为所交产品符合合同规定。

3. 买受人因使用、保管、保养不善等造成产品质量下降的,不提出异议。

4. 出卖人在接到买受人书面异议后,应在_____天内负责处理,否则,即视为默认买受人提出的异议和处理意见。

(买受人提出的书面异议中,应说明合同号、运单号、车或船发货和到货日期;说明不符合规定的产品名称、型号、规格、花色、标志、牌号、批号、合格证或质量保证书号、数量、包装、检验方法、检验情况和检验证明;摋出不符合规定的产品的处理意见,以及当事人双方商定的必须说明的事项。)

第九条　出卖人的违约责任。

1. 出卖人不能交货的,应向买受人偿付不能交货部分贷款_____%(通用产品的幅度为 1% ~5% ,专用产品的幅度为 10% ~30%)的违约金。

2. 出卖人所交产品品种、型号、规格、花色、质量不符合合同规定的,如果买受人同意利用,应当按质论价;如果买受人不能利用的,应根据产品的具体情况,由出卖人负责包换或包修,并承担因修理、调换或退货而支付的实际费用。出卖人不能修理或者不能调换的,按不能交货处理。

3. 出卖人因产品包装不符合合同规定,必须返修或重新包装的,出卖人应负责返修或重新包装,并承担支付的费用。买受人不要求返修或重新包装而要求赔偿损失的,出卖人应当偿付买受人该不合格包装物低于合格包装物的价值部分。因包装不符合规定造成货物损坏或灭失的,出卖人应当负责赔偿。

4. 出卖人逾期交货的,应比照中国人民银行有关延期付款的规定,按逾期交货部分货款计算,向买受人偿付逾期交货的违约金,并承担买受人因此所受的损失费用。

5. 出卖人提前交货的产品、多交的产品和品种、型号、规格、花色、质量不符合合同规定的产品,买受人在代保管期内实际支付的保管、保养等费用以及非因买受人保管不善而发生的损失,应当由出卖人承担。

6. 产品错发到货地点或接货人的,出卖人除应负责运交合同规定的到货地点或接货人外,还应承担买受人因此多支付的一切实际费用和逾期交货的违约金。出卖人未经买受人同意,单方面改变运输路线和运输工具的,应当承担由此增加的费用。

7. 出卖人提前交货的,买受人接货后,仍可按合同规定的交货时间付款;合同规定自提的,买受人可拒绝提货。出卖人逾期交货的,出卖人应在发货前与买受人协商,买受人仍需要的,出卖人应照数补交,并负逾期交货责任;买受人不再需要的,应当在接到出卖人通知后 15 天内通知出卖人,办理解除合同手续,逾期不答复者,视为同意发货。

第十条 买受人的违约责任。

1. 买受人中途退货,应向出卖人偿付退货部分货款_____%(通用产品的幅度为 1% ~5% ,专用产品的幅度为 10% ~30%)的违约金。

2. 买受人未按合同规定的时间和要求提供应交的技术资料或包装物的,除交货日期得以顺延外,应比照中国人民银行有关延款的规定,按顺延交货部分贷款计算,向出卖人偿付顺延交货的违约金;如果不能提供的,按中途退货处理。

3. 买受人自提产品未按供方通知的日期或合同规定的日期提货的,应比照中国人民银行有关延期付款的规定,按逾期提货部款总值计算,向出卖人偿付逾期提货的违约金,并承担出卖人实际支付的代为保管、保养的费用。

4. 买受人逾期付款的,应按照中国人民银行有关延期付款定向出卖人偿付逾期付款的违约金。

5. 买受人违反合同规定拒绝接货的,应当承担由此造成的损失和运输部门的罚款。

6. 买受人如错填到货地点或接货人,或对出卖人提出错误异议,应承担出卖人因此所受的损失。

第十一条 不可抗力。

当事人双方的任何一方由于不可抗力的原因不能履行合同,应及时向对方通报不能履行或不能完全履行的理由,并应在_____天内提供证明,允许延期履行、部分履行或者不履行合同,并根据状况可部分或全部免予承担违约责任。

第十二条 合同争议的解决方式。

本合同在履行过程中发生的争议,由双方当事人协商解决;由当地工商行政管理部门调解;协商或调解不成的,按下列第_____种方式解决。

1. 提交_____仲裁委员会仲裁。

2. 依法向人民法院起诉。

第十三条 其他。

按本合同规定应该偿付的违约金、赔偿金、保管保养费和各项经济损失,应当在明确责任后 10 天内,按银行规定的结算办法付清,则按逾期付款处理。

本合同自_____年_____月_____日起生效,合同履行期内,当事人双方均不得随意变更或解除合同。合同如有未尽事宜,须经双方共同协商,做出补充规定,补充规定与本合同具有同等效力。本合同正本一式两份,双方各执一份;合同副本一式_____份,分送银行(如经公证或鉴证,应送公证或鉴证机关)等单位各留存一份。

买受人:_____(章)　　　出卖人:_____(章)

法定代表人:_____　　　法定代表人:_____

委托代理人:_____　　　委托代理人:_____

地址:_____　　　　　　地址:_____

开户银行:_____　　　　开户银行:_____

账号:_____　　　　　　账号:_____

电话:_____　　　　　　电话:_____

邮编:_____　　　　　　邮编:_____

_____年_____月_____日订

八、供应商管理规范

☐ 供应商的基本情况

第一条　供应商的基本情况主要包括对方的财务状况,一般来说,市场上通行的做法是审核供应商近 3 年来的收支平衡表、银行报表、经营报告等。这一情况是供应商能力的最基本表现。

第二条　供应商的行业地位以及产品质量的评定结果和口碑、供应方的交货周期以及客户服务的标准和口碑。

第三条　供应商的地理位置也是审核的一个因素,因为这一因素直接影响着采购成本的高低。

第四条　供应商方面工作人员的情况同样是审核的内容,例如供应商员工流失率,会影响到与供应商的长期合作。如果流失率高,那么采购人员与供应商的工作人员,就会经常出现采购谈判回到原点的反复,这样无形之中就增加了采购成本。

第五条　供应商工作人员的审核还包括教育程度、出勤率、工作时间、平均工资水平、直接工人比例等。最后还要考察供应方是否与本企业竞争对手建立了伙伴关系。

☐ 供应商的管理情况

第六条　主要考察供应商的组织机构是什么以及运转情况如何,供应商的经营战略及目标如何,如果供应商的经营战略和目标更多的是照顾顾客和市场长久效果,那么就应该与其建立战略伙伴关系。

第七条　考察供应商和顾客的战略关系。

第八条　考察供应商的产品与技术的竞争力,主要内容包括:供应商对市场信息的反应速度、产品改进、技术革新、缩短生产周期、提高生产率、降低成本等。

□ 供应商的质量状况

第九条 考察供应商的质量管理机构是否完善,是否拥有完整的质量管理体系和文件体系功能。

第十条 考察供应商的质量审核体系是否完善和独立,是否拥有处罚权利等。

第十一条 考察供应商的产品质量、生产过程质量、顾客质量投诉、质量改进等质量体系核心指标是否令人满意,是否愿意建立质量成本控制、顾客质量审核体系。

□ 供应商的设计与工艺水平

第十二条 考察供应商相关机构的责权划分是否清晰,设计和工艺开发速度如何。

第十三条 工程技术人员的教育程度、工作经验、在本公司产品开发方面的水平、在本公司产品生产方面的工艺水平、CAD/CAE 使用情况、人员结构与流失率。

第十四条 开发与设计情况,包括实验、试验设施。

第十五条 供应商产品开发的周期、产品及工艺开发程序、对客户资料保密情况。

□ 供应商的环境管理情况

第十六条 环境管理机构。包括管理机构的功能、职责、沟通渠道。

第十七条 环境管理体系。包括文件体系、环境方针与计划、环境因素及方案。

第十八条 环境控制。包括运作与控制、沟通与培训、应急措施、环境监测、改进与预防措施、体系审核。

□ 供应商的顾客服务与支持情况

第十九条 考察供应商的客服系统是否科学和先进,客服人员的服务态度、应变能力、解决问题能力、技术部门人员的技术解决能力等。

第二十条 客服系统是否建立了以客户的需求为己任的态度,是否能在最快的时间内解决问题,是否具有为客户和企业双重服务的意识等。

□ 供应商质量体系的审核

第二十一条 供应商的质量体系内部建设是否完整,主要遵循行业内还是国内或是国际标准。

第二十二条 供应商企业内是否对质量体系有较强的认知。

第二十三条 谁来监督质量体系的贯彻。

第二十四条 是否有质量跟踪机制和奖惩措施等。

□ 对供应商审核的方法

第二十五条 主观法。这种方法是指根据个人的印象和经验对供应商进行评判,评判的依据十分笼统。这种方法往往适合于采购工作人员在收集市场信息时使用。

第二十六条 客观法。这种方法是依据事先制订的标准或准则对供应商情况进行量化考核、审定,包括调查表法、现场打分评比、供应商表现考评、供应商综合审核以及总体成本法等。

□　审核供应商的步骤

第二十七条　供应商填写调查表。

采购人员向供应商了解最基本的情况(如产品型号和质量水平的评价标准以及供应能力等),并要求供应商填写调查问卷、根据问卷及供应商提供的相关文件做出初步的评价并提出意见。

第二十八条　现场审核供应商。

在供应商填写完调查问卷后,采购方应按照供应商及所采购产品的重要性确定是否需要组织现场审核。例如,采购物资的技术复杂程度较高、价值较大、数量较多等就需要进行现场审核,内容应覆盖调查问卷中的主要内容。一般来说,审核应该组建审核小组,视采购行为的重要性,其审核小组的组成人员有所不同。一般来说,审核小组由采购部牵头,涉及生产、品管、物管等部门,如果涉及新产品开发,还要有企业策划部门、技术部门等相关机构的人员。

□　供应商档案资料的管理

第二十九条　供应商的档案资料主要包括以下内容。

1. 供应商登记表。
2. 供应商产品价格登记表。
3. 供应商企业资料。
4. 供应商采购合同。
5. 供应商洽谈登记表。
6. 供应商顾客投诉登记表。
7. 供应商顾客服务登记表。
8. 供应商销售业绩分析表。
9. 优秀供应商综合评估加权评分表。
10. 供应商的档案应该及时登记、整理。
11. 供应商的档案应由专人负责整理、保管,并录入计算机系统保存资料。

□　供应商的淘汰管理

第三十条　对于应该淘汰的供应商,应要求其迅速制订整改方案并监控整改计划的执行。对于经过整改仍达不到要求的供应商,特别是对一个产品有 3 家以上供货的供应商,要迅速采取淘汰措施,逐渐减少从该类供应商处采购物料的种类和份额,直至将该供应商完全淘汰。

第三十一条　在供应商理解要求解除合作供应关系的基础上,应该与供应商共同确立公平的拆伙方案,以便将双方损失降到最小。接触合作关系的方案应明确双方的责任和合理的时间安排。双方责任包括对已发生的费用如何结算,如何以最低的成本处理现有库存等。

第三十二条　采购部根据供应商淘汰的原因将所淘汰的供应商级别从日常供货供应商降为准合格供应商、潜在供应商或作永久删除。应该以坦诚的态度、专业的处理技巧对供应商进行淘汰,以便留下退路。

九、物资采购成本管理规范

（一）测定物资采购成本

测定采购成本是一项非常繁重的任务。由于信息管理程度的不同、工作方式方法的不同、文件保存意识的强弱等原因，很容易造成以下结果：采购信息零散，不易收集与整合，进而造成采购信息收集和分发成本增大。最终采购部门人员的队伍会增大，这又加大了信息分发成本，也增加了由于疏忽或相互间的沟通偏差等造成的错误成本。

1. 物资采购成本的主体

物资采购成本一般是指采购的总成本。在采购过程中，它包括原物料成本、采购人员人工成本、物资运送成本、各类检验物资品质和监督运输以及各类单据的采购管理成本、采购前进行采购分析的成本、采购过程中发生的其他成本等。

2. 采购成本的构成

采购成本主要有以下几项内容构成：采购申请手续成本、物资成本、检查验收物资的成本、搬运费用及装卸成本、物资的保险费与税费、进库成本、会计入账及支付款项所花成本、仓储成本、呆废料损失成本、资金（利息）成本。

（二）不同采购阶段的成本

物资采购成本是整个采购活动过程中所花费的所有费用。物资采购过程一般包括3个阶段，而这3个阶段中所产生的采购成本之和也就构成了物资采购的总成本。

1. 申请采购阶段的成本

申请采购阶段的成本主要有采购申请阶段的时间和机会成本。因为市场上的信息和情况是变化的，有些行业在某个时间段内的变化速度非常快。如果采购申请的时间比较长，在某个时间段内延误了最佳采购时机，将会带来很大的损失。所以，应该明确采购申请对象，也就是在什么条件下向谁提出请购。在采购申请环节，要尽量减少多余的环节，仅有申请人和审批人就可以了。

2. 采购阶段的成本

采购申请完成以后，便进入了采购阶段。采购阶段成本主要包括两部分。第一是供应商成本，主要包括供应商选择成本、与供应商谈判成本、供应商审查成本等；第二是采购工作成本，它主要包括进行市场信息收集和估价、询价、比价以及采购谈判时的通信、住宿以及交通费用、采购人员的人工费用、采购主管及有关单位的审查费用等。

3. 采购后成本

物资采购完毕，又面临运输和检验的问题。运输工具的租赁费用、检验所花掉的人工费用、检验过程中检验仪器设备的折旧费用等，都属于采购后成本。

（三）分析物资采购成本

1. 确定采购成本分析方法

在对物资采购成本进行分析时，首先应该区分哪些是重点类别的物资，哪些是一般类别的物资。对于重点类别的物资来说，可以采用具体的数学运算和经验总结，详细地一个项目、一个项目地进行分析。对于一般性的非生产物资，分析时就可以采用总体预估的方法。

2. 确定难以预测时的采购成本

在对物资采购成本进行分析时,往往会遇到这样的情况:采购的物资是一种新的技术材料,或者刚刚成立,或刚进入某类市场,对供应市场情况并不十分了解,依靠自身难以对采购成本进行预测。这种情况下,聘请外部的咨询公司等专业机构或有经验的专家便是一个好的解决办法。

(四)降低物资采购成本的基本方法

降低物资采购成本的主要目的在于降低不必要的成本花费,并且在不影响产品质量的前提下,将成本做最有效的分配。

1. 价值判断法

价值判断法是指当物资成本上升时,对于产品设计进行简化、使用替代性材料、改进工艺、寻找较佳付款条件的供应商、采购二手机器设备、选择具有价格优势的运输公司、改变运输方式等来达到降低成本的目的。

2. 集中采购法

集中采购法要求将各部门的物资需求集中起来,作为一个整体通过数量优势得到较好的折扣价格。此外,它也可以使库存量相对降低,行政费用支出也会因采购统一作业而减少,采购部可以将更多的资源与精力用来开发新的供应商。

3. 主体采购法

主体采购法,即让物资需求量最高的部门进行采购,其他部门的采购可以采用临时部门采购而不经采购部门的方法。

4. 采购成本降低法

采购成本降低法包括对已有的产品、服务的安排进行检查,或者对潜在的削减成本的机会加以判定。如替换已有的物资、买二手而非新的产品等。总之,这次所付价格比上次低,就可称为成本降低。

5. 采购成本规避法

因物资价格上涨等因素的影响,超出了原本的预算范围,这种情况往往是采购部门非常挠头的事情。采购成本规避法是一种用来让采购者不蒙受物资或供应商价格上涨影响的采购措施,它通过延迟或减缓可能的价格上涨所导致的影响来避免将来的成本上升。成本规避可包括在涨价之前累积一定的库存或安排一次特殊的装运;签订长期的价格保护条款,在合同期内,都采用同一价格等方式。和过去的结果相比,它并不能降低所购物料的成本,但它能将价格上升给利润带来的负面影响降到最低,甚至完全避免。

十、采购询价管理规范

物资采购过程中的询价、议价、比价是关系到物资采购的价格,进而影响采购成本的关键环节。采购人员首先要进行询价,然后进行议价和比价。议价和比价可以同时进行,也可以分开进行。

一般情况下,当采购部门接到了采购申请单,并了解了库存状况后,应该根据采购预算立刻制订出采购方案和实施方法。此后,对于中小型的生产企业或一些常见的物资,采购部门的首要工作就是迅速联系供应商,进行询价。但对于大型生产企业或新产品开发或不属于常见物资来说,采购部门的首要工作就是先进行供应信息的收集和处理,随后再决定物资采购的方式。当这一项工作进行完以后,就要向符合采购条件的供应商发放询价单。通常情况下,一份完整的询价文件,应当包含以下几个方面的内容。

（一）物资规格说明书

物资规格说明书是一个描述采购产品品质的说明工具,它应该包括最新版本的工程图面、测试规格、材料规格、样品、色板等有助于供应商报价的一切信息。工程图面必须是最新版本,如果图面只能用于估价也应一并在询价时注明。在进行跨国采购时,如果原始工程图面采用的是德文、法文或日文等,还应附上英文、中文的译名,以 3 种语言的形式呈现,以利于沟通。

（二）询价物资的名称、编号

（1）名称即物资的品名。品名的书写应尽量能从字面上看出产品的特性和种类。

（2）编号也就是物资的编号,它是以简单的文字、符号、字母、数字来代替物资、品名、规格或属类及其他有关事项的一种有规律的方法。编号中的一个位数的不同都可能是版本的不同,甚至可能变成另一个产品的编号,因此要特别注意核对编号。

（三）物资的数量

采购物资的数量会影响搭配价格的计算。采购数量的提供通常包括年需求量、季需求量、月需求量。不同等级的需求数量要标明,每一次下单的大约订购数量或产品生命周期的总需求量均要注明。除了让供应商了解需求量及采购的物资种类外,也可让供应商分析其自身产能是否能满足买方的需求。

（四）采购人员的相关资料

如果采购物资的技术性比较高,就需要留下采购人员与技术人员的姓名与联系方式。这样做的原因是为了便于供应商与技术人员商讨技术标准细节,以及哪种标准更适合于操作等。当然,对于一般性物资的采购,如果有必要,也需要留下采购人员的姓名与联系方式,以便于采购方与供应商之间进行采购接洽。

（五）对物资的质量要求

采购人员在对供应商进行询价时,应该把对物资的品质要求在规范书中进行详细说明。规范书不但要对物资的品质,而且要对服务要求等进行如下规定。

1. 性能要求

性能要求常用于采购高科技产品、供应商先期参与的情况中。供应商只被告知产品所需要达到的性能或功能,至于如何制作才能达到要求的细节部分,则留给供应商解决。

2. 工程图

工程图用来描述所需要产品的品质,其内容除了必须要清晰外,对尺寸公差的精确性也不能忽略。

3. 市场等级

通常用于对木材、食品、农产品、烟草等物资的品质要求,由于市场等级的划分界限并不清楚,因此,采购人员通常应具有鉴定所购产品是属于何种市场等级的能力。

4. 提供样品

样品的提供对供应商了解买方的需求有很大帮助,尤其是对颜色、印刷等与市场等级相关的要求使用得比较普遍。

5. 工作说明书

主要适用于采购服务项目类,如中央保全、大楼清扫、废弃物处理、工程发包等,对服务品质要尽量以量化的方式来规范。

6. 是否属于品牌物资

采购品牌物资是一种简单易行的采购方法。品牌物资有着比较固定的品质标准,而且价格一般比较固定。因此,如果采购的物资数量不是很多,采用品牌物资采购方式有利于降低采购成本。

7. 是否允许同级替代品

假如此类物资比较紧缺,是否允许使用可替代的同级品进行报价。

8. 明确商业标准

采购人员在采购物资时,应该采用统一的专业术语。只有这样才能避免采购方和供应商对名词术语的不同理解,造成物资不必要的品质缺憾。

9. 物资的生产制造规格

所采购物资的生产规格应该符合什么标准,是国内的还是国际的都应该明确。

(六)对物资报价的基础要求

报价基础要求通常包括报价的币值(包括币种)与贸易条件。贸易条件一般包括出厂价、到厂价、运费计算方法 3 项。

1. 币值币种要求

对于国际性采购来讲,一般都是采用人民币、美元以及欧元、日元、英镑,主要以美元和欧元的浮动利率进行币值的计算。

2. 贸易条件要求

国际贸易常用的贸易条件有 EXW(交货)、FOB(船上交货)、FAS(船边交货)或 CIF(运保费在内交货)等。在不同条件下,买卖双方所负担的责任风险不同。FOB 条件下卖方的责任是直到货物装上船为止。因此,卖方必须负担装船的风险,但买方则需负责船运、海险等费用。在 CIF 条件下,卖方除了必须负担装船的风险,还要负担货物运至指定目的港口所需的运费及保险费。因此,对于相同物资的交易,以 CIF 条件的报价自然要较以 FOB 条件的报价高,买方在询价时必须详加注明。

(七)付款条件

由于买卖双方各自代表的利益不同,所希望的付款条件与付款方式也不同。一般来说,买方总是希望越晚付款越好,卖方总是希望越早付款越好。这就需要双方根据自身的内部规定进行协商。当买方发送询价文件时,应将此次采购的付款方式告知对方。付款条件通常分为阶段性付款、一次性付款、货到付现、预付货款等方式。

除了付款方式这一基本问题外,付款条件还包括付款的起算日。在国际贸易中,通常以出货日、发票日、装船日、抵达日、到厂日为起算日。前 3 项都是供货商希望采用的方式,后 2 项则是采购方希望采用的方式。起算日非常重要,例如,对于需要海运的采购来说,出货日和到厂日中间往往相差一个月甚至几个月的时间。因此,在询价书中要做明确说明。

(八)询价物资的交货期

交货期是指从采购方订货日开始,到供应商送货日之间的时间段。按照过程来说,交货期也指供货方交给采购方样品和正式产品之间的时间段。所以,交货期主要包括:

买方对采购产品需要的时间、卖方准备样品需要的时间、第一批小量生产及正常时间下单生产所需要的时间等因素。

（九）询价物资的包装

在进行询价的过程中，对于采购物资的包装要做说明，因为它关系到物资的运输安全问题。特别是易燃、易碎等易受外部环境影响的物料。虽然供货方一般会采用行业内的标准包装。但是，如果采购方在日后的比价和议价中对供应商的利益过分挤压，不排除供应商采用比较粗糙的包装，这样不但不利于运输而且更不利于物资的存储。所以，在询价书中要进行说明。

（十）交货地点与交货方式

交货地点就是运送的目的地，交货方式则是指采用哪种运输方式，例如铁路运输、公路运输、水道海运、空运等。

（十一）售后服务条款

当采购的物资为一些比较先进的设备，如冲床、塑胶射出机、测试仪器、半导体封装设备等时，作为采购方的就需要考虑是否要求供应商提供基本的售后服务、保证期限与技术培训等，因为工人可能需要一定的技术培训才能胜任工作。

（十二）供应商的报价截止日期

采购工作时间的长短会直接影响到采购的成本。为了降低采购成本，特别是为了在日后的议价、比价阶段有更充足的时间，采购方应该规定供应商的报价截止日期。截止日期之后的一切报价，都将不再为采购方考虑。因此，供应商会在这段时间内进行详细的评估。

（十三）是否需签署保密协定

当采购工作涉及新产品的开发，或者涉及一些关键性的战略问题（例如，某企业意识到某种产品将要进入销售成长期，便大量采购原材料，以防止或减少竞争对手的进入）时，为了保证商业机密，一般都会要求供应商在规定时间内不能将采购计划、采购数量预测、询价的技术要求、规格、图面等资讯向外界透露。

十一、采购谈判中的议价、比价管理规范

在物资采购谈判中，最为关键的环节就是议价和比价。这里所谈的议价和比价并非指单纯的价格高低而主要是指性价比。所以，这就涉及价格、服务、品质、支付条款等综合性价格。物资采购谈判最重要的是供应方和采购方实力与谈判技巧的综合比较，谈判追求的结果应该是双赢而不仅仅是单赢。

（一）采购谈判前的比价操作规范

采购谈判前的比价过程包括再次评估询价与比较供应商的报价这两个基本过程。

1. 再次评估询价

再次评估询价是指对价格信息收集的评估并分析对方的方案是否合理。其基本内容有评估价格、运送方式、产品规格、付款条件等任何与供应商的方案有出入的项目。

2. 比较供应商的报价

比较供应商的报价就是研究供应商降价的空间，与多家供应商谈判时采用何种方法

最有利于价格的确定,采购方给予供应商的合理利润等。

(二)采购过程中的议价操作规范

1. 采购谈判僵局的处理规范

(1)对非实质的利益条款做出让步,用以期望对方的让步,虽然这可能并不能让对方在实质利益方面做出让步,但这样能使谈判不至于破裂。

(2)让本方较高职位人员出现,本方高层人员既可以直接参加谈判,使对方受到某种精神压力;也可以直接与对方高层人物进行对话,使双方的谈判重新规整。

(3)研究对方坚持报价的原因,如果对方的报价是合理的,就应该考虑接受它。如果对方的报价有含混不清、利润要求不合理、还有降价空间等情况,可以等对方先打破僵持阶段。

2. 确定谈判的议程

在进行采购谈判前,首先要确定谈判的议程。也就是要讨论哪些问题、由谁来进行提出和作为谈判主力、什么情况下谈判小组可以做出采购方面的决定等问题。如果参加谈判的人数比较多,采购物资比较重要,可以建立谈判小组进行总体计划和领导。

3. 做好采购谈判的准备

采购谈判小组成立与否并非是谈判工作的必要环节,无论参加谈判的人数多与寡,谈判时的一些准备工作都是必须要做的。比如准备好谈判计划,了解对方参加人员的个人和公职情况;制订的谈判战略和技巧如何应用;参加谈判人员如何分工配合;谈判成功与否的判定标准等。

(三)采购谈判工作总结

1. 采购谈判后的总结工作也是非常关键的,谈判完成后立刻把谈判结果上交领导层,也就是主管采购工作的副总经理或生产总监,由其对谈判工作进行评价。

2. 在进行完采购谈判后,虽然进行了初步协议的签订,但如果在这个阶段因为某种原因的出现,使得原本适宜的谈判结果无法落实,谈判人员可以要求进行重新谈判。尽管这种做法不受对方欢迎。采购方谈判人员应该找到各种合理的理由,对自己的行为进行解释。只要这种态度是真诚的,要求是合理的,那么对方也自然会进行再次的沟通。

十二、物资采购评估的内容及其操作规范

(一)采购作业效果评估

1. 采购调查与价值分析中所节省的成本。

2. 主要物资的拒收率。

3. 物资准时到货率。

4. 日程变更所导致的缺货数量。

5. 依原因分类的变更订单次数。

6. 请购接受与处理数目。

7. 订单数目和运输成本。

8. 员工工作量与工作效率。

(二)采购中的管理与财务活动评估

1．一般评估项目包括部门的实际操作费用与预算费用的比较、现金折扣的获得与丧失金额、依正确契约与订单方式以送货日分类的采购协议分析、供货商现金折扣的变化。

2．准时送达，质量合格，符合目标成本，购买者所需拥有的相关货品的知识，能够控制采购周期，能够培养合格的供应者，能够将作业过失降到最低，能够杀价到供应者所能接受的底线，采购方所需负责的采购物品的复杂程度，能实时反映供货商与内部的要求。

3．采购价格效率比率。

（三）采购中的文件管理系统评估

1．是否有授权者的签章，新合格分包商是否依规定程序评鉴，合格供应商的基本资料是否建文件，采购文件的质量要求是否明确。

2．是否需要写明年份、版次、参考文件等，所采购物资的资料（如图面、规格表、检测标准等）是否提供给供应商，采购文件发出前是否经授权者核准。

3．采购文件是否经分包商确认，采购文件更改是否经明确程序通知分包商，表现不好的协作厂商是否能从合格名单中剔除，是否根据规定进行了实施。

4．表现不好却未剔除的协作商是否有其他管制措施或辅导方法，请购部门提出的采购单是否未经采购部门同意直接发给协作商。

5．非采购经手的部分采购活动（如托运、材质验证等）是否依采购办法处理，要求分包商提供的证明（如出厂检验、材质证明等）是否收到或归档。

（四）采购内部协调

1．请购部门负责填写请购单，并经适当核准。

2．采购部门负责编制连续编号的采购单，并经核准。采购单一式五联。

3．验收部门负责核对进货品名，清点进货数量，查出损坏品并予以退回，编制验收报告。

4．仓储部门在清点无误后，签收验收报告，填写入库单。

5．生产部门负责填写领料单，生产完工后将制成品送仓储部，并将有关资料送成本会计部。

6．会计部门负责汇集相关凭证（请购单、采购单、验收报告、人库单、领料单）入账，并做存货记录与成本分摊。

（五）质量管理系统评估

1．查看是否制订质量文件，质量文件架构是否明确，质量计划是否制订有说明，是否有文件管制程序书，是否能确保修订与新订单的核准权限划分相同，是否欠缺文件分发、收回管制记录，各类订单是否有修改记录，各类订单是否做好分类、归档、保管，是否设保管目录，各部门持有的订单的版次是否正确。

2．查看是否提供客户所需订单，图面更改时是否依合约经客户同意、确认，外来文件，如客户提供的文件、国外机构的标准等有无进行管制，如果依某国家标准（UL、CNS等），是否注明年份、版次，电子媒体是否管制，旧文件是否处理，是否有质量记录管制的相关程序书，是否欠缺协作商的订单，订单的格式是否与相关程序书的样张一致，质量记录的归档、储存是否易于调阅（是否有索引）。

3．查看订单是否因归档错误找不到责任人，订单是否易于阅读，质量记录储存环境是否适当，订单是否规定保存期限，是否规定了保存人员，订单内容修订是否由修改人员签名。

（六）生产及服务提供过程的评估

1. 查看是否有工作说明书（如流程、作业标准等），是否依标准作业，是否审核，制程合格与否，是否有记录，设备不合格时是否标示隔离，制程不合格时是否停止生产并采取矫正措施。

2. 查看制程是否有管制与监督记录，特殊制程设备的操作是否有详细说明，操作与检测人员是否训练合格，是否在规定（或设定）条件外操作。

3. 查看是否有相关的程序书，是否有相关的工作指示书，相关的检验标准或试验标准，是否提供检验者如何决定样本数、合格数，检验项目合格的判定标准是否明确。

（七）内部核查

1. 内部质量核查是否有相关程序书，是否有核查计划，核查计划是否含 ISO 所要求的项目与全部相关单位，是否依计划实施（查延迟或未做）。

2. 每次核查是否有实际查核的核查检查表（如果没有，则需于核查前的会议讨论），核查人员是否训练合格，是否列于受核查单位，核查结果是否有书面报告。

3. 缺失是否责成受稽单位主管提出改善对策，改善对策是否定有期限，上次核查结果与要求改善项目是否提供给本次相关的核查者，同样问题一再重复发生，应由谁向高层报告，有无明确规定。

（八）质量分析及改进评估

1. 对 AQ 异常、客户抱怨、物资不合格等是否皆有程序书规定应采取的矫正措施，改正措施是否有记录，记录是否注明由谁、于何时、如何改正等，改正措施是否含协作商，是否落实，是否追踪确认矫正的执行，如果无效是否继续分析采取对策。

2. 改正措施的查报、记录及追踪的权责是否明确，是否调查原因，是否有防止措施，改正措施是否延伸到管理审查，制程发生的材损是否追溯并做到封仓检验，成品检验发现制程问题是否追溯到制程，并在必要时停止生产。

十三、物资采购人员绩效考核指标

（一）业绩考核指标

采购人员的工作是为了企业最终的经营利润和业绩实现，从这点上来说，企业销售的业绩也是对采购人员进行考核的一个方面。这包括一些生产订单的完成必须获得采购人员在供料时间、供料品质以及数量上的保证，同时也包括市场推广部利用采购协助形成的销售额，但不包含市场部自行安排采购货源形成的销售额。

（二）产品价格指标

所生产的产品和相关企业的同类产品的正常价位进行比较，也是作为采购人员的绩效考核标准，这就要求采购人员努力减低生产成本，以保障产品在价格上的竞争力。

（三）配合生产企业的营业过程

订单是生产流转的起点，也是整个生产流程的基础环节，正确的订单成本要真实反映产品进、销、存状况，准确计算销售收入、成本、毛利额、毛利率等经济指标以确保生产的有利性。这个环节一旦出现错误，将导致进、销、存各环节一系列的错误，事后的调整无法纠正全部错误，反而会带来新的问题，直接影响企业的生产管理与核算工作。因此，还应将生产流程的是否流畅来对采购人员进行业绩考核。

第三节　采购管理实用表单

一、物资采购计划表

物资采购计划表如表 6 - 1 所示。

表 6 - 1　物资采购计划表

编　号：　　　　　　　　　　　　　　　　　　　　　　　　日　期：

材料名称	规格	部门	全年采购量	单价	分 月 采 购 计 划											
					月		月		月		月		月		月	
					数量	金额	数量	金额	数量	金额	数量	金额	数量	金额	数量	金额

二、物资定期采购计划表

物资定期采购计划表如表6-2所示。

表6-2　物资定期采购计划表

编　号：　　　　　　　　　　　　　　　　　　　　　　　　　　　　　日　期：

材料名称	规　格	每月估计用量	订购交货日期	每日用量	每日最高用量	基本存量	最高存量	基本存量比率	每次订购数量

三、请购单(一)

请购单(一)如表6-3所示。

表6-3　请购单(一)

编　号：　　　　　　　　　　　　　　　　　　　　　　　　　　　　日　期：

材料编号	品名规格	单　位	请购量	用　途	分　批　交　货			
					日期			
					数量			

月数量	日库存		在　途		库存合计		进货期间	安全存量	请购点		请购量可用天数	前3个月平均用量	后3个月预算用量
数量	可用天数	数量	可用天数	数量	可用天数			天数	日期			
备注												

四、请购单(二)

请购单(二)如表6-4所示。

表6-4　请购单(二)

编　号：　　　　　　　　　　　　　　　　　　　　　　　　日　期：

材料编号	品名规格	单 位	请购量	用 途	分 批 交 货					
					日期					
					数量					

月 日库存		在 途		库存合计		进货期间	安全存量	请购点		请购量可用天数	前3个月平均用量	后3个月预算用量
数量	可用天数	数量	可用天数	数量	可用天数			天数	日期			

项次	供 应 商	厂牌	单位	数量	询 价			议 价				
					交货条件	单价	付款条件	交货条件	单价	付款条件	总价	交期
上批												
1												
2												
3												
4												
5												

五、物资采购申请表

物资采购申请表如表6-5所示。

表6-5 物资采购申请表

编 号：   日 期：

序 号	料 号	品名规格	单 位	单 价	金 额	备 注

六、物资订购单

物资订购单如表6-6所示。

表6-6 物资订购单

厂商：   日 期：

地 址：   电 话：   编 号：

项 次	材料编号	品名规格	单 位	数 量	单 价	合 计
交货日期						
交货地点						
注意事项			交易条款			

七、物资采购进度控制表

物资采购进度控制表如表6-7所示。

表6-7 物资采购进度控制表

编　号：　　　　　　　　　　　　　　　　　　　　　　　　　日　期：

| 请购日期 | 请购单号码 | 供应商 | 国别 | 代理商 | 订购 | | | | 付款条件 | 需要日期 | 交货记录 |
					日期	数量	单价	金额			

八、物资订购管理月报表

物资订购管理月报表如表6-8所示。

表6-8 物资订购管理月报表

编　号：　　　　　　　　　　　　　　　　　　　　　　　　　日　期：

| 供应商 | 前月转入 | 订购额 | | | 付款额 | 余额 | 支票 | 即期票据 | 转入支票 | 冲销 | 备注 |
		总公司	订购额	工厂							

九、工厂物资采购管理月报表

工厂物资采购管理月报表如表6-9所示。

表6-9 工厂物资采购管理月报表

编 号： 日 期：

日期	预　定						实　际							
	请购单位	品名	数量	单价	订购日期	采购处（预定）	传票编号	采购处（决定）	数量	单价	金额	交期	检验结果	付款	摘要

十、重要物资采购登记表

重要物资采购登记表如表6-10所示。

表6-10 重要物资采购登记表

物资编号		物资名称规格		图 号	
日　期	请购单号	供应商	采购数量	价　格	备　注

十一、供应商销货、进货、库存情况月报表

供应商销货、进货、库存情况月报表如表 6 – 11 所示。

表 6 – 11　供应商销货、进货、库存情况月报表

编　号：　　　　　　　　　　　　　　　　　　　　　　　　　日　期：

供应商	供应商代号	商品代号	品名	期初存货		本月进货		本月销货		期末存货		毛利	毛利率	周转率	备注
				数量	金额	数量	金额	数量	金额	数量	金额				

十二、工厂采购项目登记表

工厂采购项目登记表如表 6 – 12 所示。

表 6 – 12　工厂采购项目登记表

办理日期：＿＿＿＿＿年＿＿＿＿＿月＿＿＿＿＿日＿＿＿＿＿午＿＿＿＿＿时

办理方式：开标　□　　比价　□　　议价　□

采购项目：＿＿＿＿＿＿＿＿＿＿＿＿＿＿＿＿＿＿＿＿＿＿＿＿＿＿

（规范数量及各项规定详见投标须知）

参加厂商：＿＿＿＿＿＿＿＿＿＿＿＿＿＿＿＿＿＿＿＿＿＿＿＿＿＿

＿＿＿＿＿＿＿＿＿＿＿＿＿＿＿＿＿＿＿＿＿＿＿＿＿＿

办理结果：

项　　目	名称与规格	数　量	单　价	金　额	中标厂商	说　明

十三、工厂物资采购统计表

工厂物资采购统计表如表6-13所示。

表6-13　工厂物资采购统计表

编　号：　　　　　　　　　　　　　　　　　　　　　　　　　　　日　期：

日　期		进厂量	使用量	库存量		订购未到量	采购参考量	
月	日			数量	日期限制		数量	可有日数

十四、物资订购跟催单

物资订购跟催单如表6-14所示。

表6-14　物资订购跟催单

分　类：　　　　　　　　　　　　　　　　　　　　　　　　　　　跟催员：

订购日	订购单号	料号(规格)	数量	单价	总价	供应商(编号)	计划进料日	实际进料日

第四节 采购管理规范化细节执行标准

一、物资采购方式的选择标准

物资采购方式的选择主要归结为是集中采购、分散采购还是混合采购。以下内容重点对集中采购和分散采购的选择展开介绍。

（一）选择集中式物资采购

集中采购适合于下列生产企业与采购项目。

1. 生产企业的规模较大，产量和采购量很大，通过集中采购能满足企业各分厂或各部门的物料使用要求。

2. 生产企业各部门地域上比较集中，便于物料的运输、储存和分配。

3. 生产企业内部采购的物料和物品类别不多，规格、品种相似。

（二）选择分散式物资采购

1. 分散采购是指由各独立核算部门自行进行采购活动。分散采购较适合于规模大、下属比较分散的大型生产制造企业。

2. 分散采购的主体是各预算部门，其采购范围与分散程度相关，一般情况下是一些特殊采购项目。

3. 实行分散采购的优势是增强了采购人员的自主权和一定范围的决策权，能够满足采购对及时性、多样性的需求。缺点则是失去了规模效益，加大了采购成本，不便于监督管理等。

（三）采购方式选择的步骤

1. 收集相关的资料。包括生产状况、产品性能、需购物料的数量、质量、交货期等。

2. 列出详细的采购清单。

3. 综合分析不同采购方式的利弊。

4. 提交请购计划。

二、物资采购流程的设计标准

采购部门在设计物资采购流程时，要注意把握以下几条标准。

（一）方案统一

同一部门负责，同一部门进行审核。避免同一主管对同一采购方案，做数次签核，避免同一采购方案，在不同部门有不同的作业方式，避免一个采购方案审签部门太多，影响采购作业的时效。

（二）方便实施

为了更好地完成采购任务,采购流程的设计应该便于采购主管进行监控、便于采购人员自行考核、便于采购人员的业务处理。其基本做法是:对于一些受环境影响较小的项目,进行刚性管理,例如采购总体预算;相反,则要进行柔性管理。

（三）权责明确

各环节的负责人和审批人员的权利与义务以及任务要明确。例如请购、采购、验收、付款等权责均予区分。

（四）进行实时监督

流程设计完毕之后应该与具体采购人员进行探讨,向其询问流程设计是否严密等,如果问题积攒到一定程度时,能够证明流程设计的某个环节不合理,设计人员应该尽心改进或完善。

三、供应商的划分标准

（一）供应商的基本类型

1. 短期型供应商

短期型供应商也被称为普通商业型供应商。这一类型的供应关系适用于那种对于供应商和关系来说均不是很重要的采购业务,相应的供应商可以很方便地选择和更换,那么这些采购业务对应的供应商就是普通商业型供应商。这种类型最主要的特征是双方之间是交易关系,即买卖关系。

2. 长期型供应商

与供应商保持长期关系是有好处的,双方有可能为了共同利益对改进各自的工作感兴趣,并在此基础上建立起超越买卖关系的合作关系。与供应商之间的长期目标型关系可分为优先型、重点商业型、伙伴型、联盟型等多种类型。

对于供货能力较强或者信誉较好的供应商,可以确定优先型关系。当有采购需求时,首先寻求此类供应商的帮助。

对于一种企业内部的战略性物资来说,应考虑与供应商结盟,或与之建立伙伴关系,形成一种稳定的、长期的共存互利的合作关系。当然,这一关系并非一成不变的,在实际运作中,厂方还需根据具体环境的变化调整这一关系。

（二）确定生产经营与供应商的关系

对供应商的确定,不但与采购相关,而且与生产经营有着很大的关系。这种关系主要是由产品的生命周期来决定的。

1. 产品萌芽期

当产品处在萌芽期时,由于市场销售量较小,产品的生产材料用量小,对于采购方来说,首先要对其品质和供应商行为进行考察。确定与哪些供应商进行短期合作,哪些应维护长期关系。

2. 产品成长期

当产品处于成长期时,市场销售量有时会快速增长,有时会快速降落,产品的生产材料用量也不稳定,因此,在这一阶段,材料的供应与这种材料的需求保持对接非常重要。

在采购时,应重点查看供应商能否在这种采购状态下保持及时供应的物资。

3. 产品成熟期

当产品处在成熟期时,市场销售量比较平稳,而且这种平稳很可能长期存在,因此,与供应商应着眼于保持和建立一种战略关系。

4. 产品衰退期

当产品处在衰退期时,因为销售量会逐渐下降,应该与有着战略关系的供应商一同寻找新的经济增长点。

四、物资采购认证计划制订标准

(一)接受批量需求

批量需求是指采购品种、质量、数量可结合实际情况通过调整采购计划得到。批量认证需求是启动整个供应程序流动的牵引项,要想制订较为准确的认证计划,首先必须熟知开发的需求计划。批量物资需求通常有两种情况。

1. 在当前采购环境中能够找到的物资供应。

2. 新物资供应渠道,需要寻找新物资的供应商,或者与供应者一起研究新物料提供或试制的可行性。

(二)扩大采购范围

当采购环境容量不能满足采购的需要,或者随着采购环境呈下降趋势,该物资的采购环境容量在缩小,满足不了需求时,就会产生余量需求,从而要求对采购环境进行扩容。生产运作是确定采购环境扩充的出发点,因为它直接决定了所需物资的品种规格和质量,决定了余量需求,采购部门应据此根据物资供应平衡原理,适时扩大物资采购的范围。

(三)制订采购认证计划说明书

采购认证计划说明书是为了保证采购计划的顺利实施,建立和维护采购环境而制订的,它所需要的资料包括:认证计划说明书(物料项目名称、需求数量、认证周期等)、开发需求计划、余量需求计划以及认证环境资料等。

(四)分析批量需求与余量需求

1. 市场销售量的扩大,和采购环境订单容量的减少都造成了如今采购环境的订单容量难以满足用户的需求,因此需要增加采购环境容量。各式各样的批量需求按照需求环节分,可分为研发物资开发认证需求和生产批量物资认证需求;按照采购环境分,可分为环境内物资需求和环境外物资需求;按照供应情况分,可分为可直接供应物资和需要定做物资。计划人员应对批量需求、余量需求产生原因的不同,对开发物资需求做详细分析,必要时与开发人员、认证人员一起研究开发物资的技术特征。

2. 对于因市场需求的原因造成的需求,可以通过市场及生产需求计划得以了解各种物资的需求量及时间;对于因供应商萎缩原因造成的,可以通过分析现实采购环境的总体订单容量与原定容量之间差别得到,从而得到总的物资需求。为此,必须从整体出发,综合考虑市场、生产、认证容量、物资生命周期等要素,判断认证需求的可行性,通过调节认证计划来尽可能地满足认证需求,并计算认证容量不能满足的剩余认证需求,对于这部分剩余认证需求需要到采购环境之外的社会供应群体中寻找。

五、订单计划制订标准

（一）分析市场需求

采购计划制订的前提是分析市场需求，或者制订销售计划。因此采购部门除了考虑生产需求外，还要兼顾市场战略和潜在的需求。为此，应对市场订货计划的可信度进行分析，仔细分析合同签订数量、合同剩余量（包括延时交货合同）的各种数据，研究其变化趋势，全面考虑计划的规范性和严谨性，参照相关历史要货数据，确定市场需求。

总之，要对市场需求有一个全面的了解，远期发展与近期切实需求相结合。年度销售计划在上一年末制订，并报送至各个相关部门，下发至销售部门、计划部门、采购部门，以指导全年的供应链运作，并根据年度计划制订季度、月度的市场销售需求计划。

（二）接受生产物资需求

在 MRP 系统中，物料需求计划是主生产计划的细化，它来源于主生产计划、独立需求的预测、物资清单文件、库存文件。

（三）制订订单计划

在制订订单计划时要综合考虑市场、生产、订单容量等要素，分析物资订单需求的可行性，必要时调整订单计划，计算容量不能满足的剩余订单需求。

采购的数量和时间应由以下公式进行确定。

订单数量 = 生产需求量 – 计划入库量 – 现有库存量 + 安全库存量

订单时间 = 要求到货时间 – 认证周期 – 订单周期 – 缓冲时间

六、采购预算管理工作标准

采购预算是根据收集到的各类物资信息而制订的一定计划期间（年度、季度、月度）内，物资采购的用款计划。采购部门在采购预算下进行采购。

（一）编制采购预算的作业依据

编制采购预算的主要依据是某一计划期间（年度、季度、月度）内，生产和经营所需物资的计划总需求量。由生产部门根据企划和营销部门制订的销售计划，结合生产部门的自身特点编制相应的生产计划表，随后，生产部门综合本部门的剩余物资和物资管理部门的库存水平，制订物资计划单。采购部门根据生产部门的物资计划单、各类非生产性物资计划制订总体计划需求。

（二）编制采购预算的基本流程

1.明确战略目标

即通过审查各部门的战略目标是否与生产企业的总体战略目标相一致，如果有些部门没有严格按照总体战略的要求进行工作，就要让该部门与总体战略保持协调。

明确战略目标的另外一个目的是：在保证在总体战略的前提下，各部门之间的工作有一个好的协调。比如，财务部门是否按照要求给予采购部门快捷、方便的支持，因为快捷和方便是一种多向的行为：财务部门很好地支持了采购部门，采购部门很好地配合了供应商,供应商提供的物料很好地支持了生产部门,生产部门很好地支持了营销部门,营销部门销售出去的产品,最终又回到了财务部门。同理,在这之间的任何一个环节出现问题,都会影响整体工作的进展。

2. 制订工作计划

管理层根据发展态势和市场情况制订出战略后,各部门管理者根据本部门的特点,制订出本部门的业务活动要求和范围,据此制订出详细的工作计划。这就明确了本部门的工作活动所涉及的物资种类和需求情况。

3. 明确需要的物资资源

根据工作计划,各部门的管理者结合目前部门物资资源的情况,确定实现工作计划所需要的人力和物力资源需求。

4. 提交准确的预算数字

在进行完以上几个阶段的工作以后,管理部门应该结合可能出现的问题,进行资源的预留。最终再结合初步确定的资源提出准确的预算数字。这一步骤可以和上一步骤同时进行,以减少流程环节。

5. 信息汇总

当各部门提出本部门的准确预算数字之后,企业的企划部门或某个机构(如生产总监办公室)应该对各部门提出的预算信息进行汇总。

6. 预算的审议

信息汇总之后交领导层或特定机构(如生产总监办公会议)进行审议。在审议过程中,应该听取各个重点部门的意见。例如,财务、生产、采购、物料管理等部门。

(三)确定采购物资的价格

物资价格的确定是整个采购过程的中心环节,它直接关系着整个采购成本的高低。因此,要做好采购工作,首先要进行市场价格信息的收集。

1. 收集相关的价格信息

市场信息的波动有时比较大,有时却比较稳定。采购人员不能够因为市场信息的稳定就忽略了信息的收集。

2. 确定合理采购价格

采购物资价格的确定不仅要考虑市场价格,还要考虑采购预算、利息负担、运输和验收等环节的费用等多方面的因素。这种情况下的采购价格只是一种预估。

物资采购价格预估一般的做法是:依据采购的历史资料、市场行情、供应商所提供的资料、各类媒体信息、行业协会研究报告等信息资料加以分析和比较,测定初步采购成本。初步采购成本一般包括直接成本(直接劳务支出和直接物料成本)、间接成本(生产残废料费用、物料存储管理费用、生产日常费用等)、总体行政费用。

七、采购信息收集人员的基本要求

为了有效地获取采购方面的信息,对采购信息收集人员的基本要求如下。

(一)具有广泛的知识

1. 为了物资价格信息的获取,要懂得利用价值分析、成本分析与统计分析等技术。

2. 供货商信息的取得,要懂得资讯的调查方法和技巧。

3. 主要物资信息的取得,要懂得生产技术和生产流程。

4. 新品所需物资性能的取得,要懂得相关的科技知识,若对此原料的性能缺乏了解,常常会导致错误采购。

5. 市场行情的信息。要懂得运输、保险、包装、汇率等知识。

（二）拥有广阔的信息收集渠道

物资信息的收集,应该是全方位、多层次地进行,有些信息是区域性收集。这就要求信息收集人员要具备一定的信息收集渠道资源。当然,国内市场与国外市场所使用的方法不尽相同。

（三）需要具有物料信息收集、研究人才

物料信息的收集必须要有科技、贸易、经济、管理等方面知识的人才,才能达到好的效果。但企业往往重视采购部门、销售部门的人才引进及培养,却忽视了信息人才的培养。由于采购信息的缺乏,采购时往往不能达到所期待的目标。

（四）了解采购市场的复杂性

采购市场会随着国家宏观经济政策的变化而改变,企业物料的供应政策,也受产销与财务计划的影响。

国外采购市场还会随着两国间的政治、经济等形势的变化而变化,也受国际贸易政策与他国大贸易公司等大型组织的影响。两国间的贸易也会受到政治、经济方面的影响,而使采购作业失去控制,在此情况下获取的采购信息也就失去了意义。

因此,采购市场信息的收集,要充分认识到信息收集的复杂性、多变性。

八、物资采购信息收集方法

（一）物资采购信息的收集来源

物资采购信息的收集来源,主要有如下几种。

1. 来自现有市场的信息。

2. 来自同行的信息。

3. 来自供货商的信息。

4. 来自其他行业的相关信息。

（二）物资采购信息的调查项目

一般物资采购信息的调查项目包括以下几个方面。

1. 对供应商信息的调查

（1）调查研究新的流通途径。

（2）供应商的选择。

（3）生产形态与制造厂商关系方面信息的收集。

2. 物资价格信息的调查

（1）重点了解市场行情、研究市场的特性、研究供需活动的特性。特别是某些价格和数量都比较敏感的物资,要了解它的季节性供货波动、价格的季节性变动,采用多预购备用或期货订购的方式。

（2）对物资的品质、价格和数量进行价值分析。

（3）对制造方法与制造成本的调查。

3.物资信息的调查

（1）分析物资的性价比。

（2）新物资的研究，尤其设计新产品时以寻找新物料最为重要。

（3）寻找更符合性能要求的物资。

4.预测恰当的采购时期

包括市场供需情况预测、价格变化情况预测，然后对最有利的采购时期做出采购决策。

5.适合物资信息的收集

（1）分析物资的性价比。

（2）对新物资的研究，特别是在设计新产品时以寻找新物资最为重要。

（3）寻找更符合性能要求的物资。

九、采购合同的主要条款

（一）双方当事人的名称或者姓名、住址。

（二）标的物的名称、数量、质量、单价（大写）、总价（大写）。

（三）包装要求。

（四）标的物交付的时间、地点、方式（履行方式）。

（五）标的物质量、数量检验的方法及说明。

（六）价款支付的时间、地点、方式（结算方式）。

（七）期限。

（八）违约责任（违约金的组成、计算方法、赔偿数额的确定）。

（九）风险承担的划分。

（十）争议解决的方式（协商、调解、仲裁、诉讼）。

十、采购合同签订工作实施标准

采购合同作为物资采购过程中的正式契约，应该条款具体、内容详细完整。一个完整的物资采购合同，其条款应包含以下内容：各合同名称；签约的时间、地点、签约人姓名或单位名称、签约原因目的；商品质量、数量条款以及价格、价款、付款方式等。

物资采购合同签订的基本步骤如下所示。

（一）进行采购谈判

供应方和采购方之间需要进行采购谈判，在大多数情况下，需要通过谈判在买卖双方之间达成一种双方都可接受的折中方案。对采购方来说，谈判是否成功，就看谈判结果能为企业带来多大的效益。采购谈判的内容包括采购数目、采购价格、采购方式、支付方式等。采购谈判人员应围绕这些内容做好相应的谈判准备，设计出具体的谈判方式，认真、冷静、顽强、巧妙、灵活地应对各种情况和问题,以达到更好的谈判效果。

(二)采购合同的审批

1. 物资采购合同在得到采购方和供应方双方的认可之后,必须送交专职管理人员进行审核方可批准,其目的在于限制订单人员必须依照订单计划在采购环境中操作,确保货物在一定范围内,并符合订单计划的物料数量、到货日期要求。

2. 审查的内容主要为合同内容的合理性和确定性。合同必须在审核批准后才可由双方签订生效。

(三)签订物资采购合同

经过审批的物资采购合同,即可传至供应商确认并盖章签字,签订合同的方式有4种。

1. 与供应商面对面签订合同,买卖双方都在现场进行盖章签字。

2. 订单人员使用传真将打印好的合同传至供应商,并且供应商以同样方式传回。

3. 使用电子邮件进行合同的签订,买方通过电子邮件向供应商发去合同文本,表示买方已经签字,供应商再通过电子邮件返回已签字的合同,则表示接受合同并完成签字。

4. 建立专用的合同信息管理系统,完成合同信息在买卖双方之间的传递。

十一、物资采购合同执行工作实施标准

1. 物资采购合同在生效后即意味着对订单的实现。在签订了物资采购合同之后,要按合同约定来执行。对此而言,合同签订后,为了使供应商能如期、保质、保量交货,采购方应依据合同规定,督促供应商按规定交货,并予严格检验收库;加工型供应商要进行备料、加工、组装、调试等过程;对存货型供应商,只需从库房中调集相关产品及适当处理,即可送往买家。

2. 在合同执行过程中,应把握所供物资的质量和供货时间的变化情况。需要对认证合同的条款进行修改的,要及时提醒认证人员办理,以利于订单的操作。注意把合同、各种经验数据的分类保存工作做好。有条件的,可以采用计算机软件管理系统进行管理,将合同进展状况录入计算机中,借助计算机自动处理跟踪合同。掌握采购环境中供应商表现数据的多寡是衡量订单人员经验水平的一个指标,它对订单下达及合同跟踪起到重要的参考价值,因此注意利用供应商的历史情况决定对其实施的过程方法。

十二、物资采购合同的更改与取消工作实施标准

(一)物资采购合同的更改

物资采购合同一经签订,就要认真履行,一般不再进行变更。但为了维护买卖双方的共同权益,经买卖双方共同协议仍可以对合同进行修改,合同的修改,必须以不损害买卖双方的利益和其他关系人的权益为前提。通常有下列情形时,要对合同条款加以协商修改。

1. 经买卖双方确认属于原始资料错误的情况

合同签订以后如发现原始资料有错误而必须加以更正时,要以正确的原始资料为

准,经买卖双方协议修正,并将修正要求及时通知相关单位。

2. 由于制造条件的改变而致使供应商无法履约

合同履行期间,因制造条件的改变,而导致供应商无法履约,可以协商修改原合同。但因物料的供应不能终止合同或解约,另行采购已无法应急时,采购商可以协议适度修改原合同后要求供应商继续履约。

3. 合同的成本计价发生改变

以成本计价的合同,由于成本的改变或其他原因,超过了合同规定的时间限度时,除固定售价合同其价格不得改变外,买卖双方均可以提出要求修订合同所订的总成本。但如有下述情形时仍可协议修改固定售价合同。

(1)生产材料暴跌致使供应商获取暴利时,可协议修订价格。

(2)生产材料的暴涨致使供应商履约困难,且解约重购对买卖双方都不利时,可协议修订价格。

(二)物资采购合同的取消

取消采购合同也就是不履行合同规定的义务。出于公平交易的原则,不遵守合同的一方必须负取消合同的责任。

在法律上,到底何方必须负担责任,要视实际情况来决定。一般取消合同大致有下列的情况。

1. 由于违约导致的合同取消

在签订物资采购合同后,通常的违约情形有以下两种。

(1)供应商不依约履行,例如,交货的规格不符、不按时交货,其违约的原因可能是故意、无能力履行或其他无法控制的因素所致。

(2)采购商违约,例如不按时预付定金而被取消合同。

2. 因采购方的原因而取消合同

采购方由于利益或其他因素不愿接受合同约定的产品,而提出取消合同,这种情况下,供应商可要求采购方赔偿其所遭受的损失。

3. 双方经协商同意取消合同

这种情况一般都是在履行合同的过程中,出现了不可抗力的情形。

第7章 工欲善其事,必先利其器
——设备管理

第一节 设备管理工作要点

一、生产设备的基本类型

(一)生产设备的范畴

设备是指供长期生产使用,并在使用过程中基本保持其原有物质形态,能够持续使用或反复使用的各种机械的总称。它一般包括为完成生产和试制任务所需要的一切动力、传动、执行和控制设施以及其附属的仪器、仪表、计算机等。

(二)设备是进行生产的物质基础和必要条件

它反映了生产制造企业机械化、自动化的程度。设备状况不仅直接影响所生产产品的产量、质量、生产效率、物资消耗,而且影响企业的成本、利润、交货期、安全生产、环境保护、工人生产情绪和企业的生产秩序。生产常用设备主要包含以下几种。

1. 动力设备

动力设备是指为生产型设备提供电力、热力、风力和其他动力支持的各种机器设备,如发电机、蒸汽锅炉、空气压缩机等。

2. 生产设备

生产设备是指直接改变原材料属性和形态的各种工作机器和设备,如金属切削机床、锻压设备、平炉、高炉、转炉、纺织机械,化工企业使用的塔、罐、锅、炉、窑等。它是设备的主体,是狭义的设备范畴,可直接作用于生产过程。

3. 交通运输设备

交通运输设备是指在生产中必不可少的用于运送货物、原材料等物资以及载人的各种运输工具,如各类汽车、铲车、吊车、电瓶车和其他搬运车辆等。

4. 仪器仪表

仪器仪表是指具有独立用途的各种工作用具、生产用具、仪表等,如各种监测用仪器、电子计算器,以及在生产过程中盛装原材料、产品的桶、罐、缸、箱等各种容器具。

5. 管理和公用设备

管理和公用设备是指用于生产经营管理和医疗卫生的设备,如计算机、医疗设备等。

6. 传导设备

传导设备是指用于传导电力、热力、风力和其他动力,用于传送固体、液体、气体的各种设备,如各种输电线、电力网、管道、传送带等。

二、设备管理工作内容

（一）设备的选型

本着技术上先进、经济上合理、生产上可靠的原则，对设备进行评价和选择。

（二）合理地使用设备

搞好设备的检查、维护保养和修理，使设备始终处于最佳的技术状态。

（三）设备的改造、更新、换代

（四）切实做好设备验收、建档、建卡、使用、转让、事故处理及报废等日常管理工作

（五）建立健全设备管理制度和责任制度

（六）对设备进行综合管理

设备管理，本质上是对设备运动过程的管理。对设备物质形态的管理形成设备的技术管理，对设备资金流形态的管理形成设备的经济管理，它们分别受技术规律和经济规律支配。设备管理的目的，是要达到最佳的技术状态和经济效果。因此，需要同时加强技术管理与经济管理。就是说"设备管理"应是运用现代管理理论和方法对设备全寿命过程进行的组织管理，是把与设备有关的人员组织起来对设备实行的全员管理。

（七）全员设备管理

现代中，设备数量众多，型号规格复杂，并分散在企业生产、科研、管理等各个领域，如果单靠专业管理的机构与人员是难以管好的。因此，要根据设备的生产效率、设备的投资效果、产品质量的保证程度、能源和原材料的消耗、生产的安全性、设备的成套性和灵活性、对环境的影响和维修的难易程度等情况，合理使用设备，制订并执行合理的设备预防修理制度，以及时地、经常地做好设备的维修保养工作，延长设备的技术和经济寿命。

（八）全过程设备管理

就是将设备的整个生命周期作为一个整体进行综合管理，从总体上保证和提高设备的可靠性、维修性、经济性，做到安全、节能、保护环境，避免设备积压和浪费，以求得设备整个生命周期的最佳效益，从而提高企业技术装备水平，实现技术装备现代化。

三、设备管理工作任务

设备管理的主要任务是为企业的生产提供先进、适用的技术装备，使企业生产经营活动建立在技术先进、经济合理的物质技术基础之上，提高企业的经济效益，保证生产企业经营目标的实现。其具体任务有以下几点。

（一）提高设备管理的经济效益

按照经济规律的客观要求，加强对设备的经济和组织管理，降低设备管理各环节的费用支出，以期设备的整个生命周期费用最经济。

（二）做好设备的更新换代工作

要走集约型经济发展道路，设备更新与改造是企业扩大再生产的重要途径。有关部

门必须协同工作,组织厂内外加工制造力量,挖掘企业潜力,依靠技术进步,及时地做好设备的更新与改造,保证生产现代化水平不断提高。

（三）提供优良的技术装备

有关部门应根据技术上先进、经济上合理的原则,紧密配合,掌握国内外有关技术的现状和发展动向,包括设备的规格、性能、用途、效率、价格等,从而正确地选购设备。

（四）保证设备时刻处于最佳技术状态

设备管理部门要认真研究设备寿命和设备故障规律,如磨损规律,故障规律等,运用先进的检测、维修手段和方法,灵活采取相应的修理方法和手段,在节约费用的前提下,维修保养现有设备,使之处于最佳状态。

四、设备管理工作要求

（一）合理地使用设备

车间内的每台设备都有其自己的性能和使用要求,因此为了保持设备的良好技术状态,必须合理地使用设备,要求设备操作人员严格按操作规程使用设备。要坚决制止超使用范围、超负荷使用设备。

（二）对生产设备进行维护与保养

加强对生产设备的定期维护保养,可以使零件减少磨损,延长使用寿命,这是一种积极的预防措施。所以这也对生产设备的操作者与专职保养员提出了要求,即要定时清扫设备,润滑设备,以保证电器系统、冷却系统、机械传动系统的正常运作。

（三）对生产设备进行检查与修理

车间应该有组织、有计划地进行设备的检查和修理工作,计划中要检修的设备必须进行检修,凡在检查中发现的隐患,或者已损坏的零件、元件应及时修复或调换。在保证设备修理质量的前提下,缩短修理时间,降低修理费用。

（四）做好生产设备的验收、登记、保管、报废工作

从设备运到车间开始,直至设备报废,整个设备生命周期应该建立各项管理制度和责任制度,做到科学的管理。

五、生产车间设备管理工作内容

1. 根据生产设备管理的规章制度,组织车间设备的正确使用、维护保养和及时检修。

2. 做好设备的集体管理与检修活动,督促设备使用维护规程和安全技术操作规程的贯彻执行,配合设备主管部门做好设备普查工作。

3. 完成本车间的一、二级保养计划,协同设备主管部门编好设备的大修计划,并做好设备预检工作。

4. 随时注意设备的技术状态,重点要管好、用好关键、精密、稀有、重点设备,严禁设备带病或超负荷运行,以防止和减少设备事故。

5. 采取有效的措施,提高设备的完好率与设备的利用率。

6. 合理使用内部的各种动能,认真执行各种动能消耗定额指标,积极采取措施节约各种动能。

7. 教育本部门员工爱护设备,认真执行交接班制度,组织本部门员工进行设备业务学习,提高操作人员对设备使用与维护的技术熟练程度。

六、生产工具管理工作内容

生产工具管理的基本内容具体包括以下几个方面。

（一）编制需求计划

就是根据车间的生产使用需要,提前制订工具需求计划,以便进行协调。

（二）建立相应的工具使用档案

1. 进行分类编号

根据工具在生产中的作用和技术特征,用"十进位"法,把工具分成类、种、组、项、型（也可分为大类、分类、组、分组、项）：把所有工具分成十类,每类分成十种,每种分为十组,每组分为十项,每项分为十型。工具的编号是在工具分类基础上进行的,工具的编号方法很多,有十进位法、字母法、综合法等。

2. 注册登记

工具不论是个人使用、集体使用、工具室借用（专用工具、工装）,都应该建立账目,为生产做好准备。车间主任应了解车间工具情况,在分派任务时做到心中有数。

（三）保证工具的及时供应

做好生产工具订货工作,及时供应。属于需要组织自行制造的非标准或专用工具要及时组织自制,以免耽误生产。

七、生产设备选择工作要求

生产设备选择的基本要求是要选择技术上先进、经济上合理、生产上可行的设备,保证企业生产发展,实现技术进步。在选择生产设备时,要考虑以下因素。

（一）设备的可靠性

从广义上讲,可靠性是指设备加工精度、准度的保持性,零件耐用性,安全可靠性等。可靠性是指在规定的时间内,在规定的使用条件下,无故障地发挥规定机能的概率,在现代生产中,那些大型关键设备,其生产能力大、效率高,如果可靠性不好,故障率高,将会造成较大的经济损失。

（二）设备的生产性

设备的生产性,主要指设备的生产效率,以设备在单位时间（小时、月、年度）的产品产量来表示。目前,在提高设备生产率方面的主要途径有设备大型化、高速化和自动化等;但这些设备的采用往往需要具备一定的客观和主观条件。

（三）设备的节能性

设备的节能性,是指设备节约能源的性能。能源在生产制造企业的物资消耗中占有重大成分,如果能源耗费太大,就会造成生产成本上升。因此在更新研究中必须把能源节约作为评价设备的一个重要指标来加以考虑。

(四)设备的配套性

设备的配套性,指对本设备的相互关联和配套水平。配套大致分 3 类:单机配套,是指一台机器设备中各种随机工具、附件、部件的配备成套;机组配套,是指主机、辅机、控制设备等相互配套;项目配套,是指一个新建项目所需的各种机器设备配套,如加工设备、动力设备和其他辅助生产设备配套。不配套的设备更新方案,其技术性能不能充分发挥,直接影响方案的经济效果。

(五)设备的维修性

设备的维修性,又称可修性,设备的维修性好,一般是指设备结构简单、零部件组合合理;维修时零部件易拆卸、检查;通用化、标准化程度高,互换性比较好。维修性的好坏直接影响设备维护和修理工作量的大小和费用的多少。

(六)设备的灵活性

灵活性指的是设备对不同工作条件、不同产品、不同零件的适应性。在工作对象固定的条件下,设备能够适应不同的工作条件和环境,操作、使用比较灵活方便;而在工作对象多变的条件下,设备能适应多种加工性能,通用性强。因此,在选择设备时,要从实际出发,不要盲目追求大、高、精,要讲求实效。

(七)设备的环保性

环保性指的是设备对环境的影响程度,如设备的噪声和排放的有害物质对环境污染的程度,它不仅会直接造成操作工人体质的下降和工作情绪的波动,而且随着环保检查力度的提高,更易陷于被迫停产的窘境。

(八)设备的难易性

难易性指的是对设备操作人员素质的要求,以及掌握设备操作的难易程度。

以上是选择设备时的基本要求。具体到每个生产企业,就要根据具体的生产情况、资金情况、技术情况和管理情况进行评估,以购置到最合适的设备。

八、生产设备使用管理工作要求

(一)根据生产设备的不同特点,建立和执行使用和维护设备的各种规章制度,包括岗位责任制、安全操作规程、定期检查维护保养制度、交接班制度等。关键是要落实维护保养设备的责任制,可按设备使用情况分别建立专人专机责任制、机长责任制、一人多机维护保养责任制等,严格执行使用设备的制度与要求。

(二)要根据本身的生产特点和工艺过程,经济合理地配备各种类型的设备,使各种设备在性能和生产效率上相互协调匹配。同时,各种设备之间的比例关系应根据不同时期的生产任务,进行及时的调整。

(三)要根据各种生产设备的性能、结构和技术、经济特点,合理地安排设备的生产任务和工作负荷,适当地安排生产任务,要使各种设备物尽其用,并严禁超负荷运转。不同的设备是依据不同的科学技术原理设计制造的,它们的性能、结构、精度、使用范围、工作条件各不相同。如果不考虑上述特点,不是造成设备效率的浪费,就是使设备超负荷运转,加速损坏。

(四)制订有关使用和维护设备方面的规章制度,建立健全设备的责任制度,如岗位责任制、安全责任制。正确地制订和贯彻执行这些规章制度,是合理使用设备的重要保证。不同行业的主管部门在这方面都规定有一定的条例、规程,以供系统内企业参照执行。

(五)为生产设备创造良好的工作条件。良好的工作条件是保证设备正常运转、延长使用期限、保证安全生产的重要条件。且类别繁多的各种设备,要求有不同的工作条件。一般说来,所有的设备都要求有一个整洁的工作环境和一个正常的生产秩序,以最大限度地发挥设备的效能。

(六)为生产设备配备一定熟练程度的操作者。为了充分发挥设备的性能,使机器在最佳状态下使用,必须配备与设备相适应的工人。要求任何设备的操作人员都应通过应知、应会考试,证明其确实具有对某种设备的操作能力,熟悉并掌握设备的性能、结构、工艺加工范围和维护保养技术。对于大型、精密、贵重和关键设备,以及引进的国外设备,应指定具有专门技能的工人去承担。实行定人定机、凭操作证操作。在使用精密、复杂、稀有以及对生产带有关键性的设备时,必须指定具有专门知识和操作经验的高级技工或技术人员去掌握。

(七)合理配备操作工人。坚持先培训再上岗操作,对精、大、稀和关键设备,指定专人操作,实行定人定机,严格执行凭证操作制度。

(八)要经常对职工进行正确使用和爱护设备的教育,使操作人员自觉养成爱护设备的风气和习惯。必须加强对车间员工进行正确使用设备的教育和岗位业务培训,提高操作工人管好用好设备的责任心和技术水平,达到"三好"(管好、用好、维修好)和"四会"(会使用、会保养、会检查、会排除故障)的要求。

(九)在生产过程中,为设备创造良好的工作条件。一方面为设备配备相应工种的、熟练的操作者;另一方面保持设备本身和工作环境的整洁和正常秩序,必要时安装防护、防潮、防震、保暖、降温等装置。

九、生产设备维修管理工作内容

(一)依据经营目标及生产需要制订生产设备规划。

(二)选择、购置、安装、调试所需要的生产设备。

(三)对投入运行的生产设备正确、合理地使用。

(四)精心维护、保养和及时检查设备,保证生产设备正常运行。

(五)适时改造和更新生产设备。

第二节　设备管理规范化制度

一、生产设备管理制度模板（一）

□　总则

第一条　生产制造企业的机器设备与工具，是进行生产的物质条件。其数量和性能，决定着生产面貌。因此，生产制造企业管好用好机器设备和工具，使机器设备和工具经常处于完好状态，延长其使用寿命，是生产企业管理工作的一项重要内容。设备管理的好坏，对于产品的质量、品种、产量，对于减轻劳动强度，提高劳动效率以及减少原材料消耗，降低产品成本等具有极其重要的作用。

第二条　生产设备管理工作的内容包括从设备进厂验收、安装、使用、维护保养、检查修理到配件的生产、设备的改造、更新，以及日常的登记、保管、调拨、报废等一系列工作。设备管理的任务，是要保证设备在物质运动的全过程中，自始至终保持良好的技术状态。

第三条　为了保证有效地实现生产设备的管理目标，必须坚持以预防为主，维护保养与计划检修并重和先维修后生产的原则，正确使用，精心保养，合理润滑，安全生产。设备管理部门和生产部门共同负责，做好包括使用、保养、检查、修理等工作，正确处理好生产与维修的关系。

□　生产设备技术状况

第四条　设备技术经济指标。

评价生产设备管理的技术经济指标有以下几点。

（1）设备完好率。表示设备技术状态的完好程度，是检查企业设备管理和维修工作水平的重要指标。其计算公式为：

设备完好率 = 完好的设备台数/设备总台数 × 100%

设备总台数是指本企业已安装的全部生产设备，包括在用、停用、封存、停机待修和正在检查的所有设备，不包括尚未安装和由基本建设部门管理、物资部门代管的设备。完好设备台数是指设备总台数中完全符合设备完好标准的台数。

（2）设备故障率。是指因设备发生故障而停机的时间占设备运转时间的百分比，计算公式为：

故障率 = 设备故障停机时间/设备运转时间 × 100%

（3）维修费用效率。是指单位维修费用所能生产的产品产量，计算公式为：

维修费用效率 = 产品产量（件或吨）/维修费用

（4）单位产品（或万元产值）维修费用。计算公式为：

单位产品（或万元产值）的维修费用 = 维修费用/产品产量（或总产值）

（5）平均单台设备年维修费用。计算公式为：

平均单台设备年维修费用 = 年维修总费用/年投入使用设备总台数

第五条　对所有生产设备按技术、维护、管理状况分为两类，一类是完好设备，另一类是非完好设备。并按分类分别制订参考标准。

第六条　各部门的生产设备必须完成上级下达的技术状况指标，即考核设备的综合完好率。

第七条　生产设备管理部门要分别制定年、季、月度设备综合完好率指标，并层层分解落实到岗。

□　生产设备运行动态管理

第八条　对生产设备运行动态管理，是为了使各级维护与管理人员能准确掌握其运行状况，而相应制订的管理措施。

第九条　建立健全系统的生产设备巡检措施。

各作业部门要对每台生产设备，依据其结构和运行方式，定出巡检点、内容、正常运行的参数标准，并针对设备的具体运行特点，对设备的每一个巡检点确定出明确的检查周期，一般可分为时、班、日、周、旬、月检查点。

第十条　巡检保证体系。

车间操作人员负责对本岗位使用设备的所有巡检点进行检查，专业维修人员要承包对重点设备的巡检任务。

第十一条　信息传递与反馈。

（1）车间操作人员巡检时，发现生产设备不能继续运转需紧急处理的问题，要立即通知当班调度，由值班负责人组织处理。一般隐患或缺陷，检查后登入检查表，并按时传递给专职巡检工。

（2）专职维修人员进行的设备巡检，要做好记录，除安排本组处理外，要将信息向专职巡检工传递，以便于统一汇总。

（3）专职巡检人员除完成承包的巡检点任务外，还要负责将各方面的巡检结果，按日汇总整理，列出当日重点问题，并向有关部门反映。

（4）有关部门列出主要问题，除登记台账之外，还应及时输入计算机，便于上级有关部门综合管理。

第十二条　动态资料的应用。

（1）巡检人员针对巡检中发现的设备缺陷、隐患，提出应安排检修的项目，纳入检修计划。

（2）巡检中发现的设备缺陷，如情况紧急，为了不影响生产，能由修理班组立即处理则由班组立即处理，如不能及时处理，应由作业部门立即确定解决方案，并着手解决。

（3）重要设备的重大缺陷，各作业部门主要领导组织研究，确定控制方案和处理方案。

第十三条　薄弱环节的管理。

下列情况均属生产设备管理的薄弱环节。

（1）运行中经常发生故障停机而反复处理无效的部位。

（2）运行中影响产品质量和产量的设备、部位。

（3）运行达不到小修周期要求，经常要进行计划外检修的部位（或设备）。

（4）存在安全隐患，且日常维护和简单修理无法解决的部位或设备。

第十四条　薄弱环节的特殊处理。

（1）有关部门要依据动态资料，列出设备薄弱环节，按时组织审理，确定当前应解决的项目，提出改进方案。

（2）各作业部门要组织有关人员对改进方案进行审议，审定后列入检修计划。

（3）设备管理的薄弱环节改进实施后，要进行效果考察，做出评价意见，经有关领导审阅后存入设备档案。

□　生产使用设备管理

第十五条　生产设备使用前操作人员应在人事部门的安排下接受培训，由工程部门安排技术人员现场操作讲解。

第十六条　使用人员达到会操作，清楚日常保养知识和安全操作知识，熟悉生产设备性能的程度，工程部签发设备操作证，上岗操作。

第十七条　当机器开动和停车时，必须事先口头通知本工区所有人员，停车后不准乱开马达。在生产过程中，发现机器有异常现象，应立即停车，并通知有关人员检修。

第十八条　机器设备发生故障应报告班组长及有关负责人员及时解决处理。

第十九条　车间内的所有的动力设备，不经车间、设备科、电工或机修工人允许，不准乱修、乱拆，不准在电气设备上搭湿物和放置金属类、棉纱类物品。

第二十条　使用人员要严格按操作规程工作，认真遵守交接班制度，准确填写规定的各项运行记录。

第二十一条　不经领导批准，不准拆卸或配用其他人员的机器零件和工具。

第二十二条　对不遵守操作规程或玩忽职守，使工具、机器设备、原材料、产品受到损失者，应给予适当的经济处罚和行政处分。

第二十三条　对于不遵守操作规程或玩忽职守，使机器设备、工具、原料或产品受到损失者，应酌情予以经济处罚和行政处分。

□　新增生产设备管理

第二十四条　各部门需增置的设备经批准购买后，须报设备管理部门备案。

第二十五条　经设备管理部门进行可行性方面的技术咨询，方可确定装修项目或增置电器及机械设备。

第二十六条　保证设备安全、合理地使用，各部门应设一名兼职设备管理员，协助设备管理部门人员对设备进行管理，指导本部门设备使用者正确使用操作规程。

第二十七条　设备项目确定或设备购进后，设备管理部门负责组织施工安装，并负责施工安装的质量。

第二十八条　施工安装完，由设备管理部门及使用部门负责人验收合格后填写《设备验收登记单》方可使用。

第二十九条　对新置设备的随机配件要按图纸进行验收，未经验收不得入库。

□　转让和报废生产设备的管理

第三十条　当生产设备陈旧老化不适应工作需要或无再使用价值,且使用部门申请报损、报废之前,要进行技术鉴定与咨询。

第三十一条　有关部门指派专人对设备使用年限、损坏情况、影响工作情况及残值情况等进行鉴定与评估,填写意见书交使用部门。

第三十二条　使用部门将《报损、报废申请单》附意见书一并上报,按程序审批。

第三十三条　申请批准后,将旧设备报损、报废。

第三十四条　报损、报废旧设备由工程部负责按有关规定处置。

第三十五条　本制度的最终解释权归生产部。

二、生产设备管理制度模板(二)

□　新增设备管理规定

第一条　本公司各部门需增置的设备经批准购买后,须报设备管理部门备案。

第二条　经设备管理部门进行可行性方面的技术咨询,方可确定装修项目或增置电器及机械设备。

第三条　为保证设备安全、合理地使用,各部门应设一名兼职设备管理员,协助设备管理部门人员对设备进行管理,指导本部门设备使用者按照操作规程正确使用。

第四条　设备项目确定或设备购进后,设备管理部门负责组织施工安装,并负责安装的质量。

第五条　施工安装完,由设备管理部门及使用部门负责人验收合格后填写《设备验收登记单》方可使用。

□　使用设备管理规定

第六条　电气机械设备使用前,设备管理人员要与人事部配合,组织操作人员接受操作培训,维修部负责安排技术人员讲解。

第七条　使用人员达到会操作,清楚日常保养知识和安全操作知识,熟悉设备性能的程度,维修部签发设备操作证,上岗操作。

第八条　使用人员要严格按操作规程工作,认真遵守交接班制度,准确填写规定的各项运行记录。

第九条　维修部要指派人员与各部门负责人经常性地检查设备情况,并列入员工工作考核内容。

□　转让和报废设备管理规定

第十条　设备年久陈旧不适用工作需要或再无使用价值,且使用部门申请报损、报废之前,工程部要进行技术鉴定与咨询。

第十一条　工程部指派专人对设备使用年限、损坏情况、影响工作情况、残值情况、更换新设备的价值及货源情况等进行鉴定与评估,填写意见书交使用部门。

第十二条　使用部门将《报废、报损申请单》附意见书一并上报,按程序审批。

第十三条　申请批准后,交付采购部办理,新设备到位后,旧设备报损、报废。

第十四条　报废、报损旧设备由工程部负责按有关规定处置。

□　设备事故分析处理办法

第十五条　发生设备事故,工程部主管、值班人员要到现场查看、处理,及时组织抢修。

第十六条　发生设备事故的操作人员及当事人将事故时间、原因、设备损坏程度、影响程度等做记录上报本部门负责人。

第十七条　工程部主管、值班人员及有关部门负责人组织进行事故分析,写出《事故分析报告》,签署处理意见,报主管总经理。

第十八条　对重大事故由维修部门通知人事部及有关部门,按处理程序及时上报。

第十九条　事故处理完毕,工程部值班主管将《事故分析报告》存入设备档案。

第二十条　人为事故应根据情况按《奖惩条例》的条款及处理权限,对责任者给予行政处分、经济处罚。

第二十一条　属设备自然事故,维修部门进行处理,采取防护措施。

□　设备检修保养规定

第二十二条　工程部设备主管人员编制设备检查保养半年计划,填制《半年设备检修计划表》,报部门经理审核批复。

第二十三条　工程部经理审核计划呈报总经理后,批准执行工程部半年设备检修保养计划。

第二十四条　设备管理人员编制检修保养单《月设备检修保养计划表》,并按月计划表的内容,逐项填写《保养申请单》,检修保养时需某部位停电、水、气时,还要填写《停用通知单》。

第二十五条　值班人员填写的《月设备检修保养计划表》《保养申请单》《停用通知单》一并报部门经理。工程部经理与总经理和各部门沟通后,签署意见,下达执行。

第二十六条　值班人员根据批准的月检修保养计划,签发《设备保养任务单》,填写任务单中"内容及要求"栏目,安排具体人员负责实施。

第二十七条　在《检修保养工作记录簿》中登记派工项目及时间。

□　设备日常维修管理办法

第二十八条　公司电气使用部门的设备发生故障,须填写《维修通知单》,经部门主管签字交工程部。

第二十九条　维修部门主管或值班人员接到通知,随即在《日常维修工作记录簿》上登记接单时间,根据事故的轻重缓急及时安排有关人员处理,并在记录簿中登记派工时间。

第三十条　维修工作完毕,主修人应在《维修通知单》中填写有关内容,经使用部门主管人员验收签字,并将通知单交回维修部门。

第三十一条　维修部门在记录簿中登记维修完工时间,及时将维修内容登入设备卡片,并审核维修中记载的用料数量、计算出用料金额填入单内。

第三十二条　将处理完毕的《维修通知单》依次贴在登记簿的扉页上。

第三十三条　紧急的设备维修,由使用部门的主管用电话通知工程部,由值班人员先派人员维修,同时使用部门补交《维修通知单》,值班人员补写各项记录,其他程序均同。

第三十四条　维修部门在接单后两日内不能修复的,由值班主管负责在登记簿上注明原因,采取特别措施,尽快修复。

□　设备运行动态管理制度

第三十五条　设备运行动态管理,是指通过一定的手段,使各级维护与管理人员能掌握设备的运行情况,依据设备运行的状况制订相应措施。

第三十六条　建立健全系统的设备巡检措施。各作业部门要对每台设备,依据其结构和运行方式,定出检查的部位(巡检点)、内容(检查什么)、正常运行的参数标准(允许的值),并针对设备的具体运行特点,对设备的每一个巡检点,确定出明确的检查周期,一般可分为时、班、日、周、旬、月检查点。

第三十七条　建立健全巡检保证体系。生产岗位操作人员负责对本岗位使用设备的所有巡检点进行检查,专业维修人员要承包对重点设备的巡检任务。各作业部门都要根据设备的多少和复杂程序,确定设置专职巡检员的人数和人选,专职巡检员除负责承包重要的巡检点之外,还要全面掌握设备运行动态。

第三十八条　信息传递与反馈。

(1)生产岗位操作人员巡检时,发现设备不能继续运转需紧急处理的问题,要立即通知当班调度,由值班负责人组织处理。一般隐患或缺陷,检查后登入检查表,并按时传递给专职巡检工。

(2)专职维修人员进行的设备巡检,要做好记录,除安排本组处理外,要将信息向专职巡检工传递,以便统一汇总。

(3)专职巡检工除完成承包的巡检点任务外,还要负责将各方面的巡检结果,按日汇总整理,列出当日重点问题并向有关部门反映。

(4)有关部门列出主要问题,除登记台账之外,还应及时输入计算机,便于上级公司有关部门的综合管理。

第三十九条　动态资料的应用。

(5)巡检工针对巡检中发现的设备缺陷、隐患,提出应安排检修的项目,纳入检修计划。

(6)巡检中发现的设备缺陷,必须由当班的生产指挥者即刻组织处理;本班无能力处理的,由多作业部门领导确定解决方案。

(7)重要设备的重大缺陷,各作业部门主要领导组织研究,确定控制方案和处理方案。

第四十条　设备薄弱环节的立项处理。凡属下列情况均属设备薄弱环节。

(1)运行中经常发生故障停机而反复处理无效的部位。

(2)运行中影响产品质量和产量的设备、部位。

（3）运行达不到小修周期要求，经常要进行计划外检修的部位（或设备）。

（4）存在安全隐患（人身及设备安全），且日常维护和简单修理无法解决的部位或设备。

第四十一条　对薄弱环节的管理。

（1）有关部门要依据动态资料，列出设备薄弱环节，按时组织审理，确定当前应解决的项目，提出改进方案。

（2）各作业部门要组织有关人员对改进方案进行审议，审定后列入检修计划。

（3）设备管理的薄弱环节改进实施后，要进行效果考察，做出评价意见，经有关领导审阅后，存入设备档案。

□　设备故障处理办法

第四十二条　设备发生故障，岗位操作和维护人员能排除的应立即排除，并在当班记录中详细记录。

第四十三条　岗位操作人员无力排除的设备故障要详细记录并逐级上报，同时精心操作，加强观察。

第四十四条　未能及时排除的设备故障，必须在每天生产调度会上研究决定如何处理。

第四十五条　在安排处理每项故障前，必须有相应的措施，明确专人负责，防止故障影响扩大。

三、生产设备供应管理制度模板

□　总则

第一条　为了做好生产设备供应计划管理、标准和非标准订货管理，特制订本规定。

□　生产设备供应计划管理

第二条　生产设备供应计划实行统一归口管理，由设备科负责编制、平衡、下达和执行。

第三条　基建设备供应的依据，必须是经过上级和事业部批准的基建计划项目和设计设备清单。

第四条　技改、安全、环保、科研、零固以及维修需用的设备计划，必须要有各单位的领导签字、盖章，由归口部门审核后，报设备科汇总，上报事业部审批。

第五条　需要试制或引进的设备，必须预先报事业部批准才能编入设备供应计划。

第六条　对于列入设备供应计划的每项设备的名称、型号、规格、技术数据，必须齐全、准确并满足订货要求。

第七条　对于编制的设备供应计划，必须预先核对库存和外订的设备台账，应做到充分利用库存和合理储备。

第八条　设备部应于每年×月×日前布置下年度设备供应计划。各车间、部门必须于×月×日前报设备科归口汇总、审核，×月×日上报事业部审批。

第九条　生产设备供应以年度事业部审批的计划为主，平时不予受理。但事故性的临时急需设备，必须单项报请主管经理批准，并落实资金后交设备科办理，其购置金额一般不得超过×万元。

第十条　各部门在编制生产维护设备计划时，要充分利用库存进行修、配、改、代，防止造成积压。

第十一条　生产设备到厂后，要尽快安装，并投入使用，发挥效益，存库时间最长不得超过×个月。逾期未安装、使用，仓库加收××%的管理费，同时部门和个人必须承担经济责任。

□　标准生产设备订货管理

第十二条　外协人员必须严格按照下达的设备订购计划执行。

第十三条　在订货时，要做到不重、不漏、不错订，不订购过时、淘汰的产品。根据批准的计划和安装使用需要，做到保质、保量、保时供应。

第十四条　订货要比质比价、择优订货，认真选点、定点，建立稳定可靠的供应渠道。

第十五条　订货合同规定的名称、规格、型号、数量、单价、交货时间、质量标准、特殊要求、到站和结算方式等栏目，必须仔细填写清楚，做到准确无误。

第十六条　生产设备到厂后，经检验发现质量问题，订货员必须及时负责联系、处理，以免造成经济损失。

□　非标准生产设备订货管理

第十七条　需要按设计图纸由制造厂专门进行制造的生产设备，统称非标准设备。

第十八条　对于基建、技改、环保、维修需用的非标准设备订货的图纸、资料，必须经过审核签字无误后，方可允许安排计划订货。

第十九条　负责审核和清理的图纸应达到以下几个标准与要求。

（1）图面清晰，零部件制造图齐全，编写明确不乱。

（2）重量、材质牌号、工艺尺寸、加工符号、技术要求齐备。

（3）装配图和零部件数量准确，不重、不漏。

第二十条　生产设备的订货合同必须标明合同号、名称、图号、数量、重量、交货时间、结算方式、运输要求、提供图纸份数以及双方承担的责任和义务。

第二十一条　订货应严格按计划执行，保质、保量、保证工程需要的时间。

四、生产设备检修计划管理制度

□　计划

第一条　生产部在生产工作实施之前必须落实实现季度计划所必要的设备的计划。

第二条　生产部在生产工作实施之前必须落实为生产新产品所必要的设备的计划。

第三条　生产部在生产工作实施之前必须落实为降低成本、提高作业效率、改进标准所必要的事项。

第四条 生产部在生产工作实施之前必须落实为改善作业环境所必要的事项。

第五条 生产部在生产工作实施之前必须落实与建筑物、设备机器、运输工具、动力、能源、供水系统的修理和改善有关的事项。

第六条 生产部在生产工作实施之前必须落实收集为改善生产效率所必要的机器设备的有关情报。

□ 手续

第七条 关于为季度计划及新产品计划所必要的设备事项,由技术负责部门和生产负责部门一起,就制造方式、制造能力概况、具体的方法,向制造部门提出自己的意见。

第八条 为了降低成本、提高生产效率、改进技术的需要而进行的机器设备的添置、更新,应充分考虑到由此对生产方式、产品质量、原材料规格所带来的影响,以及对成本及有关事项带来的影响。技术和生产制造部门的具体负责人员要把这些影响汇总起来,向生产总监提出意见。

第九条 关于第七、八条所涉及的问题,承担制造任务的负责人以及管理部门的负责人,要把各自所管事项的计划方案递交给制造处。此外,对于可能涉及的动力、供水能力等问题以及与制造能力相关的事项,应向生产总监提出来。

第十条 如果随着制造方式的老化以及机器设备、厂房设施变化而有不能继续使用或需要废弃的东西,现场部门要按第十一条至第十四条所规定向总部生产处报告。

第十一条 机器。

(1)如可以转作他用,则不必报告。

(2)3个月以上不能转作他用时,要把下列事项报总部生产处:机器名称、规格以及材质;使用工程名称;未完折旧金额。

第十二条 设施。

(1)在由于制造方式变化以及设备改良而使原有设备可以撤出时,要上报总部生产处。

(2)在老化、损坏已经无法再修的情况下,要向总部报告下列事项:机器的名称、规格及材质;使用工程的名称;未完折旧金额;预计净残值。

第十三条 工期估计。

要预估订货后到货的时间和该工程施工进度是否能够衔接,如延期到货,则要采取补救措施,

第十四条 支付预定。

设备为外购时,要规定支付条件。

□ 实施

第十五条 必要的预算估计。

(1)外购部件或外加工部件,要收集3家以上供应商的情况,最终向在价格、加工质量等方面最值得信赖的公司订货。

(2)在自己加工生产时,要根据必要的预算来决定计划。

第十六条　会计处理。

如果所企划的方案受到成本的影响,必须做适当的会计处理。

第十七条　经费处理及上报的决定,以预算手续规定为准。

第十八条　总部生产部门要对上报的议案应确认是否与前述诸条件相符,然后再向主管的生产部长上报。

第十九条　实施的责任由生产总监来承担。

第二十条　实施过程中需要变更原定方案的时候做如下处理。

(1)如果变更范围不需要新的预算,不影响计划作用的发挥,则可由生产总监负责进行处理,处理情况向总部生产处报告。

(2)如果变更需要采取新的预算措施,并且影响原计划作用的发挥,则要把变更计划的理由、必要的预算以及其他有关事项列出来,提交变更计划报告。

第二十一条　在实施过程中,如发生预定设备进货期、施工竣工期和支付预定变更,要向总部生产处报告。

第二十二条　如果工期较长或者遇到复杂的情况,应当在实施过程中,选择时机,进行期中报告。

第二十三条　在计划结束时,应就实施后的效果以及与计划比较的判断,写成报告书,向生产部长报告。

第二十四条　对于不能使用或没有必要使用的机器、设施,有关的生产总监要把处理意见向总部生产部长报告。

第二十五条　本制度的最终解释权归生产部。

五、生产设备使用、检修保养规定

□　设备使用规定

第一条　设备使用前,生产设备使用人员要接受操作培训,技术部负责安排技术人员进行详细讲解工作。

第二条　生产设备使用人员达到会操作、清楚日常保养知识和安全操作知识、熟悉设备性能的程度,由工程技术部签发设备操作证,上岗操作。

第三条　生产设备使用人员要严格按操作规程工作,认真遵守交接班制度,准确填写规定的各项运行记录。

第四条　工程技术部要指派人员会同各部门负责人,经常性地检查设备情况,把其列入员工工作考核内容。

□　设备检修保养规定

第五条　工程技术部设备主管人员编制设备检查保养半年计划,填写《半年设备检修计划表》报部门经理审批。

第六条　工程技术部经理审批计划后,呈报总经理批准执行工程技术部半年设备检修保养计划。

第七条　设备管理人员编制《检修保养单》《月设备检修保养计划表》，并按月计划表的内容，逐项填写《保养申请单》，检修保养时需某部位停电、水、气时，还要填写《停＿＿通知单》。

第八条　值班人员填写的《月设备检修保养计划表》《保养申请单》和《停＿＿通知单》一并报部门经理。再由工程部经理与总经理和各部门沟通后，签署意见，下达执行。

第九条　值班人员根据批准的月检修保养计划，签发《设备＿＿级保养任务单》，填写任务单中"内容及要求"栏目，安排具体人员负责实施。

第十条　在《检修保养工作记录簿》中登记派工项目及时间。

六、发电系统使用操作规程

（一）启动前检查和启动操作

1. 启动前电工检查

（1）各附件连接必须可靠，各运动件转动灵活，皮带张紧度合适。

（2）加满冷却水，各接头无渗漏。

（3）加足机油，各接头无渗漏。

（4）燃油足够，各接头无渗漏。

（5）蓄电池正常，启动系统各线路接头不松动。

2. 上述检查完成后，需进行的操作

（1）用手摇输送泵排除燃油系统空气（修后初启动）。

（2）用手摇泵（机油）涨油到油压大于 0.7kg/cm^2，最少持续 10 秒。

（3）边手摇涨油边盘车，最少 1 转以上，要事先通知电工（应急启动例外）。

3. 注意事项

（1）室温在 10 摄氏度以下时，要预先将冷却水加温。

（2）连续启动时间不能超过 10 秒，间歇 20 秒后再做下一次启动。如启动 4 次不着火，应检查原因。

（二）运行检查

值班人员应密切注意各仪表读数和柴油机工作状况，每半小时做一次检查，并按有关指标严格进行检查。

（三）停车

柴油发电机组卸去负荷后，必须空车运转 3 分钟以上再停车。

（四）其他事项

1. 盘车时必须先通知电工，以免突然启动。

2. 若柴油机属脉冲增压进气，则空车不宜运转过长。

七、生产设备润滑管理制度

第一条　设置专职或兼职人员，来负责本润滑专业技术管理工作，修理车间（工段）

设润滑班或润滑工负责设备润滑工作。

第二条 每台设备都必须制订完善的设备润滑"五定"(定点、定质、定时、定量、定人)图表和要求,并认真执行。

第三条 各车间要认真执行设备用油(油桶、油具、加油点)三清洁,保证润滑油(脂)的清洁和油路畅通,防止堵塞。

第四条 对大型、特殊、专用的生产设备用润滑油脂要坚持定期分析化验制度。

第五条 润滑专业人员要做好生产设备润滑新技术推广和油品更新换代工作。

第六条 做好废油的回收管理工作。

第七条 生产设备润滑"五定"图表必须逐台制订,该图表要和使用维护规格同时发至岗位。

第八条 设备润滑"五定"图表的内容。

(1)定时:规定加、换油时间。

(2)定量:规定每次加、换油数量。

(3)定人:规定每个加、换油点的负责人。

(4)定点:规定润滑部位、名称及加油点数。

(5)定质:规定每个加油点润滑油脂牌号。

第九条 岗位操作及维护人员要认真执行设备润滑"五定"图表规定,并做好运行记录。

第十条 润滑专业人员要定期检查和不定期抽查润滑"五定"图表的执行情况,发现问题及时处理。

第十一条 岗位操作和维护人员必须随时注意设备各部位润滑状况,发现问题及时报告和处理。

第十二条 润滑油脂的分析化验。为保证润滑油的质量,需定期进行过滤分析和化验工作,对不同设备规定不同的取样化验时间。经化验后的油品不符合使用要求时,要及时更换润滑油脂。

第十三条 生产部对生产设备润滑油"跑、冒、滴、漏"情况,要组织研究攻关,逐步解决。

第十四条 油品的更新换代要列入年度设备工作计划中,并经过试验,保证安全方可加以实施,油品更新前必须对油具、油箱、管路进行清洗。

第十五条 本制度的最终解释权归生产部。

八、锅炉使用操作制度

□ 检查阶段

第一条 检查检查炉内是否有遗留物品、工具,水胆内水垢是否清理干净。

第二条 检查锅炉的安全阀、压力表、水位计、温度表是否正常。

第三条 检查炉体、入孔、出孔,以及各连接管及驳接处有无渗漏现象。

第四条 检查日用油箱、油位、供油泵、软水箱水位、供水泵、空压机及其油位、鼓风机等是否正常。

第五条　检查自动控制系统及连动连杆是否正常。

第六条　向锅炉内注水，注意水温不要超过50℃。开启放空阀，水位应在正常水位。

第七条　当完成以上几个步骤的检查，并确认正常后，方可按锅炉点火操作程序进行点火。

□　点火阶段

第八条　合上配电房内的锅炉控制电源、水泵电源及配电房外水泵、油泵铁壳开关。

第九条　将炉体边液化石油气阀及燃油阀打开。

第十条　将锅炉控制箱内电加热开关合上，待油温升到适当为止。

第十一条　合上油泵开关，油泵转动，并手动旋转过滤器2～3周，观察油泵运转情况。并使一次压力、进油压力、回油压力各到达规定范围。

第十二条　如果使用蒸汽，可打开蒸汽加热阀门，蒸汽压力保持在标准压力以下。

第十三条　合上锅炉运转电源开关，锅炉即可自动运转。先点火，后燃烧。切记，在点火初期不得使用自动控制，应采用手动控制。正常情况下手动运转3小时后，方可转入自动控制。

第十四条　当合上锅炉电源开关后，如果出现红灯或警铃响、蜂鸣器响，应停止点火，经过详细检查后方可进行第二次点火。

第十五条　当使用除氧器、炉内压力升到1千克时，方可打开给水泵前的进水阀，防止炉内满水。

□　供汽前检查阶段

第十六条　当锅炉内的压力升到1.5千克左右时，应冲洗一次玻璃管水位计，进行一次底部排污，并进行一次低水位自动停炉试验。

第十七条　检查锅炉的所有连接口有无渗漏现象。

第十八条　检查一次前后封头。

第十九条　当压力升到3千克时，前后排污一次，并用水泵起动给水，以检查水泵自动进水是否正常。

第二十条　当压力升到工作压力时再一次冲洗水位计玻璃管，并手动检查安全阀一次，以防安全阀不正常。

第二十一条　继续将压力提高，试验高限压力控制保护装置是否正常，并把它调好在工作压力+1的限度处。

第二十二条　完成高限压力试验后，可调试工作压力控制器，工作压力在+0.5限度处，并调节好燃烧调节器。

第二十三条　当完成高限及工作压力控制器的调整后，应继续调试低压水位及备用低压水位控制器。方法是人为排水至锅炉自动停炉，如果红灯不亮、警铃声不响、锅炉控制电源失电，此时证明备用低水位正常。注意，此试验一定要两人以上小心进行，以防失水造成缺水事故。

第二十四条　当完成以上检查及试验后，即可进行供汽前的暖管工作或进行并炉，继而可正式供汽。

□　运转管理阶段

第二十五条　锅炉在运转期间,应密切监视燃烧情况及负荷情况,随时调节燃烧情况以保持其最佳状态。

第二十六条　每天必须在负荷低的情况下,对前后底部进行一次排污,由水处理工负责排放。

第二十七条　每天夜班在压力 2 公斤左右时,试验低水位自动停炉一次。

第二十八条　每班对油滤器旋转 2 ~ 3 圈,保持油路畅通。

第二十九条　日用油箱油温不得超过 70℃,软水回水箱温度不得超过 85℃,当超过上述温度时应采取措施。

第三十条　每隔两小时,按值班要求检查各运转设备及记录运转数据一次。

第三十一条　对上下夹层、地下室、主要供汽管道、油库,每班都要巡检一次,并在值班簿上登记。

九、生产工具管理细则

□　总则

第一条　工具是从事劳动生产过程中所使用的器具。

第二条　生产过程中使用的工具,是指在生产制造各种产品的工艺过程中所使用的各种器械。

第三条　车间工具管理,是指车间内有关工具的计划供应、保管、刀刃磨新等一系列工作的总称。做好车间工具管理工作,对提高产品的产量和质量,具有重要的意义。

□　分类

第四条　工具的分类编号,就是把工具按“大类—分类—组—分组—项”(也可分为类、种、组、项、型)的顺序,渐次细分,然后用数字来表示某工具的目的。我国工具分类一般采用“十进位”分类法,就是把所有工具首先划分成十大类,每一大类分成十分类,每一分类再划分成十组,按此划分到“项”。

第五条　车间工具主要分为集体保管使用、个人保管使用和专门保管使用 3 个类型。无论哪个类型,车间主任作为车间的领导者,都有权力和责任监督检查其使用的正确性和保存的完好性,因为工具是保证车间顺利完成生产任务、保证产品质量和安全生产的重要条件。

□　特点

第六条　工具的优劣直接影响产品质量和工作效率,是车间生产作业中必不可少的,不同于其他物资。

第七条　车间工具完善情况是标志车间完成任务的重要方面,是车间工作能力的体现,车间工具管理得好,会给人以好的印象,增加领导对车间的信任感。

第八条　工具不同于材料,它本身就是一种经加工制造完成的产品。如果使用不当,造成损坏,不但影响生产进度,还会造成经济上的损失。

第九条　工具是需要在一定的时间和过程中反复多次使用的物品,使用方法、使用时间、保管质量等都会影响工具的使用寿命,因此,工具不同于一般的其他消耗物品。

第十条　工具是用来完成生产任务的,是产品预算造价的一部分,因此他占用一定的资金,使其不能在其他方面发挥作用。所以工具又不同于固定资产,不同于设备。

□　需求计划

第十一条　为了保证计划期生产对工具的需要,工具室应及时编制车间工具需要量计划,并按规定的时限报送企业有关部门,以便及时组织采购供应。

第十二条　工具需要量包括工具消耗量和工具周转量两部分内容。

(1)工具消耗量是车间在计划期内为完成下达的生产任务而要消耗的工具数量。工具消耗量一般可根据车间生产计划和工具消耗定额确定,计算公式为:

某产品计划期某工具消耗量 = 计划期该产品计划产量 × 单位产品该工具消耗定额

式中,工具消耗定额的确定有经验统计法、技术计算法两种。经验统计法是根据实践经验或原始统计资料进行估计或计算来确定工具消耗定额,方法简单,容易掌握,问题是不够准确。技术计算法比较准确,但计算工作量大。它的计算公式是:

某工具消耗定额 = 制造一定数量产品时该工具的总使用时间 ÷ 该工具耐用时间

(2)工具周转量则是为了保证车间生产持续不断进行,而处在储备和使用过程中的工具数量。工具周转量由工具室储备量、使用和修理中工具占有量组成,通常可用经验法来加以确定。

工具消耗量和周转量确定以后,计划期内工具需要量也就可以知道。计算公式为:

计划期工具需要 = 同期工具消耗量 + 同期工具周转量 -(上期期末工具盘存数 - 上期期初工具盘存数)

□　发放管理

第十三条　工具发放应有一套明确的管理制度,要规定每个工人使用工具的种类、规格和数量、存放地点、使用期限以及领用与回收方法等事项。

第十四条　工具在发放的过程中要把握好以下几个标准。

(1)对于生产工人经常使用的工具,应由生产工人自行保管使用。

(2)对于生产班组需要内部相互传递使用的工具,应由生产班组保管使用。

(3)对于生产工人与生产小组都不需长期使用,但车间却需配备的工具,应由车间工具室安排这些工具的存放。

第十五条　本制度的最终解释权归生产部。

十、生产设备使用管理制度

第一条　生产设备的技术性能要求和允许的极限参数,如最大负荷、压力、温度、电压、电流等。

第二条　生产设备交接使用规定。两班或三班连续运转的设备,岗位人员交接班时必须对设备运行状况进行交代。其内容包括设备运转的异常情况、原有缺陷变化、运行参数的变化、故障及处理情况等。

第三条　操作生产设备的基本步骤,包括操作前的准备工作和操作顺序。

第四条　对设备管理中出现的紧急情况的处理。

第五条　生产设备使用中的安全注意事项。非本岗位操作人员未经批准不得操作本机,任何人不得随意拆掉或放宽安全保护装置等。

第六条　对生产设备运行中故障的排除。

十一、生产设备维护管理制度

第一条　生产设备传动示意图和电气原理图。

第二条　生产设备润滑"五定"图表和要求。

第三条　定时清扫的规定。

第四条　生产设备使用过程中的各项检查要求,包括路线、部位、内容、标准状况参数、周期、检查人等。

第五条　运行中常见故障的排除方法。

第六条　生产设备主要易损坏零部件的报废标准。

第七条　生产设备维护过程中的安全注意事项。

十二、生产设备保养实施制度

□　目　的

第一条　建立生产设备维修保养制度,确保设备正常运转,以配合有效生产运作与品质保障,提升作业的安全性。

□　适用范围

第二条　有关生产设备的日常检查、定期检查、故障维修、改造作业,悉依照本办法实施。

□　生产设备保养要点

第三条　生产设备的保养,又称设备检查或设备点检,一般分为日常检查与定期检查。

第四条　检查项目。

设备检查一般包含下列项目。

1. 液压、油路系统。

2. 工装夹具。

3. 压缩空气。

4. 操作机能。

5. 动力传送结构。

6. 外观。

7. 电气系统。

8. 其他。

第五条　日常检查。

1. 设备使用人员为日常检查的责任人，负责每日对设备一次或数次的检查工作。

2. 生技部负责制订设备日常检查的具体办法，规定日常检查的项目，内容、方法、工具、频率等事项。

3. 设备使用人员依据日常检查办法的规定，做日常检查工作，并记录于《日常检查记录表》。

第六条　定期检查。

1. 生技部为定期检查责任人，负责对设备进行定期检查工作。

2. 生技部负责制订设备定期检查办法，规定定期检查的项目、内容、方法工具、周期等事项。

3. 根据不同的设备状况，生技部应制订设备保养计划，并制订《年度设备保养买施表》《月份设备保养确认记录表》。

4. 生技部依保养计划与办法等规定，做设备定期检查工作，并记录于《定期检查记录表》。

5. 生技部应将定期检查的时间通知设备使用单位，并告知必要的联络事项。

6. 设备使用单位应评估定期检查是否会影响正常的生产运作，并与生技部协商解决。

7. 设备定期检查期间，使用单位应积极配合生技部各项工作，确保保养工作的效率与品质。

第七条　督导确认。

1. 有关设备的日常检查、定期检查，由生技部负责督导确认。

2. 生技部应不定期设查设备现状，并填写《设备预防保养调查表》。

3.《日常检查记录表》至少应保存一年时间，其他表单应保存两年以上时间。

□　相关记录

第八条　《设备预防保养调查表》记录应完善。

第九条　《日常检查记录表》记录应完善。

第三节　设备管理实用表单

一、设备日常管理表

设备日常管理表如表 7 - 1 所示。

表 7 - 1　设备日常管理表

设备类别＼项目	日常检点	定期检点	日常保养	一级保养	凭证操作	操作规程	故障率（％）	故障分析	备注
A									
B									
C									
D									
E									

二、设备登记表

设备登记表如表 7-2 所示。

表 7-2　设备登记表

（正面）

设 备 状 况		取得及使用情况		备注（质押及保险情况）
编　号		取得时间		
类　别		厂牌编号		
英文名称		原　值		
中文名称		使用年限		
规格与型号		修　理		
技术特征		改　造		
附属物		转　让		
使用单位		报　废		
存放地				

转　出			转　移　情　况			转　入	
时　间	使用部门	用　途	保管员	时　间	使用部门	用　途	保管员

（反面）

	时　间	原　因	维修单位	详细记录
维 修 记 录				

三、设备评分表

设备评分表如表 7-3 所示。

表 7-3　设备评分表

序　号	项　　目	评分标准	评价等级	备　注
1	发生故障时对其他设备的影响程度			
2	发生故障时有无代用设备			
3	开动形态			
4	加工对象的工艺阶段			
5	加工对象的质量要求			
6	故障修理的难易程度			
7	发生故障时对人和环境的影响			
8	设备原值			

四、设备登记明细表

设备登记明细表如表 7-4 所示。

表 7-4　设备登记明细表

设备编号：　　　　　　　　　　　　　　　　　　　　　　　　日　期：

年		摘　要	单　位	借　方	贷　方	结　存	使用及保管部门
月	日						

五、设备编号标准表

设备编号标准表如表7-5所示。

表7-5　设备编号标准表

类　别	类　号	序　号							
		01	02	03	04	05	06	07	08

六、各类设备统计表

各类设备统计表如表7－6所示。

表7－6　各类设备统计表

编　号：　　　　　　　　　　　　　　　　　　　　　　　　　日　期：

设备名称	规　格	单　价	使用年数	第一期			第二期			第三期			第四期			备注
				数量	总价	折旧	数量	总价	折旧	数量	总价	折旧	数量	总价	折旧	

七、设备选型经济效益分析表

设备选型经济效益分析表如表 7-7 所示。

表 7-7　设备选型经济效益分析表

备选设备		A　型	B　型	C　型
说　　明				
投资额	设备价值			
	附属投资			
	装设费用			
	其　他			
	合　计			
成本估算	人工合计			
	动　力			
	维护成本			
	折　旧			
	建筑分摊成本			
	其　他			
	合　计			
	每月使用时数			
	每小时成本			
每年节省成本				
投资收益率				
回收年数				

八、模具登记卡

模具登记卡如表 7 - 8 所示。

表 7 - 8　模具登记卡

编　号	名　称	模具商	开模费用	验收日期	修订记录

九、模型管理卡

模型管理卡如表7-9所示。

表7-9 模型管理卡

件 号： 名 称： 建卡日期：
承制单位： 造 价： 制作日期：

模型种类	□铸件模　　□锻造模 □压铸模　　□冶夹具 □加工模板　□检校模具		模型内容	外 模　_____ 砂心盒　_____	
修改记录	内 容 摘 要			修改日期	修改者
报废说明					
管理记录	领用单位	领用日期	领用人签收	缴回日期	验收者	备 注

十、工具保管记录卡

工具保管记录卡如表7－10所示。

表7－10   工具保管记录卡

工具编号	名　称	规　格	厂　牌	单　位	收　发　记　录					
					日　　期					
					保管数量					
					签　　认					
					日　　期					
					保管数量					
					签　　认					
					日　　期					
					保管数量					
					签　　认					
					日　　期					
					保管数量					
					签　　认					

十一、工具登记表

工具登记表如表 7-11 所示。

表 7-11 工具登记表

编号：   部　门：

工具名称	数　量	单　价	金　额	盘 点 记 录									
				/	/	/	/	/	/	/	/	/	/

十二、工具借用申请表

工具借用申请表如表 7 – 12 所示。

表 7 – 12　工具借用申请表

所属单位：　　　　　　　　　　　　　　　　　　　　　　　　日　期：

品　名	借用单位	规　格	数　量	用　途	备　注

厂　长：　　　　　　　　　　主　管：　　　　　　　　　　申请人：

十三、工具、设备借用记录表

工具、设备借用记录表如表 7 – 13 所示。

表 7 – 13 工具、设备借用记录表

借用人		部 门		借用日期	
编 号	名 称	规 格	单 位	数 量	备 注

十四、量具检验记录表

量具检验记录表如表 7 - 14 所示。

表 7 - 14 量具检验记录表

编　号：　　　　　　　　　　　　　　　　　　　　　　　　部　门：

月	检验尺寸							☐合　格 ☐不合格
	误差尺寸							
月	检验尺寸							☐合　格 ☐不合格
	误差尺寸							
月	检验尺寸							☐合　格 ☐不合格
	误差尺寸							
月	检验尺寸							☐合　格 ☐不合格
	误差尺寸							
月	检验尺寸							☐合　格 ☐不合格
	误差尺寸							
月	检验尺寸							☐合　格 ☐不合格
	误差尺寸							
备　注								

十五、磅秤设备资料卡

磅秤设备资料卡如表 7 – 15 所示。

表 7 – 15 磅秤设备资料卡

磅秤编号：　　　　　　　　　　　　　　　　　　　　　　　资产编号：

名　称		规格型号		制作厂商		主要附件或资料
制造编号		感　量		公　差		
领用日期		耐用年限		价　值		
保管单位						

检　修　记　录										
日期	故　障　情　形			修护人工		修　换　材　料				
	部门	原因	修护内容	工时	姓名	材料名称	规格	单位	数量	金额(元)

十六、仪器申请表

仪器申请表如表 7 – 16 所示。

表 7 – 16　仪器申请表

单位	部　课　组	申请日期	年　月　日	需要日期	年　月　日	
器材名称		仪器编号		主任		
器材规格		申请项目	□校正　　□修理 □调拨　　□请购	课长		
情况（用途）		申请理由	□仪器损坏　□工作增加 □仪器不良　□人员增加 □新增项目	申请		
备注						

十七、机器工作负荷记录表

机器工作负荷记录表如表7-17所示。

表7-17　机器工作负荷记录表

编　号：　　　　　　　　　　　　　　　　　　　　　　　　期　限：

时间／机器		月　日										
	1	3	5	7	9	11	13	15	17	19	21	23
A												
B												
C												
D												

机器　时间		月　日										
A												
B												
C												
D												

机器　时间		月　日										
A												
B												
C												
D												

十八、机器性能登记表

机器性能登记表如表 7 – 18 所示。

表 7 – 18　机器性能登记表

机器名称		制造厂商		原厂编号	
机器规格性能	(1) 最大机速：				
	(2) 使用机速：				
	(3) 材料规范：				
	(4) 最高产量：				
	(5) 正常产量：				
	(6) 机器尺寸：				
	(7) 其　　他：				
动力消耗量	(1) 电　　力：				
	(2) 压缩空气：				
蓝图					

十九、设备维护工作计划表

设备维护工作计划表如表 7 – 19 所示。

表 7 – 19　设备维护工作计划表

工作人员	工　作　时　间	本日施工工时		设备名称				合　计
		预　定						
		实　际						
		预　定						
		实　际						
		预　定						
		实　际						
		预　定						
		实　际						

二十、设备保全计划表

设备保全计划表如表 7 – 20 所示。

表 7 – 20 设备保全计划表

编 号：　　　　　　　　　　　　　　　　　　　　　　　　　　　　日 期：

设备名称	编号	保养实绩 月份	1	2	3	4	5	6	7	8	9	10	11	12
排风机														
干燥系统														
挤压机														
回轴减速齿轮箱														
油泵减速机														

二十一、设备养护状况月报表

设备养护状况月报表如表 7 – 21 所示。

表 7 – 21 设备养护状况月报表

部　门：　　　　　　　　　　　　　　　　　　　　　　　日　期：

设 备 名 称	编　号	故障次数	故障时数	可用时数	主要故障说明

审　核：　　　　　　　　　　　　　　　　　　　　　　　填　表：

二十二、设备保养卡(一)

设备保养卡(一)如表 7-22 所示。

表 7-22 设备保养卡(一)

设备名称		型 号		财产编号		设备编号	
制造厂商	制造号码	制造日期	购置价格	图面编号		年 月 日	安装场所
		年 月 日					
出售厂商	购置号码	安装日期	购置价格				
		年 月 日					
长度	马达:HP	马达号码	传票形式	核对基准编号			
宽度							
高度				精密检查基准号码			
重量							

二十三、设备保养卡(二)

设备保养卡(二)如表 7-23 所示。

表 7-23 设备保养卡(二)

设备明细	编 号	部位名称	图 号	备件名称	数 量

二十四、设备保养记录卡(一)

设备保养记录卡(一)如表 7 – 24 所示。

表 7 – 24　设备保养记录卡(一)

日　期	工事编号	内　容	工　资	材　料	合　计	工事分类

设备名称:	型　号:	财产编号:	设备编号:	分　类:

二十五、设备保养记录卡(二)

设备保养记录卡(二)如表7-25所示。

表7-25 设备保养记录卡(二)

设备编号	设备名称						型 号	资产号码

制造厂商	制造号码	制造日期	购置日期	年	月	日	安装地点	用 途

出售厂商	安装日期	安装费用	购置价格					

长度		马达		有关书类号码		图书号码		
宽度		型号						
高度		R.P.M.						
重度		传动型式						

设备明细	记 号	部位名称	数 量	备 件	数 量	备 注

年	月	日	记事	施工者姓名	工资	材料费	合 计	累 计	备注

修 理 月				检 查 月			
设备号码				设备名称			
1 2 3 4 5 6 7 8 9 10 11 12				1 2 3 4 5 6 7 8 9 10 11 12			

二十六、设备保养记录卡(三)

设备保养记录卡(三)如表 7 - 26 所示。

表 7 - 26 设备保养记录卡(三)

设 备 保 养 记 录 卡							
区　　　域:							
设备名称:		型　　号:			用　　途:		
制造厂家:		机　　号:			尺　　寸:		
制造年份:		重　　量:			开车日期:		
马 达 数 据							
项目 名称	厂 牌	形 式	电 压	电 流	马 力	转 速	培 林
保 养 记 录							
日　期	停车时间	故障原因及处理经过				修理费用	检修人

二十七、设备维修保养记录表

设备维修保养记录表如表 7 - 27 所示。

表 7 - 27 设备维修保养记录表

请修单编号	故障日期	修护类别			故障		故障修护情形		工时	暂定标准工时	修护人员	修护材料		
		定期	计划	突发	部位	原因	修护前	修护后				名称	厂牌及规格	数量

二十八、维修作业基准表

维修作业基准表如表 7 - 28 所示。

表 7 - 28 维修作业基准表

作业名称:						
次 序	作业步骤	作业时间	工 具	人 员	时 间	备 注
1						
2						
3						
4						
5						

二十九、维修次序区分表

维修次序区分表如表 7 - 29 所示。

表 7 - 29 维修次序区分表

优先次序	名 称	说 明	处理手续
1	紧急修理	立即执行的修理工作	口头联络立即开工 手续可以补办 不包含余力表内的负载
2	一般修理	该星期内应予以修理的工作(或该旬内应修理)	填写修理工程申请单并于该星期内或该旬内修理 不包含余力表内的负载
3	计划修理	无须日程计划予以管制的修理工作	申请修理的该星期或该旬受理后经估工后的次周或次旬修理
4	预备修理	空闲时着手整修的工作	职长或班长掌握着修理工程申请单,并于空闲时适时开工修理

三十、维修工作日志表

维修工作日志表如表 7 – 30 所示。

表 7 – 30　维修工作日志表

编　号：　　　　　　　　　　　　　　　　　　　　　　　　　　　　维修人员：

日期	变压器检修(具)	变压器试验(具)	炉油	其他	工作时间			会议	公休	请假(天)				备注
					平常(天)	加班小时	加工(天)			公	病	事	息	

三十一、设备维修记录表

设备维修记录表如表 7 - 31 所示。

表 7 - 31　设备维修记录表

机器编号	日　期	故障原因	修理方法	维修人员	备　注

三十二、设备维修质量标准

设备维修质量标准如表 7 - 32 所示。

表 7 - 32 设备维修质量标准

修理主要质量验收检查标准	
机床外观质量方面(包括油漆及安全防护):	
机床几何精度:	
机床结构与空运转试车及液压传动:	
切削工作物达到的精度:	
主修技术员:	
主修钳工:	
使用车间意见	
修理车间意见	
设备科批示	
备 注	

三十三、设备请修验收表

设备请修验收表如表 7 - 33 所示。

表 7 - 33　设备请修验收表

编　号：　　　　　　　　　　　　　　　　　　　　　　　日　期：

申请单位			设备名称					设备编号		
类　　别	□机器设备		□辅助机具		□仪器	□车辆		□房屋水电		□办公用品
故障状况				故障时间						
				需要日期		□尽速		□	年　月　以前	
				维护人员意见						
批　　示	验　　收			核　　准						
	单位	使用单位	维护单位	裁决		维护单位	主管		申请单位	主管
	日期									
初　　核	意见			初核			申请人			申请人
	验收人									

三十四、设备故障记录表

设备故障记录表如表 7 - 34 所示。

表 7 - 34　设备故障记录表

机器名称：　　　　　　　　　机器编号：　　　　　　　　使用部门：

日　期	故障时间	修复时间	故障原因或故障说明	更换零件	修理人员

三十五、机器请修单

机器请修单如表 7 – 35 所示。

表 7 – 35　机器请修单

编　号：　　　　　　　　　　　　　　　　　　　　　　　　　　　　　日　期：

□修理机器 □换装备用机器	□工具或仪器修理 □机器保养 □其　他	
订单号码		指定生产数	
机器号码		产品名称	
机器型号		工具或仪器号码	
使用年数		寿　命	
修理原因			
修理内容			

三十六、设备检查表

设备检查表如表 7-36 所示。

表 7-36　设备检查表

部　门：　　　　　　　　　　　　　　　　　　　　　　　日　期：

设备编号		设备名称		型号规格	
制造厂名		出厂日期		出厂编号	
所属车间		班　组		操 作 者	

项　次	检 查 内 容	存 在 问 题	备　注
1	机床精度,性能满足生产工艺要求否?（精密稀有机床主要精度性能达到出厂标准）		
2	各传动系统运转正常,变速齐全否?		
3	各操作系统动作是否灵敏可靠?		
4	润滑系统装备齐全、管道完整,油路通畅,油标醒目否?		
5	电器系统装置齐全、管道完整,性能灵敏运行可靠否?		
6	各滑动部位运转正常、各滑导部位及零件有无严重拉、碰伤?		
7	机床内外清洁否、有无黄袍、油垢,锈蚀油质是否符合要求?		
8	基本无漏油、漏水、漏气现象		
9	随机主要附件基本齐全、零部件完整否?		
10	完全、防护装置齐全可靠否?		
检查组意见		签　名	

三十七、设备定期检查表

设备定期检查表如表 7-37 所示。

表 7-37　设备定期检查表

编　号：　　　　　　　　　　　　　　　　　　　　　　　　日　期：

检查日期〔检查项目〕							记　号				
							△	×	○	⊗	⊖

设备编号：　　　标准编号：　　　设备名称：　　　自　年　月　签　章：
　　　　　　　　　　　　　　　　　　　　　　　　至　年　月

三十八、机器检查记录表

机器检查记录表如表 7 - 38 所示。

表 7 - 38　机器检查记录表

编　号：　　　　　　　　　　　　　　　　　　　　　　日　期：

检查部位	检查项目	检查方法	判定标准	处理方法	1		2		3		4		5	
					检查日期	检查结果	检查日期	检查结果	检查日期	检查结果	检查日期	检查结果	检查日期	检查结果

三十九、生产设备台账

生产设备台账如表 7 - 39 所示。

表 7 - 39　生产设备台账

设备类别：　　　　　　　　　　　　　　　　　　　　　　　　　　编　号：

序号	资产编号	设备名称	设备型号	主要规格	精度等级	国别或制造厂	出厂年月	出厂编号	电动机kW/台	金额（元）	安装工段	修理复杂系数		使用年限	开始使用日期	备注
												JF	DF			

四十、设备调拨登记表

设备调拨登记表如表 7 – 40 所示。

表 7 – 40　设备调拨登记表

编　号：　　　　　　　　　　　　　　　　　　　　　　　　日　期：

调出单位					调入单位	
设备编号	设备名称	规格型号	原值	月折旧	至___年___月已提折旧	至___年___月净值
调动原因						
厂领导批示						
调出单位签章		调入单位签章		设备动力科签章		备　注

第四节　设备管理规范化细节执行标准

一、设备管理整体工作标准

设备管理工作的好坏直接影响着生产效率、产品质量、企业效益和生产安全。设备管理是企业管理大系统中的一个重要分系统,其工作标准主要包括以下几个方面。

(1)能保证正常生产秩序。

(2)能做到优质、高产、低耗、低成本的生产制造管理。

(3)能够不断提高劳动生产率。

(4)能预防各类生产事故的发生,保证安全生产。

二、设备管理制度实施标准

（一）建立健全设备管理制度

一般情况下，最重要的设备管理制度包括：设备操作规程、设备检修规程、设备安全规程、设备维护保养制度、设备润滑制度、岗位经济责任制等。

（二）对生产设备进行分级管理

设备分级管理是指对设备实行分级负责、归口管理制度。设备分级管理，是保证设备管理工作正常进行的措施。通常设备分为三级管理：厂部、分厂、车间，有的单位，班组配有兼职的设备管理员，负责班组设备的正确使用、合理润滑、督促做好设备管理工作，如果班组有一级，那就是四级。

（三）设备管理的具体工作

（1）设备的选择与评价。设备选择应根据生产上适用、技术上先进、经济上合理的原则，经过多方案比较评价，最终选择最合适的设备。

（2）设备的日常管理。如果不加强对设备的日常管理工作，就会在设备管理上造成混乱，设备的日常管理包括设备的分类、编号、建账、图纸整理、资料核定、设备的调拨和事故处理等。

（3）正确、合理地使用设备。必须按规程操作，要防止"精机粗用"，避免"大机小用"和超负荷、超性能使用，保证设备正常润滑。

（4）做好设备的维修工作。设备的维护修理工作量很大，也非常重要，维修工作跟不上，必然会造成生产事故多，生产不稳定，企业经济效益低下。正因为如此，一些较大的生产制造企业对设备维修工作都很重视。

（5）设备的改造与更新。设备改造更新工作包括：编制设备更新改造计划，进行设备改造方案的可行性分析和技术经济评价，筹措资金，处理原有设备等。

三、设备管理现代化实施标准

（一）全员参与设备管理

这是国外所创建的一套新的设备管理方法。其主要内容是如下。

1. 全员参与的基本出发点是推行全效益（要求设备一生的生命周期费用最小，生命周期输出最大）、全系统（建立从设备的方案调查、设计、制造、安装调试、使用、维修、改造至更新，即设备一生的管理系统）、全员参加（上至公司经理、下至操作工人都参加）的"三全"设备管理。

2. 设备管理贯穿于设备的整个生命周期。

3. 加强并推行整理、整顿、清洁、清扫、保养为基础的设备管理活动，把日常维修与预防维修结合起来。

（二）现代技术在设备管理上的运用

现在，计算机在生产管理领域得到了越来越广泛的应用，计算机不仅可以用来大量储存和高速处理各种数据,还可以用来控制工业设备工作过程。目前,计算机在设备管理上大量采用,这种管理可以根据分析研究设备的需要,进行各种统计、汇总、对比,为我们制订改进措施提供准确的数据,把设备管理从静态发展到动态管理,随时可查询有用资料。因此,计算机管理可以代替管理中许多烦琐、费时的统计工作,提高整个设备管理水平。

现代技术,如价值工程、ABC 管理法、可靠性工程、网络计划技术、全面质量管理中的数理统计、设备故障概率分布等在设备管理中的运用,大大提高了设备一生管理各环节的科学决策,能为设备管理深化改革发挥巨大作用。

（三）生产设备的综合管理

生产设备的综合管理是指为了使设备生命周期费用最经济,而把适用于有形资产的有关工程技术、管理、财物和其他业务加以综合,对设备一生管理的全过程进行研究,实现最经济的设备生命周期费用。

四、生产工具管理工作方法

加强对生产工具的管理,有利于降低工具消耗,保持各类工具的良好技术状态。车间日常工具管理方法,主要涉及通用工具管理、专用工具管理、工具在工位上的管理等方面。

（一）通用型工具的管理

通用型工具的具体管理方法包括如下。

（1）建立工具的报废、报损和丢失的处理制度。

（2）做好工具事故的处理工作。

（3）对工具节约和工具改进给予物质奖励和精神鼓励。

（4）按规定手续进行工具的领用和借用。

（5）做到工具的合理保管。

（6）做到工具的合理使用,即一切工具都必须按其性能和工艺规范进行使用。

（二）专用型工具的管理

（1）专用型工具是用来加工某种特种零件的工具,其管理方法基本上和通用工具的管理方法相同。

（2）专用工具一般由生产制造企业自行进行设计、制造。首次制造的专用工具,使用前必须经过技术验证合格,由质量管理部门发给工装产品合格证。

（3）对于在使用中发现的问题,要向上级报告,以便进一步修正。不同的专用工具,有特殊的管理要求,车间要按工具特性的要求进行管理。

五、设备选择工作实施标准

在选择生产设备的过程中,常用的方法有以下几种。

（一）费用效率法

设备费用效率 = 综合效率 ÷ 生产周期费用

上式中的综合效果包括 6 个方面，即产量、质量、成本、交货期、安全、环保和人机匹配关系。其中的生命周期费用包括设备从研究、设计、制造、安装、调试、使用、维修，一直到报废为止所发生的费用总和。

（二）费用换算法

1. 年费法

年投资费（年购置费） = 最初投资费 × 投资回收系数

$$投资回收系数 = \frac{i(1 + i)^n}{(1 + i)^n - 1}$$

式中的 i 为年利息率，n 为设备的生命周期，投资回收系数也可以直接查系数表求得。

这种方法就是首先把购置设备一次支出的最初投资费，依据设备的生命周期，按复利率计算，换算成相当于每年费用的支出。然后加上每年的使用费得出不同设备的年总费用，最后从中选择总费用最低的设备作为最佳设备。

2. 班值法

年使用费现值 = 每年使用费 × 年金现值系数

$$年金现值系数 = \frac{(1 + i)^n + 1}{i(1 + i)^n}$$

注：年金现值系数也可以直接查系数表求得。

这种方法就是将每年使用费通过年金现值系数，换算成相当于最初一次支出费用的数额，再加上最初购买设备一次支出的投资费，进而求出总费用的现值，然后将不同方案的总费用现值进行比较，从中选择总费用现值最少的作为最优方案。

（三）投资回收期法

设备投资回收期 = 设备投资额 ÷ 采用该设备后年节约额

投资回收期法是根据不同设备的投资费用，以及该种设备在提高生产率、节约原材料和能源消耗、提高产品质量、节省劳动力等方面所带来的节约额，进行不同设备投资回收期的计算，然后根据各设备投资回收期的长短进行选择。在其他条件相同的情况下，投资回收期越短，说明该设备的投资效果越好。

（四）小时投资费用

小时投资费用是以设备每一工作小时的设备投资费作为经济评价标准。

每一小时投资费用 = 设备投资额 ÷ 设备使用寿命

哪种设备每小时投资费用越小，就越应该选择哪种设备。

六、提高生产设备使用效率工作实施标准

生产设备使用效率的提高是指设备开工状态下产生价值的时间和数量。一方面要求在法定的劳动时间内，提高设备的开动时间；另一方面要求在单位时间内增加合格品的产量。提高设备利用率的主要方式有如下几种。

（1）增加实际使用设备的数量，减少设备的闲置。

（2）增加商场设备的使用时间，加强设备使用的均衡负荷。

（3）提高设备的利用强度，增加设备在单位时间内生产的合格产品数量。

各级领导、设备管理部门、生产班组长直到生产工人，在保证设备合理使用和提高设备利用率方面，都负有相应的责任，各个生产制造企业应据此制订出切实的责任制度，对于严格遵守规章制度的人员，及时进行表扬，对于违反操作规程以致造成设备事故者，则要给予批评教育乃至处分，使操作人员自觉养成爱护设备的风气和习惯，使设备始终处于最佳的技术状态。

七、生产设备使用评价工作实施标准

生产设备的使用评价是指对设备的使用情况及使用费的一种评价。具体来说，就是评价设备在整个生命周期内的使用情况，以及为了保证设备正常运作而发生的相关费用，具体包括能源消耗费，维修费以及固定资产税、保险费、操作人员的工资。其中主要是评价设备的使用情况及维修费用，具体情况如下。

（一）使用情况评价

1. 设备完好率

设备完好率＝（主要设备的完好台数÷所有主要设备的台数）×100%

生产设备完好率是指技术性能完好（包括一级和二级）设备台数占全部设备的百分率。在实际使用中，可以只计算比较重要的设备（一般多以复杂系数不小于 5 为界限）。

2. 设备故障率

设备故障率＝（故障停机时间÷设备开动时间）×100%

生产设备故障率是指在一段时间内（一年或半年）设备的故障停机时间与同期内实际开动时间的比率。它在一定程度上反映了设备故障对生产的影响。

（二）维修费用（主要指标有单位产品维修费、维修费用率等）

1. 万元产值维修费用

万元产值维修费用＝维修费用总额÷总产值

有时为了更直接地反映维修的效果和扩大可比性，往往用万元产值的维修费用含量作为考核指标。

2. 维修费用率

维修费用率＝（全部维修费用÷总生产费用）×100%

维修费用率是同期内全部维修费用占总生产费用的百分率，是反映维修效率的一个经济性指标。

3. 单位产品维修费用

单位产品维修费用＝维修费用总额÷产品总产量

单位产品维修工作与维修成果的关系，是反映维修消耗水平促进维修与生产结合的一个指标。

第8章 巧妇难为无米之炊
——物资管理

第一节 物资管理工作要点

一、物资管理工作内容

物资管理就是针对生产活动所需的物资,进行有计划性的准备,并进行协调和管制,用以达到最经济、最迅速的生产。

（一）物资管理活动在本质上就是对人的管理

无论是从采购、品质检验到入库、生产,还是到最终出货及销售,其整个活动都是由人在进行操作。不良的管理活动会对物资管理造成不良影响,例如仓储管理员对仓库物资数据进行统计时,如果由于疏忽造成了漏记,就很可能造成物资的呆滞或生产缺料。

（二）物资管理的优劣最终取决于对成本的控制

成本控制在管理中主要有以下因素:采购成本(包括市场价格不确定,价格之间的差异)、生产成本(包括生产直接材料使用状况、物资投料标准、机器维修、折旧费用、人工制造费用)、产品质量成本(产品的合格率、损耗数量、返工人工费用)、产品物料运输费用、物资管理成本、库存成本等。只有加强对这些环节的控制,才能达到降低产品成本的目的。

（三）物资管理要求

好的物资管理要求做到以下几点。

（1）不产生断料,也就是不让生产单位有领不到需要的物资,产生生产待料的现象。

（2）呆料降到最低,也就是除了特殊的市场行情、不可抗力以外,仓库内不会有没有用的物资。

（3）没有囤料,囤料代表着浪费,因此物资管理要求与生产无缝地结合,适时、适量地进料。

二、物资管理工作程序

物资管理的程序可以简单理解为:采购物资经过点料后,物资管理部门收料,将这些物资送往待检区待检。物资检验后被送往存储仓库,经过库房空间规划,找到相应存放位置。在日常管理中,进行库存盘点和环境改善。当生产需要出现时,按照先进先出的原则,快速并准确地发料。

三、物资的基本类别

（一）按物资在生产中的作用分类

1. 原材料

原材料指经过加工后构成产品实体的材料。例如,炼铁用的铁矿石,织布用的棉纱,面粉厂用的小麦等。

2. 辅助材料

辅助材料指用于生产过程,有助于产品形成,但不构成产品实体的材料。例如,染料、催化剂,与设备使用有关的润滑油、皮带等。

3. 动力

动力指用于生产和管理等方面的电力、蒸汽、压缩空气等。

4. 配件

配件指预先准备的用于更换设备中已磨损和老化的零部件的各种专用备件。

5. 工具

工具指生产中使用的各种刀具、量具、卡具等。

6. 燃料

燃料指用于工艺制造、动力生产、运输和取暖等方面产生热能、动能的煤炭、汽油、木炭等可燃性物资。它应属于特殊的辅助材料,由于其在生产过程中具有重要作用,故单独归类。

这种分类方法,便于制订物资消耗定额,计算各种物资消耗量、产品成本和核定储备资金定额等。

（二）按物资的使用范围来划分

（1）基本建设用料。

（2）生产经营用料。

（3）经营维修用料。

（4）工艺装备和非标准设备用料。

（5）科学研究用料。

（6）技术措施用料。

这种分类方法,便于编制物资供应计划,亦便于企业按使用方面进行物资核算和平衡。

（三）按物资的自然属性来划分

1. 金属材料

金属材料包括黑金属,如钢、铁;有色金属,如铝、铜等。

2. 非金属材料

包括化工产品、石油产品、纺织产品和建筑产品等。

3. 机电产品

机电产品包括电机、仪表、机械、设备、仪器,以及液压配套件等。

这种分类方法,便于编制物资供应目录,有利于物资的采购和保管。

四、物资管理工作任务

物资管理的基本任务,总的来说,就是根据规定的生产经营任务,以提高经济效益为核心,做到供应好、周转好、消耗低、费用省,促进企业不断增加产品产量、保证产品质量、降低产品成本、加速企业的资金周转、提高劳动生产率、增加企业盈利。

通常情况下,物资管理的任务主要有以下几点。

(一)保证生产的顺利进行

现代化的生产制造企业,需要成千上万个品种规格的物资。必须及时、齐备地生产经营所需的品种、规格、数量、质量,保证各类物资的供应,使生产经营活动不间断地进行。

(二)降低生产成本

物资耗用占据了产品成本的相当比重,降低单位产品的物资消耗是降低产品成本的主要途径。因此,要通过物资消耗定额的制定、贯彻和检查,创造合理利用物质的条件,督促和配合生产技术部门或其他物资使用部门改进生产技术和加强管理,降低物资的消耗。

(三)降低物资管理费用

在市场经济条件下,作为独立的经济实体,具有完全的自主权。在这种条件下,当物资有多种供应来源时,应当在保证产品质量的前提下,尽量选择价格低廉、路途近和交通方便的资源,以节约运输费用和减少储备量,同时要注意不断降低物资的采购费用和保管费用。

(四)控制物资合理库存量

通过有效合理的组织形式与科学的管理方法,控制物资合理库存量,减少和消除积压物资,加速物资和资金周转。

(五)制订严格的物资管理制度

在物资管理中要坚决堵塞漏洞,防范投机倒把和贪污盗窃等违法活动;严格物资管理制度和手续。为了提高生产的经济效益,应当全面完成上述任务,防止只供不管、盲目储备、优材劣用等不良现象的产生。

五、物资管理工作原则

(一)保证质量

质量决定着商品的使用价值,也是生产制造企业形象的重要组成部分。物资管理的原料质量低劣,甚至出现假冒商品,不仅反映出经营水平、管理水平中存在严重问题,而且会造成生产出的产品质量降低,直接损害产品的使用,给企业带来不可估量的经济损失和社会形象损失。因此,物资管理人员必须遵守保证所采购物料的质量的原则。

（二）进行经济核算

在组织货源时,要综合考虑进货距离远近、商品流向、运输条件、时间快慢、费用高低等因素,并对以上各项因素进行逐项核算,以减少劳动占用和消耗。从确保经济效益出发,对进货中的各种费用、成本、差价等进行核算,优选进货渠道和进货时机。同时,对购进的商品要实现储存合理化,在保证满足生产需要的同时,减少储存成本。

（三）库存最少

在市场经济条件下,市场需求瞬息万变,产品也必须随时更新换代,以应付市场变幻,为此企业在组织进货时,也要小批量、多品种、短周期,只有减少库存量才能适应市场瞬息万变的情况,增强应变能力以及抵御风险的能力。

（四）销量决定物资需求

即根据市场销售预计来确定采购活动的时间和数量。生产的目的是为了销售,销售决定生产的内容及过程,而采购数量又是由生产数量决定的,所以采购的首要原则就是以销定产,以产定购。如果卖不出去就会造成积压,不仅不能获取经济效益,反而导致亏损,因此必须以销定产,以销量作为物资管理的基础。因此必须销什么进什么,销多少进多少,保证买进来的原料制成的产品都能销得出去。为此要从组织、制度上把进货与销货紧密结合起来,做到进销协调、不积压、不脱销。

（五）保证资金安全

物资管理也是一种货币转变为商品的交换活动,这种交换活动只有发生实质性的变化后,即采购者得到商品实体才算完结。在市场经济中,由于订货期的不同,货源状况不同以及付款条件不同等,都会使这种交换活动发生时间、空间上的分离,从而增加了资金的风险系数。所以采购部门要与财务部门密切配合,采用合适的资金结算方式来保证资金安全,避免经济损失。

（六）讲求信誉

物资管理活动一定要遵守已签订的购销合同。这不仅有利于减少商品采购中的经济、法律纠纷,也有利于树立和维护良好的企业形象,和其他合作企业建立良好的经济关系,从长远来看更有利于生产的正常进行和发展。

六、物资消耗定额管理工作内容

（一）物资消耗定额的概念

（1）物资消耗定额是指在一定的生产技术条件下,制造单位产品或完成生产任务所必须消耗的物资数量标准。

（2）物资消耗定额是生产物流的重要依据;是促进合理使用和节约物资的有效工具;是企业提高生产技术水平、经营管理水平和员工操作水平的重要手段。

（3）物资消耗定额的制订和管理是物资管理的一项基础工作。要组织好企业的物资供应工作,就要弄清物资的需要量。物资的需要量是由产品的产量和物资消耗定额所决定的。物资消耗定额不仅是决定物资需要量的依据,而且是计算产品成本的依据。

（二）物资消耗定额的构成

正确制订物资消耗定额,必须分析物资消耗的构成。物资消耗的构成,是从取得物资直到制成成品为止整个过程中物资消耗的各个组成部分。对于机械制造行业来说,物资的消耗主要是材料的消耗。材料消耗的构成包括以下3部分。

(1)构成产品或零件净重的材料消耗。这是材料的有效消耗部分。

(2)工艺性消耗。指产品或零件在加工过程中产生的消耗,如边角余料、切屑等。

(3)非工艺性消耗。包括由于供应条件的限制所造成的消耗和其他不正常的消耗。

(三)物资消耗定额的作用

(1)物资消耗定额是合理进行物资发放的前提。

在向各生产部门发放物资时,要根据物资消耗定额和生产作业计划进行,这样才能保证生产的连续性和节奏性,并能科学地进行物资使用的控制工作。

(2)物资消耗定额是编制物资供应计划的基本依据。

编制物资供应计划,要根据物资消耗定额来计算物资需要量,并据以计算物资采购量。

(3)物资消耗定额是促使提高技术水平、管理水平与操作水平的重要手段。

先进合理的物资消耗定额,是建立在先进的技术水平和管理水平基础上的。随着定额的贯彻和逐步修订,能促使不断改进设计和工艺,改善生产组织和劳动组织,提高工人的操作技术水平。

(4)物资消耗定额是控制合理使用和节约物资的有效工具。

先进的物资消耗定额同必要的考核、奖励办法相结合,能调动全体员工的积极性,使其尽己所能合理、节约地使用物资。

(四)物资消耗定额的制订方法

1. 物资消耗定额的类别

(1)物资消耗定额可以分为工艺定额与供应定额两种。

(2)工艺定额包括产品或零件的净重和工艺性损耗。工艺定额通常由工艺部门制订。供应定额是在工艺定额的基础上,加上一定比例的非工艺损耗构成。供应定额通常由供应部门制订。供应定额一般由工艺定额乘上一个比例系数来确定。比例系数同该种物资的供应条件有关,也和管理水平有关。系数的确定一般是根据经验和当时的供应条件。工艺定额是物资消耗定额的基础,供应定额是核算材料需要量的依据。非工艺损耗应该尽量减少,但在一定的供应条件和管理水平下在所难免。

2. 制订物资消耗定额的基本方法

(1)技术计算法。对于生产加工企业,由设计人员按产品零件的形状、尺寸和材质计算出零件的净重。然后,由定额员按工艺文件确定工艺损耗部分,得出工艺定额。这种方法比较准确,但工作量大。对于产量较高或材料贵重的产品,通常采用这种方法。

(2)统计分析法。按以往同类产品物资消耗的统计资料,考虑到当前产品的特点和技术条件的变化,经过类比来制订物资消耗定额。这种方法较第一种方法简单,但不够精确。在产品设计还未完成时,常常需要申报材料需要量,这时可以用这种方法做粗略估计。

(3)经验估计法。根据技术人员和工人的经验,经过分析来确定物资消耗定额。这种方法简单易行,但不精确。

不同行业产品对象和工艺方法差别很大,制订物资消耗定额的方法也就不同。不仅如此，主要材料和辅助材料消耗定额制订的方法也不同。

3. 物资需要量的确定

确定物资需要量的方法有直接计算法和间接计算法两种。

（1）直接计算法：又称定额计算法，是用生产计划规定的产量乘以某物资的消耗定额，得到该种物资的需要量。这种方法比较准确，应尽可能采用。但是，在编制物资采购计划时，生产任务往往还没有最后确定，就不能用直接计算法。

（2）间接计算法：又称比例计算法，是按一定的比例来估算某种物资的需要量。比如，每万元销售额的材料消耗量。

（五）降低物资消耗的基本方式

降低物资消耗是降低单位产品成本、提高经济效益的有效措施。降低物资消耗的主要方式有以下几种。

（1）采用新材料与替代材料。

（2）推广运用线性规划的套裁下料方法。

（3）加强物料的运输保管工作，减少流通损耗。

（4）回收利用废旧物资。

（5）改进产品设计与产品结构。

（6）不断采用先进工艺，降低工艺性损耗。

七、物资流转管理工作流程

生产过程在本质上就是物资的流转过程。从物资的采购、管理到生产都是物资流转的不同形式。物资在生产前的各领域内以原始的状态在各环节运转，到了生产领域则被转化为毛坯、在制品、半成品、完成品，变成产品或商品销售给客户。最终，物资变成了利润。因此，无论是物资管理还是整个管理，其核心内容都是使物资获得保值、增值。具体来说，就是在整个物资流转的过程中，应该使物资一直处于被升值的过程。虽然因为时间、地点、技术水平等原因，物资流转过程中，会造成物资价值的下降，但物料管理要求在造成价值下降的环节，降低下降的程度，在其他环节将价值升值，以弥补下降。企业内物资流转的基本操作步骤如下。

（一）收料员收料

（1）收料员根据物资订购单、请购单、客户来料跟催表、送货单等表单核对物料品名、规格、数量等内容，如果符合进行接收，进入下一工作程序；不符合则开出退货单，要求供应商解决相关问题后再次进行接收检验。

（2）注意同采购部门进行联系，工作过程应与采购部门协同。

（二）物资验收

（1）物资接收后应该运送到待检验区域等待检验，经检验合格后填写进料检验入库单；不合格时，根据情况填写进料不良处理单。经过协商可以进行特采，应该粘贴特采标志。进料品质严重不符应该办理退货事宜，并在被退货的物资上粘贴退货标志，防止运输人员误操作，填写退货单。

（2）工作过程中，要把被检验、检验完成、未检验、退货、特采等情况用不同的标志区分,防止误操作。

（三）办理入库手续

（1）仓储管理员根据进料检验入库单、请购单等核对物料品名称、规格、数量等项目。如料单相符,办理入库手续。料单不符情况出现后,如果属于规格不符,经检验人员确认后在入库单上注明来料规格;若属于数量不符,由收料员确认后改单。

（2）仔细填写、核对,各类单据诸如时间、签名、物资单位等诸多细节。

（四）物资结算

（1）库管人员填写进料检验入库单后,记账后交给记账员入账。入账完成后,将单据交给供应商派来人员或采购员前往财务部门进行核算。

（2）仔细填写、核对,各类单据诸如时间、签名、物资单位等诸多细节。

（五）储存管理

（1）库管人员对物料进行标识,如入库时间、数量等。根据物资的不同性质,分别存储、分类管理。在日常工作中进行6S（整理、整顿、清扫、安包、清洁、素养）管理。按照规定进行盘点工作,以备生产之用。

（2）库管人员应具备相关物资的属性、存储等知识,掌握科学管理工具。

（六）发放进入生产领域

（1）当生产所需时,根据生产用料的特点,经过用料单的核对之后,库管人员进行发料准备。最终经主管人员批准,进行发料。

（2）零星生产用料,可不经过主管自行发放。但需进行认真登记。

八、物资搬运管理工作内容

（一）物资搬运的概念

有效的物资搬运对提高生产效率、降低成本和保护零部件不受损伤是十分重要的。物资的运动包括装卸、位移、加工、检验、仓储,最后为成品装运,这些都离不开各种装卸运输工具。物资企业在内部的运动没有增加产品的使用价值,却增加了成本。因此,应该尽可能减少物资的搬运。但由于生产过程必然在一定的空间范周内进行,物资在厂内的搬运是不可避免的。最优的物资搬运量应该是保证完成加工的最低的搬运量。物资搬运量与布置有关,布置对物资搬运量有先天性的影响。在布置已定的情况下,选择合适的物资搬运方法对降低成本,防止磕碰是十分重要的。

（二）物资搬运的基本方法

1. 自动导向车

自动导向车不需要人驾驶,并具有很大的灵活性,它可沿着规定的路线自由行驶,完成预定的功能。自动导向车一般用蓄电池作为动力。自动导向车的运动受信号控制。一般采用遥控计算机来储存指令,一台计算机可以控制数台在不同地点工作的自动导向车。

2. 吊车

吊车是安装在建筑物上方的物资搬运设备,它不占用生产场地,在其活动的范围内具有很大的灵活性。不足之处是起重能力较小,多半在安装工地和维修场所使用。桥式吊车在生产车间得到普遍使用,它的起重量大,灵活。

3. 工业机器人

工业机器人是具有人的一定特征的可编程机器,它的外形并不像人,但能承担某些人干的工作。工业机器人日益引起人们的重视。它可以在工作条件恶劣的环境下工作,能不知疲倦地从事繁重的、重复性的工作,并能搬运较笨重的工件。它还具有很大的灵活性,能完成多种不同的操作。通用的工业机器人可以用于以下场合。

(1)对人体有害或有危险的工作环境,如喷漆、接触放射线、高温、高寒等。

(2)重复性工作。这种工作使人感到厌烦和疲劳,往往造成误操作。机器人干这种工作比人更持久、更有效,也更可靠。

(3)物资的搬运。

4. 传送带

传送带是一种能将物资从一个地点传送到另一个地点的一组固定设备,按其结构和功能的不同,可以将其分成滚子传送带、翻斗传送带和皮带传送带3种。传送带的主要优点是不需要操作者,运送量大、运输成本低。其缺点主要是投资大,占空间也大,运输路线难以调整。

5. 工业卡车

工业卡车是可以自由行驶的载物车辆,可能用人力推拉,更多的是通过内燃机或电动机带动。工业卡车包括叉车、平车和工业拖拉机3种。工业卡车主要用于物资的运进运出。其优点是运输灵活,需要的投资较少。叉车可以用于码垛,充分利用空间。工业卡车的缺点是需要通道,需要人驾驶,运输成本比传送带高。

(三)物资搬运方法的选择

物资搬运方法的选择取决于多个因素,如物资的形状、尺寸、物理性质和化学性质等。要移动的产品组合的性质影响到对灵活性的需求,从而影响搬运方法的选择。物资的搬运量影响到所用搬运方法的投资。比如像传送带这样的自动化或半自动化物料搬运设备多用于产量大,从而物料搬运量大,移动路线相对稳定的场合。

九、能源管理工作内容

能源管理的主要任务就是尽量节约能源,使有限的能源发挥更大的作用。节能是一项涉及面广泛的综合性工作,它与生产、工艺技术、设备、检测和材料供应等许多环节密切相关。为了提高产品质量,降低动能消耗,不断增强经济效益,管理层要按照厂节能机构的要求,把能源管理与节约切实有效地抓起来。节能管理工作担负着重要的任务,概括起来有以下几点。

(1)降低主要耗能工序单位量产品的能量消耗,如减少耗热量、耗电量、耗蒸汽量等。

(2)保证生产的产品质量指标合格,目标产品合格率达标,减少废品量,降低能源及物料损失。

(3)降低电力、水、蒸汽等动力能源消耗量。

(4)积极回收利用各种余能(特别是余热)资源。

十、物料需求计划管理流程

(一)编制经营计划和主生产计划

产品的生产计划是 MRP 的基本输入,MRP 根据主生产计划展开,并计算出这些产品零部件和原材料的各期需求量。产品的生产计划应根据市场预测和订货情况来确定,但它并不同于预测,还要考虑生产能力,这是因为预测的需求量可能随时间起伏变化,而计划可以通过提高或降低水平作为缓冲,使实际各周期生产量趋于一致,以达到生产过程均衡稳定。因此必须使经济计划和主生产能力平衡。进行经营计划和主生产的编制,明确规定生产的产品品种、数量、规格、交货期等资料。将计划时间内(年、季、月)每一时间周期(月、旬、周)最终产品的计划产量制订出主生产计划,明确需求每种成品(产品)的数量和时间,是生产什么和什么时候生产的权威文件。运用 MRP 主要依据是生产计划大纲规定的主生产计划,如果该计划失准,MRP 运行就失去基础,从而得出错误的结果。

(二)产品结构图的编制

产品结构图就是从最终产品出发,将其作为一个系统来考虑,即其中包含多少个零部件,每一个产品从总装—部装—部件—零件分成几个等级层次,而每一层次的零部件又有多少个小零件所组成。在生产经营活动中所需的物料品种十分复杂。为了完成某一项生产任务或制造某种产品所需的材料,往往有许多品种、规格的材料、零部件可供选用和代用,并且产品结构越复杂,零部件等级层次越多,其所需的各种材料和零部件越具体。因此产品结构图的编制直接关系到材料选择的是否合理,它对于保证产品质量、提高生产效益,促进技术进步,合理利用资源具有重要意义。

产品结构图不是一成不变的,它随生产任务、技术条件、供应条件的变化而变化。为了便于正确选择和确定需用的物资品种,物资供应部门必须认真编好产品结构图,把需用的千百种不同规格的物资按照物资的类别、名称、规格、型号、技术标准、计量单位等,进行详细说明。它不仅是编制物资供应计划和组织物资采购的重要依据,也是设计、工艺等部门正确选用物资的必要参考。它对于加强物资统一管理,提高物资管理水平具有重要作用。

在编制产品结构图时,物资供应部门应当与生产、技术部门密切配合,在保证和提高产品质量的前提下,从技术、经济和供应条件等方面考虑,选择最经济、最合理的物资品种。通过有关部门和市场调查,及时收集和掌握新材料、新产品的发展情况以及物资供应的变化情况,及时地审核和修订物资供应目录。

正确选择物资品种,应考虑以下几个主要因素。

(1)选用的物资必须保证生产的产品质量。

(2)充分考虑,使所选用物资规格化和标准化,尽可能减少所选物资的品种规格。

(3)尽量选用资源丰富、价格低廉的材料来代替稀缺、贵重材料,用工业原料代替农业原料。

(4)从综合角度考虑,所选购物资应尽可能保证在生产中有较高的劳动生产率和设备利用率。

（三）确定交货日期、订货周期和批量

交货日期、订货周期以及订购批量应综合考虑保证生产。生产作业计划的进度，供应条件实际要的程度，按经济批量法来确定。

（四）计算总需要量和实际需要量

按照产品结构图和各种材料，逐一算出各种材料的需要量，并根据上述资料，经 MRP 计算，确定各种物料总需要量和实际需要量。

（五）发出采购指令

即按照物料实际需要量、订购批量和订货周期，发出采购通知单。在生产中所需要的部件和零件中，有的是自己生产的，有些则是外购的，如果物料中某些零部件属于自制生产的，应向有关生产部门发出生产指令。

第二节　物资管理规范化制度

一、物资需求计划管理制度

□　总则

第一条　目的。

规范生产物资的分析作业，制订计算物资的需求数量、交货期限的作业流程，使之有章可循。

第二条　适用范围。

本制度用于产品生产使用的物资的分析，并提出需求计划的作业。

第三条　权责单位。

（1）生管部负责本规章制订、修改、废止的起草工作。

（2）生产总监负责本规章制订、修改、废止的核准。

□　各部门工作职责

第四条　合作部门。

（1）物资管理部提供需求计划、订单信息。

（2）生产部提供成品、半成品、物资库存状况报表。

（3）生产管理部提供生产计划。

（4）技术部提供产品用料明细表。

（5）采购部提供采购前置期、经济订购量、最小订购量。

第五条　责任部门。

生产管理部物资管理人员为用料分析的责任人员，负责制订物资需求计划。

□　物资需求计划的制订步骤

第六条　确定物资的总需求量。

物资管理部决定产品总需求量。总需求量一般包括 3 个部分。

(1)某期间(如一个月或一季度)的实际订单量。

(2)该期间的预测订单量。

(3)管理者决策改变的上述数量(如为平衡淡旺季或调整产品结构需要)。

第七条　决定物资的实际需求量。

根据获得的总需求量,再依据该物资的存量状况予以调整,计算公式如下:

实际需求量 = 总需求量 - 库存数量

一般由业务部或生管部确认。

第八条　确定生产计划。

生产管理部依实际需求量确定生产计划,一般需做下述工作。

(1)产能负荷分析。

(2)产销平衡。

(3)中间程生产计划与细部生产计划。

第九条　物资清单。

生产管理部物资控制人员负责对物资清单的分析。

物资需求量 = 某期间的产品实际需求量 × 每一产品使用该物资数量

第十条　区分物料 ABC 项目。

(1)物资控制人员根据物资状况区分 ABC 项目,一般作如下区分。

①占总金额 60% ~ 70% 的物资为 A 类。

②占总金额余下的 30% ~ 40% 的物资为 B 类及 C 类物资。

(2)A 类物资作物资需求计划,B 类、C 类物资使用订货点方法采购。

第十一条　确定物资的实际需求量。

根据物资在制造过程的损耗率,计算实际需求量。

$$物资实际需求量 = 物资需求量 × (1 + 损耗率)$$

第十二条　决定物资净需求量。

A 类物资净需求量,必须参酌库存数量、已订货数量予以调整。

物资净需求量 = 物资实际需求量 - 库存数量 - 已订未进数量

第十三条　确定订购数量及交货期。

根据经济订购量、库存状况及生产计划,确定物资的每次订购数量及交货期。

(1)订购数量一般以经济订购量或经济订购量的倍数确定。

(2)交货期以使预计库存数量少为原则来确定。

第十四条　填写并发出物资计划性订货通知。

(1)物资管理人员根据上述步骤获得数据,整理出计划性订货通知。

(2)订货日期根据采购前置期(即发出订单到物资入库之间的时间)而确定,即

$$订货日期 = 预计物资交货期 - 采购前置期$$

第十五条　本制度由生产部起草制订,由生产总监核定并报总裁批示后启用。

二、物资需求计划编制管理规定

□ 物资需求计划的编订

第一条 营业部于每年年度开始时,提供生产销量的每种产品的销售预测,销售预测必须经经营会议通过,并配合实际库存量、生产需要量、市场状况,由生产单位编制每月的生产计划。

第二条 生产部门编制的生产计划副本送至采购中心,并以此为依据来编制采购计划,经经营会议审核通过,将副本送交管理部财务单位编制每月的资金预算。

第三条 营业部门变更销售计划或有临时的销售决策,应与生产单位、采购中心协商,以排定生产日程,并据以修改采购计划及采购预算。

□ 采购预算的编制

第四条 物资预算分为以下两类。

(1)用料预算。

(2)采购预算。

第五条 用料预算按用途分为以下两类。

(1)营业支出用料预算。

(2)资本支出用料预算。

第六条 物资预算按编制期间分为以下两类。

(1)年度预算。

(2)分期预算。

第七条 年度用料预算的编制程序如下所示。

(1)由用料部门依据营业预算及生产成本计划编制年度用料预算表,经主管部长核定后,送企划部,材料管理汇编年度用料总预算转财务部。

(2)物资预算经最后审定后,由总务部加以严格执行,如经核减,应由一级主管召集部长、组长、领班研究分配后核定,由企划部分别通知各用料部门重新编列预算。

(3)用料部门用料超出核定预算时,由企划部通知运输部门。超出数在10%以上时,应由用料部门提出书面理由呈转一级主管核定后办理。

(4)用料总预算超出10%时,由企划部通知储运部说明超出原因呈请核示,并办理追加手续。

第八条 分期用料预算由用料部门编制,凡属委托修缮工作,采购部按用料部门计划分别代为编列用料预算表,经一级主管核定进行采购。

第九条 资本支出用料预算,由一级主管根据工程计划,通知企划部按前条规定办理。

第十条 物资采购预算编制程序如下。

(1)年度物资采购预算由企划部汇编并送呈审核。

(2)分期物资采购预算,由仓储部门视库存量、已购未到数量及财务状况,编制物资采购预算表,并会同企划部送呈审核,转公司财务会议审议。

第十一条　经核定的分期物资采购预算,在当期未动用者,不得保留。其确有需要者,下期补列。

第十二条　资本支出预算,年度有一部分未动用或全部未动用者,其未动用部分则不能保留,视情况在次年度补列。

第十三条　未列预算的紧急用料,由用料部门领料后,补办追加预算。

第十四条　用料预算除由用料部门严格执行外,并由企划部加以配合控制。

第十五条　本制度由生产部起草制订,由生产总监核定并报总裁批示后启用。

三、废料处理制度

第一条　废料的认定。那些经确认不能再加工处理或虽能再加工处理但不会提高经济使用价值的原料均为废料,其处理制度依本制度办理。

第二条　废料的保管。设置废料存放区,按类别分开存放,勿随地丢弃。

第三条　废料的整理。

1. 各工作场所应置放废料桶、废料箱,便于工作人员随时存放一处并便于一次搬运。

2. 各工作场所当日产生的废料,应于当日搬往各规定的废料存放区。

第四条　如有不遵守规定存放或将用料混同废料存放者,经查实后交管理部处理。

第五条　出售废料必须由管理组负责进行处理,管理部总务组协办。

第六条　各种废料由管理组负责销货,会同管理部定价。

第七条　装车时管理组须派人随车监视,以免承购商夹杂有用物资或偷窃其他物品。

第八条　过磅时通知管理部总务组一起进行办理,同时注意防止承购商作弊,并于废料处理单上共同签证。

第九条　经办人除应于每次过磅前先将磅秤校正外,管理部公用组应该按月办理重校。

第十条　依据废料处理单开具销货单及发票,由各管理组主管签章后交管理部总务组审呈管理部经理核准。

第十一条　废料出售一律现款交易,收款后以当日缴结、财务部收账为原则。

第十二条　能供其他部门使用的可以以调拨方式作价处理。

第十三条　以每月标售处理为原则,如堆积过多而无特殊理由的,经管理部同意延期处理者除外,一律归管理部处理。其收入亦归管理部。

第十四条　员工均可向废料经办单位介绍承购。

第十五条　工地上的废料,如钢筋料头、水泥纸袋、旧木板、木柱、木屑等,其处理方式比照本(废料处理)办法执行。

第十六条　本办法经部门经理会议通过,并呈总经理核准后施行,修改时亦同。

四、物资消耗定额管理制度

□　总则

第一条　物资消耗定额是正确确定物资的需要量,编制物资供应计划的重要依据,是产品成本核算和经济核算的基础。实行限额供料是有计划地、合理地利用和节约原材料的一种有效手段。

第二条　物资消耗定额应在保证产品质量的前提下,根据生产的具体条件,结合产品结构和工艺要求,以理论计算和技术测定为主,以经验估计和统计分析为辅,来制订最经济、最合理的消耗定额。

□　物资消耗定额的制订与修改

第三条　物资消耗定额的内容。

1. 工艺消耗定额

(1)主要原材料的消耗,指构成产品实体的物料消耗。

(2)工艺性辅助物资的消耗,工艺需要耗用而又未构成产品实体的物资。

2. 非工艺性消耗定额

指废品的消耗、料代用损耗、设备调整中的损耗等,但不包括途耗、磅差、库耗等。

第四条　物资工艺消耗定额由工艺部门负责制订,经供应部门、车间会签,总工程师批准,由有关部门贯彻执行。非工艺性消耗定额根据质量指标,由供应部门参照实际情况制订供应定额。

第五条　工艺消耗定额必须在保证产品质量的前提下本着节约的原则制订。

第六条　物资消耗定额一般一年修改一次。由供应部门提供实际消耗资料,工艺部门修订工艺消耗定额。由于管理不善而消耗超标者,不得提高定额。

第七条　如果出现下列情况,应及时修改定额。

(1)产品结构设计的变更影响到消耗定额。

(2)加工工艺方式的变更影响到消耗定额。

(3)定额计算或编写中的错误和遗漏。

□　限额供料

第八条　限额供料是执行消耗定额、验证定额与测定非工艺消耗量的重要手段,是分析定额差异和提出改进措施的依据。

第九条　限额供料的范围。

(1)产品用料,包括自制件和外协加工件。

(2)大宗的辅料和能源。

第十条　限额供料的依据。

(1)工艺部门提供的产品单件物料工艺消耗定额。

(2)生产调度部门和车间提供的月度生产作业计划。

（3）车间提供的《在制品、生产余料盘存表》和《技术经济指标月报表》。

五、滞料与滞成品管理制度

□　目　的

第一条　为加强对滞存材料及成品的处理，以达到合理利用、货畅其流、减少资金积压的目的，特制订本制度。

□　滞料、滞成品的范围

第二条　滞料。凡质量不合标准、存储过久、已无使用机会，或虽有使用机会但用料极少，或因陈腐、劣化、革新等现状已不适用的，需专案处理的物资。

第三条　滞料产生的主要原因如下所示。

（1）销售预测偏高导致的储料过剩。

（2）因订单取消而剩余的物资。

（3）因工程变更所剩余的物资。

（4）质量（型式、规格、材质、效能）不合标准。

（5）仓储管理不善导致陈腐、劣化、变质。

（6）用料预算大于实际领用（物资）。

（7）请购不当。

（8）试验材料。

（9）代客加工余料。

第四条　滞成品。对于因质量不合标准、储存不当变质或制造完毕后受客户取消、超制等因素影响，导致储存期间超过一定期限需专案处理的产成品。

第五条　内滞成品产生的主要原因包括以下几个方面。

（1）计划生产。

①正常品缴库期间超过计划期限导致未销售或未售完。

②正常品缴库期间虽未超过计划期限但有变质。

③因规格、质量或其他特殊因素未能出库。

④每批生产所发生的次级品储存时间超过一定期限。

（2）订单生产。

①订单遭客户取消、超过期限未能转售或转售未完。

②超制。

（3）生产发生的次品。

（4）其他。

①试制品缴库超过规定期限未出库。

②销货退回经重整列为次品。

□　工作职责

第六条　物资管理科。

（1）《六个月无异动滞料明细表》的编制。

（2）《滞料库存月报表》的编制。

第七条　滞料处理专员。

（1）核对请购案件有无滞料可资利用。

（2）运用工作小组的机能追查各项材料过期无异动的原因,拟定处理方式及处理期限。

（3）报废签呈的办理。

（4）留用部分的督促。

（5）填制《滞料发生及处理结果汇总表》送总经理签核。

（6）滞料处理结果编印及报告。

第八条　工作小组。原则上由业务、技术、工程、资材、厂务部门指定人员组成,以滞料处理专员为中心定期举办检查会。

□　滞料处理的作业程序

第九条　每月 5 日前,物资管理科查明最近 6 个月无异动的原物料,或异动数量未超过库存量 30% 的材料,列出《六个月无异动滞料表》,一式三联,送交滞料处理专员。

第十条　滞料处理专员接获《六个月无异动滞料表》后,应立即运用工作小组的机能,追查滞存原因及拟定处理方式与期限,并填妥下列各栏呈总经理核准。

（1）"发生原因"栏。依第二条第（1）项所订的原因代号填入"发生原因"栏,并做具体说明。

（2）"拟处理方式"栏。拟处理方式按转用、出售、交换、拆用、报废等代号填入"拟处理方式"栏。

六、物料需求计划设计规范

□　总则

第一条　物料需求计划简称 MRP,它根据主产品生产计划、主产品物资清单和库存文件,利用生产日程表、物资清单、库存报表、已订购未交货订单等相关资料,经过科学计算分别求出主产品的所有零部件的需求时间、需求数量、各种物资和零件需求与库存之间的差别。

□　相关结构

第二条　物料需求计划要根据主产品生产计划、物资清单、库存文件、生产时间和采购时间,把主产品的所有零部件的需要数量、需要时间、先后关系等准确地计算出来,其计算量非常庞大。

第三条　正确的需求分析。

（1）传统的物料需求分析是让各个部门分别上报《物料采购计划表》和《采购申请单》。采购部门把所有需要采购的物资分类整理并统计出来,确定采购项目、采购数量、采购时间等问题。这种方法存在耗费大以及采购计划表不准确、影响采购工作效果等诸多弊端。因此，正确的物资需求分析便成为当务之急。

（2）物资需求分析是根据客户的历史或者生产计划找出需求规律，然后根据需求规律预测客户下一个月的需求品种和需求量。从根本上解决客户需求什么、需求多少、什么时候需要等问题。

第四条　必要物资的构成：进行正确需求分析的前提是，需要拥有分析的物资。进行需求分析时，要用到如下必备资料。

（1）生产日程表：根据客户订单、生产能力、物料状况而安排的生产产品的计划。通常以周或天为单位。

（2）物资档案：储存一切有关成品、半成品与材料的各种必要资料，如物资名称、ABC物料分类表、产品结构层级表、采购前置时间、物料基准存量表。它有利于物料需求计划的制订与实施。

（3）物资清单：它表示产品零件各层级和结构，是物资系统内最原始的材料依据。建立方法是将产品的原材料、零配件、组合件予以拆解，并将各单项材料依材料编号、名称、规格、基本单位、供应厂商、单位用量等按照制造流程的顺序记录下来，排列为一个清单。它是物资组成和加工过程的反映，不仅可以说明物资的组成部分，而且可以说明物资加工需要耗用的人力资源、加工工艺、图纸、工模、设备和车间用量等，最终这些将用于成本核算。可从物料需求计划计算出产品所需要的物资零件和数量。

（4）库存量：它是物资、半成品、完成品、生产备件等有关生产所需物资的当前的自有数量。它是物料需求计划运作的基础材料，因为生产总需求减去库存量便是物资需求量。可进一步计算出是否发出新订购单、外协加工单；或已发的订购单、生产命令单、外协加工单是否必须进一步提前或延后。

□　需求计划设计步骤

第五条　需求计划以一句最简单的话解释就是：产品需求计划减去库存量。制订需求计划时需遵循一定步骤。

第六条　产品需求计划。

制订物料需求计划，首先要确定产品需求计划。根据市场预测、销售情况等确定生产计划。它确定的是生产什么的问题，就是确定每一具体的最终产品，在每一具体时间段（以周为基本单位，以日、旬、月为辅助单位）内生产数量的计划。要具体到产品的品种、型号。

第七条　确定产品物资清单。

它确定需要什么物料的问题。就是要确定需要哪些零部件和原材料、需要多少、哪些要自制、哪些要外购、自制或外购需要多长时间等，如此逐层分解，一直到最低层的原材料。

第八条　确定库存文件。

库存文件确定的是有什么物资的问题。它应该显示产品、产品所属所有零部件、原材料现有库存清单文件，也就是《产品零部件库存表》。即确定的是现有库存量。因为，与其他客户有着物资采购关系，每到一定时期就会相应的送入物资，因此就有了采购合同到期物资。

第九条　确定物资的需求量。

根据上述文件以及产品维修所需物资的估计,就可以推算出物资的需求量。

物资需求量＝生产需求总量－(库存量－已分配量)－采购合同到期物资量

第十条　确定物资需求量后,就应该开出采购申请单,在主管物资工作的主管副生产总监审核批准后,交给采购部门采购。

七、物料领用办法

第一条　凡属公司自办工程或代办工程的材料领用,一律使用《材料管理表》,分为进口材料、国产材料,一式五份,单式填写。表内应清楚地填写工程名称、成本中心、工程编号、施工单位,经呈授权人签名批准,并盖有工程部工程材料专用章,交由物资部计划组办理计划审核,盖计划审核章。

第二条　各部、分公司部门领用正常的维护材料时,只需填写货仓取货申请单,一式三份,清楚填写部门名称,成本中心编号并经呈授权人签名批准后,由物资部计划组办理计划审核,盖计划审核章。

第三条　在填写工程材料管理表或货仓取货申请单时,领取数量一栏必须要用规定字体填写领取的数量。如果需将原数量修改,应由授权人确认签名,否则物资部有权不予办理审核发料。

第四条　坚持工程材料、维护材料专项专用的原则,不允许将工程材料、维护材料转为他用。各分公司承接的代办工程,经工程部门审批后,物资部方可办理审核领料手续。代办工程需自购材料,要有工程部开具工程材料预算表,经物资部领导审批后方可购买。

第五条　各部、分公司需要的劳动保护用品,开单经本部门呈授权人签名后,再由人事部主管劳动保护用品的有关人员审批签名,方可办理审核领料手续。

第六条　各部门要严格按本部门拟订的年度材料计划进行领料。对无计划和超计划领料,物资部有权不予审核发料。不允许材料多领多占,影响工程材料的正常使用。

八、发料管理办法

第一条　领料。

(1)使用部门领用材料时,由领用经办人开立《领料单》,经主管核签后,向仓库领料。

(2)领用工具类材料(明细由公司自行制订)时,领用保管人应凭《工具保管记录卡》到仓库办理领用保管手续。

(3)进厂材料检验中,因急用而需领料时,其《领料单》应经主管核签,方可领用。

第二条　发料。

由生产管理部门开立的发料单经主管核签后,转送仓库依工令及发料日期备料,并送至现场点交签收。

第三条　移转。

凡经常使用或体积较大须存于使用单位内的,由使用单位填制《材料移转单》向资料库办理移转,并在每日下班前依实际用量填制《领料单》,经主管核签后送材料库冲转出账。

第四条　退料。

(1)使用单位对于领用的材料,在使用时遇有材料质量异常、用料变更或节余时,使用单位应以《退料单》(办理移转的退料以《材料移转单》代之)连同材料缴回仓库。

(2)材料质量异常欲退料时,应先将退料品及《退料单》送质量管理单位检验,并将检验结果注记于《退料单》内,再连同料品缴回仓库。

(3)对于使用单位退回的料品,仓库人员应依照检验退回的原因,研判处理对策,如原因是由供应商所造成,应立即与采购人员协调供应商处理。

九、材料调拨管理办法

□　材料的借入与归还

第一条　生产需要而材料无法如期供应时,可向有关厂家协商。洽借材料时由采购人员签呈说明理由、库存状况、借用数量、最近交货日期及拟归还日期,呈总经理核准后,拟具借据正本一份,经主管核示加盖公司章,持向厂商借料。副本三份,一份存仓库凭以收料,一份自存,凭以督促借料的归还,一份送会计部门。

第二条　借用的材料进厂时,由仓库收料人员依借据所列材料名称、规格、数量填制《收料单》并于备注栏中注明"借入材料",依进料验收管理办法办理收料。

第三条　借入材料的归还,由采购人员开立《材料交运单》并附借据的副本呈总经理核准,送仓库经核对原借入材料《收料单》的品名、规格、数量无误后,据此备料出库。

□　材料的借出与收回

第四条　在不影响生产时,材料的借出,必须由借用的厂商出具借据,注明借用材料的名称、规格、数量及预定归还日期,并经总经理核准后办理。

第五条　材料借出时由经办部门填制《材料交运单》呈总经理核准,将借据复印两份附于《材料交运单》之后,一份送会计单位,一份送仓库依此核对出料及督促借出材料的回收及账务的管理。如遇有归还异常时应即时通知经办部门查明原因。

第六条　借出的材料于借用厂商归还时,由仓库收料人员填制《材料收料单》,并于备注栏内加注"借出料收回";依进料验收管理办法办理收料,并于原借出的《材料交运单》中注明"归还数量""日期"及"材料收料单号码"。

第七条　如借出材料归还入厂后经检验不合格,仓库应立即以《材料检验报告表》会同经办部门洽请借出的厂商处理,以确保公司权益,但经检验合格且全数归还者,经办部门应将借据归还厂商。

□　外协加工材料的交运

第八条　外协加工材料交运时,由外协经办部门开立外协材料单,配合发料单由仓库发料人员开立《交送单》办理出料。

第三节 物资管理实用表单

一、物资需求分析表

物资需求分析表如表 8 - 1 所示。

表 8 - 1 物资需求分析表

编号：   日 期：

材料名称	规格	单位	供应状况				基本存量						供需措施					备注
			库存	已订	未订	合计	月份	月份	月份	月份	月份	合计	增购数量	催交数量	缓交数量	减购数量	紧急采购	

二、产品材料用量分析表

产品材料用量分析表如表 8 – 2 所示。

表 8 – 2　产品材料用量分析表

编　号：　　　　　　　　　　　　　　　　　　　　　　　　　日　期：

产品名称			生产数量			制造日期	月　日至　月　日		
序　号	材料名称	材料编号	单位用量	标准用量	实际用量	材料成本 标准	实际	超用金额	备　注

三、物资供应计划表

物资供应计划表如表8－3所示。

表8－3 物资供应计划表

编　号：　　　　　　　　　　　　　　　　　　　　　　　日　期：

材料名称	规格	材料编号	各月份需要量													基本存量	进料计划						交货期（天）
			1	2	3	4	5	6	7	8	9	10	11	12	合计		月份	数量	月份	数量	月份	数量	
合计																							

四、物资存量计划表

物资存量计划表如表 8－4 所示。

表 8－4 物资存量计划表

编 号：   日 期：

材料名称	每月用量	平均每日用量	每日最高用量	订货点数量	交货日期	订货数量	最高存量	平均存量	可用日数	备注

五、物资用量计划表

物资用量计划表如表 8 - 5 所示。

表 8 - 5　物资用量计划表

编　号：　　　　　　　　　　　　　　　　　　　　　　　　　　　　　　日　期：

产品批号																	
生产数量																	
材料名称	规格	材料编号	单位用量	估计用量	规格	材料编号	单位用量	估计用量	规格	材料编号	单位用量	估计用量	规格	材料编号	单位用量	估计用量

六、常备物资控制表

常备物资控制表如表 8-6 所示。

表 8-6　常备物资控制表

编　号：　　　　　　　　　　　　　　　　　　　　　　　　　　　　　　日　期：

存量管制基准	变更日期	预估月用量	存量管制方式	请购周期		进货期间		安全存量		请购点		请购量		最高存量		日期		进厂量	发出量	库存量		请购未到量	请购参考量	
				日数	需用数量	日数	需用数量	数量	可用日数	数量	可用日数	数量	可用日数	数量	可用日数	月	日			数量	可用日数		数量	可用日数

七、物资存量基准设定表

物资存量基准设定表如表 8-7 所示。

表 8-7　物资存量基准设定表

材料编号	品名规定	单位	采购区分	去年平均月用量		合计	设定月用量		合计	安全存量		请购点		设定请购量	最小包装量及货柜量
										天数	数量	天数	数量		

八、用料差异登记表

用料差异登记表如表8-8所示。

表8-8 用料差异登记表

编　号：　　　　　　　　　　　　　　　　　　　　　　　　　日　期：

序号	材料编号	品名规定	设定月用量	实际用量	管制量	差异率	上一月用量	下一月用量	拟修订月用量	差异原因	处理措施

九、共同材料计划表

共同材料计划表如表 8 - 9 所示。

表 8 - 9　共同材料计划表

编　号：　　　　　　　　　　　　　　　　　　　　　　　　　　　　月　份：

材料编号	材料名称	存量 ＼ 项目 产量								合　计

十、共同材料供应计划表

共同材料供应计划表如表 8 – 10 所示。

表 8 – 10 共同材料供应计划表

物资名称规格			编号			计划期间		年 月至 年 月	
适用产品	单位用量	月		月		月		月		月		月	
		预计	实际	预计	实际	预计	实际	预计	实际	预计	实际	预计	实际
用量合计													
采购数量													
库存数量													
上 期		审核	拟订	审核	拟订	审核	拟订	审核	拟订	审核	拟订	审核	拟订
签 章													

十一、相同材料供应计划表

相同材料供应计划表如表 8 – 11 所示。

表 8 – 11　相同材料供应计划表

物资名称规格			编号			计划期间		年　月至　年　月	
适用产品	单位用量	月		月		月		月		月		月	
		预计	实际	预计	实际	预计	实际	预计	实际	预计	实际	预计	实际
用量合计													
采购数量													
库存数量													
上　期	审核	拟订	审核	拟订	审核	拟订	审核	拟订	审核	拟订	审核	拟订	审核	拟订
签　章													

十二、材料供应计划表

材料供应计划表如表 8 – 12 所示。

表 8 – 12　材料供应计划表

物资名称规格			编号				计划期间		年　月至　年　月	
适用产品	单位用量	月		月		月		月		月		月	
		预计	实际	预计	实际	预计	实际	预计	实际	预计	实际	预计	实际
用量合计													
采购数量													
库存数量													
上　期 签　章	审核	拟订	审核	拟订	审核	拟订	审核	拟订	审核	拟订	审核	拟订

十三、生产线物资供应分析表

生产线物资供应分析表如表 8 – 13 所示。

表 8 – 13 生产线物资供应分析表

编 号： 日 期：

产品名称规格		每日产量		站 数	
改善分析	生产线设计	日 期		分析者	
左 侧 供 应 状 况		输送带	右 侧 供 应 状 况		

十四、物资供应情况追踪表

物资供应情况追踪表如表 8 - 14 所示。

表 8 - 14　物资供应情况追踪表

产品名称：　　　　　　　　　　　　　　　　　　　　　　　生产数量：

项次	材料名称	单位用量	本批用量	现有库存	验　收　记　录					备注
					日期	数量	日期	数量	品检记录	

十五、物资消耗日报表

物资消耗日报表如表 8 – 15 所示。

表 8 – 15 物资消耗日报表

编 号： 日 期：

材料名称	材料编号	单位	本日领用量	本月累计	本日耗用量		本月累计	本日结存
					新槽	旧槽		

厂 长： 主 管： 制 表：

十六、物资消耗汇总表

物资消耗汇总表如表 8 – 16 所示。

表 8 – 16　物资消耗汇总表

名称及规格	单　位	数　量	金　额	数　量	金　额	数　量	金　额	合　计	
								数　量	金　额
变动成本									
固定成本									
合　计									

十七、直接原料明细表

直接原料明细表如表 8 – 17 所示。

表 8 – 17 直接原料明细表

编　号：　　　　　　　　　　　　　　　　　　　　　　　原料名称：

成品名称	生产数量	单　位	直　接　原　料					单位成品平均用量及金额	
			规格	数量	单价	单位	金额	数　量	金　额

十八、配料单(一)

配料单(一)如表 8-18 所示。

表 8-18　配料单(一)

日期											生产命令号码
项次	件号	件名	材料规格	每件需量		材料成本		加工成本		总成本	需要日期及数量
				数量	单位	估计	实际	工时	金额	估计	实际

十九、配料单(二)

配料单(二)如表 8－19 所示。

表 8－19　配料单(二)

制造号码_____　　　　　　　　　　　　　　　　发单日期_____
产品名称_____　　　　　　　　　　　　　　　　生产数量_____

项次	材料名称	规格	单位用量	标准用量	存　量		领用数量	超用率	请购入库记录
					足	不足			
1									
2									
3									
4									
5									
单位					使用单位				

第四节　物资管理规范化细节执行标准

一、能源管理执行标准

(1)严格执行有关生产工艺操作规程和热工调节技术规程,并实行节能化操作。

(2)做好车间内部各工段(班组)节能管理责任制考核管理。

(3)自主研究和推广应用国内外的各种节能新技术,不断提高技术装备水平,为进一步节能降耗创造条件。

(4)要配备完善的能源物资计量器具以及工艺操作指标显示记录等各种计量仪器、仪表,并搞好维护保养,使其处于正常运转状态,以满足生产、技术、节能等项管理需要。

(5)做好主要生产设备的点检定修、维护和保养。

(6)做好生产组织的协调,保证生产稳定高产,高产率一般不低于 95%,减少生产过程中的各种物料损失。

二、节约能源工作方法

（一）技术方式

技术方式是指通过改革车间内能源利用率低的设备、工艺、操作等方面的技术措施，直接收到节能成效。这些工作具体包括以下几个方面的内容。

（1）改革落后技术和落后工艺。对技术落后、能耗高的生产工艺和生产装置，要积极进行改造，推广应用国内外先进的、成熟的生产工艺和技术。

（2）回收利用损失的能量。生产过程中的余热、余能、余压是宝贵的能源财富，应充分回收利用。对车间内用的工业水，应尽量做到循环使用，这样做不仅可以大量节约能源，而且还可以节约水资源和减少环境污染。

（3）积极推广节能新技术和先进经验。对近年涌现出的节能新技术和先进经验，应积极推广应用。

（4）改造高能消耗设备。应根据企业的安排，在财力、物力可能的条件下，抓住重点，首先安排量大、面广、耗能多而又投资少、见效快的项目。

（二）管理方式

管理方式是指通过在生产过程中执行合理的管理制度、合理地组织调度生产、合理地规划布局、合理分配和利用能源等，直接或间接收到节能效果。通过管理方式来节能，要重点做好以下几个方面的工作。

（1）合理组织生产，提高生产效率和能源利用率。各生产环节不平衡、生产节奏不均衡是造成能源浪费的一个重要因素，应通过合理组织生产，加强生产调度，降低能源消耗。

（2）实行节能承包。应该将能耗指标及节能任务进行分解，承包给（工段）班组，最后由班组将这些指标和任务承包给个人，使节能工作落到实处，并与经济责任制和节能奖惩挂上钩，与员工个人的经济利益发生关系。

（3）杜绝"跑、冒、滴、漏"的现象并加强计量管理工作。节能既要着眼大处，也要抓具体的细致工作，"跑、冒、滴、漏"等细微浪费现象不可忽视，必须加强管理，落实岗位责任制，搞好维修和监督检查，开展无泄漏部门、无泄漏车间、无泄漏班组、无泄漏机台的竞赛活动。同时，要加强电表、蒸汽流量计、天然气流量计、油流量计等计量管理工作，完善能源消耗统计工作，搞好定额管理，进一步减少能源浪费的现象。

三、物料需求计划执行标准

（一）主生产计划

主生产计划是一个综合计划，它是描述最终产品生产运作安排的计划，即在具体时间内各项目的产品需要。主生产计划在采纳以前，是计划工作的一种工具。MRP 程序假定所供给的全部主生产进度是具有足够的能力满足需求的。主生产计划在 MRP 系统中处于特别地位，是驱动 MRP 运行的基本信息。

编制主生产计划的基本步骤如下。

1. 制订初步计划

第一步是要明确主生产计划对象包括的最终产品，初步确定每种最终产品的产出量，并形成若干初步方案。这些决策建立的基础是对需求的认识与判断，一般不仅要考虑已接到的订单，还要考虑预测因素。

2. 初步评估生产能力

这一阶段要估算主生产计划所需的关键生产运作能力，给出生产运作能力需求的大致概貌，并利用表格或曲线直接和相应的关键工作中心所能提供的生产能力加以比较，以发现某些工作中心、工作时段的生产能力的过度负荷或严重闲置现象，为生产能力平衡提供依据，同时从生产能力方面对主生产计划的可行性进行评价。

3. 确定主生产计划模拟初步计划的各个方案的效果，经过分析评价，最后修订和确定主生产计划。

（二）存储记录文件

存储记录文件是记录 MRP 系统的所有物资库存情况的文件。物料需求计划系统把关于订什么、订多少、何时发出订货等重要信息，都存储在存储记录文件中。一般情况下，物资清单文件是相对固定的，而存储记录文件却始终处于不断变动之中。物料需求计划系统每运行一次，存储记录文件就发生一次大的变化。

（三）物料需求计划程序

物料需求计划程序是根据主生产计划、存储记录文件和物资清单运行的。其基本程序为：用主生产计划详细规定时间周期内最终项目需要的一览表，按照存储文件记录的存储水平，不断参考物资清单计算每一个项目的需求数量，然后对每一个需要项目的件数，根据现有的存储进行修正，并补足净需求量（及时调整）以便得到这种材料的提前期。

物料需求计划程序是假定任何输入的主生产计划是一个可行的进度表，并未考虑到生产系统在主生产计划中规定的生产周期内应完成的规定数量之外是否还有能力上的余地，这也就是出现闭环物料需求计划系统的根本原因。

（四）物资清单文件

物资清单文件又称为产品结构文件，是对一个最终产品的零部件和原材料构成以及在数量和先后顺序上相互关系的完整描述。它不仅列出了构成最终产品的零部件和原材料的品种与数量清单，还说明了具体的结构层次以及与每个层次相对应的各个工艺阶段、先后顺序。在实际工作中，常用树状的数据结构表示物料清单文件。

（五）输出报告

由于物料需求计划程序可以接受主生产计划、存储记录文件和物资清单，因此，MRP 系统可以提供多种不同内容与形式的输出，其中最主要的是各种报告，这些报告通常分为主要报告和次要报告。其中主要报告是面向库存和生产运作的计划与控制的报告，一般包括零部件投入出产计划、原材料需求计划、互转件计划、库存状态记录、工艺装备和机器设备需求计划、计划订货记录、订货记录调整、库存费用及预算报告、计划报告、执行报告、例外报告等。辅助报告的作用则在于分析、控制和支持 MRP 系统的运行，一般包括仿真报告、财务信息、例外报告等。

四、物料需求计划设计注意事项

（一）物资的订购周期

对于大型生产制造企业来说，生产物资的需求计划是根据主生产计划确定的，而主生产计划一般使用"周"作为计划单位。订购周期时间是指从下订购单给供料商到材料入库，这个中间所经历的时间。包括供料厂商备料时间、供料厂商生产时间、送到交货地点所需时间、进货检验时间、运输入库等时间。

（二）库存量的基本类别

在确定库存量时，应该确定被减去的库存量到底是哪一种库存量。因为在实际工作中，为了便于生产有几种库存量的定义。

1. 最高库存量

最高库存量是指某项物资允许存储的天数。

最高库存量 = 一个生产周期的天数 × 每天使用量 + 安全库存量

2. 最低库存量

最低库存量 = 购备天数 × 每天使用量 + 安全库存量

3. 安全库存量

安全库存量是指当生产出现某种问题时，物资的存量必须能供应一段时间的生产。它考虑到采购时间和物资消耗之间差异的库存量。在多种状况下，提供紧急之用。动用安全存量的同时，需办理紧急购料，以最迅速的方法弥补缺口。

安全库存量 = 生产一件完整产品所需要的物资 × 生产能力 × 确定的天数

它要求只要生产完整产品所需的物资中的某一种物料发生缺少，就必须立即购置。购置的量往往是缺口量。

缺口量 = 紧急订货到货入所需的天数 × 平均一天的耗用量

五、MRP 系统的更新方式

MRP 最重要的特点就在于能够根据变化着的情况、MRP 系统的要求进行数据的调整和更新，使更新以后的数据能够符合生产的发展并指导生产。一般的，MRP 对数据的更新方式主要包括两个方面。

（一）重新生成更新方式

重新生成的更新方式是 MRP 系统中常见的一种计划更新方式，根据这种方式，系统要从最初始层次的产品需求量开始，依次对各个层次的每项物料的需求量都重新进行计算。更新的间隔期一般为 1 ~ 2 周，采用批处理方式。

（二）净变更更新方式

通常情况下，生产系统和生产环境往往会很不稳定（如客户订货的变化、主生产计划经常修改、产品设计经常改动等），系统必须有较强的适应变化的能力，重新生成的更新方式由于工作量大而需要研究新的更新方法。为了能在较短周期内更新计划，发展出了净变更式的更新方式。

净变更的变更方式,顾名思义,并不对所有的物资需求都重新进行计算,而只对那些有变化的项目进行重新的计算和做新的计划安排。这就使计划的工作量大大减少,计划更新的频次加快,因而增强了系统的适应能力。

净变更更新方式的重要特点是,更新计划与文件的维护融为一体,也就是说,数据资料在进行更新时,生产的计划同时也进行了更新,这使得整个计划不再是固定不变的,而是随着系统的变化在进行着动态的变化,这个系统能够随着计划的实施对物资的状态自动进行平衡。

两种更新方式进行比较,净变更的更新方式具有以下的优点。

(1)更新的工作量大大减少,使得随时对系统进行跟踪成为可能。

(2)计划并不需要固定,即使在主生产计划下达的期间也可以对计划进行动态的调整。

(3)主生产计划下达和生产计划更新的时间并没有必然的联系,两者可以分别进行。

(4)由于计划的这种动态性,可以不断地更新计划。

(5)能够及时产生和调整各种输出资料,使管理人员尽早采取相应措施。

但是,净变更的更新方式也有不足之处,有两个主要方面。

(1)主要是在处理过程中往往采用人机交互式,而且又是按项目分解,需要多次查询库存记录,因而数据处理的效率较低,成本较高,同时也增加了数据出现错误的可能性。

(2)净变更方式系统对系统变化的反应显得过分敏感。因而使计划失去权威性,也会使基层管理人员由于不断修正已经进行的作业而感到困难。显然,变更方式适用于计划变动频繁、生产环境不稳定的情况。

六、闭环 MRP

闭环 MRP 是在物料需求计划的基础上,增加对投入与产出的控制,也就是对企业的能力进行校检、执行和控制。物料需求计划(MRP)只是根据市场需求和主生产计划提出了初步的加工和采购计划,它说明了需求,但是还没有证实实现的可能性。因此必须用运行能力需求计划来验证它的可行性。如果能力达不到,就需要对物料需求计划进行调整,使下达给执行部门(车间、供应)的是一个经过确认的可行计划。

计划下达后,在执行过程中也可能出现物资问题(如设计更改、废品、外购件未能按时到货),还可能出现能力问题(如定额不准、设备故障、人员缺勤)。因此,当计划无法实现时,要及时把情况反映到计划层,形成自下而上的信息反馈。此外,为了适应内外环境的变化,也可能修改计划。这种自上而下又自下而上闭环式的信息传递和运作,称为闭环 MRP 系统。它是最基本的物资计划与控制系统。

实施闭环 MRP,除了要制订物料需求计划外,还需要制订生产能力需求计划、车间作业计划和采购作业计划。

(一)相关知识

在制订闭环 MRP 计划中,各种生产或加工能力单元(如车间)和成本计算单元(物资需求)被称为工作中心。对工作中心,统一用工时来量化其能力大小。

（1）工作日历：工作日历是用于编制计划特殊形式的日历，由普通日历除去每周双休日、假日、停工和其他不生产的日子，并将日期表示为顺序形式而形成。

（2）工艺路线：工艺路线是反映加工方法及加工次序的文件。

（二）生产能力需求计划的计算

因为生产能力的基本目标是满足客户和市场的需求，所以在编制计划时，先不考虑能力约束而优先保证满足客户和市场的需求，然后再进行能力计划。经过多次反复运算、调整核实后转入下一阶段。

计划人员接到能力需求报告后，联系生产能力，对两者进行平衡。

现场作业控制工作中心集中解决如何具体地组织生产活动，使各种资源既能合理利用又能按期完成各项订单任务，并将客观生产活动进行的状况及时反馈到系统中，以便根据实际情况进行调整与控制。

五、物资用量计划表

物资用量计划表如表9-5所示。

表9-5 物资用量计划表

编 号：　　　　　　　　　　　　　　　　　　　　　　　　　日 期：

产品批号																	
生产数量																	
材料名称	规格	材料编号	单位用量	估计用量	规格	材料编号	单位用量	估计用量	规格	材料编号	单位用量	估计用量	规格	材料编号	单位用量	估计用量

六、物资存量计划表

物资存量计划表如表 9 - 6 所示。

表 9 - 6　物资存量计划表

编　号：　　　　　　　　　　　　　　　　　　　　　日　期：

材料名称	每月用量	平均每日用量	每日最高用量	订货点数量	交货日期	订货数量	最高存量	平均存量	可用日数	备注

七、库存物资供需分析表

库存物资供需分析表如表9-7所示。

表9-7 库存物资供需分析表

编 号：   日 期：

材料名称	规格	单位	供应状况				基本存量						供需措施					
			库存	已订	未订	合计	月份	月份	月份	月份	月份	合计	增购数量	催交数量	缓交数量	减购数量	紧急采购	备注

八、进货日报表

进货日报表如表9-8所示。

表9-8 进货日报表

编号：　　　　　　　　　　　　　　　　　　　　　　　　日　期：

序　号	料　号	品名规格	厂　商	数　量	消　单	备　注

九、物资验收登记表

物资验收登记表如表9-9所示。

表9-9 物资验收登记表

订购单编号：　　　　　　　　　　　　　　　　　　　　　　　　日　期：

编　号	名　称	订购数量	规格符合		单　位	实收数量	单　价	总　价
			是	否				

是否分批交货 □是　□否	科目 会计		厂商 供应		合 计	
检　查	抽样　%不良 全数　个不良	验收结果		检查主管		检查员

总经理		成本会计		仓　库		采　购	
	主管	核算	主管	收料	主管	制表	

十、退货单

退货单如表 9 - 10 所示。

表 9 - 10 退货单

厂商：　　　　　　　　　　　日　期：　　　　　　　　　编　号：

材料编号	名　称	数　量	备　注	签　章
退货理由				

十一、生产物资收支统计表

生产物资收支统计表如表9－11所示。

表9－11　生产物资收支统计表

编　号：　　　　　　　　　　　　　　　　　　　　　　　　　　日　期：

材料名称	规　格	单　位	上期结存	本期领入	本期发出		本期结存	备　注
					用　途	数　量		

十二、物资库存月报表

物资库存月报表如表 9 – 12 所示。

表 9 – 12　物资库存月报表

编　号：　　　　　　　　　　　　　　　　　　　　　　　　　　　　日　期：

物资名称	规　格	单　位	上期结存数量	本月进库数量	本月出库数量	结存数量

十三、物资领取表

物资领取表如表 9 – 13 所示。

表 9 – 13 物资领取表

领用单位： 发料日期：

制造号码： 领料单号：

物料名称	规 格	色 纹	单 位	领料数量	实发数量	备 注
用 途						

十四、物资样品提取登记表

物资样品提取登记表如表 9 – 14 所示。

表 9 – 14 物资样品提取登记表

部 门：　　　　　　　　　　　　　　　　　　　　　　　　　　日 期：

日期	客户名称	客户编号	品名规格	品名代号	品级	数量	出库单位	代号	提取人签收

十五、退料登记表

退料登记表如表 9 – 15 所示。

表 9 – 15 退料登记表

退 料 部 门：　　　　　　　　　　　　　　　　　　编　号：

原领料批号：　　　　　　　　　　　　　　　　　　日　期：

退料名称	料号	退料量	实收量	退 料 原 因					
				溢领	省料	不适用	品质差	订单取消	其他
备　注									

十六、送货月报表

送货月报表如表 9 – 16 所示。

表 9 – 16　送货月报表

编　号：　　　　　　　　　　　　　　　　　　　　　　　　日　期：

供应商编号	供应商	日　计		月　计			余　额		
		进货净额	收支金额	进货金额	进货退货折让金额	净进货金额	余购金额	未结清票据余额	总债务余额

十七、送货验收登记表

送货验收登记表如表 9 – 17 所示。

表 9 – 17　送货验收登记表

编　号：　　　　　　　　　　　　　　　　　　　　　　　　日　期：

进料时间		厂商名称	订购数	
料　　号			交货数	
订单号码		品名规格	应收数	
发票号码			实收数	
检验项目	检验规格	检验状况	数　量	判　定
检验数量		不良数		不良率	
处理情况	接收	拒收	特检	全检
备　　注	仓库主管	入库员	质管主管	检验员	点收员

十八、坏品退修登记表

坏品退修登记表如表 9 – 18 所示。

表 9 – 18 坏品退修登记表

编 号：   日 期：

退库部门				退库日期				
入库部门		借方科目			贷方科目			
要 求		领修单位		领修日期		年	月	日
件 号	名称规格		数 量	单 位	制造号码	退库原因		
品管检验原因				处理方式				
会计部门	管理部门	发修品者	领修品者	主 管	品 管	入 库	制 单	

十九、滞料处理催办登记表

滞料处理催办登记表如表 9 – 19 所示。

表 9 – 19　滞料处理催办登记表

编　　号：　　　　　　　　　　　　　　　　　　　　　　　　　　　日　期：

交办单编号		催办事项	
经办部门			
预定完成日期	月　　　日		
拟延期完成日期	月　　　日		
逾期原因		处理对策	
主管	催办	主管	经办

二十、废料处理情况登记表

废料处理情况登记表如表 9 – 20 所示。

表 9 – 20　废料处理情况登记表

编　　号：　　　　　　　　　　　　　　　　　　　　　　　　　　　日　期：

物品名称		物资编号		数量	
处理方式	□废弃　　　　□转作其他用途　　□让售　　　　□改造　　　□其他				
处理说明					
损失分析	账面价值　　　　处理出入或价值　　　　处理支出　　　　损失金额				

二十一、物资缺货日报表

物资缺货日报表如表9-21所示。

表9-21 物资缺货日报表

编 号：　　　　　　　　　　　　　　　　　　　　　　　　日 期：

商品编号	品　名	规格尺寸	数　量	进货日期	摘　要

第四节 库存管理规范化细节执行标准

一、库存物资盘点操作规范

（一）库存物资盘点的分类

1. 按盘点地点进行分类

按盘点地点可以分为物资存储地盘点和生产线盘点。

2. 按盘点规模进行分类

（1）小盘点。是指物资仓库的盘点，目的是查核账面的数量与实物有否一致以及呆料增减情况，通常一个月一次。

（2）中盘点。是指除了盘点仓库内的物资外，还包含生产现场的物资、半成品、成品等，除了查核料账外，还可对成本的核算加以矫正。一般半年一次。

（3）大盘点。是指对物资的全面盘点，包含生产器具、现金、有价证券等，一般一个年度一次。

3. 按盘点时间进行分类

（1）日常盘点。也称动碰复核，当出现发货情况后，盘点员立刻进行盘点，保持卡、物相符。

（2）临时盘点。这种盘点是指当遇到保管员替班、调离、收发业务中出现数量交接不清等问题时而进行的盘点。

（3）定期盘点。定期盘点一般是规模较为庞大的盘点，它是由保管员、物料会计、盘点员等共同进行盘点工作的一种形式。

（二）物资盘点的技巧

1. 确定物资的数量

当物资众多很难在短时间内盘点清楚时，可以采用总重量除以单个重量的方法求出物资的数量。同样，对于码垛的物资，可以用码垛高度乘以相应的高度数量。同理，用数量推断重量也可以。

2. 严格区分物资的属性

对于合格的物资、特采物资、待发送物资、待检验物资等多种类型，应该严格区分，防止出现混乱。

（三）物资盘点的基本程序

除了生产线盘点以外，其他类型的盘点都要按照以下程序进行。

1. 盘点日期的确定

如果是临时盘点和日常盘点，通常不需要确定盘点日期。通常是在每个月的月底进行盘点，在盘点的过程中，物资仓库的物品禁止移动，也就是不可入库及出库。盘点日期决定财务部门成本会计的决算,因此需要特别注意。

2. 盘点人员的确定

盘点一般实行三级盘点制度,这主要是为了更真实、有效地进行盘点工作,所以一定要做好初盘、复盘、监盘、抽盘相关作业人员的选择。

3. 准备好盘点工具

盘点工具包括盘点使用到的器皿器具、报表。报表必须事先印妥,并在人员培训时进行演练。

4. 做好地点清理、账目结算

在进行物资盘点前,应清扫盘点地点,对各类原始单据进行汇总、分类,以方便盘点工作的进行。

5. 进行盘点申请

申请盘点所需要的表单主要有盘点卡(用于贴示物料)和盘点清册(用于汇总物料库资料)。盘点卡一般一式两联,一联盘点人自存,一联挂(贴)在盘点物品上。

6. 成立盘点领导小组

因为定期盘点是一项比较繁重和复杂的工作,靠个人或几个人不可能完成,因此应该划分盘点区域并配置相应的负责人,对盘点工作进行任务分配。

7. 物资管理人员自行盘点

在正式盘点工作没有开始前,物资管理人员应该首先进行自我盘点,纠正管理工作中的问题。

(四)盘点差异原因的分析与处理

盘点差异是指盘点所得资料与账目资料不相同的现象。盘点差异的大小直接关系到物料需求计划的准确性,它也反映了物资管理工作的好坏。

1. 分析差异原因

(1)料账处理制度有缺点,料账不能真实反映实际情况。例如物资的分类太笼统,容易造成各物料混淆,进行多次统计、漏统计等现象。

(2)料账员素质过低,记账错误或进料、发料的原始单据丢失造成料账不符。

(3)盘点人员不慎多盘或少盘。

(4)交接班工作不完善。

2. 处理工作

盘点工作完成以后,应该进行如下工作。

(1)对相关人员做出奖惩。

(2)纠正料账、物资管制卡的账面。

(3)不足物资迅速办理订购。

(4)对呆料、废料迅速做出处理。

(5)做好整理、整顿、清扫、清洁工作。

(五)改善物资盘点制度

对盘点过程中发现的有关制度问题进行改进与完善。

二、物资盘点的方法

(一)循环盘点

这种方法又叫连续盘点制、开库式盘点,也就是周而复始地连续盘点库存物资。此方法是保持存货记录准确性的唯一可靠方法。

1.循环盘点法的内容

使用这种方法进行物资盘点时,能够使物资的进出工作不间断。循环盘点是一种盘存的类型,它对物资进行循环的盘存,以代替每次的季度盘点。每种存货被计算定义为相应的类型;对高额、流动快的物资频繁盘点;而对低额、流动慢的物资予以相对少一些的关注。盘点时不关闭仓库,将仓库分成若干区,或对物资进行分类,逐区逐类轮流连续盘点,或某类物资达到最低存量时,即机动地予以盘点。它可以分为以下3种方式。

（1）分区轮盘法

分区轮盘法是指由盘点人员将仓库分为若干区,依序清点物资存量,过一定日期后周而复始。

（2）分批分堆盘点法

准备一张某批收料记录签放置于透明塑胶袋内,拴在该批收料的包装件上。发料即在记录签上记录,并将领料单副本存于该透明塑胶袋内。盘点时,对尚未运用的包装件可承认其存量毫无差误,只将动用的存量实际盘点,如果不符,马上查核记录签与领料单。

（3）最低存量盘点法

最低存量盘点法是指当库存物资达到最低存量或订购点时,即通知盘点人员清点仓库,盘点后开出对账单。这种盘点方法适用于经常收发的物资,但不适合呆料的盘点。

2.循环盘点的有效性

采用循环盘点可维持库存的准确性,能够迅速发现错误并能立刻解决库存差异等问题。它的优点是尽可能地减少了对生产的影响,而且大大提高了记录的准确性,取消季末盘点有利于提高工作效率,更好地对客户进行服务。

(二)定期盘点

1.定期盘点法的内容

定期盘点又称闭库式盘点。这种盘点通常应拟订盘点计划,除仓库盘点外,现场和协作厂商也应进行盘点。这三者进行盘点的方式方法基本相同,其最核心的要求是:选定一特定的日期,关闭仓库,动员可用人力,以最短时间清点现存所有物资。对物资进行全方位的盘点。其盘点时间一般与会计审核相同,上市公司一般是半年一次,非上市公司一年两次。定期盘点制因盘点工具不同,又可分为盘点单盘点法、盘点签盘点法与料架签盘点法。

2.盘点单盘点法

盘点单盘点法是以《物资盘点单》记录盘点结果的盘点方法。这种方法简单易行,但容易出现漏盘、重盘、错盘的情况。

3.盘点签盘点法

盘点签盘点法是采用一种特别设计的盘点签,盘点后贴在实物上,经复核者复核后撕下。这种方法方便物资的盘点与复盘核对,对于紧急用料仍可照发,临时进料也可以照收,核账与做报表均非常方便。

4.料架签盘点法

是指以原有的料架签作为盘点的工具,不必特意设计盘点标签。当盘点计数人员盘点完毕即将盘点数量填入料架签上,复核人员复核后如无错误即揭下原有料架签而换上不同颜色的料架签,之后清查部分料架签尚未换下的原因,而后再依料账顺序排列,核账与做报表。

三、呆废料的处理规范

(一)呆料的分类和处理方法

1.呆料的分类

狭义上的呆料仅指使用次数很少、周转率极低,却百分百地保留着原有特性和功能的物资。广义上的呆料,还包括旧料与残料。

(1)旧料:因为使用或存储时间过长,已失去原有性能和色泽,导致使用价值降低。

(2)残料:虽然已经丧失了主要的使用功能,但仍然可以设法利用。

呆料的产生可能是多方面原因造成的,如订单取消而导致的剩余材料增加、采购申请不当等失误、生产配方的改善、产品淘汰、制造工艺流程的变更及生产项目的变更或完毕等不再使用这一材料等。呆料的存在使物资丧失了使用价值,增加了物资的成本与物资管理的人力及费用成本。

2.呆料的处理方法

(1)调拨给其他生产车间利用。对于本车间的呆料,看看其他车间能否使用。

(2)进行修改再利用。有些物资虽然不符合标准,但只要稍加修改就可以,如果呆料有这种修复的可能性,在不损害品质的前提下应该尽量加以利用。

(3)新产品设计过程中的利用。当呆料达到一定比重时,新产品设计应该考虑能否采用这类物资,如果可以,将是呆料获得自身价值的最好方法。

(4)进行低价处理。如果本确实无法使用呆料,但这类呆料在市场上还有销售空间,就应该尽快让其进入流通市场。

(5)销毁呆料。如果呆料不能采用上述4种方法处理,为了降低库存和人力资本,就应该销毁呆料。

(二)呆料处理的基本步骤

(1)物资管理部门应当在物资的盘点过程中,及时将库存中最近几个月没有数量变动的,或变动数量没有超过库存量一定比例的材料,进行统计,并列出一份呆料明细表,一式三联,送交呆料管理人员。

(2)呆料管理人员接到相应的呆料表后,应该立即调查这些原料在最近几个月内没有出现变动的原因,并拟定处理方式与期限,制作《呆料处理单》。以出售和交换的方式处理的,呆料处理人员需依据呆料处理单,将呆料交由采购部门处理;以报废方式处理的,应该由处理人员依据物资管理准则的审核权限签准报废,并由物资管理部门根据核准及签呈开立材料领用单和材料交库单,上交废料仓库。

(3)相关处理部门在接到呆料管理人员送达的呆料处理单后,应立即积极依所拟订的处理期限予以处理,并做好记录。期限届满尚未处理或未处理结案的,应即刻说明原因并重拟处理方式及处理期限后送呆料管理人员,经处理人员签注意见并呈总经理核实后送回相关处理部门继续处理。

(4)处理部门没有将已经界满处理期限的呆料处理表送交呆料管理人员时,呆料管理人员应给以催办单催办。

(5)呆料管理人员应按时将呆料出售明细表和呆料发生及处理结果汇总表上交主管领导签核。

(三)废料产生的原因及其处理

废料是指那些已经报废的物资,基本上丧失了使用价值且残破不堪、超过使用年限和保质期的物资。

1. 废料产生的原因

物资长期没有使用遭到铁锈的侵蚀,或是因为超过了保质期,或者完全是因为品质管理部门工作失误等原因造成的。

对于内产生的废料,要尽快进行适当的处理,应该单独开辟一个废料专区,将废料分门别类地存放,防止有人误用废料发生各类危险的事情。

2. 废料处理的方式

废料处理的方式主要有两种:其一是出售,其二就是充分挖掘废料的使用价值。

对于生产过程中的残渣废液、检修过程中残品旧料、机械加工过程中出现的边角余料、使用后的废旧品等,并不能采取一卖了之的方法,还需充分挖掘其使用价值。例如将解体后的废料移做他用。许多电子零部件和机械零件都可作为其他物品的原材料。还可将一些解体后的废料进行分类储存,这样即使是按照废料进行出售,其价格也会相应提升。

(四)呆废料的预防管理

呆废料的预防不仅是采购、物控和生产 3 个部门的事情,它还涉及销售部门和设计部门等其他部门的工作。因此,各部门都应加强内部管理,从各个环节杜绝呆废料的产生。

1. 销售部门的预防措施

(1)因销售部门原因,产生呆废料的情况可能有:市场预测欠佳,以致造成销售计划不准确,致使准备的物资过多;销售计划不时变更,造成生产计划随之变更。销售计划、生产计划的变更,造成物资计划落空而产生呆废料的增加;顾客订货不确定,往往由于订单的取消或更改,使生产企业来不及调整物资计划,于是产生大量的呆废料;顾客变更产品型号或规格,标准产品的变更影响较少,特殊订货产品的变更容易使已准备好的零件或包装材料成为呆废料,从而难以再次利用;销售部门接受订单时没弄清顾客对产品要求、产品条件及其他订货内容,或者销售人员没将完整的订货信息传递给计划部门,致使制造出来的产品惨遭退货;产品修理过程也容易产生呆废料。

(2)销售部门制订销售计划时,要有一套清晰的规划和规则,其变动频率不能频繁且波动巨大。另外,要进行良好的订单管理,避免盲目接订单的行为,客户订单应该与生产能力适应,如果生产能力不足就要推掉一些订单。当然,推掉订单时,应该在保证客户继续信任的前提下进行。

2. 设计部门的预防措施

(1)设计部门也有可能产生呆废料。如设计错误,等到试产时才发觉,致使一部分物料变成呆废料;设计变更,来不及修正采购活动或存量而产生呆废料;设计人员设计能力不足,造成不切实际的设计;设计时欠缺标准化而造成材料零件种类过多,增加呆料的机会。

(2)设计部门需从多方面、多环节减少呆废料的产生,应力求从市场需求出发,按照标准进行设计。对于新产品设计,只有经过完整的实验并有较好的市场前景时,才能够进入生产领域。

3. 物控部门的预防措施

(1)物控部门产生呆废料的原因可能有:材料计划不当;库存管理不良,存量控制不当;账物不符;因仓储设备不理想或人为疏忽而发生灾害而损及物料。

(2)物控部门针对具体情况,应采取相应的措施减少呆废料的产生。应该对库房进行市场的盘点清理,特别是对于某些易腐蚀的物料,要经常进行保护处理。保持库房应有的清洁,特别是控制好温度和湿度。在盘点和维护过程中,要按照工作规则工作,防止因为自身工作失误造成呆废料发生。

4. 采购部门的预防措施

(1)采购部门造成呆废料产生的原因主要有:物资管理部门采购申请不当;采购管理部门采购不当,如交期延误、品质低劣、数量过多等;对供应商要求不明确,出现品质、交货期、数量、规格等种种不予配合的事情而发生呆废料现象。

(2)选择信誉较好的供货商,是减少呆废料的好方法之一。而且采购部门要根据呆废料发生的原因,向有较好关系的供应商通报情况,寻求供应商方面的帮助和支持。

5. 验收部门的预防措施

要严格避免不合格产品的进入,严格按照进料检验规则进行检验。在企业成本要求允许的条件下,应该购入先进的检验仪器。

6. 生产部门的预防措施

(1)生产部门产生呆废料的情况可能有:产销协调不良,使生产计划变更频繁,造成呆废料发生的机会;生产计划错误,造成备料错误;生产线的管理活动不良,对生产线物料的发放或领取以及退料管理不良。

(2)对于生产部门来说,要与销售部门加强沟通,不能盲目生产;应制订科学合理的生产计划,按照订单和生产进度进行生产;加强生产线管理,严格生产流程;加强工人培训,减少各个环节呆废料的产生。

第三部分

抓好管理促生产

第 10 章　没有最好的，只有最适合的
——生产线设计管理

第一节　生产线设计管理工作要点

一、生产线设计管理工作内容

(1) 以科学性、合理性为前提，设计满足生产要求的生产线。

(2) 充分考虑产品品种、数量、成本和时间，保证生产线可以提高生产效率。

(3) 设计合理的生产作业布局，保证生产线的柔性、敏捷性和可靠性。

二、生产线设计的内容

(1) 确定流水线的生产节拍。

(2) 组织工序同期化及工作地(设备)需要量。

(3) 确定流水线的工人需要量，合理地配备人数。

(4) 选择合理的运输工具。

(5) 流水线生产的平面布置。

(6) 制定流水线标准计划指示图。

(7) 对流水线组织的经济效果进行评价。

三、生产线设计需要考虑的因素

(1) 具体需要多少个工位，把一个产品拆分为多少工位使得所有员工工作时间大体相等。

(2) 将产品生产的各工序细分或合并，各道工序时间与节拍相等或成整数倍。

(3) 企业厂房建筑和生产面积要足够大，能安装流水生产线设备、工艺装置和运输传送装置。

(4) 企业产品产量要达到一定数量，以保证流水生产线各工作地(设备)得到充分的利用。

（5）产品结构基本定型，并有良好的工艺性和互换性。

（6）产品品种稳定，而且是长期大量需要的产品。

（7）原材料、协作件必须是标准的、规格化的，并能按时供应。

　　合理地设计生产线可以提高工作效率，确定多少个工位也就确定了一个产品生产线的长度。同时在每个工位的产品重量加起来，就是生产线运行的总负荷。根据总负荷就可以设计拖动系统的功率，通过每个工位所需时间就可以计算出产品生产周期，和控制系统的要求，传送带的负载条件等等参数。

四、工艺准备的设计步骤

工艺准备的设计步骤如图 10-1 所示。

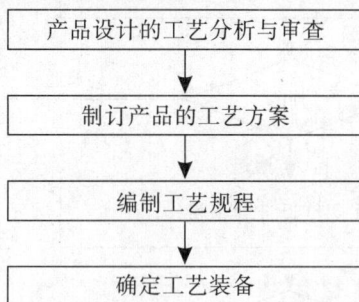

产品设计的工艺分析与审查

制订产品的工艺方案

编制工艺规程

确定工艺装备

图 10-1　工艺准备设计步骤图示

五、工作研究的设计步骤

工作研究的设计步骤如图 10-2 所示。

选择研究对象

确定研究目标

记录现行方法

进行分析

设计和试用新方法

方法实施

图 10-2　工作研究设计图示

六、产品工艺的设计步骤

产品工艺的设计步骤如图 10 - 3 所示。

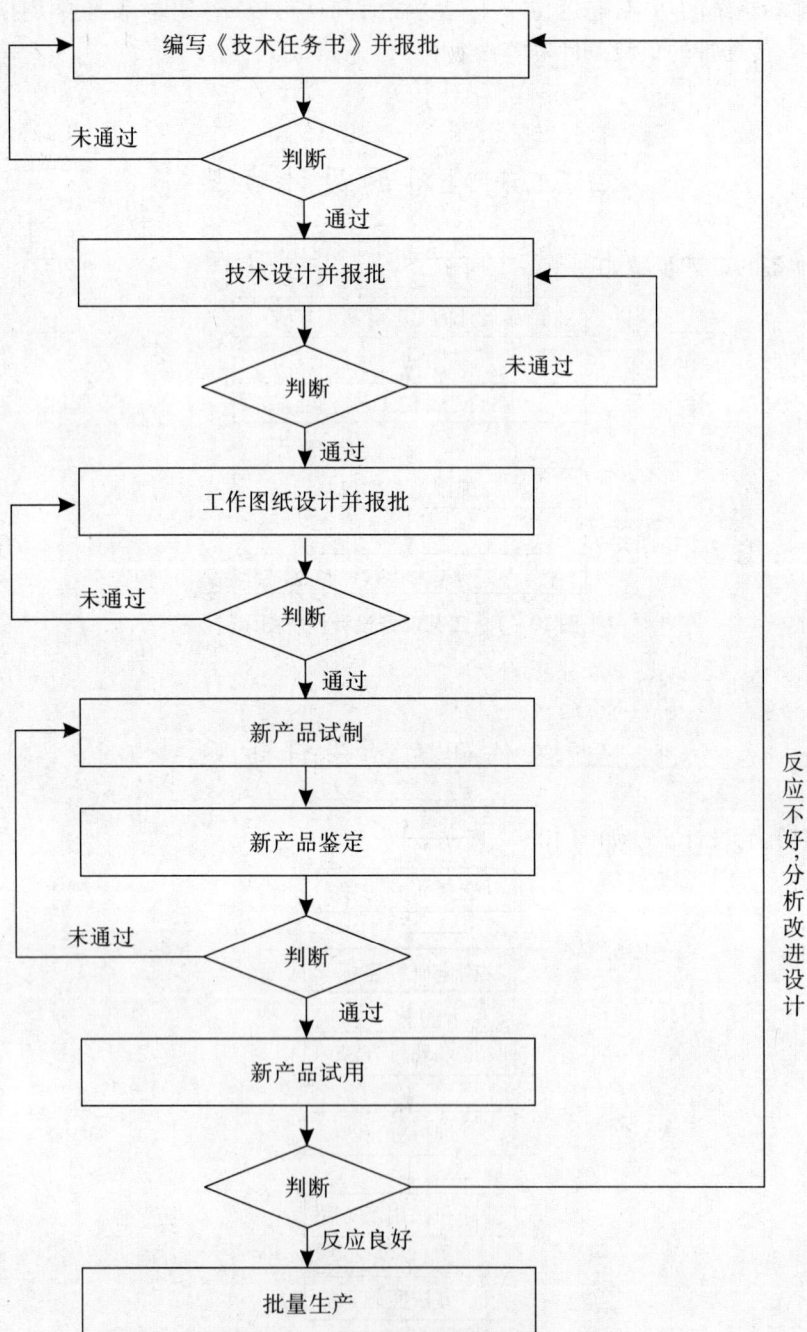

```
          ┌──────────────────────────┐
     ┌───→│   编写《技术任务书》并报批   │←──────────┐
     │    └──────────────────────────┘           │
     │              │                              │
     │              ▼                              │
     │          ╱────────╲                         │
 未通过 ──────┤   判断   ├                          │
             ╲────────╱                           │
                 │ 通过                             │
                 ▼                                 │
          ┌──────────────────────┐                │
     ┌───→│     技术设计并报批      │←─────┐        │
     │    └──────────────────────┘       │        │
     │              │                     │        │
     │              ▼                     │        │
     │          ╱────────╲          未通过          │
     │         ┤   判断   ├──────────┘             │
     │          ╲────────╱                         │
     │              │ 通过                          │
     │              ▼                              反
     │       ┌──────────────────┐                 应
     │  ┌───→│  工作图纸设计并报批  │                不
     │  │    └──────────────────┘                 好
     │  │          │                              ，
     │  │          ▼                              分
     │  │      ╱────────╲                         析
     │ 未通过─┤   判断   ├                          改
     │       ╲────────╱                          进
     │           │ 通过                            设
     │           ▼                                计
     │    ┌──────────────┐                        │
     │┌──→│   新产品试制    │                        │
     ││   └──────────────┘                        │
     ││         │                                 │
     ││         ▼                                 │
     ││   ┌──────────────┐                        │
     ││   │   新产品鉴定    │                        │
     ││   └──────────────┘                        │
     ││         │                                 │
     ││         ▼                                 │
     ││     ╱────────╲                            │
     │未通过┤   判断   ├                            │
     │     ╲────────╱                             │
     │         │ 通过                              │
     │         ▼                                  │
     │   ┌──────────────┐                         │
     │   │   新产品试用    │                         │
     │   └──────────────┘                         │
     │         │                                  │
     │         ▼                                  │
     │     ╱────────╲                             │
     │    ┤   判断   ├─────────────────────────────┘
     │     ╲────────╱
     │         │ 反应良好
     │         ▼
     │   ┌──────────────┐
     │   │   批量生产      │
     │   └──────────────┘
```

图 10 - 3 产品工艺设计步骤图示

七、技术设计的步骤

技术设计的步骤如图 10 - 4 所示。

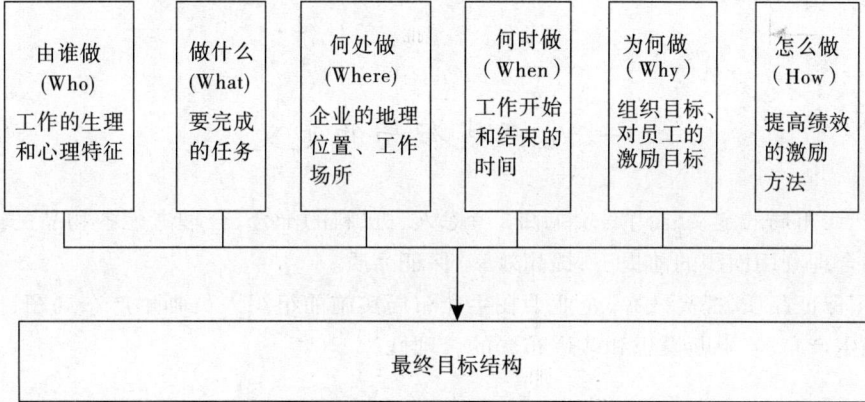

| 由谁做
（Who）
工作的生理和心理特征 | 做什么
（What）
要完成的任务 | 何处做
（Where）
企业的地理位置、工作场所 | 何时做
（When）
工作开始和结束的时间 | 为何做
（Why）
组织目标、对员工的激励目标 | 怎么做
（How）
提高绩效的激励方法 |

最终目标结构

图 10 - 4　技术设计图示

八、工时测定的设计步骤

工时测定的设计步骤 10 - 5 所示。

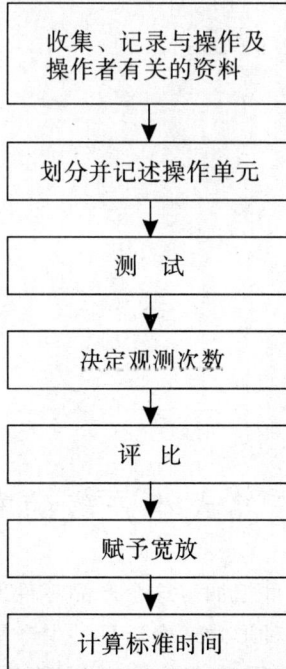

收集、记录与操作及操作者有关的资料

↓

划分并记述操作单元

↓

测　试

↓

决定观测次数

↓

评　比

↓

赋予宽放

↓

计算标准时间

图 10 - 5　工时测定设计图示

第二节 生产线布局管理工作要点

一、生产线布局的定义

生产线布局的定义,简单来讲就是,考虑人、机、料的配合,合理考虑各物品的摆放位置,做到合理利用面积的前提下,提高效率、保证品质。

为了保证品质、提高效率,企业会在生产布局实施前组织人员画生产布局图,据以操控、规范生产布局,不断设想和改进布局的合理性。

二、生产线布局的类型

(一)按机器摆放形态分

(1)产品式生产线布局(流水式布置)。

(2)工艺式生产线布局(机群式布置)。

(3)固定式生产线布局(项目布置)。

(4)成组式生产线布局(混合布置)。

(二)按机器摆放分

(1)直线形生产线布局。

(2)L形生产线布局。

(3)U形生产线布局。

(4)花瓣形生产线布局。

(三)按设计布局使用工具分

(1)从一至表法布局。

(2)计算机辅助布局。

三、产品式生产线的布局

按产品,更确切地讲,是按零件把加工这个产品零件所需要的设备布置在一起,即布置成一条专门的加工生产线。这种形式适合于品种少产量大的生产类型。

它的特点是:工件搬运可以实行机械化、自动化,降低搬运费用,生产流程连续性好,可以缩短生产周期;计划管理十分简单,生产过程比较容易控制,但相应的加工线的应变能力要差一些。

四、工艺式生产线的布局

是指将工艺性质相同的设备布置在一起。比如,俗称金工车间的金属切削加工车间集中了许多金属切削机床,专门承担金属切削加工工艺的生产任务。在金工车间内采用工艺原则类型就是指按工艺类别建立生产班组,常见的有车床组、铣床组、刨床组、钻床组、磨床组等。这种类型比较适用于品种多产量小的生产。

它的特点是:同类设备集中,加工技术单一,分派任务弹性大,加工对象多,工艺路线差别大,难以使工件搬运自动化;在各工序之间成批搬运,加工周期长;周转环节多,管理工作难度较大。

需要指出的是,不论在以工艺原则组成的车间还是在以产品原则组成的车间内,都可能采用这两种布置类型。

五、固定式生产线布局

所谓固定位置布局,是指产品由于体积或重量庞大停留在一个地方,从而需要生产设备移到要加工的产品处,而不是将产品移到设备处的布局方式。造船厂、建筑工地和电影外景制片场往往都采用这种布局方式。

在一个固定位置的布局中,生产项目保持在一个地方,工作人员和设备都到这个地点工作。但固定位置的布局技术目前发展很慢,原因在于:

(1)在建设过程中的不同阶段需要不同的材料,所以随着项目的进行,不同材料的安排变得很关键。

(2)材料所需的空间是不断变化的,例如,随着工程进展,建造一艘船的外壳所使用的钢板量是不断改变的。

不同的企业处理固定位置布局时采用不同的方法。建筑企业通常有一个"行业会议"来对不同时期的空间进行安排。但这种结局方法并不是最优的,因为讨论更倾向于政策性的利益分配而非分析性的效率安排。而造船厂在靠近船的地方有称为"平台"的装载区域。物料装卸由事先计划好的部门完成。

由于固定位置布局问题在现场很难解决,一个替代的策略就是将尽量多的工作在远离现场的地方得到解决。

六、成组式生产线布局

成组式布局,也称混合式布局、单元式布局,是指将不同的机器组成加工中心(工作单元)来对形状和工艺相似的零件进行加工。

成组式布局被广泛应用于金属加工、计算机芯片制造和装配作业。成组布局的生产好处包括。

（1）改善人际关系。工人组成团队来完成整个任务。

（2）提高操作技能。在一个生产周期内，工人只能加工有限数量的不同零件，重复程度高，有利于工人快速学习和熟练掌握生产技能。

（3）减少在制品和物料搬运。一个生产单元完成几个生产步骤，可以减少零件在车间之间的移动。

（4）缩短生产准备时间。加工种类的减少意味着模具的减少，因而可提高模具的更换速度。

七、直线形生产线的布局

直线型生产线布置是最常见的一种生产线布置方式，又分为单列直线型和双列直线型。单列直线型流水线，多在工序数少、每道工序的工作地也少的条件下采用。当工序与工作地的数量较多而空间的长度不够大时，可采用双列直线排列。

直线型布置具有以下特点。

（1）便于物料搬运。

（2）便于信息流的畅通无阻。

（3）生产线为一条线，产品从原材料到成品可以实现一个流，避免了不必要的搬运。

（4）管理相对简单。

（5）生产线柔性差，产品设计的局部改动将引起生产线的重大调整。

直线形是最简单的一种流动模式，入口与出口位置相对，建筑物只有一跨，外形为长方形，设备沿通道两侧布置。

八、L形生产线的布局

L形适用于现有设施或建筑物不允许直线流动的情况，设备布置与直线形相似，入口与出口分别处于建筑物两相邻侧面。

对于生产、贮运部门来说，物料一般沿通道流动，而设备一般也是沿通道两侧布置的，通道的型式决定了物流、人员的流动模式。选择车间内部流动模式的一个重要因素是车间入口和出口的位置。

另外，由于外部运输条件或原有布置的限制，工厂需要按照给定的入、出口位置来规划流动模式。

基于以上因素的考虑，不少工厂都采用L形生产布局。

九、U形生产线的布局

U形布置就是依逆时针方向按照加工顺序来排列生产线,使得生产流程的出口和入口尽可能靠近,其形状类似于英文字母U,因此而得名。它还有凹形、圆形、M形等变化形式。U形生产线的工作台的材料采用柔性线棒搭建,柔性线棒能根据工作场地的需要组装成车间工作理想的工作界面。

U形布置适用于入口与出口在建筑物同一侧面的情况,生产线长度基本上相当于建筑物长度的两倍,一般建筑物为两跨,外形近似于正方形。

U形生产线是近年来精益生产的产物。在精益生产中,其强调U形相对直线拉的好处是:其是首尾相顾,单件流,一旦某一生产环节出现停顿,尾部无成品产出,首部就及时停止新半成品的输入,减少在线库存,加快资金周转率。另外当有些生产环节生产节拍时间慢于整条线的节拍时(如新人等原因),其他工位可以及时给予支援,但这要求各个员工具有多项岗位培训和操作技能。

与直线形生产线布置相比,U形生产线有以下优点。

(1)使生产线平衡成为可能。

(2)产品托板、工夹具等流回到起点,减少了搬送作业。

(3)一人可进行多项操作。

(4)不用安排专人进行输送材料和收集成品的工作。

(5)物流路线更加顺畅。

(6)人口与出口在同一位置。

(7)作业员的活动范围可大可小。

十、花瓣型生产线的布局

花瓣型生产线布局是由多个单元共同组成,是按照"两个遵守、两个回避"原则进行布局的结果。这种布局有助于提高单元间的互相协助,从而提高生产线平衡率。花瓣式布局是进行"互助协作"的必要条件。

互助作业就好像运动场上的接力赛一样,在交接区,实力强的选手可以适当地弥补实力弱的选手。在工作中也是一样,单元之间的作业员也要把产品像接力棒一样去传递。如果前单元的作业员耽误了时间,后单元的作业员就帮助前单元从机器上卸下产品。这种做法,显然依靠"花瓣式"布局为前提。

单元装配线的理想布局之一是花瓣型布局。

十一、从一至表法布局

从一至表法是一种常用的生产和服务设施布局方法,是指利用从一至表列出机器或设施之间的相对位置,以对角线元素为基准计算工作地之间的相对距离,从而找出整个生产单元物料总运量最小的布局方案。这种方法比较适合于多品种、小批量生产的情况。其基本步骤如下。

(1)选择典型零件,制订典型零件的工艺路线,确定所用机床设备。

(2)制订设备布置的初始方案,统计出设备之间的移动距离。

(3)确定出零件在设备之间的移动次数和单位运量成本。

(4)用实验法确定最满意的布置方案。

十二、计算机辅助法布局

随着计算机在企业管理中的应用,越来越多的管理人员处理生产与服务设施布置时,通过计算机解决一些比较复杂的问题。下面介绍一款常见的计算机辅助生产线布局的软件:CRAFT(Computerized Relative Allocation of Facilities Technique)。CRAFT 是美国开发出来的一种常用的计算机辅助生产和服务设施布局的工具,它的基本特点如下。

(1)合理布置实现的目标是运输总成本最小。

(2)允许对生产中的材料和部件使用不同的物料搬运方式和工具,其成本同搬运距离成比例。

(3)已知各块状中心的面积及其初试布置方案,并在布置图上标明各个块状中心的坐标。

(4)若某些块状中心要求特殊位置,则可以作为约束条件,预先说明。

(5)使用计算方法进行运算,使整个系统综合搬运费用最小。

十三、生产车间布局图

车间布局(一)如图 10-6 所示。

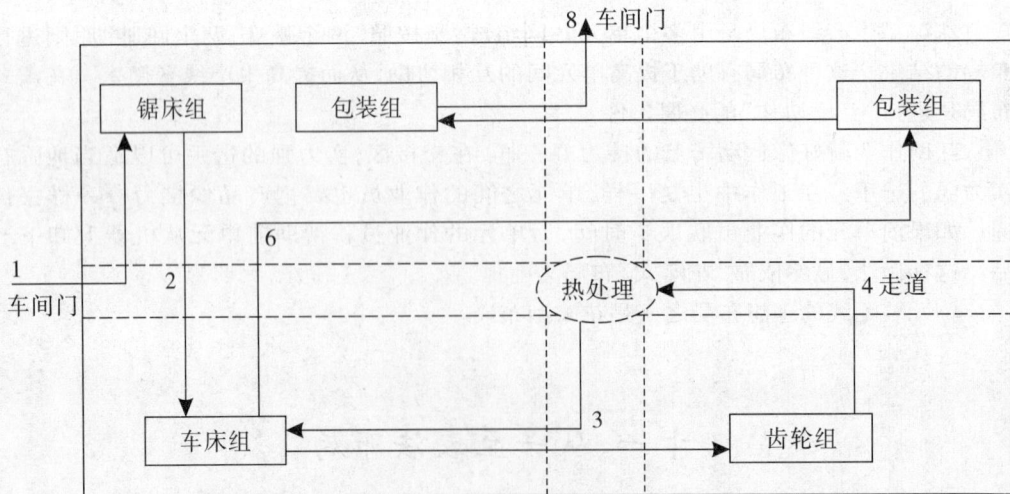

图 10-6　车间布局图(一)

车间布局(二)如图 10 - 7 所示。

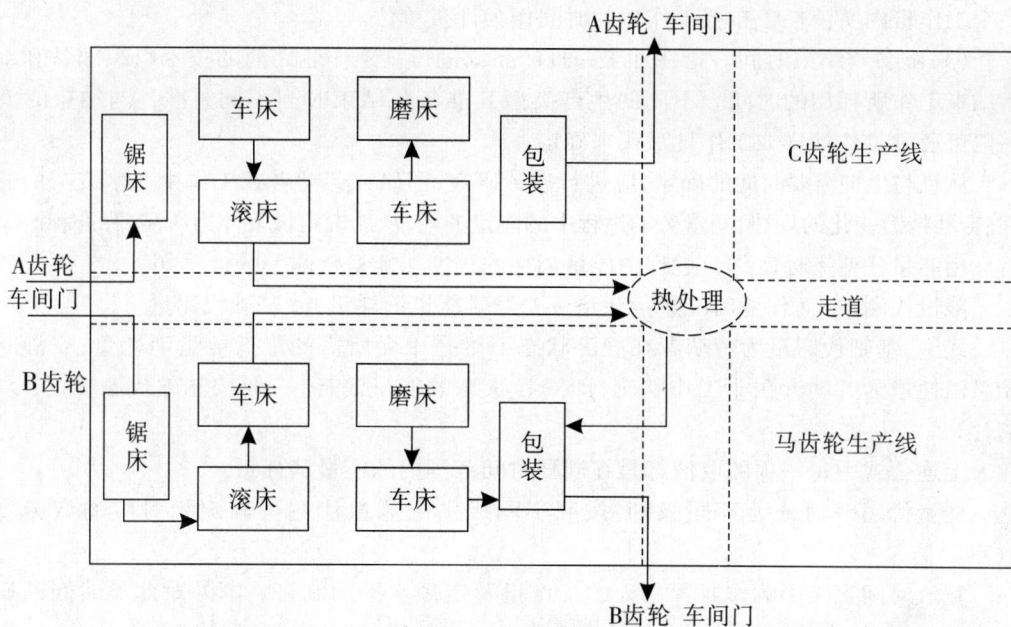

图 10 - 7　车间布局图(二)

第三节　生产线设计管理规范化制度

一、工厂生产时间结构与工时定额管理规范

(一)生产时间消耗的结构

产品在加工过程中的作业总时间包括:产品的基本工作时间、设计缺陷的工时消耗、工艺过程缺陷的工时消耗、管理不善而产生的无效时间、工人因素引起的无效时间。

1. 产品的基本工作时间

基本工作时间也称定额时间,指在产品设计正确、工艺完善的条件下,制造产品或进行作业所用的时间。

基本工作时间由作业时间与宽放时间构成。所谓宽放时间是指劳动者在工作过程中,因工作需要、休息与生理需要,需要作业时间给予补偿的时间。宽放时间一般用宽放率表示。宽放时间由 3 部分时间组成。

(1)休息与生理需要时间。指由于劳动过程中正常疲劳与生理需要所消耗的时间,如休息、饮水、上厕所所需的时间。

(2)布置工作地时间。指在一个工作班内,生产工人用于照管工作地,使工作地保持正常工作状态和文明生产水平所消耗的时间,例如交接班时间、清扫机床时间等。它以一个工作班内所消耗于布置工作地的时间作为计量单位。

(3)准备与结束时间。指在加工一批产品或进行一项作业之前的技术组织准备和事后结束工作所耗用的时间。不同的生产类型其准备与结束时间不同。准备与结束时间一般可通过工作抽样或工作日写实来确定。

休息与生理需要时间的确定,应进行疲劳研究,即研究劳动者在工作中产生疲劳的原因、劳动精力变化的规律,测量劳动过程中的能量消耗,从而确定恢复体力所需要的时间。

用能量代谢率标度作业过程中能量消耗的程度。能量代谢率的计算如下式:

能量代谢率=(作业时能量消耗量-安静时能量消耗量)÷基础代谢量

式中,基础代谢量为劳动者在静卧状态下维持生命所需的最低能量消耗量;安静时能量消耗量为劳动者在非工作状态,即安静状态的能量消耗,一般按基础代谢量的 1.2 倍计算。

上述公式中每一项的取值都是在同样时间范围内的能量消耗量。

能量代谢率划分为不同级别,按照不同级别的能量代谢率确定相对应的疲劳宽放率。

宽放时间直接影响作业者一天的工作量及定额水平的制订。国外对此类时间的研究十分重视,将宽放时间做了更细致的分类。一般地说,宽放时间可分为 4 类。

(1)作业宽放。作业过程中不可避免的作业中断或滞后,如设备维护、刀具更换与刃磨、切屑清理、熟悉图纸等。

(2)个人宽放。与作业无关的个人生理需要所需的时间,如上厕所、饮水等。

(3)疲劳宽放。即休息宽放。

(4)管理宽放。非操作者个人过失所造成的无法避免的作业延误,如材料供应不足、等待领取工具等。针对上述情况,应制订各种宽放时间的宽放率。

2. 无效时间

无效时间是由于管理不善或工人控制范围内的原因,而造成的人力、设备的窝工闲置的时间。无效时间造成的浪费十分惊人。以生产管理为例,超过必要数量的人、设备、材料和半成品、成品等的闲置与存放造成浪费,就会使生产成本提高,产生第一次浪费。人员过多,生产过程各环节不平衡,工作负荷不一致,导致奖惩不公,还会引起部分工人不满,进而怠工或生产效率降低等。

企业管理者为了解决上述问题,增加管理人员,制订规章制度,最终浪费人力、物力、财力,消耗时间,形成了恶性循环,这即为第二次浪费。最终造成劳务费、折旧费和管理费增加,提高了制造成本。这些浪费往往会将仅占销售总额 10% ~20% 的利润全部吃掉。若能消除上述两次浪费,减少无效劳动所带来的无效时间损失,则十分有意义。在企业产品成本中,材料、人工费、管理费之和约占总成本的 90%,减少生产过程中无效劳动的浪费是比较容易做到的,但利润提高一成就需要营业额提高一倍,这将是十分困难的。因此,减少无效劳动、走挖掘企业内部潜力的道路是生产与运作管理的首要任务。

生产过程中由于无效劳动所带来的浪费常被归纳为以下几个方面。

(1)生产过剩的浪费。指整机产品中部分零件生产过多或怕出废品有意下料过多,造成产品的零件不配套,积压原材料,浪费加工工时等。

(2)停工等待的浪费。指由于生产作业计划安排不当,工序之间衔接不上,或由于设备突发事故等原因造成的浪费。

（3）搬运的浪费。指如由于车间布置不当造成产品生产过程中迂回搬运而造成的浪费。

（4）加工的浪费。指加工过程中如切削用量不当,引起的时间浪费。

（5）动作的浪费。指由于操作工人操作动作不科学,引起的时间浪费。

（6）制造过程中产生的废品的浪费。

（二）工时定额

工时定额,又称为标准工作时间,是在标准的工作条件下,操作人员完成单位特定工作所需的时间。这里标准工作条件的含义是指,在合理安排的工作场所和工作环境下,由经过培训的操作人员,按照标准的工作方法,通过正常的努力去完成工作任务。可见,工时定额的制订应当以方法研究和标准工作方法的制订为前提。

工时定额是企业管理的一项基础工作,其作用如下。

（1）确定工作所需人员数和确定部门人员编制的依据。

（2）计划管理和生产控制的重要依据。任何生产计划的编制,都必须将产品出产量转换成所需的资源量,然后同可用的资源量进行比较,以决定计划是否可行,这项工作称为负荷平衡。无论是出产量转换,还是可用资源量的确定,都应当以工时定额为标准,这样的生产计划才具有科学性和可行性。此外,生产进度的控制和生产成果的衡量,都是以生产计划为基础的,从而也是以工时定额为依据的。

（3）控制成本和费用的重要依据。在绝大多数企业中,尤其是服务企业中,人工成本在全部成本中都占有较大的比重。降低人工成本必须降低工时消耗,而工时定额是确定工时消耗的依据,从而也是制订成本计划和控制成本的依据。

（4）工时定额是提高劳动生产率的有力手段。劳动生产率的提高,意味着生产单位产品或提供特定服务所需的劳动时间的减少。而要减少和节约劳动时间,必须设立工时定额,据以衡量实际的劳动时间,找到偏差,采取改进措施。

（5）制订计件工资和奖金的标准。在实行计件工资的条件下,工时定额（有时换算成小时或每日的工作量或产量）是计算计件工资单价的重要依据;在实行奖金制度条件下,工时定额是核定标准工作量（或产量）,计算超额工作量（或产量）,考核业绩,计算奖金和进行赏罚的主要依据。

二、工作测量（模特法）操作细则

模特法具有形象直观,动作划分简单,好学易记,使用方便的优点。模特法适用于加工、设计、管理、服务等方面,可用于制订时间标准、动作分析等。模特法将动作分为 4 大类:移动动作、终止动作、身体动作、其他动作,共计 21 个动作。模特法以 MOD 为时间单位,1 MOD = 0.129 秒。

（一）移动动作

移动动作指抓住或挪动物件的动作。移动动作分为如下 5 种。

（1）手指动作（M1）。指用手指第三关节前部分进行的动作,每动作一次时间值为 1MOD。

（2）手的动作（M2）。指手腕关节前部分进行的动作，每次时间值定为2MOD。

（3）前臂动作（M3）。指肘关节前部分进行的动作，每次时间值定为3MOD。

（4）上臂动作（M4）。指上臂及前面各部分以自然状态伸出的动作，每次时间值定为4MOD。

（5）肩动作（M5）。指整个胳膊伸出再伸直的动作，每次时间值为5MOD。

以手拿着工具反复重复上述的移动动作，称为反射动作，可看做是移动动作的特殊形式，所用的时间值小于正常移动动作。如手指反射时间值为1/2MOD，手反射时间值为1MOD，前臂反射时间值为2MOD，上臂反射时间值为3MOD。

（二）终止动作

终止动作指在移动动作之后，动作的终结。动作终结时，操作者的手必定作用于目的物。终止动作有下列6种。

（1）触碰动作（G0）。指用手接触目的物的动作，如摸、碰等动作。它仅仅是移动动作的结束，并未进行新的动作，每次动作的时间值定为0MOD。

（2）简单抓握（G1）。指在移动动作触及目的物之后，用手指或手掌捏、抓握物体的动作。简单抓握必须保证目的物附近无妨碍物，动作没有迟疑，每次时间值定为1MOD。

（3）复杂抓握（G3）。指抓握时要注视，抓握前有迟疑，手指超过两次的动作，每次时间值为3MOD。

（4）简单放下（P0）。指目的物到达目的地之后立即放下的动作，每次时间值为0MOD。

（5）注意放下（P2）。指注视目的物放到目的地的动作。在放置目的物的过程中只允许一次方向与位置的修正。每次时间值定为2MOD。

（6）特别注意放下（P5）。指把目的物准确地放置在规定的位置或进行装配的动作，动作有迟疑，眼睛注视，有两次以上的方向、位置的修正动作，时间值定为5MOD。

（三）身体动作

身体动作指躯干、下肢的动作，分下列4种类型。

（1）踏板动作（F3）。指足颈摆动进行脚踏地的动作，每下踏一次时间值定为3MOD，返回一次其时间值也为3MOD。因此往返踏板一次，时间值定为6MOD。

（2）步行动作（W5）。指步行或转动身体的动作，每动作一次其时间值为5MOD。

（3）向前探身动作（B17）。指以站立状态弯曲身体、弯腰、单膝跪地，之后再返回站立状态的一个循环过程的动作，每一动作循环时间值定为17MOD。

（4）坐和站起动作（S30）。指坐在椅上，站起之后再坐下的动作，每一循环过程时间值为30MOD。

（四）其他动作

其他动作包括以下内容。

（1）校正动作（R2）。指改变原来抓握物体方式的动作，但只有独立地校正动作时才赋予时间值。每次校正动作其时间值定为2MOD。

（2）施压动作（A4）。指作用于目的物推、拉、压的动作，推、拉、压的力在20N以上，并为独立地施压动作，其时间值定为4MOD。

（3）曲柄动作（C4）。指以手腕或肘关节为轴心划圆形轨迹的动作，动作时间值定为4MOD。

（4）眼睛动作（E2）。指眼睛移动动作或眼睛对准目标的动作，每次动作时间值定为2MOD。在正常视界内（距眼睛40厘米范围内），不赋予眼睛移动时间值。当眼睛注视范围较广时，颈部需要伴随眼球运动而转动时，其时间值定为6MOD。

（5）判断动作（D3）。指在两个动作之间判断要从事的下一动作所需时间的动作，时间值定为3MOD。判断动作一般是在前一动作停止时，判断下一个动作如何进行时发生的。

（6）重量修正（L1）。指用手搬运时，不同物体重量所耗用的时间需要修正。单手负重，若不足2kg时不做重量修正；每增加4kg重量，单手负重的时间值增加1MOD。双手搬运时应换算为单手搬运进行修正。当物体滑动时，手的负重减轻，用有效重量计算，有效重量为实际重量的1/3；在滚道上滑动时，有效重量为实际重量的1/10。

表10－1所示为模特法的动作分类与时间值。

表 10－1　模特法的动作分类与时间值

动作分类	动作名称	符号	时间值（MOD）
移动动作	手指动作	M1	1
	手的动作	M2	2
	前臂动作	M3	3
	上臂动作	M4	4
	肩动作	M5	5
终止动作	触碰动作	G0	0
	简单抓握	G1	1
	复杂抓握	G3	3
	简单放下	P0	0
	注意放下	P2	2
	特别注意放下	P5	5
身体动作	踏板动作	F3	3
	步行动作	W5	5
	向前探身动作	B17	17
	坐和站起动作	S30	30
其他动作	校正动作	R2	2
	施压动作	A4	4
	曲柄动作	C4	4
	眼睛动作	E2	2
	判断动作	D3	3
	重量修正	L1	1

模特法的原理是根据操作时人体动作的部位、动作距离、工作物的重量，然后通过分析和计算，确定标准的操作方法，并预测完成标准动作所需要的时间。模特法的制订比较科学，使用时也十分方便。模特法的实施过程，必然包含着操作方法的改进和工作场地的合理布置，以方便工人操作。

模特法特别适用于手工作业较多的劳动密集型产业，如电子仪表、汽车工业、纺织、食品、建筑、机械等行业。

第四节　生产线设计管理实用表单

一、生产通知单

生产通知单如表 10 - 2 所示。

表 10 - 2　生产通知单

产品名称：　　　　　　　　　　　　　　　　　　　　　　　　日　期：

生产说明									
零件一	规　格	用　量	零件二	规　格	用　量	零件三	规　格	用　量
备　注						完成日期		
						数　量		
						厂长意见		

二、工作指令申请表

工作指令申请表如表 10 - 3 所示。

表 10 - 3　工作指令申请表

工令编号：　　　　　　　　　申请单位：　　　　　　　　　日　期：

工作说明							
图　号		制造数量		需要日期		优先顺序	
进度	工作单位						
	计划完成日期						
	实际完成日期						
	单位主管签字确认						
备　注							
说　明		厂　长		核　对		填写人	

三、生产指令表

生产指令表如表 10 - 4 所示。

表 10 - 4　生产指令表

编　号：　　　　　　　　　　　　　　　　　　　　　　单　位：

制造号码		发工日期	
产品名称		产品编号	
产品规格		数　量	
使用材料			
制造方法			
完成日期		厂　长		生产管理部	
移交单位					

四、部门生产通知表

部门生产通知表如表 10 – 5 所示。

表 10 – 5　部门生产通知表

编号：　　　　　　　　　　　　　　　　　　　　　　　　　编号＿＿＿＿＿＿

订单号码		订货客户		通知日期	年月日
产品名称		交接方式		开工日期	年月日
规格号码		交货期限	年 月 日以前	完工日期	年月日
订购数量		特别规定事项			

计划进度	日程 完成量 生产部门	年						月						日
		0	5	10	15	20	25	30	5	10	15	20	25	30
	成型组													
	装配组													
	包装组													

成本记录	分类	单 位	项目	说明	估计成本			实际成本			成本差额		
					数量	单价	金额	数量	单价	金额	数量	单价	金额
	原料	成型组											
		装配组											
		包装组											
		合 计											
	人工	成型组											
		装配组											
		检验组											
		包装组											
		合 计											
	生产摊费汇总	间接成本　　　　　摊费　　　　　合计									成本差额分析		
		原料　人工　生产摊费　成本总额　单位成本(总计量计　打)											

五、工作表

工作表如表 10－6 所示。

表 10－6　工作表

编　号：　　　　　　　　　　　　　　　　　　　　　　　　　　日　期：

工作单位	□生产线一　　□生产线二　　□生产线三				
产品名称		数　量		预计完工日期	
制造说明					
备　注					

厂　长：　　　　　　　　　　　主　管：　　　　　　　　　　　拟　定：

六、现场作业表

现场作业表如表 10－7 所示。

表 10－7　现场作业表

编　号：　　　　　　　　　　　　　　　　　　　　　　　　　　日　期：

操作步骤	操作方法	图　示	注意事项	备　注

拟　定		审　核		核　准		发　布	

七、工作负荷分析表

工作负荷分析表如表 10 - 8 所示。

表 10 - 8　工作负荷分析表

部　门　＼　日　程		工作负荷	实有工时	工作负荷	实有工时	工作负荷	实有工时	工作负荷	实有工时
	工　时								
	差　额								
	加　班								
	工　时								
	差　额								
	加　班								
	工　时								
	差　额								
	加　班								
总　计									

第五节　生产线布局管理规范化执行标准

一、生产线布局的原则

车间流水线布局的原则,可以概括为如下几条。

(一)流畅原则

各工序的有机结合,相关联工序集中放置原则,流水化布局原则。

(二)最短距离原则

尽量减少搬运,流程不可以交叉,直线运行。

(三)平衡原则

工站之间资源配置,速率配置尽量平衡。

(四)固定循环原则

尽量减少诸如搬运,传递这种费工费时费力的活动。

（五）经济产量原则

适应最小批量生产的情形，尽可能利用空间，减少地面放置面积。

（六）柔韧性的原则

对未来变化具有充分应变力，方案有弹性。如果是小批量多种类的产品，优先考虑"U"型线布局、环型布局等。

（七）防错的原则

生产布局要尽可能充分的考虑这项原则，第一步先从硬件布局上预防错误，减少生产上的损失。

二、生产线布局的"两个遵守"

1. 两个遵守

逆时针排布、出入口一致。

2. 两个回避

孤岛型布局、鸟笼型布局。

具体来说，又细分为以下各原则。

（一）逆时针排布

逆时针排布，主要目的是希望员工能够采用一人完结作业方式，能够实现一人多机。一人完结与一人多机要求一个员工从头做到尾，因此员工是动态的，称之为"巡回作业"。大部分作业员是右撇子，因此如果逆时针排布的话，当员工进行下一道加工作业时，工装夹具或者零部件在左侧，员工作业并不方便，这也正是逆时针的目的。员工就会走到下一工位，巡回的目的也就达到了。

（二）出入口一致

出入口一致，是指原材料入口和成品出口在一起。为什么要求出入口一致呢？

首先，有利于减少空手浪费。假设出入口不一致，作业员采用巡回作业，那么当一件产品生产完了，要去重新取一件原材料加工的话，作业员就会空手（手上没有材料可以生产）从成品产出口走到原材料投入口，这段时间是浪费。如果出入口一致的话，作业员立刻就可以取到新的原材料进行加工，从而避免了空手浪费。

第二，有利于生产线平衡。由于出入口一致，布局必然呈现类似"U"的形状，这使得各工序非常接近，从而为一个人同时操作多道工序提供了可能，这就提高了工序分配的灵活性，从而取得更高的生产线平衡率。

三、生产线布局的"两个回避"

（一）避免孤岛型布局

孤岛型布局把生产线分割成一个个单独的工作单元，其缺陷在于单元与单元之间互相隔离，无法互相协助。

（二）避免鸟笼型布局

鸟笼型布局往往没有考虑到物流、人流顺畅的结果，这种布局错误地用机器设备或者工作台把作业员围在中间，使得物流不顺畅，在制品增加，单元与单元之间的相互支援也变得几乎不可能。

第 11 章　打造完美,追求卓越
——技术与工艺管理

第一节　技术与工艺管理工作要点

一、技术与工艺管理工作内容

为了实现技术管理的基本任务,生产车间要在有关部门的指挥和指导下,做好以下几项技术管理工作。

(1)生产车间工艺管理与生产工艺改革。

(2)产品质量的管理。

(3)设备与工具的管理。

(4)生产车间工艺图纸的管理。

(5)生产原材料、能源的节约与综合利用。

(6)技术改进与合理化建议方面的工作。

(7)生产车间安全技术的教育与组织工作。

(8)生产车间员工技术培训的组织管理工作。

(9)新产品的设计与试制管理。

(10)工艺施工与施工现场的管理。

(11)生产设备与工具的管理。

(12)生产车间现场的质量管理。

(13)生产的技术准备。

(14)文明生产与环境卫生的关系管理。

(15)安全生产与环境保护的问题。

二、技术与工艺管理工作任务

技术管理是对生产车间中所有工程技术活动进行科学管理与改革创新的活动。生产技术管理的基本任务包括以下几个方面。

(1)建立良好的生产技术工作秩序,健全生产车间日常技术管理的各项制度,确保生产正常进行。

（2）培训员工要严格按照设计图纸、工艺规程、技术标准进行生产；积极开展技术比赛与员工的技术培训，努力提高技术人员与工人的专业化素质。

（3）积极开展技术革新和合理化建议活动，充分开发生产车间的技术潜力，以提高效益。

（4）不断推广应用新技术、新材料、新工艺、新设备，研发新产品，不断提高生产车间的技术水平，以确保产品的质量。

（5）做好生产技术的各项准备工作，合理组织好生产车间的各项技术工作。

（6）在车间内建立良好的生产技术工作秩序，以保证生产的顺利进行。为生产车间提供各种有效的技术文件，保持设备处于良好的技术状态，严格规范工艺纪律，及时解决现场的技术问题，保证安全生产、文明生产，为车间生产的顺利进行提供一切可靠的技术保证。

（7）做好生产车间的技术改造与更新工作，不断提高车间的技术水平。充分利用现有设备，努力学习并积极采用新技术、新工艺，开展工艺革新活动，认真消化、吸收、改进、引进技术，不断提高产品的质量，降低物资的消耗。

（8）加强对员工的岗位培训，打造一支高素质的员工队伍。因为各种新设备的运用，高技术的掌握，都需要具有一定科学技术知识和技能的人，才能充分发挥设备与技术的生产潜力。

（9）对员工进行安全教育，做到从技术上采取保证安全生产的有效措施，制订具体的安全技术操作规程。

三、技术与工艺管理组织管理工作内容

建立合理的技术管理机构是有效地对生产车间的技术工作进行综合管理的组织保证，是使车间生产经营工作顺利进行，从而达到其预定目标的必要组织条件。

（一）技术管理机构的组建原则

1. 与实际情况相符

在组建技术管理机构时，要避免出现脱离实际的情况，应根据车间的生产规模、工艺流程的特点与产品的质量要求、设备状况以及本车间在生产中主要承担的任务等设置相应的技术管理机构。

2. 精简高效

生产车间的技术管理内容非常复杂，每项工作都与相应的主管业务部门有密切的联系，生产车间的管理又具有随机性、综合性、动态性等特征，所以一定要注重精简和综合利用原则，以提高工作效能，防止组织机构产生小而全、人浮于事等方面的弊病。

3. 全员参与技术管理

对生产车间的技术质量问题，一线员工最有发言权，因此车间的技术工作一定要通过分级管理和群管网来实现，使车间、工段、班组各负其责，尤其是班组要设立兼职的技术质量员，以动员和组织每个员工都参加车间的技术管理活动。

4. 适应企业改革的要求

很多车间的技术管理都处于一种有责无权的被动执行状态，随着生产制造型企业改革的深入，企业也将会不同程度地下放一定的管理权限，有条件的生产车间将变成分厂并实行独立经济核算，以增强车间活力，使车间逐步做到有责有权地及时处理现场各种技术管理问题，这一形势必将对生产车间技术管理的体制提出新的要求。

（二）技术管理机构的组织形式

由于具体情况不同，因此在构建具体的组织机构时，可以依照上述原则，结合本企业实际情况来灵活确定。

目前，国内的生产制造企业一般实行的是主任负责制，即由一名车间副主任或分厂副厂长统一负责车间技术管理工作，并根据具体的需要下设若干名职能技术人员（施工、设备、质量等）或一定数量的技术组协助主任工作，车间技术人员行政上归车间领导，业务上同时接受主管部门的指导。

四、技术与工艺培训管理工作内容

（一）员工技术培训的基本内容

（1）生产车间加工对象的详细性能用途、技术标准及有关基础知识与检测方法。

（2）车间的生产工艺流程与相关的技术理论。

（3）生产车间内重要的工艺装备与工量具的调试、使用与维修方面的知识。

（4）各种生产设备的性能、安全操作及维修保养方面的知识。

（5）岗位操作技能知识。

（6）车间生产设备与生产质量事故的现场分析知识。

（二）员工技术培训的实施

对员工的技术培训应该坚持以业余为主，形式多样的原则。比如除可以举办开班讲课、现场教学外，还要因地、因时、因人制宜，采用一些员工喜闻乐见的培训教育方式。

员工的培训工作应该由主管技术工作的副厂长负责，由技术组组织实施，并做到计划明确、实施规范、考核严明与奖惩分明。

五、计量管理工作内容

计量工作包括测试、化验分析和能源计量，是技术管理上的一项重要的基础性工作，是贯彻技术标准、保证产品质量的一种重要的方法。

计量工作的作业任务是统一计量单位制度，组织量值的传递，并保证量值的统一，使生产工艺过程得到有效的控制。由于计量对生产车间的技术进步和产品质量都有直接影响，所以生产车间必须对各种计量器具和试验分析仪器实行严格的科学管理，具体来讲，是要做好以下几个方面的工作。

（1）对员工进行爱护计量器具和测试仪的教育。

（2）对员工进行培训，以提高员工熟练掌握量具及仪器使用技能和先进的计量检测方法。

（3）严格贯彻并补充制定有关仪器的操作规程和规章制度。

（4）建立健全量具及仪器使用的质量责任制，要落实到具体的班组与个人。

（5）动员并鼓励员工，不断改进计量器具和检测方法，对做出贡献的员工，要给予适当的奖励。

六、技术信息管理工作内容

技术管理的过程实质上就是信息流动的过程。影响车间技术管理工作质量的因素非常多，而技术信息是技术管理过程中不可缺少的一种重要依据，是改进生产车间技术工作质量的原始凭证。因此，做好技术管理，首先要重点抓好对技术信息的管理，技术信息管理工作的重点包括以下几点。

（1）建立生产车间内的技术信息反馈系统，分车间和班组进行二级管理，并指定专人负责，明确各自的职责和反馈路线，使生产车间外部和内部的技术信息畅通无阻。

（2）加强对生产车间内的信息管理，仔细做好原始记录，发挥生产车间技术质量兼职人员的信息媒介作用。

（3）建立与生产车间技术信息相应的管理制度，以保证信息系统正常运行。

（4）制订严格的奖惩措施。对生产车间内外技术质量突发信息要传递及时，措施得力，对于那些效果显著的要进行奖励。对于知情不报，弄虚作假，造成损失者，应按情节轻重给予适当的处罚。

第二节　技术与工艺管理规范化制度

一、生产技术管理制度模板

□　总则

第一条　为合理地组织一切技术工作，建立良好的生产技术活动秩序，保证生产正常进行，开展科学实验和技术革新，学习国内外先进技术，不断采用新技术、发展新品种，提高产品质量，降低产品成本，提高劳动生产率，特制订本制度。

□　生产技术的改进、引进与转让

第二条　技术改进。生产主管向厂长（总经理）提出改进生产技术的方案，由厂长（总经理）对此研究并做出决定。

第三条　技术引进。当从外面引进技术时，生产科主管要研究引进合同的原文，并要求承担这项工作的部门说明引进外来技术后成本与成果之间的关系。

第四条　技术转让。当向外部转让技术时,生产科主管要研究检查转让的内容,并与承担这项工作的部门讨论这一转让的结果。

第五条　生产技术的公开。

(1)当需要向社会公开本厂的生产技术时,必须把要公开的原稿交生产部主管审阅,经生产部主管批准后方可对外公开。

(2)外来人员来参观学习时,必须征得生产部主管或厂长(总经理)的同意。

□　工艺管理

第六条　新产品的投产或旧产品的复制,必须遵守先制订完整工艺、贯彻工艺,然后再投产的原则。

第七条　技术部门应该根据原料的性质、新品种的试验、工艺设计和产量平衡的情况,提出各项工艺规程的初步意见,送交技术主管批准。

第八条　工艺规程必须在投产前送交生产车间、车间主任,工艺规程必须详细复核,发现与实际不符或由于某些条件限制暂且不能执行的项目,应及时向技术科提出并协商解决。

第九条　车间主任及车间工艺员复核工艺规程后,应在工艺通知单上签字承认,并且严格执行该项规程,并及时下达给有关生产人员。

第十条　各生产车间、工序必须严格施行工艺,按工艺要求对产品进行检查,如不符合工艺要求,应及时向生产车间、工艺员反映,检查、分析原因,找出解决问题的办法,并立案记录。

第十一条　在生产过程中,发生工艺与实物不符,必须进行工艺调整时,应及时向技术科反映,而不准随意更改和调整工艺。技术科调整好的工艺需经技术主管签字后,才能作为正式生产的依据。

第十二条　下达生产车间的已经确定的工艺,所有员工必须遵守执行。如有损坏和丢失,查明原因后由技术科补发,各部门必须有专人对工艺资料进行妥善保管,不准随意涂改。

第十三条　对违反工艺生产或随意变更工艺造成责任事故的人员,应赔偿5% ~ 10%的经济损失,对严重者应给予必要的纪律处分。工艺员将工艺下达后,必须经常检查工艺的执行情况,发现问题,及时解决。因工艺不妥而造成大批严重事故者,工艺员应承担事故责任。

第十四条　进行工艺试验的备案手续。

(1)由提出部门填写工艺规程,一份送交技术科备案以便配合工作,其余部分送交与试验有关的部门或生产车间。

(2)对产品的质量影响较大,以及影响上下工序质量的工艺项目的变更,须填写申请书,提交技术科审核,经主管批准后,才可以进行变更。

第十五条　工艺规程变更的审批。

(1)在技术主管的领导下,负责工艺文件的编制与管理,并负责下达工艺要求。

(2)生产车间工艺员在车间主任领导下,负责贯彻工艺和技术服务,业务上受技术部指导。

(3)未经工艺性审查的产品设计图样,不予编制工艺文件,不能投入生产。

（4）在生产过程中，如果产品的设计修改涉及工艺、材料变动时，都应该由有关工艺员会签。

（5）生产车间的工艺路线（工艺流程）是产品从投料到产出成品的生产过程所经过的路线。工艺路线由技术科提出。

（6）产品工艺文件由技术科提出，并包含工艺卡、工艺守则和材料工艺定额资料。工艺文件要保证先进合理、正确无误、齐全成套、符合标准。

（7）产品的工艺文件由工艺员编制，技术主管审核，成套工艺由技术部主管会同有关部门批准。

第十六条　违反工艺规程事故的登记。

（1）严格工艺纪律，发动员工对违反工艺规程事故的原因进行分析追查，并提出防范措施，防止再次违反。

（2）对于不遵守工艺规程，并造成差错事故的工作人员，无论是否造成了实际的损失，一经发现，主管部门负责人应该及时到生产现场进行检查分析，并找出事故产生的原因，提出改进的措施，以减少下道工序的损失，并对相关责任人做出处理，最后还要填写工艺规程事故报告单，送交技术科。

（3）对于影响车间生产质量的事故，应由技术科、生产科、质量科及有关部门、生产车间协商解决。

（4）下列情况应该作为违反工艺规程的事故来对待。

◎不按规定的工艺规程进行生产，生产车间或科室擅自变更。

◎技术科抄错工艺单、开错通知单。

◎工艺未经审定、制订不合理、造成批量损失。

◎原料、涂染料、浆料的成分搭配错误。

◎化验室化验结果不准确，配料单开错。

对上述各项事故，应该由技术科及时向个人、车间、部门提出，应追究责任并采取措施，按情节轻重记事故一次。如果本人及部门隐瞒，经其他部门提出时，应按情节轻重记违反工艺规程一次，并取消本人或部门当月奖金。

□　样品管理

第十七条　领取样品。

（1）需要取样品的人员，必须持有生产科的通知单，才能到生产车间领取。

（2）对于送往省市、内外贸、商业部门的样品，应该到技术部门办理领取单，由技术科负责发放。

第十八条　样品管理。

（1）应设立样品室，设专（兼）职人员负责，并建立样品专账，每月盘点一次，应做到账物相符。

（2）对于本厂生产的新花色、新品种、新工艺，必须留存两套存档。

（3）本厂样品和外来样品应分别保管。

（4）每件样品必须有：来源、生产日期、类型名称、厂号、品名及新花色、新工艺等简单情况。

（5）本厂各部门需要样品时，必须履行相应的借用手续，并定出归还日期。发生丢失、污染的情况应照价赔偿,不允许自行处理。

(6)保证样品室干燥、卫生、防霉、防鼠、遮光。

(7)除技术科的样品室外,任何部门和个人都无权保管样品或向车间索取样品。

□　技术资料的管理

第十九条　内部所有中外文技术图书、期刊、杂志、工艺资料、设计底样都要及时登记、编号、分类整理和保管。在未登记前,不得借出使用。

第二十条　所有读者都应爱护技术图书,不准有污损、涂改、剪裁、损毁、卷折等情况。还书时,应当面检查,如有损坏应照价赔偿或加倍罚款。

第二十一条　当外单位索取技术工艺资料时,应经技术主管同意,并报请厂长(总经理)批准。

第二十二条　产品的工艺资料,除保留样品外,应把经鉴定合格的工艺处方及技术工艺文件一起归档整理,登记造册。

第二十三条　存档资料应建账,保持账物相符、完整准确。如发现破损,应及时修补复制。

□　技术管理组织

第二十四条　职责。生产技术研究会的工作职责是对下列工作进行研究、协调。

(1)不断提高、改进生产技术。

(2)研究新产品与新的生产技术。

(3)工程、质量、试验、管理上的各种问题。

(4)生产技术的引进、技术研究成果的对外公布。

第二十五条　技术管理组织的构成。生产技术研究会的成员有生产部经理、副经理、生产主任、总经理和有关部门的经理。

第二十六条　组织的运行。对于定期的技术研究会,由生产部经理组织;临时的技术研究会,由提出议题的部门负责人组织;事务性检查,由生产主任担任负责人。

第二十七条　会议时间。对于定期的技术研究会议,每月一次;凡临时性的会议,可随时召开。会议的召集人为生产部经理。

第二十八条　会议议题的决定。

(1)每月开会10天之前,生产主管要把会议的议题和开会目的具体记录下来,并向厂长(总经理)报告。

(2)生产科主管要在开会前3天决定议题,并通知各委员,且附上相关的资料。

第二十九条　会议记录。本研究会的会议记录由总经理办公室负责。

□　附则

第三十条　本制度的制订、修改和废止。本制度的制订、修改和废止须经公司经营常务会议讨论,并由主管生产技术的副总经理决定。

第三十一条　本制度自颁布之日起实施。

二、工艺定额管理制度

第一条 生产工艺品备件等的数量定额由技术部负责制订,并组织有关部门讨论修订后报分管生产的副总审核,最后送交厂长(总经理)批准实施。

第二条 当工艺定额颁布实施后,在有效期内,从投料到成品的生产过程必须按照定额规定执行,任何人不得随意更改。因定额变动出现质量事故或工艺成本提高,要及时分析原因,并按质量管理有关规定对其责任人进行处罚。

第三条 在生产过程中,必须严格按照工艺规程进行操作,坚决杜绝因操作不当损坏贵重工艺品备件。如果事故已发生,由行政部门负责查清原因,并按《停机事故处理办法》中有关规定追究责任人的责任。

第四条 严格遵守岗位责任制,细心进行操作,杜绝跑、冒、滴、漏现象,因操作者责任心不强而造成生产物资损失时,由生产部门自行处罚责任人。

第五条 为了降低能源的消耗,设备开机前必须做好充分的准备,尽可能减少调整时间和空机运转时间。

第六条 机、电、仪检修人员应尽最大努力配合生产操作人员,要尽量杜绝因设备缺陷所造成的跑、冒、滴、漏,在保证开机台时的前提下,必须将跑、冒、滴、漏点降到最低限度。

三、工艺文件管理制度

第一条 作为技术文件的一个组成部分,工艺文件是反映与记述技术基础管理、生产技术和工艺研究活动的资料。

第二条 工艺文件的管理内容包括:登录、保管、复制、收发、归档、注销、利用、更改和保密等。

第三条 对生产车间现场工艺文件进行管理的目的是为了确保现场工艺文件适用、有效,防止使用失效的工艺文件。

第四条 工艺文件应该发放到使用场所或相应的工作岗位,以保证操作人员在不间断工作的方式下能够得到。

第五条 工艺文件的保管应指定地点、设施与保管人员。

第六条 对于不同类型、版本状态的工艺文件,应按规定统一标识进行明确的区分。

第七条 对于临时性的工艺则必须明确标识,标明加工产品、使用期限及其他限制。

第八条 对于已经作废或不用的工艺文件应及时从使用现场撤回。

第九条 在工艺文件发生更改时,要做到所有同一文件更改到位,所有相关文件更改到位,所有相关岗位通知到位,涉及实物时处置到位。

第十条 工艺文件的更改可分为临时和永久两种类型,对于不同的类型应采用区别管理的方式,并将工艺文件更改记录进行标识。工艺文件如果发现问题,要应积极主动更改,但更改作业必须遵守以下操作流程。

提出→评审→批准→标识→记录→通知→跟踪→验证。

四、工艺管理规程

第一条　正确的工艺规程，是根据先进的工艺技术和长期的生产实践经验，结合具体生产条件制定的，并通过生产实践进行不断的改进与完善。

第二条　在制定工艺规程时，一定要吸收具有一线操作经验的员工参加，并充分听取员工的意见。

第三条　工艺规程一经批准，即具有法规的效力，就要坚决贯彻执行，这是员工必须履行的职责。

第四条　熟悉相关的工艺规程。

员工必须熟悉和掌握本产品工艺文件中的具体要求，做到人人明确本岗位的应知应会。新员工要进行岗前培训，经考试合格后才能上岗参加实际操作。

第五条　掌握质量标准与工艺要求。

员工要熟悉本工序所使用的原材料、半成品的质量标准，同时还要熟悉上、下道工序的工艺要求，保证衔接正常。

第六条　按照工艺纪律的要求，保证工艺的正确实施。

所有产品图纸、工艺文件和技术标准等不经有关部门的同意，任何人都不得违反工艺规程或擅自更改工艺规程所规定的内容，否则就会影响产品质量，打乱生产秩序。当原工艺出现重大问题时，应及时上报有关管理部门，申请调整和修改原来确定的工艺，但必须得到有关部门的批准后方可投入生产。在其意见未被采纳之前，应继续按原工艺执行。

第七条　掌握成品的质量检验方法。

能够正确使用专用量具，通过量具或测量仪器，认真贯彻自检、互检、专检及首件检验制度。

第八条　检查生产工艺的执行情况。

对各环节上的工艺要求和执行情况，要认真地进行全面的复查核对，发现问题及时解决。

第九条　做好工艺文件的管理。

工艺文件不丢失、不损坏，发现丢失，应及时汇报工艺技术部门。

第十条　认识到工艺规程的重要性。

工艺规程是内部一切生产管理和操作人员都必须严格执行、认真贯彻的纪律性文件，要像遵守法律一样严格遵守工艺规程。如果工艺纪律松弛，员工爱怎么干就怎么干，就会使工艺规程完全丧失作用，使现代化大生产回到手工作坊的落后状态中。

五、工艺纪律管理规程

□　总则

第一条　工艺纪律是员工执行工艺管理制度和工艺技术文件所遵循的规定,也是他们掌握工艺技术、提高产品质量的重要保证。

□　内容

第二条　建立内部的各级技术责任制。严格执行工艺审批制度和工艺检查制度的规定。

第三条　所有产品都应有完整的工艺文件,技术标准明确、工艺流程合理和工艺规程正确,未经批准的文件不能交付执行。

第四条　一线操作人员应严格按工艺规程操作,工艺记录的表格填写必须规范、清晰。

第五条　工艺纪律的执行情况应被列为员工考核奖励的内容,对严重违反工艺纪律或造成重大事故损失的人员应进行纪律处分和经济处罚。

□　考核

第六条　为了保持工艺纪律的严肃性,需要经常开展执行工艺纪律情况的检查,并将检查结果纳入岗位绩效管理之中。

第七条　工艺检查是工艺管理方面的必要手段,通过工艺检查,发现问题,采取措施,及时解决,促进技术管理水平的提高。

第八条　工艺检查必须按照工艺的要求,每天对生产工艺进行核查,贯彻自查和抽查相结合的原则,严格工艺纪律,对于不执行工艺和执行工艺差的生产车间和员工,除思想上进行教育,技术上进行帮助外,还必须采取必要的经济手段进行惩罚,以提高工艺的执行效率,稳定生产,提高产品质量,促进技术水平的不断提高。

第九条　抽查的方式一般分为日常随时抽查和不定期抽查两种。

第十条　从检查人员来分,可由作业系统中的检查、工艺部门和管理部门的检查组成。

第十一条　计算和考核工艺文件正确率、工装图样正确率、年度工艺计划实现率等指标。

六、工艺规程管理制度

□　总则

第一条　各级管理人员必须带头遵守执行本制度,对外应严格保密,并在工艺规程文件上加盖"保密"字样。

□　内容的编制

第二条　产品的特征、质量标准。

第三条　原材料、辅助原料特征及应符合的质量标准。

第四条　生产工艺的基本流程。

第五条　主要工艺技术条件、半成品的质量标准。

第六条　生产工艺的工作要点。

第七条　主要技术经济指标和成品质量指标的检查项目及次数。

第八条　工艺技术指标的检查项目与次数。

第九条　专用器材的特征及其质量标准。

□　制订与修改的依据

第十条　工艺规程必须以国家标准和满足用户的要求为依据,新产品的试制要根据用户的技术要求,结合原材料、技术设备的实际情况制订产品的协议标准。

第十一条　以本理论研究与同行业技术成果为依据。

□　制订与修订的程序

第十二条　在生产总监的领导下,由技术部门负责执行。技术部门通过工艺资料或试验,结合原材料、辅助原料设备等具体情况提出工艺规程草案。对草案进行讨论,并提出修改意见,由技术部门汇总修正,制订工艺规程初稿。然后由有关生产车间的主任组织生产工人进行讨论补充,并将讲座意见通知技术部门,再由技术部门修订定稿。经分管工艺的副总经理报厂长(总经理)审定后,由厂长(总经理)批准颁布执行,技术部负责督促检查修订情况。

第十三条　工艺规程的修订程序与制订程序基本相同。需要修订时,应向技术部门提出书面报告,技术部门综合各方面意见将修订方案报分管工艺的副总经理审核后,书面下达正式变更通知。一般性工艺规程的变更由技术部直接书面通知生产部。

七、技术标准管理制度

□　制订与修订

第一条　制订技术标准要做到符合实际、技术先进、经济合理和安全可靠。

第二条　对同类产品,要进行规格优选和合理分档,形成标准条例。

第三条　要尽量采用国际上的通用标准与国外相对较为的先进标准。

第四条　内控标准要优于采用的国际标准或国内标准。

第五条　技术标准每隔2～3年审核一次,并根据市场情况做出适当的修订。

第六条　对产品质量有直接影响的物资及内部的中间产品,都有必要制订质量检验标准。

□ 分级、审批与颁布

第七条 标准分为国际标准、国家标准、部颁标准、内控标准和协议产品标准。制订时一律以国家标准为准，其他标准不得与其相抵触，并且要满足用户要求。

第八条 所采用的企业内控标准由技术部负责起草，经分管工艺副总审核后，送交厂长（总经理）批准颁布实施。

第九条 内控标准的修改由技术部负责，修改前必须对市场需求有充分的了解，修改后经分管工艺的副总经理审核，再送交厂长（总经理）批准颁布实施，同时废除旧标准。

□ 贯彻实施

第十条 标准一经颁布，各部门必须严格贯彻执行。任何部门不得擅自修改或降低标准，否则，引起质量事故将按质量管理中有关条款执行。

第十一条 一切的检测、验收活动都必须按标准进行。符合标准的物资或产品由检验部门填发合格证，不符合标准的产品不准出厂。

□ 技术资料的管理

第十二条 各部门办理完毕而需要保存的技术资料，应交档案室按卷宗分别立卷归档。

第十三条 技术部门处理完毕的技术资料，应在第二年的第一季度内归档。

第十四条 技术资料在处理完毕后，应立卷编号，以便于查找。

第十五条 对于归档的技术资料按名称、特征编成卷册，按时间顺序或按重要程度排列，同时应编写"卷内目录"。卷内的技术资料也应逐章编号，并根据需要填写"备考录"。

第十六条 对于归档的技术资料必须装订整齐，在装订时应去掉金属物，用线绳装订，并在卷角编号。

第十七条 技术资料在保管时，应注意防火、防潮、防虫、防盗。对长期和永久保存的技术资料，或者有破损或字迹模糊者，应及时修补或复制。

八、技术设计管理制度

第一条 技术设计的任务，就是在已批准的技术任务书的基础上，完成产品的主要性能和主要零部件的设计。

第二条 在技术设计过程中必须进行试验研究，并编制试验研究大纲和报告。试验研究的内容包括以下几个方面。

（1）新原理的结构试验。

（2）材料试验。

（3）元件试验。

（4）工艺试验。

（5）模具试验。

（6）系统试验。

（7）综合试验。

第三条　做出新产品设计计算书,对所设计产品的运动、刚度、强度、平衡、热稳定、电路、液路、气路、能量转换、能源效率等方面进行计算、核对。

第四条　绘制产品的总体尺寸图、产品主要零部件图,并经过核准。

第五条　运用价值工程理论,对产品中造价高、结构复杂、体积笨重、数量多的主要零部件的结构、材质、精度等进行成本与功能关系的分析,并编制相应的技术经济分析报告。

第六条　绘出各种系统原理图,如传动、电气、液路、气路、连锁保护等系统。

第七条　提出特殊的元件、外购件、物资清单。

第八条　对产品技术任务书的某些内容进行审查和修正。

第九条　对产品进行可靠性、可维修性分析。

九、技术任务书设计制度

第一条　本技术任务书是指产品在初步设计阶段内,由设计部门向上级就计划任务书提出的体现产品合理设计方案的改进和推荐性意见的文件。经上级批准后,作为产品技术设计的依据。其目的在于正确地确定产品最佳总体设计方案、主要技术性能参数、工作原理和主体结构,并由设计人员负责编写。

第二条　技术任务书的设计依据。

（1）国内外技术信息:在产品的性能方面要赶超国内外先进水平,或在产品的品种方面填补市场的空白。

（2）市场经济信息:在产品的形态、样式等方面满足用户的要求,适应市场需要,具有市场竞争能力。

（3）产品开发长远规划和年度技术组织措施计划,说明现在进行设计的必要性。

第三条　技术任务说明书应包括产品用途及使用范围。

第四条　相关部门须对计划任务书提出有关改进意见。

第五条　技术任务书应该说明产品的基本技术参数及主要技术性能指标。

第六条　技术任务书应该说明总体布局及主要部件结构。用简略画法勾画出产品基本外形、轮廓尺寸及主要部件的布局位置,并叙述主要部件的结构。

第七条　技术任务书应该说明产品的工作原理与系统。用简略画法勾画出产品的原理图、系统图,并加以说明。

第八条　技术任务书应该说明国内外同类产品的技术水平分析比较结果,并列出国内外同类型产品的主要技术性能、规格、结构、特征一览表,并做出详细的比较说明。

第九条　技术任务书的标准化要求。

（1）符合产品系列标准与其他现行技术标准,列出应执行标准的目标与范围,提出贯彻标准的技术组织措施。

（2）新产品预期应该达到的标准化系数。列出推荐采用的标准件、通用件清单,提出一定范围内的标准件、通用件系数指标。

（3）对原料与零部件的标准化要求。列出推荐选用标准材料及外购元器件清单，提出一定范围内的原料标准化系数与外购件系数的标准。

（4）与国内外的同类产品标准化水平进行对比，提出新产品的标准化要求。

（5）预测标准化的经济效果：分析采用标准件、通用件、外购件及贯彻材料标准和选用标准材料后的经济效果。

第十条　研究关键技术的解决办法并对关键零部件、特殊原料资源做出分析。

第十一条　对设计方案做出比较分析，运用价值工程着重研究产品的合理性能（包括消除剩余功能），通过不同结构原理和系统的比较分析，从中选出最佳方案。

第十二条　组织有关部门对新产品的设计方案进行评估，共同商定设计或改进的方案是否能满足用户的要求和发展的需要。

第十三条　进行产品设计试验及使用周期和经费估算。

第三节　技术与工艺管理实用表单

一、图纸管理表

图纸管理表如表 11 - 1 所示。

表 11 - 1　图纸管理表

编　号：　　　　　　　　　　　　　　　　　　　　　　　　　日　期：

序号	图纸编号	发行日期	发 行 部 门							修 订 情 况			
			技术	生产	物料	一车间	二车间	三车间	主管	①	②	③	④

二、原图管理表

原图管理表如表 11 - 2 所示。

表 11 - 2　原图管理表

编　号：　　　　　　　　　　　　　　　　　　　　　　　　　　日　期：

产品名称			蓝图张数		
类　别	图　号	完成日期	机密等级	复本张数	使用部门

三、产品设计登记表

产品设计登记表如表 11 – 3 所示。

表 11 – 3　产品设计登记表

编　号：　　　　　　　　　　　　　　　　　　　　　　　　　日　期：

品　名			型　号			客　户		
设计者			图　号			完成日期		
模具设计者		完成日期			模具制作者		日　期	

<table>
<tr><td colspan="9" align="center">产 品 设 计 变 更 情 况</td></tr>
<tr><td>符　号</td><td></td><td></td><td></td><td></td><td></td><td></td><td></td><td></td></tr>
<tr><td>变更日期</td><td></td><td></td><td></td><td></td><td></td><td></td><td></td><td></td></tr>
<tr><td>变更者</td><td></td><td></td><td></td><td></td><td></td><td></td><td></td><td></td></tr>
<tr><td>变更内容</td><td></td><td></td><td></td><td></td><td></td><td></td><td></td><td></td></tr>
</table>

产 品 生 产 情 况

序号	日期	生产数	生产部门	使用工时	不良率(%)	异常品质状况	处理对策	决策者	记录

四、车间模具管理表

车间模具管理表如表 11 - 4 所示。

表 11 - 4　车间模具管理表

编　号：　　　　　　　　　　　　　　　　　　　　　　日　期：

提出日期			申请部门			申请人	
项　目	材料编号	名　称	规　格	材　质	机　种	个/台	
新　设							
追　加							
变　更							
废　止							
数量变更							
变更要点：					图：		
研发部意见：							

五、车间样品制作登记表

车间样品制作登记表如表 11 - 5 所示。

表 11 - 5　车间样品制作登记表

编　号：　　　　　　　　　　　　　　　　　　　　　　日　期：

样品名称		数　量		需要日期	
客　户		目　的	□确认　　□开发　　□试作		
制作方法：		参考资料：			
		审核		填单	

六、样品追踪登记表

样品追踪登记表如表 11 - 6 所示。

表 11 - 6　样品追踪登记表

编　　号：　　　　　　　　　　　　　　　　　　　　　　　　　　　　日　　期：

制造单号码	客户	产品名称	数量	预定完成	预定交货	制作状况及日期记录						
						原料	模子	物资	形成	加工	试用	完成

七、年度生产工艺管理计划表

年度生产工艺管理计划表如表 11 – 7 所示。

表 11 –7 年度生产工艺管理计划表

编 号：   日 期：

产品名称	工作项目	执行单位	月 工 作 进 度											
			1	2	3	4	5	6	7	8	9	10	11	12
产品一														
产品二														
产品三														

八、产品生产技术管理计划表

产品生产技术管理计划表如表 11 - 8 所示。

表 11 - 8　产品生产技术管理计划表

编　号：　　　　　　　　　　　　　　　　　　　　　　日　期：

序号	工作项目		执行部门	工作量	工作进度(月)														
					1			2			3			……			12		
					上	中	下	上	中	下	上	中	下	上	中	下	上	中	下
1	产品设计																		
2																			
3																			
4																			
5	样品试制	工艺管理																	
6																			
7																			
8																			
9		生产装备																	
10																			
11																			
12																			
13	小批试制	工艺管理																	
14																			
15																			
16																			
17		生产装备																	
18																			
19																			
20																			
备注																			

第12章　从大局出发，从小处着眼
——生产作业控制管理

第一节　生产作业控制管理工作要点

一、生产作业控制管理工作内容

生产作业控制管理的基本任务有以下几点。

（1）按照规定的产品品种和质量完成生产任务。

（2）按照规定的产品目标成本完成生产任务。

（3）按照规定的产品交付期限和需要数量完成生产任务。

产品的质量（Quality）、成本（Cost）和交货期（Delivery）简称 QCD，是现代生产管理成败的三大要素，保证 QCD 三方面的要求，是车间生产作业管理的最主要任务。

保证质量、成本、交货期要求，这三项任务是互相联系、互相制约的。提高质量、开发品种，可能引起成本增加；增加适销对路的品种数量，可能降低成本；为了保证交货期按时完工，可能引起成本的增加和质量的降低。为了取得满意的经济效益，需要在车间生产作业管理中加以合理的计划、组织、准备和控制。

生产作业管理的基本任务就是运用组织、计划、控制等各项职能，使投入产出过程的各种生产要素（人、财、物、信息等）有效地结合起来，形成有机的整体，以最经济的方式，生产出满足社会需要的产品，提高生产的经济效益。具体来说，有以下几点。

（1）全面完成生产经营计划中所规定的目标任务，包括产品品种、产量、产值、质量、交货期、资金、成本、利润和安全等重要指标。

（2）合理组织劳动力，充分利用人力资源，以不断提高劳动生产率。具体措施包括合理组织劳动的分工、协作；严格按照定员定额组织生产；加强经济责任制，有计划地组织员工培训等。

（3）加强对物资的管理，努力降低物资消耗，建立合理的物资储备，减少资金占用。

（4）加强对设备的管理，提高设备的完好率和利用率，及时更新改造设备，促进调查技术的进步。

二、生产作业控制管理工作方式

车间生产作业管理的基本内容包括计划、组织、准备和控制 4 个方面。

(一)计划

做好车间生产作业管理,必须统筹安排计划期内车间生产的任务与作业的进度计划,把下达的生产任务以及临时性的生产工作有计划地分配到每一个工作地、每一个岗位和每一个车间成员,规定他们月、旬、周、日以至每小时应完成的作业任务,并按日历顺序安排生产进度。编制和执行生产作业计划,使生产计划和销售计划在车间具体化。正确地编制和执行车间的生产作业计划,就可以把车间的生产活动引导到以销定产、以产促销和提高经济效益的轨道上来。

(二)组织

生产车间要合理组织生产过程与劳动过程,并使二者有机地结合和统一起来。对生产过程的组织,要使产品生产的各个阶段与各个工序在时间和空间上做到衔接与协调。对劳动过程的组织,则是正确处理生产车间成员在生产过程中的关系,以及车间与班组之间,劳动者与劳动手段、劳动对象之间的关系。

(三)准备

车间的生产准备工作,包括工艺技术准备、人员配备准备、物资能源准备和设备工具准备等。做好这些方面的充分准备,是保证车间生产正常进行的前提条件。

(四)控制

控制就是指在生产的全过程中,按计划要求,实行全面和事先的有效控制。控制的范围,包括生产组织、生产准备和生产过程的各个方面。控制的内容,包括生产进度、产品质量、物资消耗、生产费用、库存储备以及安全环境等。做好生产管理的有效控制,是生产车间完善生产组织,实现生产计划,提高产品质量,降低生产消耗,保证安全生产的重要手段。

三、生产作业控制管理工作类型

生产主要类型,是指根据计划类型、生产方法、专业化程度、组织类型、接受生产任务方式、生产规模设备、条件等标志,对生产过程所进行的分类。生产类型是影响生产过程组织的主要因素之一。区分生产类型有利于简化和深化对生产过程的研究,合理地组织生产。

(一)生产作业类型的分类

1. 按工艺过程的连续性划分

(1)流程式生产作业。在连续型生产作业过程中,物料均匀、连续地按一定工艺顺序运动,如化工(生产塑料、药品、肥皂、肥料等)、炼油、冶金等,都是连续型生产的典型例子,由于物料按一定流程连续不断地通过各个工序的生产,因此又将连续型生产称为流程式生产。一般的,连续型生产的地理位置集中,生产过程自动化程度高,只要设备运转正常,工艺参数得到控制,就可以正常地生产出合格产品,生产过程中的协调与协作任务少。

(2)加工装配式作业。产品是由零散的零部件装配而成的,零部件以各自的工艺过程通过各个生产环节,物料运动呈离散状态,因此将其称为离散型生产。离散型生产的地理位置分散,一个产品的不同零件可以在不同地区甚至不同国家生产。由于零件种类繁多,加工工艺多样化,又涉及多个单位、工人和设备,生产过程中极易出现等待、停顿、延误等现象,使得生产过程中的协作关系十分复杂,计划、组织与控制的任务相当繁重,生产管理十分复杂。

2. 按生产方式划分

（1）分解制造型。它是指以整体分割制造不同的产品，最典型的是石油化工、肉类罐头厂等。

（2）提炼制造型。它是指从来自地下、海洋等的材料中提炼出某种物质的生产活动，如采矿企业、油田等。

（3）变形制造型。它是指通过改变加工对象的形状或性能而制成产品的生产活动，如冶炼厂、橡胶厂等。

（4）综合制造型。它是指将不同的原材料或零配件合成或装配成一种产品的生产活动，如纺织厂、水泥厂、家电厂等。

3. 按生产任务的重复程度和工作地专业化程度划分

（1）单件生产作业，是指工作地经常变动地完成很不固定的工作的生产，同一产品只生产一件或数件，工作地专业化程度很低。

（2）成批生产作业，是指工作地轮换地加工成批零件，一批相同的零件加工完以后，调整设备，再加工另一批零件。

（3）大量生产作业，是指工作地固定地完成一道或几道工序，工作地专业化程度很高。

4. 按接受生产任务的方式和组织生产的特点划分

（1）订货生产方式，即根据与用户签订的订货合同或协议要求，生产品种、质量、数量、交货期都符合合同或协议约定的产品。这种情况下，生产过程不稳定，计划组织较难，但由于合同对数量和交货期都做了明确的规定，因而基本上可以消除库存，管理的关键是保证在交货期内按质、按量完成约定产品的生产，重点在于生产周期与交货期的确定。

（2）存货生产方式，即产品的生产不是依据客户的要求，而是建立在市场调查和预测基础上的，产品有库存。在这种情况下，生产过程组织可以有较规范、稳定的计划，生产管理不但要做好产品质量管理和成本控制工作，而且要保证供、产、销之间的衔接。任一环节的中断都会导致整个生产过程的中断。所以，重点在于库存量的确定。

（二）生产规模与生产作业类型

生产规模，一般是指生产过程的产出总数量或资源占有量，如用产量、销售收入、生产能力、从业人员、资本总值来表示企业的规模。

一般来说，生产规模与生产作业类型之间的关系可表述为：生产规模越大，则专业化程度越高，生产作业类型越合理，成本也就越低。

四、生产作业控制管理工作原则

为保证正常稳定生产，实现经营目标，生产管理必须要满足以下要求。

（1）注重经济效益。要用最少的劳动消耗和资金占用，生产出尽可能多的产品。要使生产产出超过生产中的劳动消耗，从而实现盈利。

（2）进行科学管理。就是指在生产过程中使用符合现代化大工业生产要求的管理制度和方法。

（3）组织均衡生产。就是指各生产环节在相等的时间阶段内完成等量或均衡递增的产品或工作量。

（4）做到以销定产，以产促销。以销定产就是根据社会的需要来制订计划、组织生产。必须通过市场预测和用户要求，使产品适销对路。

（5）实现文明生产。文明生产要求需要具备的生产管理制度和良好的生产秩序，使生产各环节的工作有条不紊地协调衔接。车间和设备布局合理，运输线路畅通，工作地布置井然有序，员工劳动环境良好，厂区绿化，空气新鲜，生产区平、整、净，无垃圾，无杂物，无臭气臭水，无泄漏。

（6）做到安全生产。安全生产是生产的一项重要原则，其基本内涵就是生产必须安全，安全促进生产。安全生产不仅可以保障工人劳动安全，防止人身事故和设备事故，保证并促进生产任务的顺利完成，而且还保护了财产免受损失，对企业、个人都有利。

五、生产作业过程组织的要求

（一）生产作业过程的节奏性

（1）生产作业过程的节奏性，是指各个生产环节都要按照生产计划的要求，在一定时间内，生产相等或等速递增数量的产品，或完成相等或等速递增数量的工作量，使各个工作地的负荷保持相对的稳定。

（2）保证生产作业过程的节奏性，有利于减少在制品占用，压缩库存，提高人力和设备的使用效率，保证产品质量，做到均衡生产。提高生产过程的节奏性，应从投入、制造和出产3个环节入手。其中，出产的节奏性是生产过程节奏性的本质要求，而制造的节奏性是实现生产节奏性的保证，投入的节奏性是制造节奏性的前提。因而，实现生产作业过程的节奏性，应当对投入、制造和出产进行统筹安排、合理规划。

（二）生产作业过程的适应性和准时性

（1）生产作业过程的适应性，是指生产作业过程的组织形式要灵活多变，能够进行恰当的调整，以满足生产不同产品的要求。在市场需求千变万化、多种多样的情况下，只有抓住各种机会，满足不同消费者的要求，才能不断扩大市场占有率，赢得市场竞争。这要求在组织生产过程时，要保证生产作业过程能在市场需求发生变化时，迅速做出小调整，适应新的情况，按照市场或顾客的要求，准时提供足够数量和质量的产品。

（2）一般来说，强化生产作业过程的适应性，要求生产应向多品种、小批量、能够应急应变的方向发展。要采用混流生产等先进的生产组织方式。也可以在主流产品以外组织灵活的生产单位，不断开发新产品，提高生产作业过程的适应能力。

（三）生产作业过程的连续性

（1）生产作业过程的连续性，是指生产作业过程的各阶段、各工序的进行，在时间上是紧密衔接的，不发生各种非预计的中断现象，加工对象在生产过程中一直处于运动或被加工状态（如加工、检查、运输等）。各生产环节的设备、人力总是处于工作状态。

（2）保持和提高生产作业过程的连续性，可以减少在制品占用，缩短产品生产周期；可以更有效地利用原材料、设备、工地和人力，减少损失；可以改善产品质量；可以加速资金周转。要做到生产作业过程的连续进行，必须使厂内各车间、仓库之间以及工地之间的布置符合工艺流程的要求；必须采用先进的技术设备，提高自动化、专业化水平；必须做好生产准备工作和生产服务工作，防止意外停工。

（四）生产作业过程的比例性

（1）生产作业过程的比例性，是指产品生产作业过程的各阶段、各工序之间，在生产能力上和产品加工劳动量上要保持一定的比例关系。各个生产环节的工人人数、生产效率、设备数量等都必须进行通盘考虑，综合平衡，防止出现比例失调。

（2）提高生产作业过程的协调性，有利于充分地利用人力资源、设备资源与动力资源，保证生产作业过程的连续进行。实现生产作业的比例性，一方面，要在设计和建厂时，充分考虑产品结构和工艺特点，合理配备人力资源和设备资源；另一方面，也要适时对生产方向做出适当的调整。因而，要在改变产品的工艺操作、工艺设计或淘汰旧产品、生产新产品时，应及时地根据变化后的实际情况，进行适当的调整，以适应新的情况。

第二节　生产作业控制管理规范化制度

一、生产作业管理制度模板

第一条　为了加强生产管理，有效地运用物资、人力、设备（机器、工具），并使它们在时间上、数量上、空间上能适当地配合，以便提高生产效率、质量，并降低成本，获得最大的收益，特制订该项生产管理制度。

第二条　业务部于下年度开始前3个月，提出年度销售计划，生产管理部要根据年度销售计划，制订出年度生产计划，并根据生产物资的需要、人力、设备的负荷等拟订计划。

第三条　根据年生产计划、业务部开出的制造通知单以及现有库存量（成品半成品）拟订月生产计划。

第四条　生产管理部门在接到业务部开出的制造通知单时，应配合有关生产资料做出以下准备。

（1）安排生产进度预定表。

（2）计算出所需的主副料（何时再需要），并及时通知存量管理单位，安排好原料。

（3）将外协计划通知给外协管理单位，以寻求适当的外协厂商。

第五条　根据月生产计划、制造通知单、制造变更通知单、实际的生产进度以及现有人力、设备资料于每周定期分配安排次日起10天内的生产进度表。

第六条　根据预定和实际的生产进度，发出工作命令（发出前要确知物资情况）和发料单。

（1）工作指令要及时传达给现场制造各科组，同时要附工程程序图、操作标准、检查标准等，一联通知质量管理单位。

（2）发料单一联给现场制造各科组，一联通知库管单位备料。

（3）要在开工 3 天之前发出工作命令和发料单，但特殊情况不在此限。

第七条　由生产现场各科每日报来报表，了解生产进度，且要实地追查、督促。

第八条　生产现场各科组，无法按照进度如期完成，或有任何困难时（机器模具损坏、停电等），应尽快将原因通知生产管理单位，进行调整工作。

第九条　制造完工后，将工作命令填写到相关栏处，送回生产管理单位销令。

第十条　在每批产品（订单）完工后，要将有关放入资料，如生产日报表、工作命令、发料单、外协加工等资料汇总，并将实际生产所发生的问题进行研讨，提出改善措施，防止再次发生。同时，还需汇总成本分析、产销资料等，所有资料要建档备查，以利于后续作业的进行。

第十一条　生产管理部门要经常地与业务部、存量管理部门、外协管理部门、质量管理部门、技术部门以及现场制造各科组保持密切的联系，确实了解实际情况与预定进度是否超前或落后，并要能弹性地应变。

第十二条　外协管理，在管理外协加工以及外协制造的半成品或零件时，应适时合理地配合生产进度。

第十三条　外协管理部门在负责外协加工、外协制造的作业、选择外协厂商时依据下列资料。

（1）生产管理单位发出的外协计划（工程详细内容、质量要求、时限、数量）或外协申请，是否由本工厂供料及关于供料报废率的决定。

（2）协作厂商及厂商资料调查表，预估价格及付款条件。

第十四条　选择好适当的外协厂商，进行督促，确实了解厂商的进度及质量。

第十五条　如果外协厂商为第一次承制此项外协，则必须要求其先试制，取回样品，判定是否符合要求，判定合格后，才能通知其正式承制或加工。

第十六条　对外协厂商来货品的质量、交货期、价格，以及内部的管理状况要做审核。

第十七条　如果有模具（设备）存放于外协厂商处，要确实管理，检查模具（设备）使用保养的情况。

第十八条　本生产部于外协验收、生产装配或再加工时，对外协质量的抱怨，以及对外协厂商的审核结果，除了要存档外，应转告外协厂商。

第十九条　外协除了口头方式信用约定，最好能订立合同，或简明的外协书面式约定（内容包括工程详细内容，是否由本生产部供料，以及品名、规格、数量、质量要求、验收检验标准、罚则、付款条件、奖励条款等资料）。

第二十条　对于考核成绩好的优良外协厂商，建议生产部给予其较优惠的条件及分配较多的工作。

第二十一条　配合质量管理单位，做好外协质量管理稽核工作，管理外协厂商承制货品的质量，并协助辅导厂商做好质量管理工作。

第二十二条　外协完工后要做成本分析（工时、数量、质量、价格、交货期等），判定外协是否有利，及判定此外协厂商的能力。

第二十三条　所有的资料必须建档备查以方便进行作业。

第二十四条　有关外协如果有未尽事宜详见外协管理规定。

第二十五条　本制度由公司董事会监制，修改时亦同。

二、生产现场作业管理细则

□ 人体运动的原则

第一条 使用双手从事生产性工作。

第二条 双手同时开始并完成各种对称的工作。

第三条 使手和手臂的移动做连续曲线状的动作。

第四条 工作要有节奏，使工作自动而圆滑。

第五条 操作范围内，尽量使移动距离最短，并用最低类别的动作。

□ 关于工作场所的原则

第六条 手和手臂的运动途径应在正常工作区域内。

第七条 必须用眼睛注意的工作，应保证有正常视野。

第八条 工具和材料应置于固定位置。

第九条 工作场所的高度应设计成能供站立或坐着使用。

第十条 工作区域应以少移动为原则。

第十一条 好的工作环境可以导致好的工作表现。

□ 关于工具和设备的原则

第十二条 工具和设备应预置于随手即可拿到或抓取之处。

第十三条 以足踏板和固定工具代替手的动作，使手能执行更有用的工作。

第十四条 使用能将完成产品移去的自动弹出设施。

第十五条 在方便操作的情况下，将机器控制排列妥善。

第十六条 利用特别的工具和复合的工具（多种用途的工具）。

第十七条 考虑如何使用机器以便利操作。

□ 关于材料搬运的原则

第十八条 为方便提拿，应有良好的设计。

第十九条 安排重力输送的漏斗、分离器、堆放和输送带，将材料送至使用地点。

第二十条 预置和分类标明下一操作所需的材料和零件。

第二十一条 用落地输送法将产品挪开。

第二十二条 将所有较重物品举起使用搬运机械。

□ 关于节省时间的原则

第二十三条 改善人工和机械动作的迟疑或暂时停止的问题。

第二十四条 通常动作形式需要较少步骤或元素者，所用的时间最短。

第二十五条 当机器工作时，工作应是进行中；而工作进行时，机器就是工作中。应同时加工两个或两个以上零件。

□　填写方式

第二十六条　操作步骤应该按照工作流程详细记录。

第二十七条　操作方法应于操作步骤手续中给予详细记录,操作方法尽量以浅显文字叙述,使员工易于理解。

第二十八条　操作方法若叙述不完整,需用图示辅助说明,能绘图者尽量用图示,使操作员易于理解。

第二十九条　其余应注意事项,需填写于表格中。

三、外协生产管理制度

第一条　适用范围。

(1)用于本生产部人员、设备不足或生产能力负荷已达饱和时。

(2)特殊零件无法买到现货,也无法自制时。

(3)协作厂商有专门性的技术、利用外协质量较好且价格合理。

第二条　方法与标准。

1.审查方式:书面审查与实地调查

(1)要核查外协加工及外协制造的申请是否符合规定,数量方面是否适宜。

(2)申请被核准后,由外协管理人员判定是否有协作厂商承制,如果没有则选择3家以上厂商的资料,填写厂商资料调查表。

(3)进行实地调查时,应该由生产部质量管理委员会指定质量管理、生产管理、技术、外协管理等单位派人组成调查小组,但每一次不一定所有人员都要参加,要视加工或零件制造的重要性而定,将调查结果填入厂商资料调查表中。

(4)进行实地调查后,可选定其中一家厂商试用。

2.审查标准

(1)质量情况。

(2)供应能力。

(3)价格情况。

(4)管理水平。

选择其中评分最高的供应商作为最终的协作厂商。

第三条　试用。

在选好最佳厂商以后,还必须要经过试用,只有对目标产品的试用考核达到规定的标准时,才能正式作为本生产部的协作厂商。

(1)试用合同,要规定试用期为3个月,每个月要考核一次,并将结果通知试用厂商。

(2)试用考核,试用期间要对试用厂商进行考核。

(3)试用开始时,试用厂商要将样品送来接受检查,经判定合格才能继续大量地加工或制造,以供应给本生产部。

第四条　正式确立合作关系。

(1)正式确立合作关系的判定标准:试用考核期间的成绩达70分以上者则正式判定

其为本生产部的协作厂商。

（2）正式合同的内容：与试用合同格式相同。

第五条　外协。

1.负责单位

由外协管理员负责外协加工或外协生产的事务。

2.外协资料

外协加工或外协制造时要给试用厂商或协作厂商的资料。

（1）蓝图。

（2）工程程序图。

（3）操作标准。

（4）检查标准。

（5）检验标准。

（6）材料的规格、数量。

3.外协指导管理

（1）使外协厂商确实按照本生产部的要求与规定来进行加工。

（2）协助其提高质量。

（3）经常联系协调，了解外协的进度、质量。

（4）指导教育与考核。

4.外协核价

当由本生产部负责供料时：

$$总价 = 单价 \times 数量 \times (1 - 报废率)$$

（1）数量必须要经负责的生产管理员的认可，有时可由过磅员重新进行核算。

（2）报废率（抽样测量）或报废数的资料由质量管理部门提供。

5.外协督促，应该使外协加工或外协制造的货品保证如期交货

第六条　质量管理。

1.入场验收

（1）按双方协定的验收标准及抽样计划来验收。

（2）进料管理的执行流程。

2.外协质量管理与定期考核

为使试用厂商或协作厂商供应的产品符合本生产部的要求，必须对其产品进行检查。要做到每月巡回检查各协作厂商，对每个协作厂商3个月中至少要做一次或两次以上的检查，对试用的厂商，3个月内要做两次检查。

第七条　存在问题的投诉。

1.投诉程序

（1）验收时的投诉。

◎验收人员将检验报告通知相应的外协管理人员，并将资料存档，以作为下次验收的依据。

◎外协管理人员应该将验收情况通知协作厂商或试用厂商，促使使其针对缺陷进行改进，资料存档，作为考核依据。

（2）生产时的投诉。

◎生产过程中出现的问题如果是由于外协单位而引起的，现场生产各科组要及时通知生产管理部门。

◎生产管理部门要通知质量管理人员，重新对外协厂商交来的半成品或零件进行检验，并通知外协管理人员，将资料进行存档，以作为验收的依据。

◎外协管理人员要通知协作厂商，并将资料存档，作为日后考核的依据。

（3）在质量管理日常检查中出现的投诉及国内外客户投诉等。

问题投诉发生时，除要通知协作厂商或试用厂商针对存在的缺陷进行改进外，自身更要做好质量检查考核管理工作，如果有生产投诉发生，还要依照合同内的规定罚款。

第八条　指导教育与考核。

1. 负责单位

对于有关外协的质量管理、生产管理、设计，外协管理单位负有指导教育与考核的责任。

2. 实施方式

通过生产部的质量管理组织进行。

（1）指导教育。

◎协作厂商高层人员的观念训练。

鼓励对方的高层人员接受新观念或参加本厂召开的产品开发座谈会、质量管理座谈会。

◎协作厂商质量管理人员的训练。

鼓励对方的质量管理人员参加专业训练或质量管理训练或安排其参加本厂所举办的专业质量管理班，使其了解：本厂的质量管理政策及组织；本厂的进料验收、制造流程及成品的质量管理及最后检验等；本厂验收时使用何种验收规格、仪器、量规、抽检表以及如何判定为合格。

（2）其他协助方面。

管理制度、质量管理制度的建立实施，原料管理、工作方法改善等。

（3）考核方面。

详见协作厂商考核及等级评定办法。

四、生产作业管理制度

第一条　生产是生产部各项工作的中心，生产管理是生产部管理的重要组成部分。为做好生产管理，就要合理地组织生产过程中的劳动力、劳动工具和劳动对象。只有有计划地均衡组织生产活动，加强在制品的管理，建立良好的生产秩序，才能取得良好的经济效益。

第二条　生产作业计划是根据生产部的全年生产任务及其安排，适应情况的变化，具体规定每个生产环节（车间、工段、班组及个人）在单位时间（月、旬、周、日）内的生产任务。生产科应根据企业生产能力水平及生产指标，合理计划、安排全年生产任务。逐月编制生产计划，督促、检查生产作业计划的执行情况，加强调度，确保各项计划的完成。现就生产作业计划管理做如下规定。

（1）每月 25～30 日向各车间下达下月生产作业计划（数量、品种、规格）方面的详细计划。

（2）各生产车间每月 1～3 日对班组下达生产作业计划，并做到认真督促、检查。

（3）分日、旬、月检查生产作业计划的实施情况，不断地平衡生产进度，以保持计划的严肃性。

（4）不断改进并完善生产部的生产总体计划。

（5）如发现品种的生产进度不合理，要及时填写计划调整通知单，以便保证各品种的按时完成。

（6）经常同同级部门及科室互通信息、共同努力、互相协作，保证年、季、月生产任务的按时完成。

（7）定期向有关领导汇报生产进度和生产中存在的问题，使问题能够得到及时解决。生产中抓好薄弱环节、排除不利因素，保证生产任务的完成。

第三条　生产部的生产管理部门，依据月生产计划、制造通知单、制造变更通知单、实际的生产作业进度以及现有人力、设备资料，于每周定期分配安排次日起 10 天内的生产进度表。

第四条　根据预定和实际的生产进度，发出工作命令（发出前要确知物料情况）和发料单。

（1）工作指令一联给现场制造各科组（同时要附工程程序图、操作标准、检查标准等），一联通知质量管理单位。

（2）发料单一联给现场制造各科组，一联通知库管单位备料。

（3）要在开工 3 天之前发出工作命令和发料单。

第五条　由生产作业现场各科每日递送报表，了解生产进度。

第六条　现场生产制造各科组如果无法按照进度如期完成任务，应尽快将原因通知生产管理单位，尽快加以调整解决。

第七条　生产完工后，将工作命令填写在有关栏处，送回生产管理单位销令。

第八条　在每批产品（订单）完工后，要将有关资料，如生产日报表、工作命令、发料单、外协加工等资料汇总，并将实际生产所发生的问题进行研讨，提出改善措施，防止再次发生。同时，还需汇总成本分析、产销资料等，所有资料要建档备查，以利于后续作业的进行。

第九条　生产部生产管理部门要经常地与业务部门、存量管理部门、外协管理部门、质量管理部门、技术部门以及现场制造各科组保持密切的联系，确实了解实际情况与预定进度是否超前或落后。

第十条　生产部应定期召开一次各生产车间生产主任、调度员会议。

第十一条　各生产车间向生产科汇报本周的生产进度，各品种的完成情况及生产中存在的问题。能够自行解决的，要及时解决；解决不了的，要及时向有关领导和部门反映，力争尽快解决。

第十二条　建立调度会议记录，防止遗漏问题。

第十三条　不断总结调度会议的经验，克服不足，提高会议质量。严防议而不决，决而不行，以便稳、准、快地解决生产上的实际问题。

第十四条　对班组或个人的生产作业进行安排。

第十五条　合理组织日、月、旬的生产进度并做到及时检查。

第十六条　具体安排品种进度，保证按时完成任务。

第十七条　经常深入生产班组，合理组织劳力，严防背工和窝工。

第十八条　对下达的计划要经常平衡总结，发现问题要及时调整，对于生产车间解决不了的问题要及时向上级反映。

第十九条　建立进度台账，做好历史资料的存放与管理工作。

第二十条　流转要有计划。

第二十一条　存放要有标记。

第二十二条　收入及支出要有账簿。

第二十三条　产品入库、领取要有相关手续。

第二十四条　定期清查仓库，防止出现物资的积压。

第二十五条　在制品堆放要整齐。

第二十六条　在制品流转要有明显的标记，并且要分品种进行货位管理。

第二十七条　在制品必须按需求订额进行储存，定期对仓库进行盘点，不经生产科同意不得擅自加大库存量，保持最低限度的存货量。

第二十八条　员工应提前十分钟进厂，并开好班前碰头会。

第二十九条　下班后要召开下班碰头会，及时处理生产中的遗留问题（重大问题另行解决）。

第三十条　员工要做好上班前的准备工作，穿戴好劳保用品，女工不准披散着头发。

第三十一条　员工要做好交接班工作，做到工艺交接清楚、准确，机器运转情况清楚，工卡器具齐全，生产情况明了。

第三十二条　在做工作手续交接时，对于一般的工种进行口头交接即可，重要的工种则必须建立详细的交接班记录。

第三十三条　建立安全卫生责任制，在生产车间主任的领导下，把卫生责任制作为一项日常工作来抓。

第三十四条　划定卫生区域，分片包干，责任到人，定期检查。

第三十五条　在规定的范围内，要做到每日清理，每班检查。

第三十六条　要对员工进行防火、防盗、防安全事故、讲卫生等方面的宣传教育，以维护生产部的正常生产秩序。

第三十七条　对于生产过程中产生的边角下料、废纱头、废染化料、废旧零配件等，要分门别类按指定地点存放。

第三十八条　严禁违章操作。

五、生产作业控制管理制度

第一条　生产部生产作业的控制。是指为使生产达到预定目标，依据有关的计划和标准，对实际生产活动进行监督、检查、发现偏差并进行调节和校正等一系列活动的总称。生产作业控制是实现生产部生产作业计划的一种必要手段，并能推动管理工作的改善和计划工作水平的提高。

　　第二条　生产作业计划的复审和作业的安排。在正式组织生产作业计划实施之前，首先应对生产作业计划进行复审，使作业计划尽可能地符合实际。根据当前和现场有关情况，将作业计划做必要和适当的调整。一切就绪后，按计划要求下达生产指令，并开始生产。

　　第三条　发现偏差，及时处理。在生产作业过程中要经常检查计划执行的结果，发现实际脱离计划应立即采取措施，如组织加班、外协、动用保险储备或调整计划进度等，尽力缩小或消除这些偏差。

　　第四条　提供计划执行结果的报告。对于完成计划的数量和时间，提出准确的报告，进行信息反馈，为作业管理、质量管理、成本管理等职能部门提供必要的信息资料。

　　第五条　生产调度。

　　（1）生产调度是生产部生产作业控制工作的中心。它根据生产作业计划及时对生产过程进行控制和调节，解决日常生产中出现的矛盾和不平衡现象，保证生产连续、均衡地进行。

　　（2）生产调度工作的内容如下。

　　◎检查生产作业计划的执行情况，发现问题及时采取措施解决。

　　◎检查、监督和帮助有关部门做好产前准备工作。

　　◎根据生产需要，合理调配劳力和调整劳动组织。

　　◎检查和调节生产过程的物资供应和设备运行情况。

　　◎掌握厂内运输及动力的保证情况等。

　　第六条　在制品管理。

　　（1）在制品管理是指对生产作业过程各环节上的在制品实物和账务进行管理，分为车间在制品管理与库存半成品管理两种情形。

　　（2）生产部生产车间在制品管理工作一般采用台账、工票、加工路线单等形式来控制在制品的流转，掌握在制品的情况。

　　（3）库存半成品管理的要点如下。

　　◎做好入库验收工作，做到账、卡、物数量相符。

　　◎严格做好在制品发放工作，建立健全领用制度。

　　◎合理存放和保管在制品，做好定期清点和盘存工作。

　　第七条　生产作业核算。

　　（1）生产作业核算是指对生产部产品生产过程中的材料投入、在制品和产成品所进行的记录、整理和分析工作，是生产作业控制的一项重要内容。

　　（2）生产部生产作业核算内容如下。

　　◎产品及其零部件投入量和产出量、完工进度的核算。

　　◎在制品转移情况及库存配套等情况的核算。

　　◎生产作业计划完成情况的核算等。

第三节　生产作业控制管理实用表单

一、生产作业工作单

生产作业工作单如表 12 - 1 所示。

表 12 - 1　生产作业工作单

发单日期				工作编号	
工作单位	□生产一线　　　□生产二线　　　□生产三线				
产品名称		数　量		预计完工日期	
制造说明					
备　注					

二、生产设备利用率分析表

生产设备利用率分析表如表 12 - 2 所示。

表 12 - 2　生产设备利用率分析表

编　号：　　　　　　　　　　　　　　　　　　　　　　　年　度：

设　备	数　量	每　月	未　折	利　用	估　计	已　使　用	尚　余

三、生产作业日报表

生产作业日报表如表 12 - 3 所示。

表 12 - 3　生产作业日报表

编　号：　　　　　　　　　　　　　　　　　　　　　　　　　部　门：

制造号码	产品名称	预定产量	本日产量		累计产量		耗费工时		半成品	
			预计	实际	预计	实际	本日	累计	本日	昨日
合　计										

人事记录	应到人数		停工记录：	异常状况报告：
	请假人数			
	调出人数			
	调入人数			
	新进人数		加班人数	新进离职人员：
	离职人数		新加工时	
	实到人数		应有工时	

四、部门生产日报表

部门生产日报表如表 12 - 4 所示。

表 12 - 4　部门生产日报表

编　号：　　　　　　　　　　　　　　　　　　　　　　　　　　　　　　生产部门：

名称	领　入			耗　用			结存	领入累积			人工
	本日领入	昨日结存	合计	本日耗用	损坏	合计		本月领入	上月结存	合计	
原料											男： 正班：　人 加班：　时 女： 正班：　人 加班：　时

批号	产　品		批量	本日生产		主料耗用			产品缴库		设备使用效率						
	名称	规格		产量	累积	名称	数量	累积	数量	累积	项目	时间	%	时间	%	时间	%
											故障						
											停车						
											保养						
											开动率						
											负荷率						
											设备使用率						

五、班组生产日报表

班组生产日报表如表 12 - 5 所示。

表 12 - 5 班组生产日报表

编　号：　　　　　　　　　　　　　　　　　　　　　　　　　　　　班　组：

产品品种	计划产量	生产数		返工合格	回收数	废品数			生产工时	停工工时					辅助工时	其他工时
		毛	净			主	客	总		动力	设备	材料	制品	无任务		

待加工在制品转移			已加工在制品转移			实有人数　　　工作人数　　　缺勤人数									
产品品种	上班结存	本班领料	本班结存	上班结存	交下工序	本班结存	假别／姓名	病	事	产	丧	婚	公	探亲	工伤	迟到

六、个人作业日报表

个人作业日报表如表 12 - 6 所示。

表 12 - 6　个人作业日报表

姓　名：　　　　　　　　　　　　　　　　　　　　　　　　日　期：

时刻表	作业时间	作业内容（尽可能详细填注）	自我评鉴	检查及改进之处
上午：8 　　9 　　10 　　11 　　12				
下午：1 　　2 　　3 　　4 　　5				
加班时间： 加班作业的内容： 加班的理由：			上级评语： 　　　　　年　月　日	

七、生产额日报表

生产额日报表如表 12 - 7 所示。

表 12 - 7　生产额日报表

编　号：　　　　　　　　　　　　　　　　　　　　　　　　日　期：

批号	产品名称	工作量比率				单位售价	生产一线		生产二线		生产三线		包装		总工时	生产额	每工时产额
		一	二	三	包装		工时	产量	工时	产量	工时	产量	工时	产量			
合　计																	

八、生产工作负荷分析表

生产工作负荷分析表如表 12 - 8 所示。

表 12 - 8　生产工作负荷分析表

编　号：　　　　　　　　　　　　　　　　　　　　　　　　日　期：

部门 \ 日程		年　月　日		年　月　日		年　月　日		年　月　日	
		工作负荷	实有工时	工作负荷	实有工时	工作负荷	实有工时	工作负荷	实有工时
	工时								
	差额								
	处置								
	工时								
	差额								
	处置								
	工时								
	差额								
	处置								
合　计									

九、生产线作业情况登记表

生产线作业情况登记表如表 12 - 9 所示。

表 12 - 9　生产线作业情况登记表

编　号：　　　　　　　　　　　　　　　　　　　　　　　　线　名：

站名	作业名称及编号	使用工具或设备	作业时间(秒)	时间合计(秒)	闲置时间(秒)	备注

十、生产故障情况登记表

生产故障情况登记表如表 12－10 所示。

表 12－10　生产故障情况登记表

产品名称						
预计销售量	每年最低	最　高	旺季每月最低	每月最高	正常每月产量	设计产量
考虑实效		作业效率		安排效率		总效率
每月工作日		每日产量		每小时产量		每件时间
主要设备产能分析	设备名称	产能说明	每件时间	每日生产时间	设备数量	平均每件时间	负荷率

审　核：　　　　　　　　　　　　　　　　　　　　　　　分析人：

十一、生产产量分析表

生产产量分析表如表 12－11 所示。

表 12－11　生产产量分析表

产品名称						
预计销售量	每年最低	最　高	旺季每月最低	每月最高	正常每月产量	设计产量
考虑实效		作业效率		安排效率		总效率
每月工作日		每日产量		每小时产量		每件时间
主要设备产能分析	设备名称	产能说明	每件时间	每日生产时间	设备数量	平均每件时间	负荷率

审　核：　　　　　　　　　　　　　　　　　　　　　　　分析人：

十二、产品零部件自制与外购情况登记表

产品零部件自制与外购情况登记表如表 12 – 12 所示。

表 12 – 12   产品零部件自制与外购情况登记表

编　号：　　　　　　　　　　　　　　产　品：　　　　　　　　　　　　日　期：

组装件编号	组装件零件名称	每月平均用量	估计投资额	估计每件成本	外购成本	每月节省成本	每月收益比率	其他考虑					结论
								机密性	技术性	政策性	发展性	其他	

十三、生产指令申请表

生产指令申请表如表 12 - 13 所示。

表 12 - 13　生产指令申请表

编　号：　　　　　　　　　　　　　　　　　　　　　　　　　　日　期：

区分	编号	品名	库存量	需求量	生产数量	生产指令					生产记录					金额	接要
						一次	二次	三次	四次	合计	一次	二次	三次	四次	合计		
总合计																	

十四、生产作业通知表

生产作业通知表如表 12 – 14 所示。

表 12 – 14 生产作业通知表

品 名：   日 期：

制造说明：

零件名称	规格	用量	零件名称	规格	用量	零件名称	规格	用量

备注：	完成日期：
	数量：
	厂长意见：

十五、产品生产情况通知表

产品生产情况通知表如表 12 – 15 所示。

表 12 – 15　产品生产情况通知表

订单号码：

产品名称：　　　　　　　　　　　　　　　　　　　　　　　数　量：

日期＼单位	工时	产量	累计	工时	产量	累计	工时	产量	累计	工时	产量	累计	工时	产量	累计	工时	产量	累计
合　计																		
效　率																		

十六、生产作业标准登记表

生产作业标准登记表如表 12 – 16 所示。

表 12 – 16 生产作业标准登记表

编 号： 日 期：

作业序号	作业说明	设备名称编号	工作部门号码	作业次数	作业数据		作业标准		
					机品时间	人工时间	每小时能量	原订	修改

其他记载	材 质		存放容器		审 核	拟定者	
	原 重						
	加工后净重		装载数量				

十七、部门生产工作通知表

部门生产工作通知表如表 12 – 17 所示。

表 12 – 17 部门生产工作通知表

编　号：　　　　　　　　　　　　　　　　　　　　　　日　期：

通知部门	□厂长		□生产一科		□生产二科		□生产三科	□自存
工作期间	生产产品	制造单号	工作负荷	实有工时	预计加班	预计借调	厂长批示	

十八、生产数量登记表

生产数量登记表如表 12 - 18 所示。

表 12 - 18　生产数量登记表

订单号码：

产品名称：　　　　　　　　　　　　　　　　　　　　数　量：

日期＼单位	工时	产量	累计	工时	产量	累计	工时	产量	累计	工时	产量	累计	工时	产量	累计	工时	产量	累计
合　计																		
效　率																		

十九、生产现场占用面积计算表

生产现场占用面积计算表如表 12－19 所示。

表 12－19　生产现场占用面积计算表

编　号：　　　　　　　　　　　　　　　　　　　　　　　　　日　期：

类别单位	工作单位名称	使用设备	装置地点			工作人员	占 用 面 积					其他面积
			一楼	二楼	三楼		设备	人员	加工物	空间	合计	

二十、生产作业改进建议表

生产作业改进建议表如表 12-20 所示。

表 12-20　生产作业改进建议表

编　号：　　　　　　　　　　　　　　　　　　　　　　　日　期：

产品名称		
作业名称		
分析期间		分析者
改进原因：		
改进经过：		
改进建议与方法：	配合事项：	
	效益分析：	

二十一、生产作业改进报告表

生产作业改进报告表如表 12-21 所示。

表 12-21　生产作业改进报告表

编　号：　　　　　　　　　　　　　　　　　　　　　　　日　期：

项次	产品名称	预定生产日程		作业名称	待改进理由					作业时间	目标	负责人	配合人员
		自	至		瓶颈	费力	配合	品质	人力				

二十二、生产指令实施情况登记表

生产指令实施情况登记表如表 12 – 22 所示。

表 12 – 22　生产指令实施情况登记表

编　号：　　　　　　　　　　　　　　　　　　　　　　　生产单位：

制造号码		发工日期	
产品名称		产品编号	
产品规格		数　量	
使用材料			
制造方法			
完成日期		厂　长：　　　生　管：	
移交单位			

二十三、生产异常情况登记表

生产异常情况登记表如表 12 – 23 所示。

表 12 – 23　生产异常情况登记表

部　门：　　　　　　　　　　　　　　　　　　　　　　　日　期：

制造单号		产品名称	
生产数量		客户名称	
原定进度			
拖延与异常原因			
针对性采取对策			
预定完成日			
备　注			

二十四、生产作业改善计划表

生产作业改善计划表如表 12 - 24 所示。

表 12 - 24　生产作业改善计划表

编　号：　　　　　　　　　　　　　　　　　　　　　　　　　　　　日　期：

项次	产品名称	预定生产日程		作业名称	待 改 进 理 由					作业时间	目标	负责人	配合人员
		自	至		瓶颈	费力	配合	品质	人力				

二十五、生产指令表

生产指令表如表 12 – 25 所示。

表 12 – 25　生产指令表

编　　号：　　　　　　　　　　　　　　　　　　　　　　　　生产单位：

制造号码		发工日期	
产品名称		产品编号	
产品规格		数　量	
使用材料			
制造方法			
完成日期		厂　长：　　　　生　管：	
移交单位			

二十六、产量平衡与半成品存量表

产量平衡与半成品存量表,陶器制品为例,如表 12 – 26 所示。

表 12 – 26　产量平衡与半成品存量表

编　　号：　　　　　　　　　　　　　　　　　　　　　　　　日　期：

产品名称	本月成形数量	本月素烧产量	粗胚库存量	本月施釉产量	本月本烧产量	自身库存量	贴花施金本月产量	花窑产量	缴库数量	成品库存

二十七、生产设备利用率分析表

生产设备利用率分析表如表 12 - 27 所示。

表 12 - 27 生产设备利用率分析表

编 号: 日 期:

机器编号	机器名称	应有工时	应用工时		故障时间		停工时间		其他时间		加班时间		备 注
			工时	%	工时	%	工时	%	工时	%	工时	%	
合 计													

二十八、标准作业时间核定表

标准作业时间核定表如表 12 – 28 所示。

表 12 – 28　标准作业时间核定表

编　号：　　　　　　　　　　　　　　　　　　　　　　　　日　期：

作业部门：				产品或加工名称：					
作业单元说明	使用设备	工具、样板	观测值	评　比	计算值	变动值	标准时间	日产量

二十九、标准作业时间测量表

标准作业时间测量表如表 12 – 29 所示。

表 12 – 29 标准作业时间测量表

编 号：　　　　　　　　　　　　　　　　　　　　　　　　日 期：

作业编号										
作业名称										
设备工具名称										
说　明	测量次数	时　间	平均时间	测量次数	时　间	平均时间	测量次数	时　间	平均时间
合　计									
评　比									
标　准									
实际时间									

三十、生产作业过程分析表

生产作业过程分析表如表 12 – 30 所示。

表 12 – 30　生产作业过程分析表

编　号：　　　　　　　　　　　　　　　　　　　　　　　　　日　期：

工作单位					工作编号					
工作地点					工作名称 及说明					
产品名称										

作业名称 及说明	人力	设备	产品量	时间	距离	每产品时间				改善记录	备注
						操作	检验	运送	储存		
合　计											

三十一、产品生产过程分析表

产品生产过程分析表如表 12 - 31 所示。

表 12 - 31　产品生产过程分析表

编　号：　　　　　　　　　　　　　　　　　　　　　　　　　　　　　日　期：

作业编号	作 业 名 称	使用设备	使用工具模具	同时工作人数	作业时间	工作负荷率

三十二、生产操作过程分析表

生产操作过程分析表如表 12 – 32 所示。

表 12 – 32   生产操作过程分析表

编　号：　　　　　　　　　　　　　　　　　　　　　　日　期：

作业编号	作　业　说　明	使用设备	使用工具、模具、辅助工具	估计作业时间	估　计日产量	备　注

三十三、生产过程分析表

生产过程分析表如表 12－33 所示。

表 12－33 生产过程分析表

编号：   日　期：

产品名称			设计产量		/月			
本过程编号	生产过程名称	合格率	后续作业生产量	生产量	本过程效率	工作人数	每日生产时数	每件生产时间

三十四、生产作业产量分析表

生产作业产量分析表如表 12 - 34 所示。

表 12 - 34　生产作业产量分析表

编　号：　　　　　　　　　　　　　　　　　　　　　　日　期：

产品名称			设计产量		/月				
本过程编号	生产过程名称	合格率	后续作业生产量	生产量	本过程效率	工作人数	每日生产时数	每件生产时间

三十五、产品生产过程设备使用情况分析表

产品生产过程设备使用情况分析表如表 12 – 35 所示。

表 12 – 35　产品生产过程设备使用情况分析表

编　号：　　　　　　　　　　　　　　　　　　　　　日　期：

制造阶段	使用设备名称	设备生产能量计算说明	产品合格率	合格产品每月需要量	每月计划产制数量	设备台数	每日工作时数	工作负荷率	附属设备及工具

三十六、生产作业进度管理表

生产作业进度管理表如表 12 - 36 所示。

表 12 - 36　生产作业进度管理表

制造单号：　　　　　　　　　　　　　　　　　　　　编　号：

产品名称								生产数量						出货日期							
生产单位		生　产　数　量　记　录																			
	日　　期																				
	预定产量																				
	实际产量																				
	累计产量																				
	日　　期																				
	预定产量																				
	实际产量																				
	累计产量																				
	日　　期																				
	预定产量																				
	实际产量																				
	累计产量																				

三十七、生产进度安排情况跟踪表

生产进度安排情况跟踪表如表 12 - 37 所示。

表 12 - 37　生产进度安排情况跟踪表

产品名称/规格				生产数量									
原定生产日期						预计交货日期							
物料 供应 状况	材料 名称	单位	单位 用量	需求 量	已有 库存	采购 日期	预交 日期	已交	备注	人力、 设备			情况
											前一批号完成日期		
											设备调整时间		
											人力是否充足		
											预计生产日数		
											每日生产		
										其他 因素			
										模具、 量具	名称 编号	完成 日期	已有 成品
安排 进度													

三十八、生产进度变更通知表

生产进度变更通知表如表 12 - 38 所示。

表 12 - 38　生产进度变更通知表

□生产一科　□生产二科　□生产三科　□自存

生产单编号	线　别	原　　定			变　　更			备　注
		规　格	数　量	完成日期	规　格	数　量	完成日期	
批　示								

三十九、生产进度控制表

生产进度控制表如表 12-39 所示。

表 12-39　生产进度控制表

编　号：　　　　　　　　　　　　　　　　　　　　　　　　　　　日　期：

产品名称		生产数量				本计划负责工程师			
作业名称	负责部门	承包厂商	预计日程 自	至	进度审核及高速记录	开工日	完成日期	验收	
1									
2									
3									
4									
5									

四十、生产进度安排检查表

生产进度安排检查表如表 12-40 所示。

表 12-40　生产进度安排检查表

制造号码：　　　　　　　　　　　　　　　　　　　　　　　　　　编　号：

材料名称	数　量	是否准备好	设备模具生产状况		已可运用	完成日期	追　踪
1.			1. 前一生产是否已完				
2.			2. 本次生产是否可开始				
3.			3. 人力是否足够				
4.			4. 有无设备调整问题				
5.			5. 生产技术是否有问题				
6.			6.模具工具				
7.							
8.							
9.							
10.							
11.							

12.			7.						
13.			主要设备状况						
14.									
15.									
16.									
17.									
18.			是否已可生产 □是 □否						

四十一、生产进度异常登记表

生产进度异常登记表如表 12 - 41 所示。

表 12 - 41 生产进度异常登记表

编　号：　　　　　　　　　　　　　　　　　　　　　　　　　　　日　期：

月份	生产批数	改变批数	更改原因								备注
			待料	订单更改	效率低	人员不足	设备故障	放假	安排不当	其他	
一月											
二月											
三月											
四月											
五月											
六月											
七月											
八月											
九月											
十月											
十一月											
十二月											
合计											

四十二、生产效率登记表

生产效率登记表如表 12 −42 所示。

表 12 −42　生产效率登记表

编　号：　　　　　　　　　　　　　　　　　　　　　　　　　　生产部门：

日期	工作人数	实际工时	平均工时效率	机器使用率	平均收成率	平均用料率	本日生产项目

第四节　生产作业控制管理规范化细节执行标准

一、生产现场管理工作标准

(一)生产现场物资管理

生产现场物资管理内容包括生产现场的材料、零部件、产成品的存储、运输等保证工序衔接、均衡生产的因素。在生产现场,要以最低成本,按计划、按标准、按规定时间,将所需材料、物品送至规定场所。生产作业现场的物、料、工具应按工艺要求和操作顺序分类码放,应做到平稳、整齐,防止滑落、倾倒,同时不应妨碍正常作业。

(二)生产现场作业管理

现场作业管理是现场管理中最基本的管理手段,目的是设计最优作业方法,主要包括动作的改善(减少基本动作的次数,缩短动作时间,使动作简单化)、作业的简易化(排除作业中的时间浪费,确定经济合理的作业时间)、作业方法的标准化(作业者按固定程序、方法、时间作业)及作业时间的标准化(采用已确定的标准作业方法,用标准速度进行作业所需时间,可用来计算日工作量、工时、成本和所需人员、设置)。

(1)研究以人或物为中心的工序配置,通过工序分析、动作分析、时间分析,使生产现场作业各工序及作业时间合理化。

(2)改善多余、不合理的作业顺序,使工序质量、工序成本始终处于受控状态。

(3)工序分析,一般分为制造加工、搬运、检查、停滞工序。

◎制造加工工序:主要研究加工机械和工装的改善,缩短加工时间,使加工顺序合理化,找出并去除多余的操作。

◎搬运工序:主要研究确定搬运的方法,选择合适的搬运机器,缩短搬运距离,减少搬运次数。

◎检查工序:研究检查的必要性和检查方法,决定检查方式是全数检查,还是抽样检查、重点检查。

◎停滞工序:研究库存量大小、存入和保管方法。

可设置出工序分析图,清楚地标明产品或零部件加工顺序,工序占用时间及加工、运输、存放情况。

二、现场管理工作流程

(一)完成生产计划

不管是预定生产还是接单式生产,生产现场都有责任完成每日的生产计划。完不成生产计划也就完不成营销计划,对工厂来说就不能产生利润。所以在进行生产的过程中,即使出现一点反常的情况,也必须负责任地去解决问题,从而完成生产计划。

（二）标准生产成本的维持和降低

工厂生产现场有控制生产成本的责任,不仅要做到维持标准成本,还要尽量降低成本,以使工厂在市场竞争中取得价格优势。

（三）生产设备的保养与检修

正确使用生产现场的各种生产设备,定期进行规定内容的点检、保养工作。在异常发生时,要及时进行检修,否则完成不了计划预定的生产数量。

（四）提高产品的质量

生产现场管理的任务包括要防止不良品的出现,生产出符合规格的产品的责任。此外,生产现场管理的任务还包括:不仅要生产符合规格的产品,还有必要在不提高成本的基础上设法提高品质。否则,工厂将在竞争中失去生存的机会。

（五）在交货期内完成生产任务

能否在与顾客约定的交货期内完成交货任务,主要取决于生产现场管理效果的优劣。在实际的生产现场管理中,不仅要做到按期完成交货任务,而且要尽量做到缩短工期（制作产品的时间）,从而达到缩短交货期的目的。

（六）保证安全生产

工厂生产现场管理的另外一大任务就是要防止出现安全事故,在生产现场管理的过程中,要随时注意排除不安全的因素,并且排除不安全的操作行为。

三、生产现场作业操作标准

生产现场作业分析通常包括操作分析、工作简化、方法工程 3 种,其研究目的在于减少不必要的工作步骤,或使用必要的操作以最迅速、最安全、最舒适的方法完成。作业分析可分为 5 大标准、27 条项目。

（一）工作场所标准

（1）手和手臂的运动路径应在正常工作区域内。

（2）必须用眼睛注意工作,并保证有正常视野。

（3）工具和材料应置于固定位置。

（4）工作场所的高度应设计成能供站立或坐着使用。

（5）工作区域应以少移动为原则。

（6）好的工作环境可以导致好的工作表现。

（二）工具和设备放置标准

（1）工具和设备应置于随手即可拿到或抓到之处。

（2）以足踏板和固定工具代替手的动作,使手能执行更有用的职能。

（3）使用将完成产品移去的自动弹出设施。

（4）在方便操作的情况下,将机器控制排列妥善。

（5）利用特别的工具和复合工具（多种用途的工具）。

（6）考虑如何使用机器以方便操作。

（三）人体运动标准

（1）使用双手从事生产性工作。

（2）双手同时开始并完成各种对称工作。

（3）使手和手臂的移动呈连续曲线。

（4）工作应有节奏，使工作自动而圆滑。

（5）尽量使操作范围内的移动距离最短，并采用最低级别的动作。

（6）应尽量利用物体重量。

（四）物资搬运标准

（1）应有良好的设计以方便搬运。

（2）安排重力输送的漏斗、分离器、堆放和输送带，将材料送至使用地点。

（3）预置和分类标明下一操作所需的材料和零件。

（4）用落地输送法将产品挪开。

（5）举起较重物品时应使用搬运机械。

（五）节省时间标准

（1）改善人工和机械动作的迟缓或暂时停止的问题。

（2）通常动作步骤较少或元素较少时，所用的时间最短。

（3）当机器工作时，工作应在进行中；而工作进行时，机器应在工作中。

（4）应同时加工两个或两个以上零件。

（六）填写方式

（1）操作步骤需按照工作流程予以详细记录。

（2）操作方法应在操作步骤手册中给予详细记录。操作方法尽量以浅显的文字叙述，使员工易于了解。

（3）操作方法若叙述不完整，需用图示辅助说明。能绘图者尽量使用图示以使操作员易于了解。

（4）其余应注意事项，需填写在表格中。

（5）操作记录如表 12 - 43 所示。

表 12 - 43　操作记录表

发布	核准	审核	拟定				编号	计	页
操作步骤		操作方法		图　示		注意事项		备注	
制订　　年　　月　　日						修定　　年　　月　　日			

（七）资料的使用方式

（1）需存档。

（2）需现场公布。

四、生产作业现场巡查规范

（一）工作态度

（1）工作中是否有人偷懒闲聊？

（2）员工是否保持正确的作业姿势？

（3）员工是否按规定的服装穿着整齐？

（二）处理设备

（1）是否按照说明正确地操作机械？

（2）是否正确地使用工具？

（3）机械、工具是否摆放在妥当之处，易于取用？

（三）工程进度

（1）有无停工待料的事情，全体人员是否都能够顺利地进行作业？

（2）整个工程是否都按照原定计划顺利地进行？

（3）各个工程之间是否都能够顺利地衔接无碍？

（四）整理整顿

（1）原料或零件是否摆放在标准的定点位置？

（2）作业用的工具是否摆放在标准的定点位置？

（3）工作台上是否整理得条理井然？

（4）工作环境是否整理就绪，走道是否通畅无阻？

（五）安全生产

（1）是否正确地使用保护器具或安全防范器具？

（2）危险物品是否都能够保管得非常妥当？

（3）安全标志是否都能按照规定执行？

（六）评分标准

（1）非常好 5 分。

（2）好 4 分。

（3）一般 3 分。

（4）较差 2 分。

（5）很差 1 分。

五、生产现场整顿管理标准

（一）生产作业现场检查标准

（1）道路上有无画线做标示。

（2）机器、搬运工具、物品、垃圾桶等放置之处有无画线来标示。

（3）不可存放物品之处有无标示。

（4）是否有不能用或长久不使用的设备、材料、半成品、容器等。

（5）是否堆积了许多未处理的不良材料、半成品、成品等。

（6）现场是否堆放非现场之物，如书籍等。

（7）各式架、柜是否生锈、脱漆、损毁。

（8）墙壁是否剥落、渗水。

（9）门窗是否损坏、残缺。

（10）电灯是否不亮或缺少灯管。

（11）是否设置吸烟区。

（二）半成品检查标准

1. 量的检查

（1）是否以每一个工作站或每一个操作人员为单元来设立标准的半成品量，并且予以标示。

（2）是否用标准的容器来协助量的管制及计数。

（3）是否用颜色标高法来协助定位。

2. 位置的检查

（1）是否有专门的半成品放置区。

（2）半成品放置区的设置，是否妨碍到正常的工作。

（3）半成品是否进行了分类放置。

3. 品质的检查

（1）是否用挡板、缓冲材料等来保护半成品，以防碰撞、剥落。

（2）是否有防尘的措施。

（3）半成品是否直接接触地面。

（4）容器是否保持清洁。

（5）处理半成品时，是否轻取轻放。

（三）半成品检查标准

1. 不良品处理的检查

（1）是否明确规划不良品放置区。

（2）是否用红色来标示不良品放置区，以示醒目。

（3）是否能一次就区分好不良品的分类，避免出现重做的浪费。

（4）是否能定期、大胆地处理不良品。

2. 搬运行为的检查

（1）放置栈板、容器时，是否考虑到搬运的方便。

（2）是否利用有轮子的容器。

（3）是否考虑到搬运系数。

（四）手工具检查标准

（1）是否做到了尽量避免使用手工具。

（2）是否利用槽沟、卡损、油压、磁性等来代替螺丝。

（3）是否加大螺母的接触面，以便双手可以处理。

（4）是否使用标准化的零件，以减少工具的种类。

（5）是否有办法缩短工具存放的时间。

（6）经常使用的手工具，是否随身携带或放在工作台附近。

（7）手工具存放的位置，是否不需行走、下蹲、垫脚等动作就能取得。

（8）是否有给手工具找个固定的存放位置。

（9）是否利用简便的符号、色别、影绘等，使手工具在用完时即可迅速归位。

（10）是否借用磁力使手工具的归位变得既简单又正确。

（11）是否借用悬挂弹性的力量，让工具在使用后能立刻恢复到固定的位置。

（五）切削工具检查标准

（1）是否做好切削工具的保管工作和保有数量的评估。

（2）个人保管的工具是否以使用频繁为原则。

（3）偶尔才使用的工具，是否以集中保管、共同使用为原则。

（4）是否推行标准化，以减少切削工具的种类。

（5）是否规定个人保管工具的交换办法，以杜绝浪费。

（6）工具存放时，是否尽可能采用产品别组套方式或机能别存放方式来保管。

（7）是否确立不良品及钝品的交换办法，以确保切削工具的品质。

（8）是否考虑到碰撞、摩擦事件的发生。

（9）切削工具是否采取垂直的方式，放入抽屉内。

（10）是否用隔板保护切削工具。

（11）是否用波浪板保护切削工具。

（12）是否用网带保护切削工具。

（13）是否用支架保护切削工具。

（14）是否用木模保护切削工具。

（15）是否考虑到防锈的问题。

（16）在抽屉或容器里是否铺含有油分的毛毯等来保护切削工具。

（17）必要的部分是否漆上油漆来保护。

（六）测量仪器的检查标准

（1）是否考虑到防震措施。

（2）是否未放到机台上面。

（3）当仪器必须放到机器上时，在仪器的下面，是否先铺上一块橡胶垫，以减少震动的损害。

（4）是否定期校验，并运用颜色来协助管理。

（5）是否有防止碰伤、歪翘的措施。

（6）测试棒、长直尺等是否垂直吊放，以防歪翘。

（7）水平台不用时，是否加上罩子。

（8）仪器、工具不用时，是否归位，以防碰伤。

（9）使用后是否归零。

（10）是否熟悉使用方法。

（11）存放时是否考虑到使用适当的容器，以防碰撞。

（12）是否考虑到防止灰尘、污垢的侵蚀及生锈的可能。

（13）不用时是否加上罩盖，以避开灰尘、污垢等的直接污染。

（14）放置及使用的场所，是否避开多灰尘及多污垢的场所。

（15）使用之前是否保持双手清洁。

（16）保管中，是否先使用防锈油擦拭。

（七）模治具检查标准

（1）是否定位存放。

（2）是否设置独立的存放区，以利管理。

（3）模治具存放时，是否避免直接接触地面。

（4）模治具架是否有防尘装置。

（5）用完后，是否养成归位的习惯。

（6）是否易取用。

（7）是否有可伸缩的料架臂。

（8）是否有滚珠装置的料架。

（9）是否有送模台车。

（10）是否有合理的运作空间。

（11）是否省时。

（12）模治具的存放位置是否适当。

（13）经常使用的东西，是否就放在附近。

（14）拆换模治具的工具及模子是否在换模前就备妥。

（15）是否采用产品别组套方式来存放模治具。

（16）经常用的模治具是否放在较易取拿的位置。

（17）是否容易辨识。

（18）料架是否有编号、标示。

（19）模治具是否有编号、标示。

（20）站在料架前，是否能很清楚地了解哪些编号是什么。

（21）模治具存放指示牌是否很明确。

（22）工作指令上是否能明白地指出模治具的放置位置。

（八）仓库检查标准

（1）是否做好定位。

（2）是否以分区、分架、分层来区分管理。

（3）是否设立标示总看板，使有关人员能一目了然地掌握现况。

（4）是否在料架或堆放区上，将物品的名称或代号标示出来，以利找寻及归位。

（5）物品本身是否标示，以利辨识。

（6）仓库是否做好门禁。

（7）是否控制进出货的时间。

（8）是否做好定量。

（9）同样的物品，是否要求在包装方式及数量上一致。

（10）是否用随货标签来协助约定、了解内容。

（11）是否设立标准的量来取量。

（12）是否做好定容器。

（13）容器是否标准化。

（14）容器的存放量是否有规定。

（九）安全生产检查标准

（1）是否规划一个无危险的工作环境。

（2）运输道路是否明确划分。

（3）运输道路的宽度，是否考虑到搬运工具的方便性。

（4）运输通道是否保持畅通、平坦。

（5）设备、物品是否定位。

（6）天车的行进路径，是否避开工作机台。

（7）高架上是否安装栅栏。

（8）危险物品是否明显标示，并分开放置。

（9）物品的堆放是否避免头重脚轻。

（10）是否以颜色来区分管道，以利辨识与维护。

（11）通风设备是否适当。

（12）照明亮度是否合适。

（13）易燃物品是否放置于阴凉处。

（14）是否考虑到机器设备的安全。

（15）是否定期保养及更换零件。

（16）机器四周是否保持整洁、无障碍。

（17）机器运转的部位，是否加装安全护罩。

（18）是否设立安全作业看板。

（19）是否明确责任制。

（20）是否加装必要的警示系统。

（21）是否有正确操作方法的指导。

（22）机器配件是否力求标准化。

六、清扫检查执行标准

（一）地面清扫检查标准

（1）用手摸地面，手是否会脏（精密工厂）。

（2）地面是否有纸屑、烟蒂等。

（3）机台底下是否堆积各式残渣、铁屑等。

（4）道路上是否有沙尘或零碎的杂物。

（5）机器是否有漏油之处。

（6）是否有防止微粒子、粉尘、削粉、糊状物等飞散的对策。

（7）吸引微粒子、粉尘、削粉飞散的管道，是否阻塞或泄漏。

（8）是否有应付渗透于地面油渍的处理对策。

（二）机器清扫检查标准

1. 润滑系统的检查

（1）加油口的四周、刻度表、计测器等是否肮脏。

（2）油槽内的油品是否污浊。

（3）油槽底部是否有异物。

（4）油槽及配管接头处是否有漏油现象。

（5）配管是否已损坏或弯曲变形。

（6）加油端是否污浊。

（7）回槽油系统是否阻塞、污浊。

（8）加油工具是否干净。

（9）油料有无使用颜色管理。

2. 油压系统的检查

（1）加油口的四周、刻度表、计测器、空气通气装置等是否肮脏。

（2）槽内的空隙、开口处是否有垃圾、尘埃存在。

（3）油槽底部是否有异物。

（4）过滤器是否肮脏。

（5）邦浦是否有异常声音或异常热度。

（6）配管接头处是否有漏油现象。

（7）油压汽缸等调节器是否有漏油现象（尤其是测量杆部分）。

3. 空压系统的检查

（1）空气过滤器是否污浊。

（2）配管接头处是否漏气。

（3）管制是否漏气。

（4）螺线管是否有噪声。

（5）速度控制的螺丝是否松动。

（6）空气汽缸等的调节器是否漏气（尤其是测量杆部分）。

（7）空气汽缸等的取装螺钉是否松动。

（8）排气消音器是否阻塞。

（三）配油盘摺动部、回转部部位检查标准

（1）配油盘表面是否有凹凸、伤痕、生锈之处。

（2）水平测定器的螺钉是否松动。

（3）摺动部是否有尘埃、异常磨耗的现象。

（4）摺动部去污接触面是否有损伤或磨耗。

（5）摺动盘里侧是否有切粉。

（6）回转部是否有灰尘、凹凸、偏心、异常磨损等现象。

（7）摺动部、回转部是否有螺钉松动的现象。

（8）链条是否有松动现象。

（9）皮带、齿轮是否有松动、磨耗、损坏的现象。

七、生产现场作业改善实施标准

（一）基于必须改善的项目

（1）首先要在心里保持有"维持现状好，还是不好"这样的疑问。

（2）使用各种查核表来找出缺点。

（3）询问在现场作业的部属的意见。

（二）客观地掌握现状

（1）要把现场的现状翔实地记载下来。

（2）必须把观察所得的要点记录下来。

（3）必要的话做出详细的资料。

（三）要深入问题的本质进行检查

（1）要考虑到问题点的本质所在。

（2）要从各种角度去分析缺点所在。

（3）要把收集得来的资料进行仔细的分析（如把资料做成图表进一步来进行分析等）。

（4）必须听取他人（包括部属在内）的意见。

（5）必要的话，要开会与大家共同讨论。

（四）提出生产现场作业改进的具体方案

（1）必须参考其他公司成功的实例。

（2）要听取各方人士的意见。

（3）必要时召集部属进行研讨。

（4）要仔细思量并整理出付诸执行的种种情况（如所需费用多少、需要人手多少等）。

（5）要具体地考虑并整理出付诸执行的效果。

（6）对改进方案的执行负责人及执行日期也要清楚地拟订出来。

（五）实施改进方案并评估实施的结果

（1）必要的话，在呈报上司认可之后付诸实施。

（2）必须事先取得各有关人员的认可。

（3）要和负责执行的承办员解释清楚，方才付诸实施。

（4）必须细心查核实行的过程，必要的话，要立刻再定出改进修正案。

（5）要客观地评估执行的结果，如果确实良好，就可以把它定案，并加以标准化。

（6）如果实行结果欠佳，就得再次研讨改进修正案。

第13章 品质凌驾一切
——质量管理

第一节 质量管理工作要点

一、生产质量管理工作内容

（一）确定质量管理的目标与计划

在生产经营活动中，提高产品的质量是一个最基本的问题。提高产品质量，会对产品性能、效率、耐用性等诸方面提出新的具体要求。质量管理工作必须针对新的情况和新的问题，确定产品质量目标和编制质量指标计划，使一定时期的质量管理工作有明确的方向，以利于全体员工共同努力实现目标，保证产品质量。

质量管理的指标包括两个方面的内容：

（1）反映产品质量的等级品率、平均等级系数等。

（2）反映工作质量的合格品率、废品率等。

（二）严格推行标准化作业方式

（1）标准化作业主要是指操作工人作业方法的标准化、一班作业标准化、岗位一日工作标准化。推行标准化作业可以减小因个人情绪波动对质量的影响，有利于保证和提高产品质量。

（2）标准化作业的内容同工种有关，如机械加工车间的标准化作业包括：工人作业时操作程序与要领；机床的切削用量；设备定期、定点润滑；刀具定时更换；刀具更换时的作业要领；量具、模具使用的程序与要领等。

（3）生产车间应严格按图样、按工艺、按标准进行组织生产。现场操作人员的基本职责就是严格按照作业标准完成生产任务。标准化作业要求彻底消除浪费，使操作工人的生产作业活动规律化、规范化。标准化作业的重点是要使物品的流量细小化，流速要快，仅在必要时刻做出必要数量的必要产品，为达到此目的，使人、机器及物品实现最佳效率组合，也就是标准化的生产方式。

（三）开展日常管理检查制度

（1）日常管理的对象包括5个方面的内容，即工艺纪律、计量使用、三检制、主项检查和管理点。这些都是保证日常生产正常进行所不可缺少的现场质量管理活动，生产车间领导应组织检查5项管理的执行情况，作为质量管理工作考核的依据。

（2）在质量管理过程中，要做到：使每个生产班次都处于受控状态；坚持每小时进行一次产量、质量和工艺数据监视和测量；要对影响工序质量的因素进行预防性管理和控制,设置质量管理点;通过信息反馈系统、分析系统,及时纠正故障或质量问题,保证产品质量。

（四）对统计过程的控制

统计过程控制是应用统计技术分析过程或其输出,进而采取适当措施以达到并保持统计控制状态,提高过程的能力。

确保产品实现每个过程并在出现异常时及时有效地纠正,这是生产现场质量管理的基本目标,也是保证产品质量的基本途径。

（五）生产工序能力的控制

生产工序能力是指当工序处于稳定状态下能够加工出合格品的能力。生产工序能力满足质量要求的程度,具体可以根据工序能力指数的大小来进行表示。生产工序能力过高或不足都不合适,工序能力不足将会影响产品质量;工序能力过高,产品加工精度提高,会造成不必要的浪费。因此,必须要对产品生产的工序能力进行控制,在保证达到产品质量标准的同时还要注意经济性。

（六）加强对生产现场不合格产品的管理

当生产现场出现不合格品后,生产车间应及时进行确认、标识、隔离,并通知有关部门与人员,严格按照要求进行评审、处置,应分析不合格品的严重性,分析产生不合格品的原因,研究应采取的措施。

如果现场发生质量事故,生产车间应及时对事故原因进行详细调查与取证,注意从中吸取教训,以避免同类事故的再次发生,同时要对相关的责任人做出处理,并加强对员工的安全教育。

（七）进行生产质量检验工作

（1）生产质量检验工作是质量管理的传统工作方法,在生产质量管理工作中仍然具有重要作用。

（2）生产质量检验工作包括事前检验、事中检验和事后检验三方面,事前检验是对投入的原材料等材料物资的检验,防止由于材质问题造成不合格品的产生;事中检验是对生产过程在制品检验,不断取得产品加工质量信息,以利于对生产过程进行动态控制,也能防止不合格品继续加工造成不必要的浪费;事后检验是对产成品的检验,防止不合格品流入下道工序和市场。

（八）培养车间员工的质量意识

产品质量是全体员工全部工作质量的综合反映,只有通过全体员工的共同努力才能生产出符合质量标准的产品。因此,车间主任必须经常对全体员工进行质量思想教育,帮助员工提高质量意识,树立质量第一的思想。

（九）开展全面检查活动

全面质量检查是指操作人员的自检、互检与专检。

实行全面质量检查应合理地确定专检、自检、互检的范围,通常原材料、半成品、成品的检验以专职人员检验为主,生产过程各工序的检验以现场工人自检、互检为主,专职人员巡逻抽检为辅。

（十）防错技术的运用

生产现场影响产品质量因素多、变化快,操作者因干扰或工作复杂容易出错,这是难以避免的,如何在违章作业、操作失误或设备故障时自动发现、停止或排除,这就需要在操作程序、工艺、设备工装等设计时适当引入防错技术。

二、生产质量管理工作任务

产品要经过设计、制造、销售和使用，从范围看，产品质量也有个产生、形成和实现的过程。质量管理工作应贯彻于产品从生产到使用的全过程，即所谓全过程的质量管理，它是全面质量管理的重要特征之一。

车间是产品生产部门，车间质量管理主要是对产品制造过程实行质量管理和质量控制。具体来讲要解决以下问题。

（1）组建一个稳定的生产系统，为生产符合质量标准的产品提供硬件保证。

（2）对生产过程进行质量控制和监督，提高加工质量，生产出合格产品。

（3）加强对成品或半成品的检验，防止生产中出现的不合格品流入下一道工序或进入市场。

（4）对质量问题的预防。重点预防产品质量问题和防止质量问题的重复出现。

（5）产品质量的保持。利用科学的管理方法和技术措施，及时发现并消除合格率下降或不稳定的趋势，保证产品质量。

（6）产品质量的改进。不断提高产品制造质量，把合格品率和一次交验合格率提高到新的水平。

（7）产品质量的评定。通过检验手段，正确、及时、经济地评定产品质量，包括产品质量的合格与否或质量等级并提供质量信息。

（8）建立稳定有效的生产系统，建立质量保证体系。抓好每台生产设备和每个生产环节的质量管理，严格执行技术标准，保证产品质量达到或超过技术标准的要求，努力生产优质品，尽量减少不合格品，并做好为用户服务的技术服务工作。

三、生产质量管理工作程序

生产质量管理是一项系统的工程管理，对于方方面面的问题，都要进行改进。从生产管理的实际出发，可以将质量管理的过程分为产品设计过程、生产制造过程、辅助生产过程和产品使用过程四个过程的质量控制。

（一）产品设计过程中的质量管理

产品设计包括市场调查、产品设计、工艺准备、试制和鉴定等过程。这一阶段质量管理工作的主要内容包括以下几项。

1. 制定产品质量目标

通过市场调查研究，并根据客户要求、各类经过收集与分析整理的信息、经营目标等问题，综合制定产品质量目标。质量目标要符合目标市场内所有客户的需求，包括已经使用和尚未使用产品的客户。质量目标要比客户需要的标准适当高一些，但也不能太高。如果定位太高，就应该采用客户等级战略，针对市场价值较大的客户；如果针对所有目标市场，那么过高的质量目标将会是一种资源浪费。

2.确定合适的产品设计方案

设计部门在进行产品设计的过程中,应联合各部门,如销售、研发设计、工艺、制造和品质管理、采购、物资、企划等部门,进行审查和验证,并经过小范围的客户试用,最终确定合适的设计方案。

不同的设计方案,反映着同一产品的不同质量水平或称设计等级。不同质量水平的产品,必将引起成本和价格的不同。而任何产品的价格,通常总是有限度的,当价格超过一定限度,用户就会减少。为了提高产品质量水平,成本的上升趋势几乎是无限的。因此,选定一个合适的设计方案,从经济角度看,就有一个产品质量最佳水平的问题。

3.保证技术文件的质量

技术文件主要包括设计图纸、产品配方、工艺规程和技术资料等内容,它们是产品设计过程的最后成果,是进行生产制造活动的技术依据,也是进行质量管理的依据。因此,要保证产品的质量就要求技术文件本身有品质保证。对技术文件的质量要求是正确、完整、统一、清晰。

对于产品设计的相关技术文件,要进行登记、保管、复制、发放、收回、修改、注销等工作,都应按规定的程序和制度办理;必须把技术文件的修改权集中起来,建立严格的修改审批和会签制度;应当建立技术的科学分类和保管制度;对交付使用的技术文件实行借用制与以旧换新的制度。

4.对产品的标准化进行审查

产品在设计的过程中如果能够做到标准化、通用化、系列化,则不仅有利于减少零部件的种类,扩大生产批量,提高制造过程质量,保证产品的质量,而且有利于提高设计工作质量,简化生产技术准备工作。因此,做好对产品标准化的审查,是设计过程质量管理的一项工作内容。

5.严格遵守设计、试制的工作程序

新产品的设计试制,应当按照科学的设计试制程序进行。一般这种工作程序是研究、试验、产品设计、样品试制试验和有关工艺准备、样品鉴定、定型、小批试制和有关工艺准备、小批鉴定的工艺。应当在确保前一阶段工作完成和确认的情况下,再进行下一阶段工作。

(二)生产制造过程中的质量管理

生产制造过程是对产品直接进行加工的过程。它是产品质量形成的基础,也是质量管理的基本环节。生产制造过程质量管理的基本任务是保证产品的制造质量,建立一个能够稳定生产合格品和优质品的生产系统。其主要工作内容有以下几个方面。

1.对生产工序的质量控制

生产工序质量控制是保证生产过程中产品品质稳定性的一种重要手段。它要求在不合格品产生之前,就能够进行预防,并能及时地加以处理和控制,以有效地减少和防止不合格品的产生。

组织工序质量控制应当建立管理重点。管理重点是在生产过程中对各工序进行全面分析的基础上,把一定时期内、一定条件下,需要特别加强和控制的重点工序或重点部位,明确为质量管理的重点对象,对它应使用各种必要的手段和方法加强管理。建立管理重点的目的,是为了明确制造过程中质量控制工作的重点,有的放矢,使生产处于一定作业标准的管理状态中,以保证工序质量的良好。

2. 进行质量分析,掌握质量动态

质量分析应包括废品(或不合格品)分析和成品分析。废品分析,是为了找出造成废品的原因和责任,发现和掌握产生废品的规律性,以便采取措施加以防止和消除。分析成品,是为了全面掌握产品达到质量标准的动态,以便改进和提高产品质量。质量分析一般可以从规定的某些质量指标入手,逐步深入。质量指标有两类:一类是产品质量指标,如产品等级率、产品寿命等;另一类是工作质量指标,如废品率、不合格品率等。

3. 做好质量检验工作

要严格管理各生产工序的质量问题,保证按质量标准进行生产,防止不合格产品转入下一道工序和出厂。质量检验工作一般包括原材料进厂检验、工序间检验和产品出厂检验。

4. 进行文明生产

要进行文明生产,必须做到以下标准。

(1)按生产过程组织的客观规律,提高生产的节奏性,实现均衡生产。

(2)有严明的工艺纪律,养成自觉遵守的习惯。

(3)制品码放整齐,储运安全,设备整洁完好。

(4)工具存放井然有序。

(5)工作地布置合理。

(6)空气清新,照明良好。

(7)四周颜色明快、和谐,严格控制噪声。

(三)辅助生产过程中的质量管理

辅助生产过程,是为保证生产过程正常进行而提供各种物资技术条件的过程。它包括生产物资的采购供应、动力生产、设备维修、工具制造、仓库保管、运输服务等过程。辅助生产过程管理的基本任务是提供优质服务和良好的物质技术条件,以保证和提高产品质量。辅助生产过程管理的主要内容有以下几个方面。

(1)做好生产物资采购供应的质量管理,保证采购质量,严格入库物资的检查验收,按质、按量、按期地提供生产所需要的各种物资(包括原材料、辅助材料、燃料等)。

(2)组织好生产设备的维修工作,保持生产设备处于良好的技术状态。

(3)做好工具制造与供应的质量管理工作。

(四)产品使用过程中的质量管理

产品使用过程是最终由顾客来考察产品实际质量的过程,产品使用过程质量管理的基本任务是提高产品服务的质量(包括售前服务和售后服务),保证产品的实际使用效果,不断促使研究、改进产品品质。

产品使用阶段质量管理的工作内容主要是开展服务工作,处理出厂产品质量问题,调查产品使用效果和用户要求等。要做好这些工作内容,需要准备好以下资料。

(1)生产的产品在实际使用中是否真正达到规定的品质标准。

(2)产品在使用中是否实现了设计所预期的质量目标。

(3)除了预期达到的质量目标外,使用中还有哪些要求是原先没有考虑到的。

(4)预计用户可能出现的新需求。

四、构建质量管理体系工作原则

（一）明确质量目标

要使生产质量保证体系协同而有效地运转，就必须制定全体员工共同遵守的质量方针，要制定符合设计要求的质量目标，以满足用户需要，并且要制定能够保证质量方针和质量目标可以预期实现的质量计划。

（二）做好内部的协调工作

内部各专业、工种、岗位，分工精细，协作密切，具有连续性、均衡性和比例性的特点，任何一个车间的生产都离不开其他车间、岗位的协调配合，如水、电、气、燃料的供给，仪表、设备的维护修理，原材料的互供等。因此良好的协调配合是质量保证体系的重要条件。

（三）建立严格的质量责任制

要明确规定每个岗位、人员在保证和提高产品质量中所承担的责任、任务与权限，以使质量管理工作达到准人负责的程度，实现办事有标准，工作有检查，考核有奖惩的严密管理体制。

（四）实行标准化、程序化的管理

将内部大量的、日常的、重复性的管理工作的处理要求制定成标准，并纳入相应的规章制度的轨道，这也就是管理工作标准化。经过分析，使生产质量管理的各项业务工作过程合理化、科学化，并固定下来，用各种文字、图表示出来，叫作管理工作程序化。通过管理工作标准化、程序化，可以避免职责不清、协调脱节的不良现象。它是生产质量保证体系的重要内容，也是生产质量管理的基础性工作。

（五）构建有效的信息反馈系统

信息是生产质量管理活动的重要依据。生产质量管理活动中计划、组织、协调和控制效果的好坏，取决于内外、车间内外高效灵敏的信息反馈系统。所以，必须明确规定各种质量信息的收集内容、处理方法、传递程序，以保证各种有用的信息畅通无阻、准确及时地传送，生产车间应有专人进行信息的收集、处理和传送工作，保证生产质量管理工作的正常进行。

（六）开展全员质量管理活动

产品质量在形成过程中，会涉及很多人的工作，因此，应该广泛地开展好员工的质量管理活动，并在内部组建质量管理小组，用来充分发掘员工的智力、智慧并调动员工参加全员质量管理，从而使生产质量保证体系具有牢固的群众基础，并让质量管理成为全体员工的一种共识。

五、质量管理体系构建工作内容

要建立生产质量体系，需要从以下几个方面着手进行。

（1）做好员工的质量教育和技术培训工作，提高员工的质量意识和业务技术能力，特别是要注重提高生产车间领导、工段长和班组长的质量意识,这是建立生产质量保证体系的首项工作。

(2)建立全面质量管理领导小组,设置生产车间、工段、班组质量管理员,明确任务、职责和权限,形成生产第一线质量管理网。

(3)建立生产车间质量信息子中心,设置质量管理信息员,以形成生产第一线质量信息管理网络。

(4)实行目标管理,明确生产车间的质量管理计划与质量管理目标。

(5)建立内部各级人员的质量责任制。

(6)建立并完善技术标准系列和管理标准系列,实行管理业务标准化和工作流程程序化。

(7)强化对生产工序的管理,建立工序管理点,广泛开展质量管理小组活动和合理化建议活动,实现质量管理小组活动和车间管理的有机结合,开展质量成本分析和工序质量审核。

六、构建质量管理体系工作流程

(一)确定质量方针与目标

质量方针是指由最高领导正式发布的该组织总的质量宗旨和方向,对指导开展质量管理活动具有十分重要的售后作用。

质量目标是为实现质量方针所确定的具体要求,必须与质量方针和持续开展质量改进的承诺相一致,是可测定的,如废品率下降水平、故障成本在产品成本中所占比重等。在实践中,通过质量策划规定必要的运行过程和相关资源,使质量方针和目标具体化。它们阐明了对质量工作的总体要求,是开展质量管理工作的指南,为建立质量体系提供了框架。

制定质量方针时,应注意分析以下因素。

1. 经营环境

如市场需求和竞争情况,国民经济发展规划,国家的政策法规等。

2. 经营战略和长期发展规划

质量方针和目标应服从于发展的整体目标,以成功地实现经营战略和长期发展规划。

3. 质量管理的现状

质量方针和目标应针对质量管理中存在的不足和突出问题加以分析,并及时解决。

在制定质量方针和目标的同时,各级、各部门的领导要根据本部门的职责,制定具体实施计划,以确保将质量方针和目标落到实处。

(二)选择质量体系

要想合理选择、确定质量体系要素,首先要研究和选择拟采用的 ISO9000 系列标准。一般质量体系的环境有四种可能:自身质量管理指南的需要、与用户之间的合同环境、用户认证或注册和第三方(权威机构)认证或注册。对于上述几种情况,都应根据不同需要选择不同的 ISO9000 系列标准。具体可按以下步骤进行。

（1）确定客户和其他相关方的需求与期望。

（2）建立内部的质量方针与质量目标。

（3）确定实现质量目标必需的过程职责。

（4）确定和提供实现质量目标必需的资源。

（5）规定测量每个工作过程的有效性与效率的方法。

（6）应用这些测量方法确定每个过程有效性和效率。

（7）确定防止不合格并消除产生原因的措施。

（8）建立和应用持续改进质量管理体系的过程。

（三）编制质量手册与质量计划

1. 质量手册的编制

质量手册是建立质量体系的重要标志，是进行质量体系审核、评价与管理的重要依据。质量手册是阐述质量方针并描述其质量体系的文件，是质量体系的统率性、纲领性和总体性文件。

质量手册的主要内容包括。

（1）质量方针。

（2）质量管理组织结构。

（3）管理、执行、验证或评审质量活动人员的职责、职权以及人们之间的关系。

（4）质量体系程序及其说明。

（5）质量手册的评审、修改和控制的规定等。

2. 质量计划的制订

质量计划是指针对某项特定的产品、项目或合同，制定专用的质量措施、资源和活动顺序的文件。质量计划作为质量管理和质量保证在特定的产品、项目或合同上的具体体现，是针对特定产品和需重点控制的项目、合同所编制的设计、采购、制造、检验、包装发运等的质量控制方案。一般来说，质量计划应包含以下内容。

（1）应达到的质量目标。

（2）实施过程各阶段中责任和权限的明确分配。

（3）应采用的特定方法、程序和作业指导书。

（4）有关阶段（设计、研制等）的试验、检验和审核大纲。

（5）随项目进展而修改和完善质量计划的方法。

（6）为达到质量目标必须采取的其他措施。

（四）实施质量控制

质量控制是根据质量的要求，监视产品形成的各项工作，及时排除和解决所产生的问题，保证顾客满意。

（五）质量的改进

质量的改进是指致力于增强满足质量要求的能力。对于生产制造企业来说，质量改进是无止境的，只要不断地寻找问题，持续地进行改进，就可以提高企业的质量水平，增强企业的竞争力。

七、全面质量管理工作内容

（一）设计、试制过程中的质量管理

这一过程指的是对市场调查、试验研究、产品设计、工艺设计、新产品试制与鉴定等正式生产运作前全部技术准备工作的质量管理，其目的在于保证产品与工艺设计的质量。这一阶段的质量管理主要包括以下内容。

（1）根据用户调查和收集的相关质量信息来制订质量目标，进行有针对性的设计，以确保设计适当性。

（2）根据技术与工艺条件，选择合理的设计方案。

（3）同产品设计人员和市场经营部门、工艺部门、制造部门等有关人员一起，共同评议并审查产品设计的质量。

（4）针对新产品试制和鉴定过程中所出现的问题，对产品设计进行必要的修正。检查并监督新产品的定型质量，以确保新产品的成功投产。

（5）确保设计图纸、工艺说明等技术性文件的质量。

（6）组织对新产品设计质量的技术经济分析。

（二）生产过程的质量管理

生产过程的质量管理是为了保证产品的生产质量，其工作主要内容应围绕工人、机器、工具、原材料、测量手段与方法、环境等6项因素展开。具体来说，包括以下内容。

（1）加强对生产工艺质量的管理，不断改善并优化工艺的设计。

（2）建立并完善工艺卡、工序卡等工艺文件，严格进行生产现场操作管理，组织和促进文明生产运作，将生产运作要素控制在允许的状态范围，实现操作过程最佳化。

（3）采取合理的质量检验制度，努力把好质量关。

（4）做好对质量数据的收集、分析工作，找出质量问题产生的根源。

（5）实行对生产工序的质量控制。

◎确定管理重点，即把那些在一定时间内、一定条件下需要加强监督、需要使用各种技术和方法进行管理的重点工序和重点部位，作为质量管理的重点对象明确下来。

◎加强对生产过程的质量审核，提高工艺管理水平。

（三）产品使用过程中的质量管理

（1）积极开展技术服务，其内容包括编制科学的产品说明书，举办培训班，设立技术咨询服务点，供应备品备件等。

（2）对产品的使用效果与用户的使用要求进行调查。这样能够及时发现产品的缺陷，并为改进产品或开发新产品提供重要依据，而且，也是促进和用户之间感情交流的一项有效的公关措施，有助于提高企业的竞争能力。

（3）对已出厂的产品的质量问题要负责。要树立为用户着想的思想，热情、认真地处理用户意见，积极改进产品质量，化不利为有利。

八、全面质量管理工作要求与原则

（一）全面质量管理的要求

（1）全体员工都要参与质量管理。

（2）全面质量管理的基本范围是产品质量产生、形成与实现的全过程。

（3）全面质量管理是全质量管理。

（4）进行全面质量管理，应采取多种多样的管理方式。

（二）全面质量管理的原则

（1）以顾客需求为出发点。产品依存于顾客，所以，应当理解顾客当前和未来的需求，满足顾客要求并争取超越顾客期望。

（2）领导作用。领导者确立统一的宗旨及方向。他们应当创造并保持使员工能充分参与实现目标的内部环境。

（3）全员参与。各级人员都是企业之本，只有他们的充分参与，才能使他们的才干为企业带来收益。

（4）过程方法。将活动和相关资源作为过程进行管理，可以更高效地得到期望的结果。

（5）管理的系统方法。将相互关联的过程作为系统加以识别、理解和管理，有助于提高实现目标的有效性和效率。

（6）持续改进。持续改进总体业绩应当是一个永恒目标。

（7）基于事实的决策方法。有效决策是建立在数据和信息分析基础上的。

（8）与供方互利的关系。与供方相互依存的、互利的关系可增强双方创造价值的能力。

九、PDCA 循环管理工作内容

（一）PDCA 循环

实行全面质量管理的方式是多种多样的，目前较为常用的一些方式都是以"PDCA 循环"为基础的。"PDCA 循环"的基本内容是在做某事前先制订计划，在计划的执行过程中要不断地检查、调整，并在计划完成时总结。美国人戴明把这一方法总结为"PDCA 循环"，如图 13-1 所示。PDCA 代表英文的计划（Plan）、执行（Do）、检查（Check）、处理（Action）4 个词，这是质量管理必须遵循的 4 个阶段。

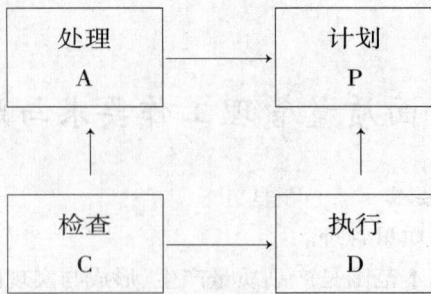

图 13-1　PDCA 循环工作流程图

P 阶段：这一阶段要发现适应用户的要求，并以取得最经济的效果为目标，通过调查、设计、试制，制订技术经济指标、质量目标、管理项目以及达到这些目标的具体措施和方法，也就是计划阶段。

D 阶段：把所制订的计划和措施付诸实施，也就是执行阶段。

C 阶段：对照计划，检查执行的情况和效果，及时发现并总结计划实施过程中的经验和问题，也就是检查阶段。

A 阶段：根据检查的结果采取措施、巩固成绩、吸取教训、以利再战，也就是总结处理阶段。

（二）PDCA 的实施步骤

（1）分析生产现状，找出现存的质量问题，尽可能用数据来说明存在的质量问题。在分析现状时，要做到公正、客观。

（2）分析产生质量问题的各种制约因素。对所有因素逐个加以分析，不要进行大而全的说明。

（3）找出影响质量的主要因素。影响质量的因素往往是多方面的，既有人为、生产设备方面的因素，也有生产方式、检验测试、生产环境等方面的因素。要想解决质量问题，需在许多影响因素中，找出主要影响因素，再开始解决质量问题。

（4）针对影响质量的主要因素，制订计划和活动措施。计划和措施应该具体明确，阐明为什么要制订这一措施或计划、预期目标是什么、由谁或哪个部门来执行、什么时间开始、什么时间完成、如何执行等问题。

（5）按照既定计划加以实施。

（6）根据活动计划的要求，检查执行的实施结果，看是否达到了预期的效果。也就是上述的 C 阶段。

（7）对检查的结果进行总结，将成功经验和失败教训都纳入有关的标准、制度或规定之中，巩固已经取得的成绩，同时防止再次出现同样的质量问题。

（8）提出本次循环中还没有得到解决的问题，即本次循环所遗留下来的问题，并将它们转到下一次 PDCA 循环中。

第二节　质量管理规范化制度

一、质量管理制度模板

（一）目的

为保证本质量管理工作的顺利开展，及时发现问题，并且迅速处理问题，以确保提高产品的质量，使其符合市场的需要，特制定本制度。

（二）质量标准及检验标准的范围

（1）原材料质量标准与检验标准。

（2）半成品质量标准与检验标准。

（3）产品质量标准与检验标准。

（三）质量标准与检验标准的制定

（1）质量标准。生产管理部会同质量管理部、生产部、营销部、研发部及有关人员根据内部的操作规范，并参考国家标准、行业标准、国际标准、客户需求、本身制造能力以及原料供应商水准，分原材料、半成品、产品填写《质量标准及检验标准制（修）订表》（一式两份），报生产总监批准后，质量管理部一份，研发部一份，并交有关部门负责具体执行。

（2）质量检验标准。生产管理部会同质量管理部、生产部、营销部、研发部及有关人员，分原料、半成品、产品将检查项目规格、质量标准、检验频率、检验方法及使用仪器设备等填写《质量标准及检验标准制（修）订表》内，交有关部门主管核签并经生产总监核准后分发给有关执行部门。

（四）质量标准与检验标准的修改

（1）内部的各项质量标准、检验规范，如果遇到设备的更新、技术的改进、生产过程的改善、市场的需要以及加工条件的变更等情况，可进行适当的修改。

（2）生产管理部每年年底前至少重新校正一次，并参照以往质量实绩会同有关部门检查各规格的标准及规范的合理性，并进行修改。

（3）质量标准与检验标准在进行修改时，生产管理部应填写《质量标准及检验标准制（修）订表》，并说明修改的原因，交有关部门主管核签。最后报生产总监批示后，方可凭此执行。

（五）生产仪器的校正、维护计划

（1）维护周期的设定。仪器使用部门应依仪器购入时的设备资料、操作说明书等资料，填写《仪器校正、维护基准表》，设定校正、维护周期，作为仪器年度校正、维护计划的拟订及执行的依据。

（2）年度校正计划与维护计划。仪器使用部门应于每年年底依据所设定的校正、维护周期，填写《仪器校正计划实施表》《仪器维护计划实施表》，作为年度校正及维护计划实施的依据。

（六）生产仪器校正计划的实施

（1）仪器校正人员应依据《年度校正计划》来执行日常的校正、精度校正作业，并将校正结果记录于《仪器校正卡》内，一式一份，存于使用部门。

（2）生产仪器的外协校正。有关精密仪器每年应定期由使用部门通过质量管理部或研发部申请委托校正，并填写《外协请修申请单》，以确保仪器的精确度。

（七）生产仪器的使用与保养

1. 生产仪器的使用

（1）生产仪器使用人在进行各项检验时，应根据相关规范所规定的操作步骤操作，使用后要妥善进行保管与保养。

（2）对于特殊精密仪器，使用部门主管应指定专人操作与负责管理，非指定操作人员不得随意使用。

（3）生产仪器使用部门的主管应负责检核各使用者操作的正确性以及日常保养与维护，如有不当使用与操作应予以纠正教导，并进行适当的处罚。

（4）各生产部门使用的仪器设备由使用部门自行校正与保养，由质量管理部不定期抽检。

2. 生产仪器的保养

（1）仪器保养人员应依据内部的年度维护计划来执行保养作业，并将结果记录于《仪器维护卡》内。

（2）生产仪器的外协修造。当仪器发生故障且设备、技术能力不足时，保养人员应填写《外协请修申请单》，并呈主管核准后送采购部门办理外协修造。

（八）原材料质量的检验

（1）购入原材料时，仓管管理部门应依据有关规定办理收料手续，对需要用仪器检验的原料，开立《物资验收单》，通知质量管理工程人员进行检验，质量管理工程人员应于接到单据3天内，根据原材料质量标准与检验规范的规定完成检验工作。

（2）《物资验收单》一式4联。检验工作完成后，第1联送采购部门，核对无误后送会计部门整理付款；第2联会计部门留存；第3联仓库留存；第4联送质量管理部门。每次的检验结果应记录于《供应厂商质量记录卡》上，并送采购部门，作为选择供应厂商的参考资料。

（九）生产通知单的审核

质量管理部主管收到《生产通知单》后，应于1天内完成审核。

1. 生产通知单的审核

（1）订制品的特殊要求是否符合生产标准。

（2）类别。

（3）各项质量要求是否明确、是否符合本质量规范。如有特殊质量要求是否可接受，是否需要先确认质量然后再确定产量。

（4）包装方式是否符合本包装规定，客户要求的特殊包装方式可否接受，外销订单的唛头是否明确表示。

（5）是否使用特殊的原材料。

2. 生产通知单审核后的处理

（1）新开发产品《试制通知单》及特殊物理、化学性质或尺寸外观要求的通知单应转交研发部提示有关生产条件等并签认。如果确认其质量要求超出生产能力时应说明原因，将《生产通知单》送回生产部办理退单，由营业部向客户进行说明。

（2）新开发产品如果质量标准还没有制定,应将《生产通知单》交研发部拟订加工条件及暂定质量标准,由研发部记录于生产规范上作为生产部门生产及质量管理的依据。

（十）生产前生产与质量标准复核

（1）生产部门接到研发部送来的生产规范后,应该由科长或组长先查核确认的事项。

◎检查该产品是否订有成品质量标准及检验规范,以作为质量标准判定的依据。

◎查看是否订有标准操作规范及加工方法。

（2）生产部门确认无误后于生产规范上签认,以作为生产的依据。

（十一）生产质量检验

（1）质检部门对各生产过程中的半成品应该根据《半成品质量标准及检验规范》的规定实施质量检验,以尽早发现异常,迅速处理,确保半成品的质量。

（2）对半成品质量的检验应根据制程进行区分,由质量管理部负责具体的检验。

（3）质量管理部门于制程中配合半成品的加工程序,负责加工条件的测试。

（4）各部门在生产过程中发现异常时,生产组长应立即追查原因,并要立即进行处理,随后应该在处理后将异常原因、处理过程及改善对策等开立《异常处理单》呈主管指示后送质量管理部,责任判定后送有关部门会签再送生产总监室进行复核。

（5）质检人员于抽验中发现异常时,应上报主管处理并开立《异常处理单》,呈主管核签后送有关部门处理。

（6）各生产部门自主检查及顺次点检发现质量异常时,如属其他部门所发生者以《异常处理单》进行处理。

（7）生产车间的半成品移转如发现异常时,应根据《异常处理单》进行处理。

（十二）生产过程的自动检查

（1）生产过程中每一位生产作业人员均应对所生产的制品实施自动检查,遇质量异常时应即予挑出,如果是重大或特殊异常应立即报告主管,并开立《异常处理单》一式4联,填列异常说明、原因分析及处理对策。送质量管理部门判定异常原因及责任发生部门后,根据实际需要交有关部门会签,再送主管领导拟订责任归属及奖惩。如果有跨部门或责任不明确时送生产总监批示。第1联生产总监室存;第2联质量管理部门存;第3联会签部门存;第4联经办部门存。

（2）生产现场各级主管均有督促下属实施自主检查的责任,随时抽验所属各制程质量。一旦发现质量异常时应立即处理,并追究相关人员责任,以确保产品质量水准,并减少异常情况发生。

（十三）产品质量的检验

产品检验人员应实施质量检验,以尽早发现异常,迅速处理,确保产品的质量。

（十四）产品出货检验

每批产品出货前,质检部门应依出货检验标示的规定进行检验,并将质量与包装检验结果填报《出货检验记录表》并报主管批示是否出货。

（十五）原材料质量异常情况的应对措施

（1）原材料进厂检验时,在各项检验项目中,只要有一项以上出现异常,无论其检验结果被判定为"合格"或"不合格",检验部门主管都应该在说明栏内加以说明,并进行上报处理。

（2）对于检验异常的原材料经主管核定使用时,质量管理部应依异常项目开立《异常处理单》送交主管领导,安排生产时通知现场注意使用,并由生产现场主管填报使用状况、成本影响及意见,经送交主管领导核签并呈生产总监批示后再送采购单位与提供厂商交涉。

（十六）半成品与成品质量异常情况的应对措施

（1）生产的半成品与成品在各项质量检验的执行过程中或生产过程中有异常时,应填报《异常处理单》,并立即向有关人员反映质量异常情况,使其能迅速采取措施处理解决,以确保质量。

（2）生产部门在制程中发现不良品时,除应依正常程序追踪原因外,还应当即予以剔除,以杜绝不良品流入下一道生产工序。

（十七）生产车间质量异常情况的应对措施

收料部门主管在制程自主检查中发现供料部门供应的在制品质量不合格时,应填写《异常处理单》详述异常原因,经报告主管后送经理室绩效组进行登记。然后由部门经理室品保组人员召集收料部门及供料部门人员共同检查料品异常项目、数量并拟订处理对策及追查责任归属部门,呈部门经理批示后,第1联送生产总监室催办及督促料品处理及异常改善结果,第2联送生产管理组做生产安排及调度,第3联送收料部门依批示办理,第4联送回供料部门。生产部召集当班人员检查改善并依批示办理后,重新核算生产成本并督查异常改善结果。

（十八）成品的缴库管理

（1）质量管理部主管对预定缴库的批号,应逐项依《制造流程卡》及有关资料审核确认后进行缴库工作。

（2）质量管理部人员对于缴库前的成品应进行抽检。如果有质量不合格的批号且超过管理范围时,应填写《异常处理单》详述异常情况并附拟定处理方式,报部门经理批示后,交有关部门处理及改善。

（3）《异常处理单》报总经理批示。

（十九）检验报告的申请工作

（1）如果客户要求提供产品检验报告,业务人员应填报《检验报告申请单》一式一联,说明理由、检验项目及质量要求后送生产总监室产销组。

（2）产销管理人员在收到《检验报告申请单》时,应该交由生产管理人员研究判断是否出具"检验报告",呈部门经理核签后将《检验报告申请单》送生产总监办公室产销组,转送质量管理部。

（3）质量管理部收到《检验报告申请单》后,取样进行产成品物理性质实验,并依检验项目要求检验后将检验结果填入《检验报告表》,经主管核签后,第一联连同《检验报告申请单》送生产总监室产销组,第2联自存。

（4）在对产品进行特殊物理、化学性质的检验时,质量管理部在得到《检验报告申请单》后,应会同研发部于制造后取样检验,质量管理部人员将检验结果转填于《检验报告表》,一式两联,经主管核签后,第1联连同《检验报告申请表》送产销组,第2联自存。

（5）产销组人员在收到质量管理部人员送来的《检验报告表》第1联及《检验报告申请单》后,应根据《检验报告表》资料并参考《检验报告申请单》中的客户要求,复印一份呈主管核签,盖上产品检验专用章后送营业部门转交给客户。

（二十）产品质量的确认

生产管理人员在安排《生产进度表》或"生产规范"生产中遇有下列情况时,应将"生产规范"或经理批示送质量管理部门,由质量管理部门人员取样确认并将供确认项目及内容填于《质量确认表》中。

（二十一）样品生产、取样与制作的确认

（1）确认样品的生产。

（2）确认样品的取样。

质量管理部人员应取样两份，一份存质量管理部，另一份连同《质量确认表》交由业务部送客户确认。

（二十二）产品质量确认书

（1）产品质量确认书的开立。质量管理部人员在取样后应立即填写《质量确认表》一式两份，编号后连同样品呈经理核签并于《质量确认表》上加盖"质量确认专用章"转交研发部及生产管理人员，且在《生产进度表》上注明确认日期，然后转交业务部门。

（2）客户进厂确认的作业方式。客户进厂确认时需开立《质量确认表》，质量管理部人员应要求客户于确认书上签认，并呈经理核签后通知生产管理人员安排生产。客户确认不合格拒收时，由质量管理部人员填报《异常处理单》呈总经理批示，并依批示进行办理。

（二十三）质量确认处理期限及其追踪

（1）处理期限。业务部门收到质量管理部或研发部送来确认的样品，应于两天内转送客户。质量确认时间为国内客户5天，国外客户10天。但客户如需装配试验始可确认者，其确认日数为5～10天。设立时间以出厂日期为基准。

（2）质量确认的追案。质量管理部人员对于未如期完成确认，且已超过两天以上的，应以便函反映到业务部门，以确认动态及订单生产。

（3）质量确认的结案。质量管理部人员收到业务部门送回经客户确认的《质量确认表》后，应立即会同经理室生产管理人员于《生产进度表》上注明确认并安排生产。

（二十四）生产过程中质量异常情况的改善

《异常处理单》经主管批示列入改善者，由质保管理人员登记交改善执行部门依《异常处理单》所拟的改善对策切实执行，并定期提出报告，并会同有关部门检查改善实施的结果。

（二十五）质量异常统计分析

（1）质量管理部每日编制《不良分析日报表》，经经理核准后，送生产部以使其了解每日质量异常情况，拟定改善措施。

（2）质量管理部每周依据每日抽检编制的《不良分析日报表》将异常项目汇总、编制《抽检异常周报》送生产总监室、质保管理人员并由生产部召集各班组针对主要异常项目进行检查，查明发生原因，拟定改善措施。

（3）生产中发生拟报废异常产品的，应填报《产成品报废单》，会同质量管理部确认后始可报废。每月5日前由质量管理部汇总填报《制程报废原因统计表》送有关部门检查改善。

（二十六）质量管理小组的活动

为培养基层管理人员的领导能力，提高员工的工作士气及增强质量意识，各部门应组成质量管理小组。

（二十七）实施与修改

本制度报生产总监核准后实施，修改时也要执行同样程序。

二、质量管理细则

（一）质量管理部工作细则

（1）参与产品的研究开发与试制。

（2）对产品、原材料、加工品等规格与作业标准，提出改善意见或建议。

（3）制订进料、加工品、成品检验标准并确实执行。

（4）制定生产过程的检查标准，并稽核检查站检查人员是否确实实施。

（5）质量异常的妥善处理及鉴定报废品。

（6）检验仪器与量规的管理与校正及库存品的抽验。

（7）原料供应商、外协加商等交货质量实绩的整理与评价。

（8）督促指导并协助协作厂商改善质量，建立质量管理制度。

（9）对生产过程进行巡回检验。

（10）生产过程的管理与分析，专案研究并做相关的改善、预防等。

（11）客户抱怨案件及销货退回的分析、检查与改善措施。

（12）将相关资料反馈给有关单位。

（13）做好质量管理的日常检查工作。

（14）做好质量管理过程中的保证作业。

（15）研究制定并执行质量管理中的教育培训计划。

（16）制定质量管理细则，在内部推行全面质量管理。

（17）负责其他有关质量管理。

（二）进料科工作细则

（1）制定进料检验标准，并按照制定的标准对进料进行检验。

（2）进料质量如果出现异常，要进行妥善的处理。

（3）对原材料供应商、协作厂商交货质量实绩的整理与评价。

（4）对原材料规格提出改善意见或建议。

（5）检验仪器、量规的管理与校正。

（6）进料库存品的抽验及鉴定报废品。

（7）将相关资料反馈给有关单位。

（8）完成上级交办的其他事项。

（三）生产科工作细则

（1）制定产品的检验标准，确实执行进料检验。

（2）产品质量异常的妥善处理。

（3）外协加商、协作厂商交货质量实绩的整理与评价。

（4）对产品规格提出改善意见或建议。

（5）检验仪器、量规的管理与校正。

（6）将资料反馈给有关单位。

（7）完成上级交办的其他任务。

（四）制程科工作细则

（1）制定检查的标准,并稽核检查站检查人员是否确实实施。

（2）协助生产单位做好质量管理。

（3）制程巡回检验及质量异常原因的追查与处理。

（4）半成品库存的抽验及鉴定报废品。

（5）制程管理与分析。

（6）选定造成成本较高或发生频率较多的不良项目或可能有问题的制程进行研究、分析及改善、预防,防止再次发生。

（7）对作业标准提出改善意见或建议。

（8）检验仪器、量规的管理与校正。

（9）将资料反馈给有关单位。

（10）完成上级交办的其他任务。

（五）成品科工作细则

（1）参与产品的研究开发及试制。

（2）对产品规格,提出改善意见或建议。

（3）成品库存的抽验及鉴定报废品。

（4）制订成品检验标准,确实执行成品检验。

（5）成品质量异常的妥善处理。

（6）检验仪器、量规的管理与校正。

（7）客户抱怨案件及销货退回的分析、检查与改善措施。

（8）督导并协助协作厂商改善质量,建立质量管理制度。

（9）执行质量管理日常检查工作。

（10）将资料反馈给有关单位。

（11）完成上级交办的其他任务。

三、日常质量检查制度

（一）目的

为避免因员工疏忽而导致不良的影响,使全体员工重视质量管理,特制定本制度。

（二）检查的频率

依检查范围的类别,以及对产品质量影响的程度而定。

（三）检查的项目

依检查范围的类别而定,详见实施要点。

（四）检查资料的回馈

要转发有关单位研讨改进,并作为下次检查的依据。

（五）实施单位

质量管理部成品室及有关部门。

（六）工作检查

（1）必须由各单位主管配合执行。

（2）频率。

◎正常时每周一次，每次 2~3 人；但至少每月一次。

◎新进人员开始每天一次，至其熟练后，与其他人员一样，依正常时的频率进行。

◎特殊重大的工作视情况而定。

（3）填写《工作检查表》。

（4）生产操作检查频率。

填写《生产操作检查表》，每周三次，每次两人。

（七）自我质量控制检查频率

填写《自我质量控制检查表》，对每个检查站 2~3 天检查一次，并视情况加以调整。

（八）外部协作厂商质量管理检查

（1）质量管理部成品室会同有关单位人员，不定期巡回检查各协作厂商、原料供应商、加工商。

（2）检查人员及时填写《外部协作厂商质量管理检查表》。

（九）质量保管检查

（1）原料、加工品、半成品、成品等。

（2）频率为每周一次。填写《质量保管检查表》。

（十）设备维护检查频率

填写《设备维护检查频率表》，每周两次，每次 2~3 个设备。

四、质量管理培训制度

（一）目的

为提高本企业员工的质量意识及质量管理技能，使员工充分了解质量管理作业的内容及方法，保证产品的质量，并使质量管理人员对质量管理理论与实施技巧有良好认识，以发挥质量管理的最大成效，协助协作厂商建立质量管理制度。

（二）适用范围

本企业所有的员工及协作厂商。

（三）实施部门

由质量管理部负责策划与执行，并由管理部负责协办。

（四）实施重点

（1）实施要点内容。

◎质量管理基本培训：参加对象为所有员工。

◎质量管理专门培训：参加对象为质量管理人员、检查站人员、生产部及技术部的各级工程师与单位主管。

◎协作厂商质量管理培训：参加对象为协作厂商。

（2）实施要点方式。

◎厂内培训：为本厂内部自行训练，由内有关人员讲授或外聘讲师至厂内讲授。

◎厂外培训：选派员工参加外界举办的质量管理讲座。

（3）由质量管理部先拟订"质量管理教育训练长期计划"，列出各类人员应接受的培训。经核准后，依据长期计划，拟订"质量管理教育训练年度计划"，列出各部门应接受培训的人数,经核准后实施并将计划送管理部转各单位。

(4)质量管理部应建立每位员工的《质量管理教育训练记录卡》,记录该员工已受训的课程名称、时数、日期等。

(五)实施与修订

本制度经质量管理委员会核定后实施,修正时也要执行同样的程序。

五、ISO9000 系列质量标准构件规范

(一)ISO9000 系列质量标准概述

国际标准化组织在 1979 年成立了"质量保证技术委员会",并着手制定质量管理和质量保证方面的国际标准。

通常所说的"ISO9000 系列标准"是指质量管理和质量保证的国际标准体系,它由 5 个标准构成(1SO9000 系列标准的结构见图 13 - 2)。它是由总部设在瑞士日内瓦的国际标准化组织在总结工业发达国家质量管理经验的基础上,为适应国际贸易发展的要求,于 1987 年 3 月正式发布的一整套国际性质量标准系列。目前,已有 50 多个国家和地区采用了这个标准,并相应制订了等效于 ISO9000 系列标准的国家标准,如美国的 ANSI/ASQCQ90 标准、英国的 BS5750 标准、我国的 GB/T10300 系列标准等。

因为 ISO9000 系列标准是通用的,并得到世界普遍承认的一种规范,所以这种规范是一种综合的、符合逻辑又注重实际,并被评估者唯一承认的质量保证体系。

如图 13 - 2 所示,ISO9000 是采用和选择 ISO9000 系列标准的总指南,是指导性文件,它为 ISO9001、ISO9002、ISO9003、ISO9004 的应用建立了准则,并阐述了与质量有关的基本概念以及这些概念之间的区别和相互联系、特点、分类。从图中还可以清楚地看出 ISO9000 指导两种环境下的质量体系的运行,即外部质量保证(如合同环境)和内部质量管理 (如非合同环境)。

在外部质量保证条件下,ISO9000 系列标准提供了 3 种质量保证模式,即 ISO9001、ISO9002 和 ISO9003,供合同双方选用。这 3 种模式分别代表 3 种不同的技术和管理能力的合同要求,从适用范围来看,ISO9001 完全涵盖 ISO9002,而 ISO9002 则完全涵盖了 ISO9003。

ISO9001 是开发、设计、生产、安装和服务的质量保证模式标准,包括了企业全部活动的总标准。

ISO9002 是生产和安装的质量保证模式标准。

ISO9003 是最终检验和试验的质量保证模式标准,用于供方仅在最终检验和试验阶段保证条例规定要求,也就是提供最终检验和试验阶段符合规定要求的依据。

ISO9004 是质量管理和质量体系要素指南,是非合同环境中用于指导企业管理的标准。对于企业内部质量管理来说,ISO9004 是 ISO9000 系列中最适用的一个标准。

ISO9000 系列标准的发布,令世界上主要生产发达国家质量管理和质量保证的概念、原则、方法和程序统一在国际标准的基础上。它标志着质量管理和质量保证迈上了规范化、程序化的新台阶。质量管理也因而成为所有市场企业共同面对的重要问题。

在 ISO9000 系列标准的基础上,企业质量管理已经发展出全面质量管理(TQM)模式,并且在质量管理的重要环节,例如工序质量和售后服务质量等方面也发展出较为完

备的理论体系,进而从经济成本学的角度对质量管理进行了经济学分析。

（二）ISO9000 的基本内容

"ISO9000 质量管理和质量保证标准系列"发布之后,得到广泛认可。目前,世界上许多生产国家(如美、日、西欧等国)都采用 ISO9000 产品认证体系。

国际标准化组织质量管理和质量保证技术委员会(1SO/TCl76)于 1986 年正式发布 ISO8402《质量——术语》标准,1987 年正式发布 ISO9000 ~ 9004 系列标准。1994 年,ISO/TCl76 在广泛征求对标准使用情况意见的基础上,发布了经全面修订后的 ISO8402 和 ISO9000 系列标准。其内容更丰富、全面,概念也更为准确。在 ISO9000 系列标准得到广泛使用的同时,随着质量管理在理论上的不断完善和提高以及质量保证活动在实践上的不断丰富和深化,已发布的标准无论是数量还是内容都还不能满足质量管理的需要,因此,ISO/TCl76 组织国际知名的质量管理专家对有关标准今后的发展做了规划,提出了《20 世纪 90 年代质量领域贯彻国际标准的战略设想》的报告(国际上将其通称为《2000 年展望》),使之成为今后修订和补充 ISO9000 系列标准的战略性指导文件。

ISO9000 系列的基本构成,如图 13 - 2 所示。

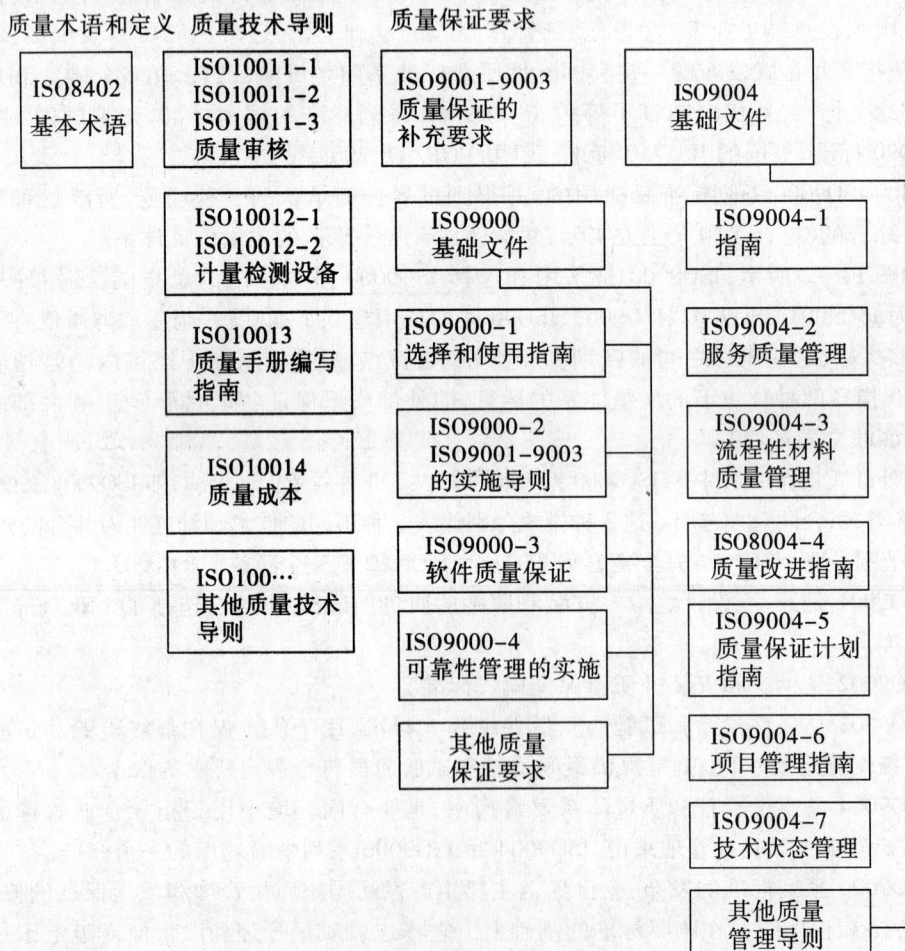

图 13 - 2 ISO9000 系列的基本构成

ISO9000 系列包括质量术语、质量技术导则、质量保证要求和质量管理导则四类,现分别加以介绍。

(一)质量术语与定义

ISO8402—1994《质量管理和质量保证——术语》标准于 1994 年修订颁布。该标准共规定了 67 个术语,分 4 个部分进行了阐述。它们是通用术语、与质量有关的术语、与质量体系有关的术语、与工具和技术有关的术语。

(二)质量技术导则

质量技术导则包括 ISO10011《质量体系审核指南》、ISO10012《测量设备的质量保证要求》和 ISO10013《质量手册编写指南》,该导则是有关技术方面的标准。《质量体系审核指南》对审核的概念、基本原则和做法、审核员资格条件、审核工作的组织及管理等做了规定。《测量设备的质量保证要求》规定了供方测量设备所使用确认体系的主要特性。确认体系是指包括测量标准的对测量设备进行管理、确认和使用的系统。《质量手册编写指南》提供了有关质量手册的编写和控制指南。

(三)质量保证要求

已经正式颁布的标准有以下几个。

(1)ISO9000—1《质量管理和质量保证标准——选择和使用指南》。这是整个 ISO9000 系列标准使用的指导性标准,提供了一个通用的质量体系标准的核心。它为质量管理提供指南并为质量保证提供了通用质量要求。它阐明了整个 ISO9000 系列涉及质量的主要概念和这些概念之间的区别及相互联系,为整个 ISO9000 系列标准的选择使用提供了指南。

(2)ISO9001—9003,提供了可由供需双方选择的 3 种质量保证模式。其中,ISO9001《质量体系——设计、开发、生产、安装和服务的质量保证模式》阐述了从产品设计/开发直至售后服务全过程的质量保证要求,从而保证了在包括设计/开发、生产、安装和服务各个阶段符合规定的要求,防止从设计到服务的任一阶段出现不合格。ISO9001 适用于顾客要求供方企业提供质量体系从合同评审、设计,直至售后服务都具有进行严格控制能力足够证据。ISO9002《质量体系——生产、安装和服务的质量保证模式》阐述了从采购开始,直至产品交付的生产运作过程质量保证要求,以保证在生产运作、安装阶段符合规定的要求,预防并查明生产运作和安装过程中的任何不合格,采取措施避免其重复出现。它适用于顾客要求供方企业提供质量体系具有对生产运作过程进行严格控制能力足够证据的情况。ISO9003《质量体系——最终检验和试验的质量保证模式》主要包括从产品最终检验至成品交付的成品检验和试验的质量保证要求,以保证在最终检验和试验阶段符合规定的要求,查出和控制产品不合格项目并加以处理。ISO9000 适用于顾客要求供方企业提供质量体系具有对产品最终检验和试验进行严格控制能力足够证据的情况。

(3)ISO9000—2《质量管理和质量保证标准——ISO9001、ISO9002 和 ISO9003 实施细则》,是有关 ISO9001—9003 的使用指南,主要包括对标准的含义、要求等所做的说明和解释。

(4)ISO9000—3《质量管理和质量保证标准——软件质量保证要求》,主要是针对信息技术中的计算机软件、程序等软件产品,为承担软件开发、供应和维修的组织在软件生存周期中的各项活动提出质量要求。

（5）ISO9000—4《质量管理和质量保证标准——可靠性管理的实施》，是和国际电工委员会可信性技术委员会（IEC/TC56）共同提出的，针对复杂系统的可靠性管理做出了明确规定。

（四）质量管理导则

已经正式颁布的标准包括以下几个。

（1）ISO9004—1《质量管理和质量体系要素——指南》，这是质量管理基础标准，具有普遍指导意义。ISO9004—1 对企业如何健全质量体系提供了明确的指导，是质量管理导则的基础性标准。该标准针对质量体系的组织、程序、过程和资源等方面的内容，对产品质量形式各阶段影响质量的技术、管理和人等因素的控制提供了全面的指导。它从企业质量管理的需要出发，阐述了企业建立质量体系的基本要求和基本原则。标准对各基本要素的含义、目标、要素间的衔接，以及各项活动的内容、要求、方法、人员和相关的文件、记录等，都做了明确的规定。

（2）ISO9004—2《质量管理和质量体系要素——服务指南》，这是对 ISO9004—1 在服务类产品方面的补充，详细指明了与服务有关的概念、原理和质量体系要素，是指导服务性行业开展质量管理活动的标准。

（3）ISO9004—3《质量管理和质量体系要素——流程性材料生产质量管理指南》，这是指导生产流程性材料产品（如石油、化工、塑料、造纸企业等）开展质量管理活动的标准。

（4）ISO9004—4《质量管理和质量体系要素——质量改进指南》，质量改进是全面质量管理的精髓所在。该标准阐述了质量改进的基本概念、原理和方法。

六、质量检验标准制定办法

（一）目的

为使检验人员有所依据，了解如何进行检验工作，以确保产品质量，特制定本办法。

（二）制定与修正部门

由生产管理部门、质量管理部门负责制订。

（三）内容与简介

（1）适用范围。应该列明适用于何种物资或成品的检验。

（2）检验项目。将实际检验时应检验的项目逐项列出。

（3）质量标准。明确规定各检验项目的质量标准，作为检验时判定的依据，如果无法以文字说明，则用限度样本来表示。

（4）检验方法。说明在检验各检验项目时，分别使用何种检验仪器量规。如某些检验项目需委托其他机构代为检验，亦应注明。

（5）抽样计划。要说明采用何种抽样计划表。

（6）取样方法。抽取样本，可以随机抽取，也可以平均抽取样本。

（7）产品检验后的处置。

◎属来料（含加工品）者，则应该依进料检验规定有关要点办理。

◎属成品者，则依成品质量管理作业办法的有关要点办理。

（8）注意事项。

◎如果检验时必须按特定的检验顺序来检验各项目，则必须将检验顺序列明。

◎在必要的时候，可将制品的蓝图或略图加入检验标准中。

◎对检验的情况，进行详细记录。

◎检验时于样本中发现的不良品，以及于群体批次中偶然发现的不良品均应与良品交换。

（四）实施与修订

本办法经质量管理部核定后实施，修改时也要执行同样的程序。

七、制程质量管理办法

（一）目的

为确保制程质量的稳定，力求质量的改善，提高生产效率，并降低生产成本。

（二）适用范围

原材料投入经加工至装配成品。

（三）实施部门

生产部检查站、质量管理部制程科及有关部门。

（四）实施重点

（1）生产操作人员应该根据既定的操作标准进行操作，而且应该在每一批的第一件产品加工完成后，必须经有关人员实施首件检查，等检查合格后，才能继续加工。各生产班组长应实施随机检查。

（2）检查人员应该根据既定的检查标准实施检查工作，不合格品在检修后需要经过再次检验，经检验合格后才能重新加工。

（3）质量管理部制程科派员巡回抽验，做好制程管理与分析，并将资料回馈有关单位。

（4）发现质量异常应立即处理，追查问题产生的原因，及时纠正并做好相关记录。

（五）附则

本管理办法经质量管理委员会核定后实施，修正时也要执行同样的程序。

八、质量异常应对办法

（一）要求

要规定发现质量异常时应该采取的措施，使问题得到迅速解决，并防止同类质量问题的再次发生，以保持质量的稳定。

（二）适用范围

适用于生产过程中出现质量异常时。

（三）生产过程出现质量异常

（1）不良品率较高或发现大量的质量问题与质量隐患。

（2）管理图有超连串、连续上升或下降的趋势。

（3）进料质量不合格，前一道工序的不良品流入到了本工序中。

（四）实施重点

（1）如果在生产过程中发现质量异常，立即采取临时措施并填写《异常处理单》通知质量管理部门。

（2）填写《异常处理单》需注意以下几点。

◎应该由生产人员负责填写。

◎同一异常填单后，在 24 小时内不得再次填写。

◎详细填写异常内容以及临时措施。

◎如本部门就是责任部门，应先进行确认。

（3）质量管理部门设立管理簿进行登记，判定责任部门并通知其妥善处理。质量管理部门无法判定时，则会同有关部门判定。

（4）责任部门确认后立即调查原因（如无法查明原因则会同有关部门研商），并拟定改善对策，经部门主管领导核准后实施。

（5）质量管理部门对改善对策的实施进行检查，了解情况。如果再次发现异常，应该让责任部门再次进行调查，并重新拟定相应的改善对策。

（五）附则

本办法经质量管理部核定后实施，修正时也要执行同样的程序。

九、不合格产品的审查办法

（一）目的

随时处理生产过程中出现的不合格产品，检查不合格产品是否可修、是否能转用或必须报废，以使物资能物尽其用，并节省不合格品的管理费用及储存空间。

（二）适用范围

生产过程中出现的质量不符合规格的进料、半成品及成品，但不包括下列两项。

（1）在进料检验时就已经被判定为不合格的材料。

（2）在进料检验后经发现为不合格的进料，且责任属进料供应商的，应该进行退货或调换。

（三）实施部门

由质量管理单位负责召集技术、生产、物资等有关部门组成监审小组负责监审。

（四）实施重点

（1）如果发现不合格产品且不能进行修复的，应该由发现问题的部门填具《不合格品监审单》，并送请上级进行审查。

（2）监审时需审慎，并要考虑以下几个方面的因素。

◎不合格产品是否可修。

◎对不合格产品进行检修，是否符合经济原则。

◎是否为所生产的急需品。

◎是否能转用于另一等级的产品。

◎该产品的有些部分是否可继续使用。

（3）监审小组将监审情况及判定填入《不合格品监审单》内，并经主管领导核准后，即由有关部门执行。

（4）监审小组应于 3 日内完成相应的监审工作。

（五）附则

本办法经质量管理部核定后实施，修正时也要执行同样的程序。

第三节　质量管理实用表单

一、质量管理工作计划表

质量管理工作计划表如表 13 - 1 所示。

表 13 - 1　质量管理工作计划表

编　号：　　　　　　　　　　　　　　　　　　　　　日　期：

部　门		隶属单位		负责人		人　数	
负责工作							
目前质量概况：							
不良原因分析：							

二、质量管理培训年度计划表

质量管理培训年度计划表如表 13 - 2 所示。

表 13 - 2　质量管理培训年度计划表

编　号：　　　　　　　　　　　　　　　　　　　　　　　　日　期：

培训对象	课程名称	目的	各 部 门 应 受 训 人 数							备注
			生产	技术	质管	物料	管理	业务	其他	

三、产品质量管理表

产品质量管理表如表 13 – 3 所示。

表 13 – 3　产品质量管理表

编　号：　　　　　　　　　　　　　　　　　　　　　日　期：

管理类别	管理材料成品、设备	管理项目	管理图种类	质量管理报表	抽样方法

四、产品质量管理标准表

产品质量管理标准表如表 13 - 4 所示。

表 13 - 4　产品质量管理标准表

产品名称									

规　格　　　　　　　　　　　　　　　　　　　　　　编　号：

类别	检验项目	抽验方法	检验方法	管 制 标 准					
				日期	标准	日期	标准	日期	标准
成品									
生产过程									
专用材料									

五、产品质量管理日报表

产品质量管理日报表如表 13 - 5 所示。

表 13 - 5　产品质量管理日报表

编　号：　　　　　　　　　　　　　　　　　　　　　日　期：

制造批号	产品名称	目标数量	产量	抽样	不良率	产量	抽样	不良率	产量	抽样	不良率

六、产品质量检验表

产品质量检验表如表 13 – 6 所示。

表 13 – 6　产品质量检验表

编　号：　　　　　　　　　　　　　　　　　　　　　　　　　　　日　期：

制造号码		产品名称				生产数量				生产日程			
工程名称	检验项目	上限	下限	抽　查　记　录									
				次	时间	1	2	3	4	5	次	时间	1	2	3	4	5

七、内部质量审核计划表

内部质量审核计划表如表13-7所示。

表13-7 内部质量审核计划表

部门：　　　　　　　　　　　　　　　　　　　　　　　　　　编　号：

年度：	审核依据：□ISO 9002.1994　□质量手册　□程序文件　□工作文件　□其他									
	被　审　核　对　象				审　核　小　组		备　　注			
序号	审核日期	部门/范围	主管/代表	审核时间	小组组长	组员	1	2	3	4
1										
2										
3										
4										
5										

八、年度质量情况内审计划表

年度质量情况内审计划表如表13-8所示。

表13-8 年度质量情况内审计划表

部门：　　　　　　　　　　　　　　　　　　　　　　　　　　编　号：

年度：	审核依据：□ISO9002　□质量手册　□程序文件　"□工作文件"　□其他															
被审核部门	1	2	3	4	5	6	7	8	9	10	11	12	通知日期	审核日期	追踪日期	备　注

九、产品质量检验标准表

产品质量检验标准表如表 13 - 9 所示。

表 13 - 9　产品质量检验标准表

产品名称：　　　　　　　　　　　　　　　　　　有效日期：

检验项目	检验方法	检验仪器	抽样数	及 格 标 准			记录表	备 注
				A 级	B 级	C 级		

十、产品质量检测情况报告表

产品质量检测情况报告表如表 13 - 10 所示。

表 13 - 10　产品质量检测情况报告表

编　号：　　　　　　　　　　　　　　　　　　　　　　　日　期：

试验单位	
试验项目	
试验时间	
试验成本估计	
试验经过及项目	
试验结果	
主管意见	

厂长批示		主管意见	

十一、产品质量标准表

产品质量标准表如表 13 – 11 所示。

表 13 – 11　产品质量标准表

编　号：　　　　　　　　　　　　　　　　　　　　　　　日　期：

产品编号：			产品名称规格：				
产品尺寸表	说　明	尺寸容差	说　明	尺寸容差	说　明	尺寸容差	
允许不良数	不良因素	A 级品	B 级品	C 级品	产　品　图		
不良原因分析							

十二、质量管理小组活动表

质量管理小组活动表如表 13 – 12 所示。

表 13 – 12　质量管理小组活动表

编　号：　　　　　　　　　　　　　　　　　　　　　　日　期：

部　门		项　目		指导人员	
时　间		参加人员			
地　点					
进行状况					
实施内容					
指导人员观察结果			下次活动	时　间	
				地　点	
				负责人	
				内　容：	

十三、产品质量不合格原因分析表

产品质量不合格原因分析表如表 13 – 13 所示。

表 13 – 13 产品质量不合格原因分析表

编　号：　　　　　　　　　　　　　　　　　　　　　　　　　　　　　　日　期：

工令号码	产品名称规格	检验次数	不 良 数 量 记 录					不良率

十四、生产操作过程检查表

生产操作过程检查表如表 13 – 14 所示。

表 13 – 14　生产操作过程检查表

编　号：　　　　　　　　　　　　　　　　　　　　　日　期：

检 查 项 目	实际情形	操作人员	备 注
操作前的准备工作是否完成			
是否按操作标准来操作			
工作场所的布置是否适宜			
通风、照明、温度等是否符合规定			
附近环境是否整洁			
对异常状况是否掌握处理程序			
是否有改进工作方法的意见与建议			
其他			

十五、自我质量控制检查表

自我质量控制检查表如表 13 – 15 所示。

表 13 – 15　自我质量控制检查表

编　号：　　　　　　　　　　　　　　　　　　　　　日　期：

检 查 项 目	实际情形	操作人员	备 注
是否按检查标准检查			
感官检查的限度、样本是否标准			
检查的仪器、量规是否精准			
是否有漏检情况			
漏检的原因			
对不合格品是否妥善处理			
其他			

十六、产品质量问题分析表

产品质量问题分析表如表 13 - 16 所示。

表 13 - 16 产品质量问题分析表

编 号： 产品名称：

质量因素 ＼ 类 别	赔 偿		退 货		换 货		合 计		抱怨次数	备 注
	金额	%	金额	%	金额	%	金额	%		
合 计										

十七、产品质量异常情况登记表

产品质量异常情况登记表如表 13 - 17 所示。

表 13 - 17 产品质量异常情况登记表

通知单位：   日　期：

制造工令	产品规格	抽样数	不良数	不良原因	发现时间及处理方式

十八、产品质量追查情况登记表

产品质量追查情况登记表如表 13 – 18 所示。

表 13 – 18　产品质量追查情况登记表

编　号：　　　　　　　　　　　制造单号：　　　　　　　　　　日　期：

产品名称			生产数量				生产期间		
日　期	产　量	抽查次数	检验数量	不良原因分析				不良率	采取对策
月　日									

十九、产品质量改进情况分析表

产品质量改进情况分析表如表 13 – 19 所示。

表 13 – 19　产品质量改进情况分析表

产品名称						
规　　格		编　号：				
检验产品		目前水准		目标水准		
产品质量分析图						
原因分析	目前水准	拟变更	现　状　检　查			
			改善对策	经办单位		
主管批示			分析者			

二十、产品质量改进情况登记表

产品质量改进情况登记表如表 13 – 20 所示。

表 13 – 20 产品质量改进情况登记表

产品名称											
规　格								编　号：			

管理项目	原质量标准	更改后标准	更动原因	交办日期	完成日期	变　动　因　素					改善结果
						制程	设备	材料	操作	技术	

二十一、产品质量问题年度统计表

产品质量问题年度统计表如表 13 –21 所示。

表 13 –21　产品质量问题年度统计表

编　　号：　　　　　　　　　　　　　　　　　　　产品名称：

月份	销货额	赔　偿		退　货		换　货		合　计		赔偿退货原因	抱怨次数	抱怨原因
		金额	%	金额	%	金额	%	金额	%			

二十二、质量异常情况处理登记表

质量异常情况处理登记表如表 13 – 22 所示。

表 13 – 22　质量异常情况处理登记表

编　号：　　　　　　　　　　　　　　　　　　　　　　　　　　日　期：

序号	异常项目	标准值	测定值	联络对象	处理结果（测定值）	检验员	联络时间	结案时间	经办人

二十三、质量检验分析标准表

质量检验分析标准表如表 13 - 23 所示。

表 13 - 23　质量检验分析标准表

抽　样	全数检验	仪器检验	目视检验	寿命试验	备　注

二十四、质量检验作业日报表

质量检验作业日报表如表13-24所示。

表13-24 质量检验作业日报表

编号： 日 期：

出货日期	检查顺序	订单编号	设计编号	订购厂商	品名	受检数	检查数	未检查数	合格数	特采数	不合格数	不合格情况	人员	检查时间	备注

二十五、质量检验情况通知表

质量检验情况通知表如表 13 - 25 所示。

表 13 - 25 质量检验情况通知表

编 号： 日 期：

被通知部门：

编号(来源)	样品名称	化验项目	标 准	化验结果	备 注

二十六、生产过程检验标准表

生产过程检验标准表如表 13 -26 所示。

表 13 -26　生产过程检验标准表

编　号：　　　　　　　　　　　　　　　　　　　　　　　　　　　日　期：

商品代号		产品名称			产品规格		
零件名称		加工过程			制订日期	年　月	□初次 □修订
控制点	控制工作项目说明	作业标准	检查方法	抽样数	合格标准	不合格处理方法	
制造过程说明							

二十七、试验情况报告表

试验情况报告表如表 13 – 27 所示。

表 13 – 27　试验情况报告表

编　号：　　　　　　　　　　　　　　　　　　　　　　　　　　　　　　日　期：

样品名称		试验目的	
样品编号		取样人员	
样品来源		收样日期	
委托试验单		报告日期	
试验结果：			
备注：			

厂长（副）		主　任		科　长		试验员	

二十八、原材料检验情况登记表

原材料检验情况登记表如表 13 – 28 所示。

表 13 – 28　原材料检验情况登记表

编　号：　　　　　　　　　　　　　　　　　　　　　　　　　　　　　　日　期：

类　别		规　格		色　泽		请　购	
数　量		码　数		重　量		厂　商	
支　号	码　数	不 良 记 录	支　号	码　数	不 良 记 录		

二十九、零部件检验情况报告表

零部件检验情况报告表如表 13 - 29 所示。

表 13 - 29 零部件检验情况报告表

编 号：　　　　　　　　　　　　　　　　　　　　　　　　　日 期：

采购单编号			供应商					
零件名称		料　号		点收数量		抽样数		
存放仓库		适用批号		产品名称				

编号	各 检 验 项 目 检 验 记 录							合 格		备注
								是	否	

检验结果	□合　格　□不合格	处理方式		审　核		检验人	

三十、不合格产品监审登记表

不合格产品监审登记表如表 13 – 30 所示。

表 13 – 30　不合格产品监审登记表

编　号：　　　　　　　　　　　　　　　　　　　　　　　　日　期：

科　号	品　名	规　格	数　量	备　注

不良情形说明：	发生单位签章	
监审情形及判定：	监审小组签章	
	工　程	质量管理
厂长批示：	物　资	生　产

三十一、不合格零部件处理情况登记表

不合格零部件处理情况登记表如表 13 – 31 所示。

表 13 – 31　不合格零部件处理情况登记表

编　号：　　　　　　　　　　　　　　　　　　　　　　　　　日　期：

品名或件名		厂商或制造商		检验数	
规　　格		交货或制造日期		不良数	
验收单号码		交货或制造数等		不良数	
不良原因说明				检验人 年　　月　　日	
处理及联络事项				主　　管 年　　月　　日	
回复栏				年　　月　　日	

三十二、成品抽查情况汇总登记表

成品抽查情况汇总登记表如表 13 - 32 所示。

表 13 - 32　成品抽查情况汇总登记表

编　号：　　　　　　　　　　　　　　　　　　　　　　　　日　期：

成品名称						数　量		
制造批号						备　注		
检验项目	检　验					质量保证		
	日　期	检验员	数　量	出　量	填品	日　期	复　核	
备　注								

三十三、部门合格率控制情况登记表

部门合格率控制情况登记表如表 13 - 33 所示。

表 13 - 33　部门合格率控制情况登记表

制造编号：　　　　　　　　　　　　　　　　　　　　　　　　　日　期：

产品名称				生产数量				目标合格率			
日　期	科			科			科			科		
	产量	合格	合格率	产量	合格	合格率	产量	合格	合格率	产量	合格	合格率
产出率	100											
	80											
	60											

三十四、质量异常情况报告表

质量异常情况报告表如表 13 - 34 所示。

表 13 - 34　质量异常情况报告表

编　号：　　　　　　　　　　　　　　　　　　　　　　　　日　期：

异常现象		经办人： 年　月　日
质量管理 部门建议		签　章 年　月　日
其他有关 部门的意见		签　章 年　月　日
厂长批示		签　章 年　月　日
备　注		

三十五、制程质量异常情况处理登记表

制程质量异常情况处理登记表如表13－35所示。

表13－35 制程质量异常情况处理登记表

编 号： 日 期：

工令号码	批 号	工程名称	发现者	发现原因	备 注

发现异常的内容	发现后的临时措施	负责单位签章

判定责任单位	请_____单位于 月 日前完成原因调查及改善对策
原因调查	
改善对策 （暂时或永久）	
效果确认	
厂长批示	

三十六、供应商质量情况登记表

供应商质量情况登记表如表 13 – 36 所示。

表 13 – 36　供应商质量情况登记表

编　号：　　　　　　　　　　　　　　　　　　　　　　日　期：

厂　商	规　格	批　量	数　量	剔退数	剔退率	备　注

第四节　质量管理规范化细节执行标准

一、质量管理策略选择工作标准

质量策略是指由最高管理者正式批准和颁布的质量宗旨和质量方向,它是为实现质量目标,各部门和全体人员执行质量职能、从事质量管理活动必须遵守和依从的行动指南。质量策略是一个组织关于质量的总纲领。只有具有高水平质量策略的体系,才可能是高水平的体系。质量方针应体现组织较长期的质量战略。在质量宗旨之面,质量策略要着重体现向顾客持续提供满意的产品和服务的决心。在质量方向方面,要体现对质量的追求、对质量的态度、对质量的投入,以及质量工作的努力方向。具体来讲,质量策略包括以下几点。

(1)产品在国际市场上具有竞争能力,在一段时间内可以高价出售,实行优质优价,使企业获得超额利润。

(2)产品质量水平一般,但兼有其他多种功能,以满足用户的多种需要,一机多用。

(3)产品在国内市场上具有竞争能力,宜提高服务质量使销售额超过竞争对手。

(4)产品具有一定的质量水平,通过大量生产来大幅度地降低产品的生产成本,以达到薄利多销的效果。

二、质量管理计划制定工作标准

质量管理计划是各部门、环节针对特定的产品、项目或合同,规定专门的质量措施、资源和活动顺序等活动。即它是落实质量目标的具体部署和工作安排,是针对某项产品、工序、服务、合同或任务所规定的专项质量指标和措施、资源和活动程序的质量文件。由此可知,质量管理计划是质量管理和质量保证在特定的产品、项目或合同上的具体体现。它是针对特定产品和需重点控制的项目、合同所编制的设计、采购、制造、检验、包装发运等的质量控制方案,一般不是单独一个方案,而是由一系列文件组成的。

当尚未建立明确的质量体系时,质量计划可以是一个独立的文件,对质量管理和质量保证做出具体的规定和要求。但在有些情况下,依据顾客的要求或特定情况的需要,质量计划也可以作为其他文件的组成部分,体现在这些文件之中。

质量管理计划的内容包括以下几点。

(1)明确规定质量管理计划的目的,如合格产品率、次品率等。

(2)规定有关部门和人员应承担的工作任务、责任、权限和完成工作任务的时间进度。

（3）明确特定的质量体系或合同所要求的活动均有计划的控制和实施，并且活动的进程应该处于有关部门的监控之下。

（4）制定各个生产环节的质量检验、质量试验和质量审核的标准。

（5）对审核的结果进行评定。

（6）跟踪产品或项目的进度，对质量管理计划体系中不合理的部分，要及时进行修改。

三、质量目标管理工作实施标准

所谓质量目标管理，是指通过质量工作目标的制定，在质量工作中实行自我控制，并努力实现质量工作目标的一种管理制度。质量目标管理这种制度是借助总目标和分目标来分级设立目标的方法，设立质量考核绩效的标准，自上而下地确定一个时期的质量计划。使质量目标成为整个企业的目标，以此来激励全体员工都来关注质量问题。

质量目标管理的特点如下。

（1）设立总体质量管理目标，并为各级各类人员和部门规定设立分目标标准。

（2）质量目标管理的对象由工人发展到管理人员，即各级管理人员，包括生产总监在内，都要服从质量管理目标。

（3）确定质量管理目标的考核标准，用来对内部的质量管理人员及其他相关人员进行考核。

（4）质量管理目标是用来指导和控制质量活动的指南与基础。质量目标管理特别注意自我控制。它的实施是参与式管理在质量管理中的运用的体现。

（5）质量管理的目标注重质量工作的业绩成果，讲求经济效益。

四、产品质量跟踪管理工作实施标准

产品质量的跟踪管理，在市场调查、售后服务、质量改进、新产品研制开发及产品生命周期质量监控等方面都具有重要的作用。它要求从产品的交付使用开始，就要面向用户和市场。全面、系统地收集和整理产品使用过程中的相关质量信息，根据收集的信息分析、评价产品质量水平和存在的问题，并及时向内部的有关部门反馈，不断采取改进措施，不断提高产品的质量。

（一）产品质量跟踪管理的类别

1. 按跟踪管理的目的进行分类

（1）调查性的质量管理跟踪。这种质量跟踪专为调查产品质量现状和用户评价而进行，通常属于短期或临时性的质量跟踪，适用范围比较大。

（2）服务性的质量管理跟踪。这种质量跟踪是为了使产品更快更好地适应用户需要而采取的跟踪服务，用于用户不易掌握的产品或新产品。

（3）监控性的质量管理跟踪。这种质量跟踪是为了长期监控在外使用的产品质量而进行的，通常用于飞机、发动机等大型复杂产品。

2.按质量管理跟踪的时间进行分类

（1）长期质量管理跟踪。适合于生产周期长、寿命长和技术复杂的产品。跟踪时间一般需要几年或更长时间。

（2）短期质量管理跟踪。多用于更新换代快的产品、寿命不太长的产品和服务。跟踪时间一般只需要几个月。

（3）临时性质量管理跟踪。主要针对个别项目、突发性问题。跟踪时间按照解决问题的时间确定。

3.按实施部门进行分类

（1）社会性的质量管理跟踪。它是由社会团体、政府部门组织进行的，具有社会监督的性质，有权威性，影响比较大，对质量改进有很大的促进作用。

（2）开展的质量管理跟踪。具有较强的目的性和系统性。一般来讲，比社会性的质量跟踪更全面，更经常化。

（3）与社会联办的质量管理跟踪。主动邀请社会有关各方配合进行。

4.按跟踪地点进行分类

（1）国内质量管理跟踪。

（2）国外质量管理跟踪。

5.按跟踪内容进行分类

（1）全面质量管理跟踪，用于综合掌握和评价产品质量。

（2）专题质量管理跟踪，根据实际需要选择某些项目进行，适用于社会专题调查或某方面明确的质量改进工作。

6.按跟踪数量进行分类

具体可分为3类，即大批量质量管理跟踪（一般用于对不易直观发现问题的产品进行跟踪）、小批量质量管理跟踪、单品质量管理跟踪。

（二）产品质量管理跟踪的方法

1.销售现场发放质量跟踪卡

在用户选购产品的同时，向用户发放质量跟踪卡，并请用户填写后当场收回。这种方式的优点是实施周期短、费用低。不足之处是只适合容易直观评价的简单产品或项目。应加强现场宣传工作及采取向用户发纪念品等进行鼓励，以争取用户的大力配合。

2.电话回访

这种方式容易受通信条件限制，跟踪的系统性较差。采用这种方式时，应事先做好跟踪调查准备，做好跟踪记录。

3.向客户邮寄质量跟踪卡

即直接将跟踪卡邮寄给用户，并请用户按要求填写后寄回的一种质量跟踪管理方式。这种方式的缺点是质量跟踪卡回收率很难保证；而且由于用户的素质参差不齐，跟踪项目填写的准确性也很难保证。跟踪卡内容要通俗易懂，以便于用户填写；为了提高返卡率，除了采用向用户发纪念品、报纸通知、电台催促、发函提醒、邮资总付等办法，还应与社会各方加强合作。

4.利用销售服务网点进行跟踪

指利用已有的产品销售服务网点进行质量跟踪的质量跟踪管理方式。这种方式的优点是维修服务和质量跟踪一并进行，节省人力，容易找出常见问题。其不足之处是网点分散,不易管理。采用这种方式时,要注意对网点人员的培训和管理。

5. 用户评价与专家评审相结合

在这种方式下,质量跟踪管理的实施部门需要将用户评议与技术部门检测、专家评审结合起来,对进行产品的质量跟踪进行评议。这种方式的优点是科学、准确,有权威性;不足之处是费用高、程序复杂。采用这种方式时,要加强统筹规划和组织领导。质量跟踪管理方式并不是一成不变的,可根据实际需要随时变换跟踪。

6. 登门拜访

即由专门派人前往用户处,以了解产品在使用中的质量情况的跟踪方式。这种方式的优点是可获真实、准确的情况,易发现问题,利于质量改进;不足之处是费时、费力,不可能经常进行。

五、构建生产质量保证体系工作标准

(一)标准化

(1)所谓标准化,是指为取得全局最佳效果,依据科学技术和实践经验的综合成果,在充分协商的基础上,对经济、技术和管理等活动中具有多样性、相关性特性的重复事物,以特定的程序和形式颁发的统一规定。标准化包括技术标准与管理标准两类。

(2)质量工作标准化就是把质量管理的各项工作,按其重复性特性形成一定规范。标准化工作是企业实现质量保证的重要手段,使企业内部各系统建立技术、管理统一性,确保产品质量,使整个产品质量保证体系稳定运行。随着生产技术水平的不断提高,标准化工作在质量管理中的地位也越来越重要,有人认为全面质量管理的过程实质上是标准化的管理过程。

(二)计量检定和质量监督

(1)计量检定是生产的重要环节,是保证零部件互换、确保产品质量的重要手段和方法。没有准确的计量工作,就无法提供准确的质量信息。企业必须严格管理计量工作,建立健全管理制度与管理机构,配备齐全高质量计量设备。高质量计量设备应及时维护修理,实现检验测试手段、方法的科学化、现代化。提高计量工作的质量,充分发挥它在质量管理中的作用。

(2)质量监督是保证产品质量的重要手段。进行的质量监督主要包括3个环节:原材料及外协零部件进厂检验、中间检验(即生产过程的检验)和产品出厂检验。企业应把好质量关。防止不合格品流出,及时发现并处理问题。建立健全质量监督体系。

(三)质量教育

(1)质量教育是全面质量管理的支柱。一切工作质量都是靠人来保证的。人的素质,特别是树立质量第一的观念,是质量保证的关键。

(2)生产质量管理的真正目的在于使人具有如下素质。

◎善于发现问题的素质。

◎重视计划的素质。

◎重视过程的素质。

◎抓关键的素质。

◎动员全员参与管理的素质。

（3）质量教育包括以下两方面的内容。

◎质量管理知识的普及。推行全面质量管理,要使企业全体员工了解并掌握质量管理的基本思想和方法。牢固树立起质量第一、用户至上等质量意识,从而使全面质量管理标准在生产的各个方面、各个层次的实践中发挥作用。

◎员工技术培训。技术培训要求员工结合工作需要进行技术基础教育和操作技能的训练,掌握产品性能、用途、工艺流程、岗位操作技能和检验方法等。只有提高员工技术水平,才能在生产管理中真正地保证质量。

六、生产质量保证体系运作工作实施标准

（一）计划阶段

在广泛进行内外调查和预测的基础上,提出质量管理的目标,拟定具体的行动措施和计划。这一阶段包括以下几个步骤。

（1）利用各种统计分析手段,找出产品生产过程中存在的问题。

（2）寻找问题存在的原因。

（3）找出主要问题及其主要制约因素。

（4）针对所存在问题的主要制约因素,来确定应该采取的解决措施。在确定解决措施时,还应该明确规定必要的内容和要求,即"5W1H":指出为什么要提出该计划（Why）;达到什么目标（What）;在哪里执行（Where）;由谁来执行（Who）;什么时间执行（When）;用什么方法执行（How）。

（二）实施阶段

按照计划规定的内容去严格执行。

（三）评估阶段

用各种统计分析方法调查并分析实施计划的效果,最后再与原计划进行比较。

（四）处理阶段

把成功的经验和失败的教训都反映到今后的工作标准（制度）中去。

七、全面质量管理的实施条件

（一）管理层要重视质量管理工作

（1）实践证明。推行全面质量管理的成功与否,关键取决于领导层对全面质量管理是否具有正确的认识。只有当领导真正认识到,全面质量管理是求生存、图发展,永远使企业立于不败之地的根本保证之后,才会下决心在全厂范围扎扎实实地开展全面的质量管理活动。

（2）推行全面质量管理,并不是因为目前质量出了问题,所以才把它作为一项措施而推出。领导应根据本厂的中长期经营目标、产品决策,从提高全厂员工质量意识入手,参与全员培训,把健全规章制度、建设企业文化等工作结合起来抓,才能真正发挥全面质量

管理的作用。

（二）员工要树立正确的质量意识

质量意识是指员工在产品形成过程中对完善产品质量的重要性和社会责任的认识。产品的质量意识，来源于社会实践，又反过来能动地指导质量管理实践，企业内部的每个员工所具有的质量意识，在一定程度上决定了该员工对待产品质量的态度和行动。因此，企业员工的质量意识又与质量责任有着十分密切的关系。

（三）内部作业的标准化

（1）企业推行全面质量管理方法，其标准化工作应有一定的基础，才能使各项工作、各道加工工艺做到有根据，并使得不同工作岗位上的员工步调能够一致，共同围绕着提高产品质量这一共同目标而分头努力。

（2）这里所说的标准，并不局限于产品标准，而是广义的标准，包括技术标准、管理标准和工作标准。技术标准包括产品标准、基础标准、方法标准和工艺标准等。管理标准包括经营管理标准、技术管理、设备管理标准、生产管理、质量管理、市场销售管理、劳动人事管理、物资管理和财务管理等方面的标准。工作标准包括各职能部门的工作内容、工作方法与程序、工作联系、工作质量、考核条件及奖惩办法等方面的标准。

（四）具有一定的信息管理基础

推行全面质量管理的企业，应有一定的质量管理信息系统的基础，其内容包括反映工作质量、工程质量和产品质量的各类信息的全面性、正确性、可靠性、及时性，以及质量信息反馈处理的有效性。如果这方面基础较差，那么全面质量管理工作就不可能在企业中有条不紊地进行，达不到系统管理的效果。

第14章　企业要生存,安全是底线
——生产安全管理

第一节　安全生产管理工作要点

一、安全生产管理工作内容

（一）认真贯彻执行国家有关劳动保护和安全生产的政策法令

（1）安全生产是与广大员工密切相关的工作,因此必须依靠员工,使安全工作建立在广泛的员工基础上。

（2）安全管理工作必须树立预防为主的思想,尽量在生产开始之前就杜绝各类事故的发生。

（3）安全管理工作是一项经常的、长期的、艰苦细致的工作,只有认真搞好,才能保证生产的正常进行。

（4）要不断地学习有关安全的科学知识,掌握安全生产的主动权。

劳动保护是产品安全生产的需要,车间主任必须采取各种有效措施,保护劳动者在生产中的安全与健康,以促进车间生产的发展。

（二）制定安全生产管理制度与操作规程

在企业中实行的安全生产责任制,也就是要是把安全和生产从组织领导上统一起来。安全生产责任制是安全管理的一项基本制度,主要指各级生产管理人员、职能部门和个人对安全生产工作应负的责任的规定,它是企业重要制度之一,也是安全管理的基本制度。

（三）对员工进行安全生产教育与培训

要注意教育员工提高对安全生产的认识,学习安全知识,不断提高生产技术水平,防止在生产过程中发生人身及设备事故,实现安全生产。教育工作的主要内容,是进行生产技术知识教育和遵守安全生产规章制度的教育。教育的主要方式和方法有3种教育,即厂级、车间级与岗位级的教育培训,对某些特殊工种的专门训练和安全技术教育,此外还有对各级生产管理人员的培训以及经常的安全教育等。

（四）进行安全生产检查

安全生产检查工作,是推动安全生产的一项重要方法,通过检查,及时发现问题,采取有力措施,消除隐患,防止事故的发生。

（五）制定劳动保护计划

其内容包括以下几个方面。

（1）安全技术方面的保护措施。

（2）工业卫生方面的保护措施。

（3）辅助房屋方面的保护设施。

（4）安全生产教育方面的保护措施等。要实现这一计划，企业的各项措施应有专人负责，不但要规定实现的时间，还要定期检查。

（六）做好安全生产事故的调查分析与统计工作

生产中出现的伤亡事故，按损伤程度的不同，分为轻伤事故、重伤事故、死亡事故。应该在发生伤亡事故后，及时进行统计并上报，还要对伤亡事故调查情况，找出事故发生的原因、查明责任。从中吸取教训，积极地采取措施，防止类似事故的再发生。

二、安全生产管理工作任务

安全生产管理工作是为了预防和消除生产过程中的工伤事故、员工中毒与职业病、燃烧与爆炸、工程倒塌等而采取的组织措施和技术措施。所以，为了确保安全生产，必须要加强安全生产管理工作。

（一）安全生产管理的基本任务

安全生产管理的基本任务就是要企业正确认识并分析生产过程中所存在的不安全因素，发挥员工的主观能动性与创造精神，在组织上和技术上采取相应的措施，消除不安全因素。这一任务的具体内容包括以下几点。

（1）实施有关劳动保护与安全生产的方针、政策、法令、规章、制度及条例，组织和检查生产中的安全工作。

（2）根据本身情况，确定生产安全目标，编制生产安全技术措施计划和安全操作规程。

（3）建立内部各级、各部门以及各系统的安全生产责任制。对全体员工，尤其是各级领导进行安全生产知识教育和安全技术培训。牢固树立安全生产的思想，不断提高企业的安全技术素质。

（4）编制审定安全技术措施，并督促有关部门贯彻执行。

（5）对生产活动进行安全检查。针对生产中的不安全因素，进行全方面、全过程和经常性的检查。通过反馈结果，研究并采取有效的安全技术措施，改善劳动条件，消除生产中的不安全因素。

（6）对生产过程中发生的伤亡事故要进行调查分析、统计，妥善处理并把情况及时上报主管部门。

（二）生产卫生管理

1. 主要卫生毒害

生产卫生管理主要是解决有毒有害物质对员工身体健康的威胁以及防止职业病的发生。在劳动者从事生产活动过程中，生产工艺过程、劳动过程以及外界环境等各种因素，对劳动者机体的机能状态和健康水平可能产生一定的影响；当这些因素对劳动者的健康和劳动能力产生一定毒害作用时，就称为职业毒害。目前所知的主要职业毒害，按其特性可分为以下几方面。

第一方面:与生产过程有关的毒害。

(1)化学因素及物理化学因素。生产性毒物,如铅、汞、苯、砷、磷、酚、氯、有机碱、氮氧化物以及硫化物等。生产性粉尘,如矽尘、煤尘、石棉尘及金属粉尘等。放射性元素,如铀、钛、锰等。

(2)物理因素。如高温、高湿及烈日下的劳动作业,不正常的气压电磁辐射,如红外线、紫外线,电离辐射(X射线等),噪声、震动等。

(3)生物学因素。主要是指某些微生物或寄生虫。

第二方面:与劳动过程有关的职业毒害。如过长的劳动时间,过强的劳动强度等。

第三方面:与作业场所的卫生条件、卫生技术及生产工艺设备的缺陷有关的毒害,如废料、垃圾未及时清理;缺少通风、采暖设备;缺少防尘、防毒、防暑的各项设备,或其设备不完善等。

2. 预防措施

加强对生产卫生的管理,预防职业病和职业中毒,可采取组织、技术和保健等一系列措施,进而保障员工的身体健康。

(1)改组生产与改进工艺过程。改进工艺过程,就是改革生产技术和改进生产加工方法,从而消除卫生上的不利因素。

(2)合理设置预防毒害的设备。例如,设置吸尘、滤尘、排气、通风、照明、防寒、防暑等设备。

(3)搞好工地的整洁卫生。在建筑工地开展爱国卫生运动,改善一般卫生条件,可以消除一些有毒物质的来源,减少污染。

(4)加强个人的防护措施。应根据需要,科学地配备个人防护用品,如使用防护衣、手套、鞋、口罩、帽、眼镜等。

(5)加强医疗预防措施。如职业病与职业中毒的早期发现、早期诊断、早期治疗,做到及时发现、及时处理、及时治疗,增强对于慢性病和多发病的防治。

(6)体育运动预防措施。例如,制订并严格督促员工进行工间操等体育活动的锻炼,提高员工的体质,从而增强对疾病的抵抗能力。

(三)生产现场安全技术管理

生产现场安全技术是指在生产过程中,为了防止、消除伤亡事故和保护员工在生产过程中的安全,而采取的各种技术措施和组织措施。

这一任务主要包括以下几个方面的内容。

1. 电气设备的安全

电气设备的安全,主要是保证电气设备要有熔丝和自动开关,要有良好的绝缘性,接线处或其他明露的接线点,要用护罩保护好。高压线路经过的地方,必须有安全设施和警告标志等,借以保障电气设备的安全运转,防止火灾和触电事故的发生。

2. 机器设备的安全

机器设备的安全,主要是对暴露在机器外部的传动带、齿轮、飞轮等危险部分,机器的转动摩擦部分,建筑工程施工使用的起重设备,应根据相应的要求安装卷扬限制器、连锁开关、起重控制器等安全装置;加强机器设备的检查、保养、维修,避免机器设备在使用过程中发生事故。

3.动力锅炉的安全

动力锅炉的安全,主要是保证锅炉的压力表、水位表和安全阀准确,加强动力锅炉的保养和维修,以防止锅炉爆炸事故的发生。

4.建筑工程和临时设施的安全

建筑工程的安全,最主要的是防止坍塌事故发生,如防止土方坍塌、脚手架坍塌以及模板、楼板的塌落等。工地的临时设施(包括生产、生活、办公3方面)要有足够的强度和稳定性,保证其坚固、安全。

(四)劳动保护

建立和执行正确的劳动保护制度,也是安全生产管理的一个重要内容。员工的安全和健康,不仅同安全技术和生产卫生方面有关,也同劳动保护方面有关。如果劳动保护制度不健全,引起劳动者过度疲劳,同样会损害劳动者健康并导致伤工事故的发生。

劳动保护包括安全生产责任制、安全教育、检查监督等一系列制度,它贯穿于企业安全管理过程的始终。因此,必须将安全技术、生产卫生与劳动保护结合起来,以更好地保护职工的身体健康。

三、安全生产管理的制约因素

(一)人的因素

人的因素是指人在操作当中产生的差错。引发差错的原因主要有以下几种。

(1)因循守旧。对于长期使用旧设备的操作者来说,对多年来已掌握的工序和操作方法感到轻车熟路,不愿意变更工艺方法,当新的安全装置安装后,往往需要改变工艺方法,而职工会感到不适应,若勉为其难,思想上稍有不慎就会造成事故的发生。

(2)图省力,走捷径,有意漏掉必要工序的习惯。这有时是师徒相传,成为恶习。以侥幸心理搞生产,就会经常出现未遂事故的势头。

(3)有些生产由于主客观的原因,其环境比较恶劣,如噪声大、机械单调等。在这种单调重复操作中劳动者易于打瞌睡、精力不集中,往往忘记必要的工序和安全措施,出现判断错误,造成危险事故。

(4)工作马虎、选错工具、搞错开关等,此时会发生不应当出现的险情。

(5)对严重伤害前兆的认识不够。

(二)设备因素

生产设备无安全标志、设备状态不良、工作时使用的工具不合适或不顺手、工具陈旧以及肉眼不易观察到的隐患(裂纹),上述现象都是易于造成不安全的原因。

(三)环境因素

在生产现场,有时原材料、半成品、工具放置不当会造成不安全因素。又如工作人员没有宽裕的作业时间、合理的操作频率以及适宜的环境而产生的兴奋过度、忧虑粗心等心理反应,均影响其对危险的预见。

四、劳动保护管理工作内容

（一）劳动保护管理

劳动保护管理的主要内容包括以下几点。

（1）劳动保护的立法，对劳动保护法律、法规的贯彻实施，进行国家监督、行政管理、员工监督。

（2）制定员工的录用、调动、辞退、工时与休假制度。

（3）女工和未成年工人的特殊保护。

（4）员工伤亡事故的调查、登记、报告、统计分析制度。

（5）分析事故原因，掌握事故发生的规律，并有针对性地采取措施，防止事故重复发生。

（6）加强劳动保护方面的研究，完善车间主任在劳动保护方面的责任制度。

（7）建立安全生产责任制。

（8）制定安全生产监督、检查制度。

（9）制定安全技术操作规程和设备维护制度。

（10）劳动保护基金的提取、使用和原有企业劳动条件的改善。

（11）新建、改建、扩建以及技术改造项目，其劳动保护措施与主体工程同时设计、同时施工、同时验收投产。

（12）个人防护用品和保健品的发放和管理。

（13）劳动保护方面的宣传教育等。

（二）安全技术管理

安全技术是为了防止员工在生产过程中发生事故，保证员工的生命安全，运用安全系统工程学的观点、方法，分析事故的原因，找出事故发生的规律，从而在技术上、设备上、组织制度上、教育上、个人防护上所采取的一系列措施。

安全技术主要包括：机器设备安全技术、电气设备安全技术、起重设备安全技术、焊接安全技术、锅炉压力容器安全技术、防火防爆安全技术、生产工艺过程安全技术、运输车辆安全技术等。详细请参阅有关专业书籍。

（三）生产卫生管理

生产卫生管理是为保证员工的身体健康，防止职业病、职业中毒和职业危害的发生，在技术上、安全上、法律上、组织制度上、医疗上所采取的一整套的各种卫生预防和保健措施。

生产卫生管理包含以下内容。

（1）严格贯彻执行《安全卫生规程》《设计卫生标准》。

（2）在新建、改建、扩建、技术革新项目中，把预防各种生产性有害因素的技术措施与主体工程同时设计、同时施工、同时验收投产，从根本上消除或减少生产性有害因素。

（3）生产现场防护。包括改进生产工艺，使有害因素不产生或少产生，也包括用无毒物质代替有毒或剧毒物质的生产过程。主要措施包括实现机械化、自动化、密闭化，防止有害物质外溢，减少工人与有害物质接触。采用新技术如电泳涂漆、静电喷漆、工业机器人代替人工喷漆等技术。

（4）个人防护措施。根据生产的特点，配备个人防护用品，如佩戴防毒面具、防护手套、防毒口罩、眼镜等，防止有害质进入人体。

五、安全培训管理工作内容

（一）安全知识培训

安全知识培训，主要包括基本安全技术和工业卫生知识培训、岗位安全知识培训、工伤事故抢险和抢救伤员的基本应急知识的培训等基本内容。

安全技术与工业卫生培训的目的是使作业人员熟识所使用的机器设备工具性能、特点以及安全装置、防护设施的性质、作用和维护保养方法，达到规范作业程序、实行标准化作业、预测预防事故的发生。还要认真做好对新员工或调换岗位员工的上岗教育与培训，并指定专人对新员工或调换岗位员工进行实际操作训练。特殊工种的员工，还要经过专门培训，持培训合格证上岗作业。

（二）安全意识与技能训练

安全意识与技能训练常用的方法有：设备、工具、用具使用方法训练，模拟故障训练，危险预测训练，模拟事故抢救训练，消防灭火模拟训练，查处各类事故源训练等。安全培训的形式要多样化，要采用员工喜闻乐见的方法，这样才能达到实用有效。

（三）安全意识培训

使每一个员工了解，有生产过程就有安全问题，生产中由于人的不安全行为，或因设备存在隐患不及时消除，都可以造成厂毁人亡，从而使人、财、物都遭到巨大损失，安全生产关系到企业的兴衰存亡。处在生产第一线的车间员工，都要掌握和熟悉生产安全知识和事故发生的规律，增强自我保护意识，使"我要安全"成为车间每个成员的自觉要求，使"安全第一，预防为主"的方针真正落实到车间基层中，这是安全建设的重要思想基础。

要增强员工的安全责任意识，员工是主人，同样也应该是安全生产的主人，每个成员都要对安全生产负责。要教育员工增强搞好安全生产的自觉性和责任感，使员工从被动的"要我安全"转为主动的"我要安全"，自觉地遵章守纪，严格执行操作规程，做安全生产的模范。

通过对员工进行安全生产方针和法规教育，使车间每一个成员了解安全生产方针的内容，并结合车间的实际，讨论、理解安全生产方针的重要意义，了解、熟悉、掌握和落实国家安全生产法律法规和有关安全生产的规章制度。

安全意识培训是安全培训的核心、基础，是最根本的安全培训。只有思想上重视安全工作的重要性，才会认真执行安全规章制度、学习安全知识、掌握安全技术，其具体内容应包括：安全方针、政策、纪律教育，法制教育，职业道德教育，安全生产先进经验和事故案例教育的培训等。

六、安全生产责任制管理工作内容

（一）建立安全生产责任制的要求

（1）安全生产责任制必须符合国家安全生产法律法规和政策、方针的要求，并应适时修订。

（2）建立安全生产责任制体系要与企业管理体制协调一致。

（3）制定安全生产责任制要根据本部门、班组、岗位的实际情况，明确、具体，具有可操作性，防止出现形式主义。

（4）制定、落实安全生产责任制要有专门的人员与机构来保障。

（5）在建立安全生产责任制的同时建立安全生产责任制的监督、检查等制度，特别要注意发挥职工群众的监督作用，以保证安全生产责任制得到真正落实。

（二）安全生产责任制的主要内容

1. 主要负责人

主要负责人是本企业安全生产的第一责任者，对安全生产工作全面负责。其职责为：

（1）建立健全本企业安全生产责任制。

（2）组织制定安全生产规章制度和操作规程。

（3）保证安全生产投入的有效实施。

（4）督促、检查安全生产工作，及时消除生产安全事故隐患。

（5）组织制定并实施生产安全事故应急救援预案。

（6）及时、如实报告生产安全事故。

2. 其他负责人

其他负责人在各自职责范围内，协助主要负责人搞好安全生产工作。

3. 职能管理机构负责人及其工作人员

职能管理机构负责人按照本机构的职责，组织有关工作人员做好安全生产责任制的落实，对本机构范围的安全生产工作负责。职能机构工作人员应在本人职责范围内做好有关安全生产的工作。

4. 生产班组长

班组安全生产是搞好安全生产工作的关键，班组长应全面负责本班组的安全生产工作。班组长要带头并保证本班组人员贯彻执行本单位对安全生产的规定和要求，督促本班组的工人遵守有关安全生产规章制度和安全操作规程，生产班组长应切实做到不违章指挥，不违章作业，遵守劳动纪律。

5. 操作工人

操作工人对本岗位的安全生产负直接责任。操作工人要接受安全生产教育和培训，遵守有关安全生产规章和安全操作规程，不违章作业，遵守劳动纪律，发现事故隐患及时报告。特种作业人员必须接受专门的培训，经考试合格取得操作资格证书，方可上岗作业。

七、安全用具管理工作内容

（一）个人劳动防护用品管理

劳动保护是依据国家劳动法规，从技术上、组织上采取各种措施，改善员工的劳动条件，减轻劳动强度，预防各种事故、职业中毒和职业病，保护员工在生产劳动中的安全和健康。

个人劳动防护用品主要有工作服、工作帽、手套、口罩、耳塞等，有些特殊工种还要用帆布工作服。

员工是劳动防护用品的直接使用者，管好、用好个人劳动防护用品是劳动保护的一项重要具体内容。所以生产管理人员应该在抓好生产管理的同时，也要做好劳动保护与安全方面的工作，要教育员工正确使用符合规定的个人劳动防护用品。

（1）根据员工从事的工种、作业条件和接触有毒物质的情况，按管理部门的规定，领取所需劳动防护用品用具，要防止将劳动防护用品变相成为人人都有的福利待遇。

（2）供应的个人防护用品要在生产中使用，以便实现它的效用，责任人应做好监督检查。

（3）为在有毒、有害、高温作业场所工作的员工提供保健食品。

（二）生产器具管理要求

由于各生产车间专业、特点不同，所采用的工器具也不同，所以管理的要求也不同，一般应做到以下几点。

（1）大型生产器具、专用器具、精密器具等，一般都集中管理，并要根据有关制度进行分层次保管。应该由生产车间管理的工具，应由车间主任指定专人负责保管或兼管，并有适当的存放地点。

（2）零散器具应该由个人负责进行保管，应放入个人的工具箱内，零散器具的管理要求摆放整齐、清洁，丢失和损坏要赔偿。

（3）所有工器具，不论个人保管还是集中保管，都要建立台账，做到账物相符。

（4）做好工器具的检查、维护、保养工作，以防变形、锈蚀或损坏。

（5）定期做好工器具的送检工作，以保证使用精度和安全性。

（三）安全器具特殊管理要求

安全器具虽属工器具的范畴，但它的质量水平（如机械强度、绝缘水平、温度特性等）直接关系到人身或设备的安全，因此，它的管理极其重要。所有的安全器具必须实行质量管理，对号入座，各生产车间要建立台账，做到账物相符，一一对应。有的要交由专门部门进行保管，车间主任要做好安全工器具的日常检查及使用培训工作。

八、安全生产管理的方针与原则

（一）安全生产管理的方针

"安全第一，预防为主"是进行安全生产管理的方针。这一方针要求在进行生产的过程中,要把安全工作放在首位,作为头等大事来抓,做到随时注意安全问题,做好预防预测和事故前的控制。有生产就有安全问题,就要解决这方面的问题,也就是通常所讲的"生产必须安全,没有安全就没有生产"。不讲科学,不顾安全,不讲条件,盲目生产,拼设备,抢任务,不但要发生事故,而且还破坏了生产条件,造成大量的事故隐患,从而挫伤员工的积极性,影响生产发展和任务完成。因此,当生产与安全发生矛盾时,必须要做到生产服从安全,只有这样才能体现安全第一的方针。

要将"安全第一,预防为主"的方针贯彻到实处,就是要以预防为主,把各项工作做在事故的前面,把预防工作贯穿于安全生产的始终。做好事故的预防工作,事事都有预防事故的措施,加强检查,消除隐患,做好预测分析,进行超前控制,堵塞漏洞,防患于未然。

（二）安全生产管理的原则

1. 生产要安全,以安全促进生产

生产要安全,是指应该尽可能地为工人创造安全卫生的劳动条件,使其能在良好条件下顺利地进行生产;以安全促进生产,是指安全工作必须从生产实际出发,紧紧围绕生产活动进行,以此来促进生产发展。

2. 以预防为主

安全生产管理工作,重在预防,即要变被动为主动,变事后处理为事前预防。这就要求在生产过程中要做到以下几点。

（1）在新建、改建、扩建工程项目或实施革新、挖潜、改造项目时,安全技术措施和劳动保护项目应与主体工程同时设计、同时施工、同时投产,特别在投产前验收时要把住关,决不能让不符合安全、卫生要求的装置、工艺和设备投入运行。

（2）要注意发现和消除事故隐患。做好事故前的检查和调查,如果发现问题,应及时采取对策,超前控制。

（3）要抓好安全生产的基础工作,加强安全教育和岗位练兵训练,以不断提高员工的识别、判断、预测和处理事故的能力。还要完善各种监测手段,发挥各种监视、监测仪器的作用,掌握设备动态,做到心中有数,以及时主动地采取预防事故的措施,把事故消灭在萌芽状态。

（三）生产管理与安全管理同步进行

要讲效益,同时也必须讲安全,在进行生产的同时必须做好安全工作。要做到生产和安全的"五同时",也就是在计划、布置、检查、总结、评比生产的同时,计划、布置、检查、总结、评比安全工作。领导是生产的直接组织者和指挥者,在抓生产布置任务时,必须同时考虑到安全措施,在制订生产和检修计划时,必须有消除事故隐患、改善劳动条件的内容和项目。

（四）全员参与安全管理

安全生产是一项综合性的工作,所以必须要坚持专业管理与员工管理相结合的管理方法,坚持全员参与,齐抓共管,坚持各级领导、各个部门、各职能人员,在各自业务范围内为安全生产负责。只有充分发动全体员工,依靠全体员工,做到安全生产,人人重视,个个自觉,事事有人管,处处有人问,人人有职责,才能实现全面安全管理,才能互相监督,消除隐患,实现安全生产。

九、重大安全事故应急管理体系的构成

（一）重大安全事故应急管理系统的组织机构

重大事故的应急救援行动往往涉及多个部门，因此应急救援行动中应预先明确在应急救援中承担相应任务的组织机构及其职责。比较典型的事故应急管理系统的机构构成包括以下几部分。

1. 应急救援中心

应急救援中心是应急管理系统的运作核心，它主要负责协调事故应急救援期间各个机构的运作，统筹安排整个应急救援行动，为现场应急救援提供各种信息支持；必要时迅速召集各应急机构和有关部门的高级代表到应急中心；实施场外应急力量、救援装备、器材、物品等的迅速调度和增援，保证行动快速、有序、有效地进行。

2. 应急救援专家组

应急救援专家组在应急准备和应急管理中起着重要的参谋作用。这种作用包括对城市潜在重大危险的评估、应急资源的配备、事态及发展趋势的预测、应急力量的重新调整和部署、个人防护、公众疏散、抢险、监测、洗消、现场恢复等行动提出决策性的建议。

3. 医疗救护组

医疗救护组通常由医院、急救中心和军队医院组成。其职责是主要负责设立现场医疗急救站，对伤员进行现场分类和急救处理，并及时合理转送医院进行救治，对现场救援人员进行医学监护。

4. 消防与抢险组

消防与抢险组主要由公安消防队、专业抢险队、有关工程建筑公司组织的工程抢险队、军队防化兵和工程兵等组成。其职责是尽可能、尽快地控制并消除事故，营救受害人员。

5. 监测组

监测主要由环保监测站、卫生防疫站、军队防化侦察分队、气象部门等组成。主要负责迅速测定事故的危害区域范围及危害性质，监测空气、水、食、物、设备（施）的污染情况，以及气象监测等。

6. 人员疏散组

人员疏散组主要由公安、民政部门和街道居民组织抽调人员组成。必要时可吸收学校中的骨干力量参加，或请求军队支援。其职责是主要负责根据现场指挥部发布的警报和防护措施，指导部分高层住宅居民实施隐蔽；引导必须撤离的居民有秩序地撤至安全区或安置区，组织好特殊人群的疏散安置工作；引导受污染的人员前往洗消去污点；维护安全区或安置区内的秩序和治安。

7. 警戒与治安组

警戒与治安组一般由公安部门、武警、军队、联防等组成。其职责是主要负责对危害区外围的交通路口实施定向、定时封锁，阻止事故危害区外的公众进入；指挥、调度撤出危害区的人员和使车辆顺利地通过通道，及时疏散交通阻塞；对重要目标实施保护，维护社会治安。

8.清洗去污组

清洗去污组主要由公安消防队伍、环保队伍、军队防化部队组成。其主要职责有:开设洗消站(点),对受污染的人员或设备、器材等进行消毒;组织实施地面消毒;开辟通道或对建筑物表面进行消毒;临时组成喷雾分队降低有毒有害物的空气浓度,减少扩散范围。

9.后勤保障组

后勤保障组主要涉及计划部门、交通部门、电力、通信、市政、民政部门、物资供应企业等,主要负责应急救援所需的各种设施、设备、物资以及生活、医药等的后勤保障。

10.信息发布中心

信息发布中心主要由宣传部门、新闻媒体、广播电视等组成。其职责是负责事故和救援信息的统一发布,以及及时准确地向公众发布有关保护措施的紧急公告等。

(二)安全事故应急管理体系的支持保障系统

为保障重大事故应急救援工作的有效开展,应建立重大事故应急救援体系的支持保障系统,主要包括以下几方面。

1.法律法规保障体系

重大事故应急管理体系的建立与应急救援工作的开展必须有相应法律法规作为支撑和保障,以明确应急救援的方针与原则,规定有关部门在应急救援工作中的职责,划分响应级别,明确应急预案编制和演练要求,明确资源和经费保障、索赔和补偿、法律责任等。

2.通信系统

通信系统是保障应急救援工作正常开展的一个关键。应急救管理系必须有可靠的通信保障系统,保证整个应急救援过程中有通畅的通信网络,并设立备用通信系统。

3.报警系统

建立和维护可靠的重大事故警报系统,能够及时向受事故影响的人群发出警报和紧急公告,准确传达事故信息和防护措施。

4.技术与信息支持系统

重大事故的应急救援工作离不开技术与信息的支持,在建立应急救援信息平台的基础上,开发应急救援信息数据库群和决策支持系统,建立应急救援专家组,为现场应急救援决策提供所需的各类信息和技术支持。

5.宣传与教育培训体系

在充分利用已有资源的基础上,如需建立起应急救援的宣传与教育培训体系,一是通过各种形式和活动,加强对公众的应急知识教育,提高社会应急意识,如应急救援政策、基本防护知识、自救与互救基本常识等;二是要全面提高应急队伍的作战能力和专业水平,设立应急救援培训基地,对各级应急指挥人员、技术人员、监测人员和应急队员进行强化培训和训练,如基础培训、专业培训、战术培训等。

(三)安全事故应急管理体系的响应机制

重大安全事故应急管理体系的实施应根据事故的性质、严重程度、事态发展趋势实行分级响应机制,对不同的响应级别,相应的明确事故的通报范围、应急中心的启动程度、应急力量的出动和设备、物资的调集规模、疏散的范围、应急总指挥的职位等。通常情况下,响应级别通常可划分三级,具体如下。

1. 一级紧急情况

一级紧急情况是指一个部门使用其内部正常可利用的资源就可以进行处理的紧急情况。正常可利用的资源指在该部门权力范围内通常可以利用的应急资源,包括人力和物力资源等。必要时,该部门可以建立一个现场指挥部,所需的后勤支持、人员或其他资源由本部门负责解决。

2. 二级紧急情况

二级紧急情况是指需要两个或更多的政府部门响应的紧急情况。这种类型事故的救援需要有关部门的协作,并且提供人员、设备或其他资源。该级响应需要成立现场指挥部来统一指挥现场的应急救援行动。

3. 三级紧急情况

三级紧急情况是指必须利用城市所有有关部门及一切资源的紧急情况,或者是需要城市的各个部门同城市以外的机构联合起来处理的各种紧急情况,通常需要政府宣布进入紧急状态。在该级别中,做出主要决定职责的部门通常是紧急事务管理部门。现场指挥部可在现场做出保护生命和财产以及控制事态所必须的各种决定。而解决整个紧急事件的决定,应该由紧急事务管理部门负责。

(四)安全事故应急管理体系的响应程序

事故应急管理系统响应程序按过程可分为接警、响应级别确定、应急启动、救援行动、应急恢复和应急结束等几个过程。

1. 警情与响应级别的确定

安全管理部门在接到事故报警后,应按照工作程序,对警情做出判断,初步确定相应的响应级别。如果事故不足以启动应急救援体系的最低响应级别,响应应关闭。

2. 应急启动应急程序

应急响应的级别确定后,应该按所确定的响应级别启动应急程序,如通知应急中心有关人员到位、开通信息与通信网络、通知调配救援所需的应急资源(包括应急队伍和物资、装备等)、成立现场指挥部等。

3. 开展救援行动

应急处理人员进入事故现场后,应迅速开展事故侦测、警戒、疏散、人员救助、工程抢险等有关应急救援工作。专家组为救援决策提供建议和技术支持。当事态超出响应级别且无法得到有效控制时,应向应急中心请求实施更高级别的应急响应。

4. 应急恢复

安全事故的救援行动结束以后,进入临时应急恢复阶段。此阶段的主要内容包括现场清理、人员清点和撤离、警戒解除、善后处理和事故调查等。

5. 应急结束

执行应急关闭程序,由事故总指挥宣布应急结束。

第二节　安全生产管理规范化制度

一、安全生产管理制度模板

□　第一章　总则

第一条　为保证工人在生产过程中的健康和安全,依据劳动保护的法令、法规等有关规定,结合实际情况制订本制度。

第二条　安全生产工作必须贯彻"安全第一,预防为主"的方针,贯彻执行生产总监负责制;各级管理人员要坚持"管生产必须管安全"的原则,使生产服从安全的需要,实现安全生产和文明生产。

第三条　对在安全生产方面有突出贡献的团体和个人要给予奖励;对违反安全生产制度和操作规程造成事故的责任人,要给予严肃处理;触及刑律的,交由司法机关处置。

□　第二章　机构与职责

第四条　安全生产委员会(以下简称安委会)是安全生产的组织领导机构,由领导和有关部门的主要负责人组成。其主要职责是:全面负责安全生产管理工作,研究制订安全生产技术措施和劳动保护计划,实施安全生产检查和监督,调查处理事故。安委会的日常事务由安全生产委员会办公室(以下简称安委办)负责处理。

第五条　下属生产部门必须成立安全生产领导小组,负责对本部门的员工进行安全生产教育,制订安全生产实施细则和操作规程,实施安全生产监督检查,贯彻执行安委会的各项安全指令,确保生产安全。安全生产小组组长由各单位的领导担任,并按规定配备专(兼)职安全生产管理人员。各机楼(房)、生产班组要选配一名不脱产的安全员。

第六条　安全生产主要责任人的划分。部门行政第一把手是本部门安全生产的第一责任人,分管生产的领导和专(兼)职安全生产管理员是本部门安全生产的主要责任人。

第七条　各级工程师和技术人员在审核、批准技术计划、方案、图纸及其他各种技术文件时,必须保证安全技术和劳动卫生技术运用的准确性。

第八条　各职能部门必须在本职业务范围内做好安全生产的各项工作。

第九条　安全生产专职管理人员的职责。

(一)协助领导贯彻执行劳动保护法令、制度,综合管理日常及安全生产工作。

(二)汇总和审查安全生产措施计划,并督促有关部门切实并按期执行。

(三)制订、修订安全生产管理制度,并对这些制度的贯彻执行情况进行监督检查。

(四)组织开展安全生产大检查。经常深入生产现场指导生产中的劳动保护工作。

遇有特别紧急的不安全情况时,有权下令停止生产,并立即报告领导研究处理。

(五)总结和推广安全生产的先进经验,协助有关部门搞好安全生产的宣传教育和专业培训工作。

(六)参加审查新建、改建、扩建、大型工程的设计文件和工程验收及试运转工作。

(七)参加伤亡事故的调查和处理,负责伤亡事故的统计、分析和报告,协助有关部门提出防止事故的措施,并督促相关部门按时实现。

(八)根据有关规定,制订本部门的劳动防护用品、保健食品发放标准,并监督执行。

(九)组织有关部门研究制订防止职业危害的措施,并监督执行。

(十)对上级的指示和基层的情况下达上传,做好信息反馈工作。

第十条 各生产单位专(兼)职安全生产管理员要协助本单位领导贯彻执行劳动保护法规和安全生产管理制度,处理本单位安全生产日常事务和安全生产检查监督工作。

第十一条 各机房、生产班组安全员要经常检查、督促本机房、班组人员遵守安全生产制度和操作规程;做好设备、工具的安全检查、保养工作;及时向上级报告本机房、班组的安全生产情况;做好原始资料的登记和保管工作。

第十二条 员工在生产、工作中要认真学习和执行安全技术操作规程,遵守各项规章制度;爱护生产设备,安全防护装置、设施以及劳动保护用品;如发现不安全因素,及时报告领导,迅速予以排除。

□ 第三章 教育与培训

第十三条 对新员工、临时工、民工、实习人员,必须先进行安全生产的三级教育(即生产部门教育、机房或班组教育、生产岗位教育)才能准其进入操作岗位。对改变工种的工人,必须重新进行安全教育才能上岗。

第十四条 对内从事锅炉、压力容器、电梯、电气、起重、焊接、车辆驾驶、杆线作业、易燃易爆等特殊工种人员,必须进行专业安全技术培训,必须经有关部门严格考核并取得合格操作证(执照)后,才能准其独立操作。对特殊工种的在岗人员,必须进行经常性的安全教育。

□ 第四章 设备、工程建设、劳动场所

第十五条 各种生产设备和仪器不得超负荷或带缺陷运行,要做到使设备正确使用,并经常维护,定期检修。不符合安全要求的陈旧设备,应有计划地更新和改造。

第十六条 电气设备和线路要符合国家有关安全规定。电气设备应有可熔保险和漏电保护,绝缘必须良好,并有可靠的接地或接零保护措施;在产生大量蒸气、腐蚀性气体或粉尘的工作场所,应使用密闭型电气设备;在有易燃易爆危险的工作场所,应配备防爆型电气设备;用于潮湿场所的电气设备,应采用安全电压。所用电气设备必须符合相应防护等级的安全技术要求。

第十七条 在引进国外设备时,对国内不能配套的安全附件,必须同时引进;引进的安全附件应符合我国的安全要求。

第十八条 所有新建、改建、扩建、迁建生产场地以及技术改造工程,都必须确保劳动保护设施的建设,并要与主体工程同时设计、同时施工、同时投产(简称三同时)。

第十九条 工程建设主管部门在组织工程设计和竣工验收时,应确保劳动保护设施

的设计方案、设计工程完成情况和质量评价报告,并经同级劳资、卫生、保卫等部门和工会组织审查验收,签名盖章后,方可施工、投产。未经以上部门同意而强行施工、投产的,要追究有关人员的责任。

第二十条　生产作业场所布局要合理,并要保持清洁、整齐。有毒有害的作业,必须有防护设施。

第二十一条　生产用房、建筑物必须坚固、安全;通道平坦、畅顺,要有充足的光线;为生产所设的坑、壕、池、走台、升降口等有危险的处所,必须有安全设施和明显的安全标志。

第二十二条　有高温、低温、潮湿、雷电、静电等危险的劳动场所,必须采取相应的有效防护措施。

第二十三条　雇请外单位人员在场地内进行施工作业时,主管部门应加强管理,必要时实行工作票制度。对因违反作业规定而造成财产损失的员工,须索赔并严加处理。

第二十四条　被雇请的施工人员需进入机房施工作业时,须到保卫部办理《出入许可证》;需明火作业者还须填写《公司临时动火作业申请表》,并办理相关手续。

□　第五章　电信线路

第二十五条　内部电信线路的设计、施工和维护,应符合邮电部安全技术规定。凡从事电信线路施工和维护等的工作人员,均要严格执行《电信线路安全技术操作规程》的有关规定。

第二十六条　电信线路施工单位必须按照安全施工程序组织施工。对架空线路、天线、地下及平底电缆、地下管道等电信施工工程及施工环境都必须相应采取安全防护措施。施工工具和仪表要合格、灵敏、安全、可靠。高空作业工具和防护用品,必须由专业生产厂家和管理部门提供,并应经常检查,定期鉴定。

第二十七条　电信线路维护要严防触电、高空坠落和倒杆事故的发生。线路维护前一定要先检查线杆根基牢固状况;对电路验电确认安全后,方准操作。操作中要严密注意电力线对通信线和操作安全的影响,严格按照操作规程作业。不得聘用或留用退休职工担负线路架设工作。

□　第六章　易燃、易爆物品

第二十八条　易燃、易爆物品的运输、储存、使用、废品处理等,必须设有防火、防爆设施,并严格执行安全操作守则和定员定量定品种的安全规定。

第二十九条　易燃、易爆物品的使用地和储存点,要严禁烟火,严格消除可能发生火灾的一切隐患。检查设备需要动用明火时,必须采取妥善的防护措施,并经有关领导批准,在专人监护下进行。

□　第七章　电梯

第三十条　签订电梯订货、安装、维修保养合同时,须遵守国家劳动部门规定的有关安全要求。

第三十一条　新购的电梯必须是取得国家有关许可证并在劳动部门备案的单位设计、生产的产品。电梯销售商须设有(经劳动局备案认可的)维修保养点或正式委托保养点。

第三十二条 电梯的使用必须取得劳动部门颁发的《电梯使用合格证》。

第三十三条 工程部门办理新安装电梯移交时,除应移交有关文件、说明书等资料以外,还须告诉接受单位有关电梯的维修、检测和年审等事宜。

第三十四条 负责管理电梯的单位,要切实加强电梯的管理、使用和维修、保养、年审等工作。发现隐患要立即消除,严禁电梯带隐患运行。

第三十五条 确实需要聘请外单位人员安装、维修、检测电梯时,被雇请的单位必须是劳动部门安全认可的单位。

第三十六条 电梯管理单位须将电梯的维修、检测、年审和运行情况等资料影印副本报公司安委办备案。

□ 第八章 个人防护用品和职业危害的预防与治疗

第三十七条 应该根据工作性质和劳动条例,为员工配备或发放个人防护用品。各单位必须教育职工正确使用防护用品,不懂得防护用品用途和性能的员工,不准上岗操作。

第三十八条 做好防尘、防毒、防辐射、防暑降温工作和防噪声工程,进行经常性的卫生监测。对超过国家卫生标准的有毒有害作业点,应进行技术改造或采取卫生防护措施,不断改善劳动条件;并按规定发放保健食品补贴,提高有毒有害作业人员的健康状况。

第三十九条 对从事有毒有害作业人员,要实行每年一次定期职业体检制度。对确诊为职业病的患者,应立即上报人事部,由人事部或安委会视情况调整其工作岗位,并及时做出治疗或疗养的决定。

第四十条 禁止中小学生和年龄不满18岁的青少年从事有毒有害生产劳动。禁止安排女员工在怀孕期、哺乳期从事影响胎儿、婴儿健康的有毒有害作业。

□ 第九章 检查和整改

第四十一条 坚持定期或不定期的安全生产检查制度。安委会组织的全检查,每年不少于两次;各生产单位每季检查不少于一次;各机房和生产班组应实行班前班后检查制度;特殊工种和设备的操作者应进行每天检查。

第四十二条 发现安全隐患,必须及时整改,如本单位不能进行整改的,要立即报告安委办统一安排整改。

第四十三条 所有安全生产整改所需费用,应经安委办审批后,应列在劳保技措经费项目列支。

□ 第十章 奖励与处罚

第四十四条 安全生产工作应每年总结一次。在总结的基础上,由安全生产委员会办公室组织评选安全生产先进集体和先进个人。

第四十五条 安全生产先进集体的基本条件。

(一)认真贯彻"安全第一,预防为主"的方针,执行上级有关安全生产的法律法规,落实总经理负责制,加强安全生产管理。

（二）安全生产机构的健全，人员措施的落实，能有效地开展工作。

（三）严格执行各项安全生产规章制度，开展经常性的安全生产教育活动，不断增强职工的安全意识和提高职工的自我保护能力。

（四）加强安全生产检查，及时整改事故隐患和尘毒危害，积极改善劳动条件。

（五）实现连续 3 年以上无责任性职工死亡和重伤事故，交通事故逐年减少，安全生产工作成绩显著。

第四十六条　安全生产先进个人条件。

（一）遵守安全生产各项规章制度，遵守各项操作规程，遵守劳动纪律，保障生产安全。

（二）积极学习安全生产知识，不断提高员工安全意识和自我保护能力。

（三）坚决反对违反安全生产规定的行为，纠正和制止违章作业、违章指挥等行为。

第四十七条　对安全生产有特殊贡献的人，给予特别奖励。

第四十八条　发生重大事故或死亡事故，对事故单位给予扣发工资总额的处罚，并追究单位领导人的责任。

第四十九条　发生事故时，要按有关规定报告。如有瞒报、虚报、漏报或故意延迟不报的，除责成补报外，对事故单位给予扣发工资总额的处罚，并追究责任者的责任，对触及刑律的，应追究其法律责任。

第五十条　对事故责任人要视情节的轻重而相应的给予批评教育、经济处罚、行政处分，触及刑律者依法论处。

第五十一条　对部门扣发工资总额的处罚，最高不超过 3%；对员工个人的处罚，最高不超过其个人一年的生产性奖金总额（不含应赔偿款项），可并处行政处分。

第五十二条　由于各种意外（含人为的）因素造成人员伤亡或厂房设备损毁或正常生产、生活受到破坏的情况均为本企业事故，企业事故可划分为工伤事故、设备（建筑）损毁事故、交通事故 3 种（车辆、驾驶员、交通事故等制度由行政部参照本规定另行制订，并组织实施）。

第五十三条　工伤事故，是指工人在生产作业过程中，发生的人身伤害、急性中毒的事故。包括以下几种情况。

（一）从事本岗位工作或执行领导临时指定或同意的工作任务而造成的负伤或死亡。

（二）在紧急情况下（如抢险、救灾和救人等），或从事对社会有益工作造成的疾病、负伤或死亡。

（三）在工作岗位上或经领导批准在其他场所工作时而造成的负伤或死亡。

（四）职业性疾病，以及由此而造成的死亡。

（五）乘坐本部门的机动车辆去开会、听报告、参加行政指派的各种劳动和乘坐本单位指定上下班接送的车辆上下班，所乘坐的车辆发生非本人所应负责的意外事故，造成职工负伤或死亡。

（六）个人虽不在生产或工作岗位上，但由于生产设备、设施或劳动的条件不良而引起的负伤或死亡。

第五十四条　员工因发生事故所受的伤害。

（一）轻伤：指负伤后需要歇工 1 个工作日以上，低于国标标准的 105 日，但未达到重伤程度的失能伤害。

（二）重伤：指符合劳动部门《关于重伤事故范围的意见》中所列情形之一的伤害；且损失工作日总和超过国标标准 105 日的失能伤害。

（三）死亡。

第五十五条　发生无人员伤亡的生产事故（不含交通事故），按经济损失程度分级。

（一）一般事故：经济损失不足 1 万元的事故。

（二）大事故：经济损失等于或大于 1 万元，小于 10 万元的事故。

（三）重大事故：经济损失等于或大于 10 万元，小于 100 万元的事故。

（四）特大事故：经济损失等于或大于 100 万元的事故。

第五十六条　发生事故的部门必须按照事故处理程序进行事故处理。

（一）事故现场人员应立即抢救伤员，保护现场，如因抢救伤员和防止事故扩大，需要移动现场物件时，必须做出标志，并详细记录或拍照和绘制事故现场图。

（二）现场人员立即向部门主管部门（领导）报告，主管部门即向安委办报告。

（三）开展事故调查，分析事故原因。安委办接到事故报告后，应迅速指示有关单位进行调查，轻伤或一般事故应在 15 天内，重伤以上或大事故以上应在 30 天内向有关部门报送《事故调查报告书》。事故调查处理单位应接受工会组织的监督。

（四）制订整改防范措施。

（五）对事故责任者做出适当的处理。

（六）以事故通报和事故分析会等形式教育职工。

第五十七条　无人员伤亡的交通事故。

（一）机动车辆驾驶员发生事故后，驾驶员和有关人员必须协助交管部门进行事故调查、分析，并参加事故处理。事故单位应及时向安委办报告，一般在 24 小时内报告，大事故或死亡事故应即时报告。事后，事故单位须补写"事故经过"的书面报告。肇事者应在两天内写出书面报告交给单位领导。肇事单位应在 7 天内将肇事者报告和本单位报告一并送交安委办。

（二）对员工驾车肇事，应根据公安部门裁定的经济损失数额之 10% 对事故责任者进行处罚，处罚款项原则上由肇事个人到财务部缴纳。处罚的最高款额以不超过上年度人均生产性奖金总额（基数 1.0 计）为限。

（三）对于未经交管部门裁决而私下协商解决赔偿的事故，如经济损失超过保险公司规定免赔额的，其超出部分由肇事者自负。

（四）擅自挪用车辆办私事而发生事故的，按第 2 款规定加倍处罚；可视情节给予扣发一年以内的奖金并处行政处分。

（五）对于因私事经主管领导同意借用公车而发生事故的，参照第 2 款处理。

（六）发生事故隐瞒不报（超时限两天属瞒报），每次加扣当事人 3 个月以内的奖金。

（七）开"带病车"，或将车辆交给无证人员或未经行政部门批准驾驶车辆的人，每次扣 2 个月以内的奖金。

第五十八条　事故原因查清后，如果各有关方面对于事故的分析和事故责任者的处理不能取得一致意见时，劳资部门有权提出结论性意见，并交由单位及主管部门处理。

第五十九条　在调查处理事故中，对玩忽职守、滥用职权、徇私舞弊者，应追究其行政责任，触及刑律的，应追究其刑事责任。

第六十条　各部门领导或有关干部、员工在其职责范围内，不履行或不正确履行自

己应尽的职责,有如下行为之一并造成事故的,按玩忽职守处分论处:

(一)不执行有关规章制度、条例、规程或自行其是的。

(二)对可能造成重大伤亡的险情和隐患,不采取措施或措施采取不力的。

(三)不接受主管部门的管理和监督,不听合理意见,主观武断,不顾他人安危,强令他人违章作业的。

(四)对安全生产工作漫不经心、马虎草率、麻痹大意的。

(五)对安全生产不检查、不督促、不指导,放任自流的。

(六)延误安装、维修安全防护设备或不安装、维修安全防护设备的。

(七)违反操作规程冒险作业或擅离岗位或对作业漫不经心的。

(八)擅动有"危险禁动"标志的设备、机器、开关、电闸等的。

(九)不服指挥和劝告,进行违章作业的。

(十)施工组织或单项作业组织有严重错误的。

第六十一条　各部门可根据本规定制订具体实施措施。

第六十二条　本规定由安委办负责解释。

第六十三条　本规定自发文之日起执行。以前制订的有关制度、规定等如与本规定有抵触的,按本规定执行。

二、安全生产考核标准细则

第一条　本标准以 100 分为基准分,采用扣分制,用于检查、评定安全生产情况。

第二条　有下列情况之一的,扣 30 分。

(一)未按规定成立安全生产领导机构。

(二)无指定专人负责安全生产日常管理工作。

(三)主管生产的领导不直接负责领导和指导安全生产工作。

(四)未制订安全生产制度和实施办法。

(五)主要由人为因素造成重大事故,直接经济损失满 10 万元(不含机车交通事故)。

(六)由人为因素造成重伤或死亡。

(七)发生重大事故隐瞒不报(超过 24 小时按瞒报论处)。

第三条　有下列情况之一的,扣 15 分。

(一)由人为因素造成事故,直接经济损失满 1 万元不满 10 万元(不含机动车交通事故)。

(二)由人为因素造成事故,导致人员受轻伤。

(三)对事故隐瞒不报或虚报。

(四)事故发生后,未在时限内对当事人做出处理意见。

(五)机动车驾驶员私自驾车造成事故。

(六)接到整改通知,不按时限或要求整改。

第四条　有下列情况之一的,扣 5 分。

(一)违章存放易燃、易爆危险品及剧毒物品。

(二)未经批准将公车借给他人。

（三）班组未按规定指定安全员。

（四）领导违章指挥。

（五）由人为因素造成事故，直接经济损失不满1万元。

第五条 有下列情况之一的，扣1分。

（一）未进行安全生产评比活动。

（二）班组安全检查、学习无记录。

（三）无操作证的人员在特殊工种岗位上长期独立操作。

（四）按规定要上报的各类安全月报表、资料、文件、报告且未报或超时3天上报。

（五）规定要派人参加的各类安全生产活动、会议，缺1人次。

（六）特殊工种班组，缺集中安全学习记录（2个月一次，机动车驾驶员每月一次）。

（七）事故处理，安全学习等原始资料不全。

（八）工人违章操作。

（九）违章存放一般易燃品（如纸品）。

（十）上级单位检查时，发现隐患。

（十一）通过群众反映，上级查询才报告的各类事实、隐患。

（十二）防火设施不完善。

（十三）驾驶员班后不按规定将车辆停放在指定地点。

第六条 如发生各种特大事故及影响重大的事故，由安全生产委员会专项研究处理。

第七条 遇本文未提及的情况，由安全生产委员会另做处理意见。

第八条 本标准由安全生产委员会办公室负责解释。

三、安全检查工作细则

1. 机械设备检查要点

（1）各防护罩有无损坏、不配套现象。

（2）机械运转有无震动、杂声、松脱现象。

（3）机械润滑系统是否良好、有无漏油现象。

（4）压力容器是否保养良好。

2. 电气设备检查要点

（1）各电气设备有无接地装置。

（2）电气开关护盖及保险丝是否符合规定。

（3）电气装置有无可能短路或过热起火现象。

（4）厂内外临时用电是否符合规定。

3. 升降机、起重机检查要点

（1）传动部分的润滑是否适当，操作是否灵活。

（2）安全装置是否保养良好。

4. 攀高设备检查要点

检查结构是否牢靠。

5. 人体防护用具检查要点

（1）工作人员是否及时佩戴适当的防护用具。

（2）防护用具是否功能良好。

6. 消防设备检查要点

（1）灭火器材是否按配置地点吊挂。

（2）消防器材设备是否保养良好。

7. 环境检查要点

（1）通道楼梯及地区有无障碍物。

（2）油污废物是否置于密封废料桶内。

（3）衣物用具是否悬挂或存于指定场所。

（4）物料存放是否稳妥有序。

（5）通风照明是否情况良好。

（6）厂房门窗屋顶有无缺损。

（7）木板、平台、地面或阶梯是否整洁、无障碍。

8. 急救设施检查要点

（1）急救箱是否备用、药品是否充足。

（2）急救器材是否良好。

（3）快速淋洗器是否良好。

9. 人员动作检查要点

（1）有无嬉戏、喧哗、狂奔、吸烟等行为。

（2）有无使用不安全的工具。

（3）有无随地乱置工具、材料、废物等行为。

（4）各种工具的用法是否妥当。

（5）工作方法是否正确。

（6）是否有带病上班的员工。

四、工伤事故报告制度模板

1. 工伤事故的报告程序要严格按照《中华人民共和国国务院第七十五号》关于《企业职工伤亡事故报告和处理规定》执行。

2. 发生死亡事故和多人事故时，要立即向上级和有关部门口头或用电话报告，且报告时间不得超过 12 小时，重伤事故报告不得超过 24 小时，一般事故报告不得超过 48 小时。

3. 做好安全事故的调查处理工作

（1）发生死亡事故，应由部门领导组织有关部门人员亲临现场，进行认真调查处理，于事故发生后 20 日内将调查报告书报当地劳动局、工会。

（2）发生重伤事故，应由生产现场主管组织有关人员亲临现场，进行调查处理，于事故发生后 20 日内将调查报告书报公司当地劳动局、工会等有关部门各 2 份，由公司批复执行。

（3）发生轻伤事故，应由现场主管组织调查分析，填写事故登记书。

（4）如果发生一次死亡三人以上的多人死亡重大事故，高层领导应会同当地有关部门组织调查，亲临现场进行调查处理。

（5）事故发生后应立即保护现场。

（6）尽快组织事故调查组。

（7）按"四查"要求进行调查，即查思想、查领导、查制度、查纪律。

（8）事故发生的经过情况要调查准确。

（9）事故原因要分析细，责任要分析明。

（10）对责任人要严肃处理。

（11）防范措施要具体。

（12）调查成员要签字。

（13）调查报告及处分决定必须归档。

4. 建立员工伤亡事故月报表制度，要对每月发生的伤亡事故进行全面分析，从中发现问题，找出规律，采取措施，防止事故再次发生。每终了后，5 日内将员工伤亡事故月报表填好，报安全管理部门。

5. 对事故所造成的经济损失，应进行统计，可分为直接经济损失和间接经济损失。统计损失包括伤者工资、医疗费、事故处理费用、救济费、抚恤费等。

五、安全防火制度

1. 加强领导，发动员工做好预防工作

（1）各级领导要有专人负责消防工作，将消防工作纳入管理以保证消防措施的贯彻执行。

（2）建立健全各项规章制度，根据生产特点，发动员工参与消防工作并落实相应的消防制度及必要的操作规程，并严格检查落实情况。

（3）深入进行安全思想教育，普及消防知识，教育员工发扬主人翁精神，人人关心消防工作。

（4）开展内部的防火大检查，及时消除火灾隐患，认真总结经验教训。

（5）加强防火重点要害部位的保卫工作，重点检查，发现隐患及时整改。

2. 加强对易燃易爆易炸物品的管理

（1）要加强对易燃易爆易炸物品的储藏、运输、使用的管理，易燃品不准到处乱放、乱用、乱倒、指定地点存放限额，确定专人负责。

（2）施工现场上的易燃废物，要当天及时消除。

（3）有易燃气体的工作房和仓库内，必须有通风设备，使其不达到爆炸浓度。

（4）易燃易爆物品作业场所和所有电器、电源装置，照明开关等都符合防爆要求。

（5）易燃易爆仓库和作业场等禁火区，应明显标志，标出警戒线，建立"严禁烟火、禁止吸烟"等警告牌子。

3. 管好火源

（1）进入易燃易爆场所，不准携带火柴、打火机等火种。

（2）事故现场，仓库，宿舍等不准使用电炉取暖。

（3）焊割作业要选择安全地点，清除周围的易染杂物，以防引起火灾，工作完毕时，要检查四周围，若有电飞火，火花散落着火要立即清除。

（4）工作现场，库房和工作场所临时动火应事先填报《危险作业申请单》，经有关部门检查同意发给"准许动火证明"，采取相应的防火安全措施后方可动火。

（5）易燃易爆场所和库房，防止摩擦，冲击等发热和发生火花而起火，应使用铜、钼等有色金属制造的工具，不准穿带钉子的鞋进入工作场所。

（6）搬运盛装易燃易爆和可燃气体的金属容器时，不要在地上抛掷拖拉，防止发生危险。

（7）灯泡距可燃物要远一些，防止灯泡烤着可燃物引起火灾。

（8）电气设备应定期检修，发现可能引起火花、短路、发热及电气绝缘损坏，接触电阻过大等情况，应立即修换，所有易生静电的设备，管线必须有良好的接地装置。

4. 在工作现场，库房，施工现场，易燃易爆场所等，都应按规定配备有效的消防灭火器。

六、工业安全管理操作规则

□　总则

第一条　本公司为维护公共安全及避免人员物品之损害特制订本准则。

第二条　本准则所称的安全管理，包括火灾、窃盗、身体伤害的预防及抢救之一切措施。

第三条　本公司安全管理，除依政府法令规定外，悉依本准则办理。

第四条　安全管理之指挥监督除身体伤害由平时业务上的主管人员指挥监督外，应组织统一安全卫生委员会及消防队。本公司人员均有防止灾变及抢救损害的职责。

第五条　领班以上的干部均应熟悉有关安全管理的准则，并监督训练属下人员确实遵守。

第六条　本公司现场工作人员应视其智力体力调配适当的工作，危险发生时，能从容应付。

第七条　代理人员必须熟悉被代理人有关安全管理方面的职责。

第八条　危险发生时，除采取必要行动外并立即向上级人员报告。

□　火灾防护

第九条　仓库内应严禁吸烟及携带引火物品，但在规定时间及地点吸烟不在此限。

第十条　工场门窗应向外开，工作时间不得上锁。

第十一条　易燃及爆炸等危险物品应放于安全地点，除必要之数量外，不得携入工作场所。

第十二条　仓库应指派专人看守，并标明"严禁烟火"字样，如系储藏挥发性易燃物，应注意温度及通风。

第十三条　灭火设备应照规定设置,应放在明显容易取用之地点,并定期检查,应保持其随时可用之状态,同时要熟悉其使用方法。

第十四条　电线不得接用过大保险丝,电力使用后,应确实关闭电源。

第十五条　使用氧气乙炔焊接时,应注意附近有无易燃物品,使用易燃物品的人员需经严格训练,并应有监工人员在场。

第十六条　电器设备应经常检查,台风、地震后更应立刻检查有无损坏。

第十七条　炉灶、烟囱、煤气等易引起燃烧的设备应经常检查。工作人员下班时应检查处理后始得离开工作场所。

第十八条　使用电器设备或易燃物发生故障时,或增接电器设备均应请示上级人员,后通知专门人员办理。

第十九条　首先发现起火的人,应立即呼救,并停止设备工作,迅速关闭电源或其他火源。在场员工,均应立刻协同灭火。

第二十条　发现火灾应迅速将着火物附近的可燃物移开。

第二十一条　发生火灾时工作单位主管应一面参加抢救,一面沉着指挥救火,并速通知本公司的消防队,必要时应通知本地消防队协同抢救,并应通知其他单位戒备,如有大钟应即敲打警示。

第二十二条　火警发生时,电话总机应优先接通火警电话。

第二十三条　如火势一时不能扑灭,主管人员应一面指挥救火,一面指挥抢救人员及物品。

第二十四条　救火时,应特别注意下列事项。

(一)油类或电线失火,应用沙子或地毯等物扑灭,切勿用水灌救。

(二)衣服着火,应立即在地上打滚。

(三)先救人,后抢物。抢救物品时,应先抢救账册、凭证及重要文件或贵重物品。

(四)在火烟中抢救,应用湿手巾掩着口鼻。

(五)如火焰封住出路口,应利用绳索或电线等物从窗口逃生。

□　窃盗防范

第二十五条　现金、贵重物品及机要文件,下班后应放置于安全橱柜中,指定专员负责保管。

第二十六条　守卫人员应随时注意进出人员。

第二十七条　夜间值勤的守卫人员,应于规定时间在公司内巡逻。

第二十八条　主管对经管财物人员应随时注意其私生活是否严谨,以防其监守自盗。

第二十九条　携出物品时,应先取具公司规定之物品携出证件,保卫人员凭证查验放行。

第三十条　办公室应于夜间加班人员离去后关闭门窗,并确实上锁。

第三十一条　窃案发生后,应保护现场,并报有关单位侦查。

□　身体伤害的预防

第三十二条　有危险性之工作应由熟练人员担任,有关单位派人在场监督。

第三十三条　发生伤害时,应速将受伤者送劳工保险指定医院治疗。

第三十四条　工作地点的顶上可能落下伤人物体时,工作人员应戴安全盔帽。

第三十五条　使用强烈腐蚀性的浓酸时,应使用安全的工具,避免其与身体接触。

第三十六条　在灰尘飞扬中工作者,应戴上口罩及眼镜。

第三十七条　使用电气器材时,应注意绝缘是否完全及是否有导电物体接近电源。

第三十八条　操作起重机时,应注意吊起物体底下及附近是否有人。

第三十九条　使用塔架或扶梯时,应严密检查其是否坚固。

第四十条　玻璃、洋钉或铁丝等不得任意抛弃。

第四十一条　不得穿着松弛衣裤操作机器或走近操作中之机器。

第四十二条　工具应放置于工具箱中,工具箱应尽量放在地面。

第四十三条　尖锐工具应有防护圈盖,且不得放置于衣袋中。

第四十四条　锻铸或焊接时应注意远离他人,并应戴必要的眼罩。

第四十五条　汽车、机车、堆高机、起重机其驾驶员必须领有驾驶执照或为公司指定人员,无照人员不得驾车,亦不得练习驾车。

第四十六条　驾驶汽车或机车必须严格遵守交通规则。

第四十七条　特种作业的监督人员应明了该项作业的特殊危险,随时告知其属下工作人员。

第四十八条　遇停电时要立刻关闭总开关,送电时在开各开关之前,要先开总开关。开主开关时须预先与关系者联络。

第四十九条　凡电器机器的修理,更换保险丝或检查其他有触电之危险时必先关闭开关而后行之。

第五十条　高压电线作业未先确认死线前不可进行作业。

□　机械工具的处理

第五十一条　使用机械工具前必须先检查有无异状,无异状时始可使用。

第五十二条　初次用的机械或新装置时,必须得到所属主管的准许,并掌握说明后始可操作之。

第五十三条　原动机或动力传动装置,开始发动时应先用口号(呼声)或适当的方法联络同事周知,再确认周围的安全状态后行之。

第五十四条　机械的清扫注油应在转动停止后行之,但得到特别许可时不在此限。

第五十五条　如无必要,应避免机械的空运转。

第五十六条　计器类要经常做正确的保养,尤其是密闭加压机械的保养更要严加留意。

第五十七条　对于压力计、温度计及其他计器类要特别小心操作,并在其规定的示度范围内使用。

第五十八条　玻璃器具材料等的装卸、切断或其他使用均需留心,慎防破损,除非经特别允许作业外,一定要戴手套工作。

□　附则

第五十九条　本准则经呈准后施行,修改时亦同。

七、安全生产管理制度模板

□　总则

第一条　为保障本公司员工人身安全,确保本公司各项生产工作顺利进行,特制订本制度。

第二条　本公司以"安全重于效率,安全重于效益"为方针,全方位实施安全管理。

第三条　本制度为本公司所有生产人员必读之手册,所有生产人员在上岗之前必须认真阅读,并在工作过程中严格执行。

□　不安全生产行为

第四条　在生产过程中发现生产设备、仪器的防护、保险及信号等装置缺乏或不良情况时必须立即停止生产并向上级汇报。

第五条　在生产过程中发现设备、仪器、工具及附件或材料等有缺陷的情况时必须立即停止生产并向上级汇报。

第六条　在生产过程中发现车间或班组无总电源、总气阀的情况时必须立即停止生产并向上级汇报。

第七条　在生产过程中发现生产工艺本身缺乏充分的安全保障,工艺规程有缺陷的情况时必须立即停止生产并向上级汇报。

第八条　在生产过程中发现生产组织和劳动组织不合理的情况时必须立即停止生产并向上级汇报。

第九条　在生产过程中发现个人劳动保护用品缺乏或不良的情况时必须立即停止生产并向上级汇报。

第十条　在生产过程中发现事故隐患未暴露或还未被发现等情况时必须立即停止生产并向上级汇报。

第十一条　如工作现场通道不好,材料、半成品、成品混堆,工作场所过分拥挤或布置不当,地面不平,有障碍物存在或地面过滑,则不准开始生产工作行为。

第十二条　如厂房或车间平面或立体布置不合理,未提供紧急出口或出口不足,则不准开始生产工作行为。

第十三条　如工作环境光线不足或光线太强,可能由视觉失误引起动作失误,则不准开始生产工作行为。

第十四条　如工作环境有超标准噪声,引起职员情绪烦躁,无法安心工作;温度、湿度、空气清洁度不符合标准,则不准开始生产工作行为。

第十五条　如在工作环境中发现有毒、有害物品在班组超定额存放或保管不当,无急救或保险措施,则不准开始生产工作行为。

第十六条　如厂房年久失修,厂区污染严重,则不准开始生产工作行为。

□　员工安全意识

第十七条　本公司所有生产人员必须认真学习相关操作方法、技巧和规程,对工作规程、操作标准或工作技术不熟练者不得上岗作业。

第十八条　本公司所有生产人员在生产作业过程中必须正确使用劳动保护用品。

第十九条　本公司所有生产人员在生产作业过程中必须保证注意力的集中和情绪的稳定。

第二十条　本公司所有生产人员在生产作业过程中必须保持强烈的工作责任心和遵守劳动纪律，不得闲谈、打闹和嬉戏。

第二十一条　本公司所有生产人员必须注意劳逸结合，如出现过度疲劳，长期加班，精力不集中的情况，必须停止生产作业。

第二十二条　本公司所有生产人员在生产作业过程中必须严格按照操作条例，并与生产线上其他同事互相配合。

第二十三条　本公司所有生产人员在生产作业过程中必须严格执行岗位责任制，不得串岗、漏岗。

□　防爆

第二十四条　各生产作业单位应及时防止爆炸性混合物的产生，加强管理，消灭跑、冒、滴、漏，避免可燃气体漏入空气而达到爆炸限度。

第二十五条　各生产作业单位应及时防止火花的产生，注意防爆区的电机、照明应采用防爆型；避免因接触不良、绝缘不良、超负荷或过热而产生火花或着火；正确铺设避雷装置；抢修照明采用安全灯；避免机械性撞击。

第二十六条　各生产作业单位应及时防止静电的产生，工作人员要穿棉布工作服，不得穿易产生静电的化纤工作服和塑料底鞋。

第二十七条　各生产作业单位必须严格遵守防火制度，严禁在生产区吸烟，严禁明火取暖和焚烧可燃物，严禁在防爆区内装设电热设备。

第二十八条　各生产作业单位必须配备安全装置，如装报警器，在压力容器上安装安全阀，在有些设备和管道上可安装防爆板。安全装置要按规定维护核对，使之处于良好状态。

□　防火

第二十九条　各生产作业单位必须加强各种可燃物质的管理，大宗燃料应按品种堆放，不得混入硫化物和其他杂质；对酒精、丙酮、油类、甲醇、油漆等易燃物质要妥善保存，不得靠近火源。

第三十条　各生产作业单位必须采取防火技术措施，设计建筑物和选用设备应采用阻燃或不燃材料；油库和油缸周围应设置防火墙等。

第三十一条　各生产作业单位必须配备消防设施，厂区要按规定配备消火栓、消防水源、消防车等。生产车间应配备必需的消防用具，如沙箱、干粉、二氧化碳灭火器或泡沫灭火器等器材，并要经常检查、定期更换，使之处于良好状态。

第三十二条　各生产作业单位必须开展群众性消防活动，既要组织专业消防队也要建立群众性防火灭火义务消防队伍，并通过学习和实地演习，提高灭火技能。

□　防电

第三十三条　各生产作业单位必须严格管理各类电器设备，包括电焊机、照明、家用电器等的选用和安装要符合安全技术规定,保证设备的保护性接地或保护性接零良好。

第三十四条　各生产作业单位的电气设备要定期检修,并做好检修记录;及时更换老化或裸露的电线,及时拆除临时和废弃的线路等;接线头要包扎绝缘材料。

第三十五条　各生产作业单位必须健全电器设备安全操作规章和责任制度,严禁违章作业,严禁非专业人员擅自操作或修理电器设备。

第三十六条　各生产作业单位对电器设备进行修理作业时,要拉断电源并穿戴绝缘衣物。

第三十七条　各生产作业单位必须经常组织职工训练,使其掌握对触电者的急救措施和技术。

第三节　安全生产管理实用表单

一、安全管理计划表

安全管理计划表如表 14-1 所示。

表 14-1　安全管理计划表

正　面　　　　　　　　　　　　　编　号：　　　　　　　　日　期：

项　目	实施内容	负责人	查　核	日　期								
				星　期								

续表

反　面

项　目	实施内容	负责人	查　核	日　期													
				星　期													

二、安全生产检查表

安全生产检查表如表 14 – 2 所示。

表 14 – 2　安全生产检查表

编　号：　　　　　　　　　　　　　　　　　　　　　　　　　　　　　　　日　期：

日期＼项目	厂房设施		机械设备		电气设备		其　他		责任人	审核	备注

三、安全自检表

安全自检表如表 14 - 3 所示。

表 14 - 3　安全自检表

检 查 项 目		结　果	改善对策	复　查
机械设备	各防护罩有无损坏、不配套现象； 机械运转有无震动、杂声、松脱现象； 机械润滑系统是否良好、有无漏油现象； 压力容器是否保养良好			
电气设备	各电气设备有无接地装置； 电气开关护盖及保险丝是否符合规定； 电气装置有无可能短路或过热起火现象； 厂内外临时用电是否符合规定			
升降机、起重机	传动部分的润滑是否适当,操作是否灵活, 安全装置是否保养良好			
攀高设备	结构是否牢靠			
人体防护用具	工作人员是否及时佩戴适当的防护用具,防护用具是 否功能良好			
消防设备	灭火器材是否按配置地点吊挂； 消防器材设备是否良好			
环　境	通道楼梯及地区有无障碍物； 油污废物是否置于密闭的废料桶内； 衣物用具是否悬挂或存于指定处所； 物料存放是否稳妥有序； 通风照明情况是否良好； 厂房门窗屋顶有无缺损情况； 木板、平台、地面或阶梯是否整洁、无障碍			
急救设施	急救箱是否可用、药品是否充足； 急救器材是否良好； 快速淋洗器是否保养良好			
人员动作	有无嬉戏、喧哗、狂奔、吸烟等； 有无使用不安全的工具； 有无随地乱置工具、材料、废物等； 各种工具的用法是否妥当； 工作方法是否正确； 是否有带病上班的员工			
劳工安全卫生 管理部门意见	经办部门	厂　长	科　长	检查人员

四、安全检查报告表

安全检查报告表如表14 - 4所示。

表14 - 4 安全检查报告表

编　号：　　　　　　　　　　　　　　　　　　　　　　　　　日　期：

检查日期	检查地点	科段队	现场负责人	检查经过及结果	建立改善事项

五、安全情况日报表

安全情况日报表如表 14 – 5 所示。

表 14 – 5　安全情况日报表

编　号：　　　　　　　　　　　　　　　　　　　　　　日　期：

安全生产			事　故					事故频率	对策指示事项	备注
人员	时间	累计时间	工作场所	姓名	内容	原因	损失额			

六、安全情况周报表

安全情况周报表如表 14 - 6 所示。

表 14 - 6　安全情况周报表

编　号：　　　　　　　　　　部　门：　　　　　　　　日　期：

时　间	有无事故	事故记录	事故处理情况	备　注
星期一				
星期二				
星期三				
星期四				
星期五				
星期六				
星期日				

七、安全事故报告表

安全事故报告表如表 14 - 7 所示。

表 14 - 7　安全事故报告表

编　号：　　　　　　　　　　　　　　　　　　　　　日　期：

事故内容			
发生单位		发生地点	
见 证 人		事故责任人	
发生日期		发生时间	
事故原因			
事故状况			
处理方式			负责人
根本对策			负责人
追踪检查			负责人

八、安全改善通知表

安全改善通知表如表 14 - 8 所示。

表 14 - 8　安全改善通知表

检查日期：　　　　　施工科段队别：　　　　　承包商：　　　　日　期：

不安全地点	不合规则处或不安全情形	建议改善事项	改善期限	改善经过或结果

九、安全事故日报表

安全事故日报表如表 14 -9 所示。

表 14 -9 安全事故日报表

编　号：　　　　　　　　　　　　　　　　　　　　　　　　　　　日　期：

发生厂别		发生场所		有关人员		理　由	
损　伤　情　形		处　置　方　案		损　失　金　额			
		作　业	不良品	材料费	工　资	经　费	合　计

十、安全卫生检查表

安全卫生检查表如表 14 – 10 所示。

表 14 – 10　安全卫生检查表

编　号：　　　　　　　　　　　　　　　　　　　　　　　　　　日　期：

检 查 项 目	实际情况	检查人员	备 注
消防设备是否足够,放置地点是否适宜,是否未失时效			
易燃物品是否存放妥当			
操作人员使用的工具是否良好			
特殊操作时,操作人员是否使用特殊安全防护器具			
物料搬运设备是否运用灵活			
是否于严禁吸烟处有吸烟的事情			
是否有狂奔喧哗的事情			
光线、通风是否适宜			
环境是否整洁,垃圾处理是否良好			
药品是否齐全			
停车场的车辆是否排列有序			
厕所是否清洁,设备是否良好			
用膳场所是否清洁,厨房是否整洁			
其他			

第四节 安全生产管理规范化细节执行标准

一、安全培训管理工作实施标准

（一）对新员工的安全培训

（1）介绍生产特点、作业环境、危险区域、设备状况、安全设施等。

重点介绍高温、高压、易燃易爆、有害有毒、腐蚀、高处作业等可能导致发生事故的危险因素，交代生产现场容易出安全事故的部位，介绍生产现场配备的消防器材的正确操作方法。

（2）讲解各工种安全操作规程和岗位责任。

（3）讲解正确使用防护用品和文明生产的要求。

强调机床转动时，不准不戴手套操作；高速切削要戴防护眼镜；女工进入生产车间要戴女工帽、进入施工现场和登高作业必须戴好安全帽；系好安全带；工作场地要保持整洁、通道畅通；物件堆放整齐，实现文明生产。

（4）进行安全操作示范。

（二）对运用新操作法和调换工种人员的安全培训

生产车间在采用新工艺、新材料、新设备、新产品或调换工种工作时，必须对员工进行新操作法或新工作岗位的安全培训。新操作法培训（又称"四新"培训）的内容包括如下4个方面。

（1）新工艺、新产品、新设备、新材料的特点及操作方法。

（2）"四新"投产过程中存在的危险因素、危险区、有毒物质散发部位，以及其防护方法。

（3）新的安全防护装置的特点和使用方法。

（4）新定安全管理制度及安全操作规程的内容和要求。

（三）对员工的复工安全培训

复工安全培训是指员工伤愈复工和员工经过较长假期后（一般在3个月之内）复工上岗前的安全培训。

1. 工伤复工安全培训

（1）对工伤者的事故案例进行剖析，找出发生事故的直接和间接原因。

（2）针对工伤者容易发生事故的特点进行教育，如缺乏安全操作知识、思想不集中、作业环境改变等。

（3）确定预防措施和对策等。

2. 休假复工安全培训

员工休假常因婚丧或生老病死而情绪波动，身体疲乏，精力分散，思想麻痹。复工后容易发生意志失控,注意力下降,产生不安全行为,导致事故发生。因此,要针对复工者休假的类别,进行复工"收心培训"。

（四）对散漫型员工的安全教育

这类人员一般缺乏较高的组织性和纪律性,对工伤事故的危害性认识不足,不听从领导和老员工的指导,容易违反安全生产规章制度。

（五）对粗心大意型员工的安全教育

这类人员由于常常顾前不顾后,所以容易发生事故。

二、安全生产目标制定工作实施标准

（一）安全生产目标的要求

（1）通过目标的层层分解、措施的层层确定、责任的层层落实、工作的层层开展,达到全员参加、全面管理的目的,这充分体现了"安全生产,人人有责"的要求。

（2）要求每一个员工在日常的生产工作等过程中,提高自己在安全生产上的技术素质,以完成目标分解所下达给自己的任务、目标,促使职工自我学习和能力的开发,从而提高全体工作人员的安全技术素质。

（3）在确定安全生产目标时,要运用多种科学方法促进现代化安全管理的推行。例如要想控制事故的发生,必须采用事件分析法、故障类型及影响分析法等安全系统分析方法和 PDCA 循环、排列图、因果图和矩阵数据分析图等全面质量管理的方法,确定影响安全的重点岗位、危险部位、关键因素、主要原因,然后依据测定、分析、归纳的结果,采取相应措施,加强重点管理,以达到目标管理的最终目的。

（二）安全生产目标以及相关指标的确定

1. 安全事故的数量与伤亡程度指标

安全事故是安全管理的重要组成部分,因此,安全事故指标是安全目标管理中最重要的一项内容,是安全工作好坏的标志。应该根据其生产类型和规模大小等因素确定出各类安全事故应控制发生的次数和伤亡人数。

通过对以往安全事故的报告、统计、调查、分析、处理,明确事故的各种分布情况。例如,按时间、地点、工种、工龄、性别、年龄、文化程度、季节、事故原因等的分布情况,找出事故发生的基本规律,并以此为依据,确定安全目标,为加强改善安全管理指明方向。

2. 安全事故的经济损失指标

安全事故的经济损失指标主要包括如下几个方面。

（1）休工工时的损失。

（2）停工工时的损失。

（3）设备、工具等物资的损失。

（4）工伤治疗费用。

（5）需要到外地治疗的费用（除床位费、医疗费、陪护费外,还有路费、住宿费、伙食补助费等）。

（6）死亡抚恤费。

（7）配制假肢、义眼、假发和假牙等费用。

□　物资需求计划的制订步骤

第六条　确定物资的总需求量。

物资管理部决定产品总需求量。总需求量一般包括 3 个部分。

（1）某期间（如一个月或一季度）的实际订单量。

（2）该期间的预测订单量。

（3）管理者决策改变的上述数量（如为平衡淡旺季或调整产品结构需要）。

第七条　决定物资的实际需求量。

根据获得的总需求量，再依据该物资的存量状况予以调整，计算公式如下：

实际需求量 = 总需求量 - 库存数量

一般由业务部或生管部确认。

第八条　确定生产计划。

生产管理部依实际需求量确定生产计划，一般需做下述工作。

（1）产能负荷分析。

（2）产销平衡。

（3）中间程生产计划与细部生产计划。

第九条　物资清单。

生产管理部物资控制人员负责对物资清单的分析。

物资需求量 = 某期间的产品实际需求量 × 每一产品使用该物资数量

第十条　区分物料 ABC 项目。

（1）物资控制人员根据物资状况区分 ABC 项目，一般作如下区分。

①占总金额 60% ～ 70% 的物资为 A 类。

②占总金额余下的 30% ～ 40% 的物资为 B 类及 C 类物资。

（2）A 类物资作物资需求计划，B 类、C 类物资使用订货点方法采购。

第十一条　确定物资的实际需求量。

根据物资在制造过程的损耗率，计算实际需求量。

$$物资实际需求量 = 物资需求量 × （1 + 损耗率）$$

第十二条　决定物资净需求量。

A 类物资净需求量，必须参酌库存数量、已订货数量予以调整。

物资净需求量 = 物资实际需求量 - 库存数量 - 已订未进数量

第十三条　确定订购数量及交货期。

根据经济订购量、库存状况及生产计划，确定物资的每次订购数量及交货期。

（1）订购数量一般以经济订购量或经济订购量的倍数确定。

（2）交货期以使预计库存数量少为原则来确定。

第十四条　填写并发出物资计划性订货通知。

（1）物资管理人员根据上述步骤获得数据，整理出计划性订货通知。

（2）订货日期根据采购前置期（即发出订单到物资入库之间的时间）而确定，即

$$订货日期 = 预计物资交货期 - 采购前置期$$

第十五条　本制度由生产部起草制订，由生产总监核定并报总裁批示后启用。

二、物资需求计划编制管理规定

□　物资需求计划的编订

第一条　营业部于每年年度开始时,提供生产销量的每种产品的销售预测,销售预测必须经营会议通过,并配合实际库存量、生产需要量、市场状况,由生产单位编制每月的生产计划。

第二条　生产部门编制的生产计划副本送至采购中心,并以此为依据来编制采购计划,经经营会议审核通过,将副本送交管理部财务单位编制每月的资金预算。

第三条　营业部门变更销售计划或有临时的销售决策,应与生产单位、采购中心协商,以排定生产日程,并据以修改采购计划及采购预算。

□　采购预算的编制

第四条　物资预算分为以下两类。

(1)用料预算。

(2)采购预算。

第五条　用料预算按用途分为以下两类。

(1)营业支出用料预算。

(2)资本支出用料预算。

第六条　物资预算按编制期间分为以下两类。

(1)年度预算。

(2)分期预算。

第七条　年度用料预算的编制程序如下所示。

(1)由用料部门依据营业预算及生产成本计划编制年度用料预算表,经主管部长核定后,送企划部,材料管理汇编年度用料总预算转财务部。

(2)物资预算经最后审定后,由总务部加以严格执行,如经核减,应由一级主管召集部长、组长、领班研究分配后核定,由企划部分别通知各用料部门重新编列预算。

(3)用料部门用料超出核定预算时,由企划部通知运输部门。超出数在10%以上时,应由用料部门提出书面理由呈转一级主管核定后办理。

(4)用料总预算超出10%时,由企划部通知储运部说明超出原因呈请核示,并办理追加手续。

第八条　分期用料预算由用料部门编制,凡属委托修缮工作,采购部按用料部门计划分别代为编列用料预算表,经一级主管核定进行采购。

第九条　资本支出用料预算,由一级主管根据工程计划,通知企划部按前条规定办理。

第十条　物资采购预算编制程序如下。

(1)年度物资采购预算由企划部汇编并送呈审核。

(2)分期物资采购预算,由仓储部门视库存量、已购未到数量及财务状况,编制物资采购预算表,并会同企划部送呈审核,转公司财务会议审议。

第十一条　经核定的分期物资采购预算,在当期未动用者,不得保留。其确有需要者,下期补列。

第十二条　资本支出预算,年度有一部分未动用或全部未动用者,其未动用部分则不能保留,视情况在次年度补列。

第十三条　未列预算的紧急用料,由用料部门领料后,补办追加预算。

第十四条　用料预算除由用料部门严格执行外,并由企划部加以配合控制。

第十五条　本制度由生产部起草制订,由生产总监核定并报总裁批示后启用。

三、废料处理制度

第一条　废料的认定。那些经确认不能再加工处理或虽能再加工处理但不会提高经济使用价值的原料均为废料,其处理制度依本制度办理。

第二条　废料的保管。设置废料存放区,按类别分开存放,勿随地丢弃。

第三条　废料的整理。

1.各工作场所应置放废料桶、废料箱,便于工作人员随时存放一处并便于一次搬运。

2.各工作场所当日产生的废料,应于当日搬往各规定的废料存放区。

第四条　如有不遵守规定存放或将用料混同废料存放者,经查实后交管理部处理。

第五条　出售废料必须由管理组负责进行处理,管理部总务组协办。

第六条　各种废料由管理组负责销货,会同管理部定价。

第七条　装车时管理组须派人随车监视,以免承购商夹杂有用物资或偷窃其他物品。

第八条　过磅时通知管理部总务组一起进行办理,同时注意防止承购商作弊,并于废料处理单上共同签证。

第九条　经办人除应于每次过磅前先将磅秤校正外,管理部公用组应该按月办理重校。

第十条　依据废料处理单开具销货单及发票,由各管理组主管签章后交管理部总务组审呈管理部经理核准。

第十一条　废料出售一律现款交易,收款后以当日缴结、财务部收账为原则。

第十二条　能供其他部门使用的可以以调拨方式作价处理。

第十三条　以每月标售处理为原则,如堆积过多而无特殊理由的,经管理部同意延期处理者除外,一律归管理部处理。其收入亦归管理部。

第十四条　员工均可向废料经办单位介绍承购。

第十五条　工地上的废料,如钢筋料头、水泥纸袋、旧木板、木柱、木屑等,其处理方式比照本(废料处理)办法执行。

第十六条　本办法经部门经理会议通过,并呈总经理核准后施行,修改时亦同。

四、物资消耗定额管理制度

□　总则

第一条　物资消耗定额是正确确定物资的需要量,编制物资供应计划的重要依据,是产品成本核算和经济核算的基础。实行限额供料是有计划地、合理地利用和节约原材料的一种有效手段。

第二条　物资消耗定额应在保证产品质量的前提下,根据生产的具体条件,结合产品结构和工艺要求,以理论计算和技术测定为主,以经验估计和统计分析为辅,来制订最经济、最合理的消耗定额。

□　物资消耗定额的制订与修改

第三条　物资消耗定额的内容。

1. 工艺消耗定额

(1)主要原材料的消耗,指构成产品实体的物料消耗。

(2)工艺性辅助物资的消耗,工艺需要耗用而又未构成产品实体的物资。

2. 非工艺性消耗定额

指废品的消耗、料代用损耗、设备调整中的损耗等,但不包括途耗、磅差、库耗等。

第四条　物资工艺消耗定额由工艺部门负责制订,经供应部门、车间会签,总工程师批准,由有关部门贯彻执行。非工艺性消耗定额根据质量指标,由供应部门参照实际情况制订供应定额。

第五条　工艺消耗定额必须在保证产品质量的前提下本着节约的原则制订。

第六条　物资消耗定额一般一年修改一次。由供应部门提供实际消耗资料,工艺部门修订工艺消耗定额。由于管理不善而消耗超标者,不得提高定额。

第七条　如果出现下列情况,应及时修改定额。

(1)产品结构设计的变更影响到消耗定额。

(2)加工工艺方式的变更影响到消耗定额。

(3)定额计算或编写中的错误和遗漏。

□　限额供料

第八条　限额供料是执行消耗定额、验证定额与测定非工艺消耗量的重要手段,是分析定额差异和提出改进措施的依据。

第九条　限额供料的范围。

(1)产品用料,包括自制件和外协加工件。

(2)大宗的辅料和能源。

第十条　限额供料的依据。

(1)工艺部门提供的产品单件物料工艺消耗定额。

(2)生产调度部门和车间提供的月度生产作业计划。

（3）车间提供的《在制品、生产余料盘存表》和《技术经济指标月报表》。

五、滞料与滞成品管理制度

□　目　的

第一条　为加强对滞存材料及成品的处理，以达到合理利用、货畅其流、减少资金积压的目的，特制订本制度。

□　滞料、滞成品的范围

第二条　滞料。凡质量不合标准、存储过久、已无使用机会，或虽有使用机会但用料极少，或因陈腐、劣化、革新等现状已不适用的，需专案处理的物资。

第三条　滞料产生的主要原因如下所示。

（1）销售预测偏高导致的储料过剩。

（2）因订单取消而剩余的物资。

（3）因工程变更所剩余的物资。

（4）质量（型式、规格、材质、效能）不合标准。

（5）仓储管理不善导致陈腐、劣化、变质。

（6）用料预算大于实际领用（物资）。

（7）请购不当。

（8）试验材料。

（9）代客加工余料。

第四条　滞成品。对于因质量不合标准、储存不当变质或制造完毕后受客户取消、超制等因素影响，导致储存期间超过一定期限需专案处理的产成品。

第五条　内滞成品产生的主要原因包括以下几个方面。

（1）计划生产。

①正常品缴库期间超过计划期限导致未销售或未售完。

②正常品缴库期间虽未超过计划期限但有变质。

③因规格、质量或其他特殊因素未能出库。

④每批生产所发生的次级品储存时间超过一定期限。

（2）订单生产。

①订单遭客户取消、超过期限未能转售或转售未完。

②超制。

（3）生产发生的次品。

（4）其他。

①试制品缴库超过规定期限未出库。

②销货退回经重整列为次品。

□　工作职责

第六条　物资管理科。

（1）《六个月无异动滞料明细表》的编制。

（2）《滞料库存月报表》的编制。

第七条　滞料处理专员。

（1）核对请购案件有无滞料可资利用。

（2）运用工作小组的机能追查各项材料过期无异动的原因，拟定处理方式及处理期限。

（3）报废签呈的办理。

（4）留用部分的督促。

（5）填制《滞料发生及处理结果汇总表》送总经理签核。

（6）滞料处理结果编印及报告。

第八条　工作小组。原则上由业务、技术、工程、资材、厂务部门指定人员组成，以滞料处理专员为中心定期举办检查会。

□　滞料处理的作业程序

第九条　每月 5 日前，物资管理科查明最近 6 个月无异动的原物料，或异动数量未超过库存量 30% 的材料，列出《六个月无异动滞料表》，一式三联，送交滞料处理专员。

第十条　滞料处理专员接获《六个月无异动滞料表》后，应立即运用工作小组的机能，追查滞存原因及拟定处理方式与期限，并填妥下列各栏呈总经理核准。

（1）"发生原因"栏。依第二条第（1）项所订的原因代号填入"发生原因"栏，并做具体说明。

（2）"拟处理方式"栏。拟处理方式按转用、出售、交换、拆用、报废等代号填入"拟处理方式"栏。

六、物料需求计划设计规范

□　总则

第一条　物料需求计划简称 MRP，它根据主产品生产计划、主产品物资清单和库存文件，利用生产日程表、物资清单、库存报表、已订购未交货订单等相关资料，经过科学计算分别求出主产品的所有零部件的需求时间、需求数量、各种物资和零件需求与库存之间的差别。

□　相关结构

第二条　物料需求计划要根据主产品生产计划、物资清单、库存文件、生产时间和采购时间，把主产品的所有零部件的需要数量、需要时间、先后关系等准确地计算出来，其计算量非常庞大。

第三条　正确的需求分析。

（1）传统的物料需求分析是让各个部门分别上报《物料采购计划表》和《采购申请单》。采购部门把所有需要采购的物资分类整理并统计出来，确定采购项目、采购数量、采购时间等问题。这种方法存在耗费大以及采购计划表不准确、影响采购工作效果等诸多弊端。因此,正确的物资需求分析便成为当务之急。

(2)物资需求分析是根据客户的历史或者生产计划找出需求规律,然后根据需求规律预测客户下一个月的需求品种和需求量。从根本上解决客户需求什么、需求多少、什么时候需要等问题。

第四条 必要物资的构成:进行正确需求分析的前提是,需要拥有分析的物资。进行需求分析时,要用到如下必备资料。

(1)生产日程表:根据客户订单、生产能力、物料状况而安排的生产产品的计划。通常以周或天为单位。

(2)物资档案:储存一切有关成品、半成品与材料的各种必要资料,如物资名称、ABC物料分类表、产品结构层级表、采购前置时间、物料基准存量表。它有利于物料需求计划的制订与实施。

(3)物资清单:它表示产品零件各层级和结构,是物资系统内最原始的材料依据。建立方法是将产品的原材料、零配件、组合件予以拆解,并将各单项材料依材料编号、名称、规格、基本单位、供应厂商、单位用量等按照制造流程的顺序记录下来,排列为一个清单。它是物资组成和加工过程的反映,不仅可以说明物资的组成部分,而且可以说明物资加工需要耗用的人力资源、加工工艺、图纸、工模、设备和车间用量等,最终这些将用于成本核算。可从物料需求计划计算出产品所需要的物资零件和数量。

(4)库存量:它是物资、半成品、完成品、生产备件等有关生产所需物资的当前的自有数量。它是物料需求计划运作的基础材料,因为生产总需求减去库存量便是物资需求量。可进一步计算出是否发出新订购单、外协加工单;或已发的订购单、生产命令单、外协加工单是否必须进一步提前或延后。

□ **需求计划设计步骤**

第五条 需求计划以一句最简单的话解释就是:产品需求计划减去库存量。制订需求计划时需遵循一定步骤。

第六条 产品需求计划。

制订物料需求计划,首先要确定产品需求计划。根据市场预测、销售情况等确定生产计划。它确定的是生产什么的问题,就是确定每一具体的最终产品,在每一具体时间段(以周为基本单位,以日、旬、月为辅助单位)内生产数量的计划。要具体到产品的品种、型号。

第七条 确定产品物资清单。

它确定需要什么物料的问题。就是要确定需要哪些零部件和原材料、需要多少、哪些要自制、哪些要外购、自制或外购需要多长时间等,如此逐层分解,一直到最低层的原材料。

第八条 确定库存文件。

库存文件确定的是有什么物资的问题。它应该显示产品、产品所属所有零部件、原材料现有库存清单文件,也就是《产品零部件库存表》。即确定的是现有库存量。因为,与其他客户有着物资采购关系,每到一定时期就会相应的送入物资,因此就有了采购合同到期物资。

第九条　确定物资的需求量。

根据上述文件以及产品维修所需物资的估计，就可以推算出物资的需求量。

物资需求量＝生产需求总量－（库存量－已分配量）－采购合同到期物资量

第十条　确定物资需求量后，就应该开出采购申请单，在主管物资工作的主管副生产总监审核批准后，交给采购部门采购。

七、物料领用办法

第一条　凡属公司自办工程或代办工程的材料领用，一律使用《材料管理表》，分为进口材料、国产材料，一式五份，单式填写。表内应清楚地填写工程名称、成本中心、工程编号、施工单位，经呈授权人签名批准，并盖有工程部工程材料专用章，交由物资部计划组办理计划审核，盖计划审核章。

第二条　各部、分公司部门领用正常的维护材料时，只需填写货仓取货申请单，一式三份，清楚填写部门名称、成本中心编号并经呈授权人签名批准后，由物资部计划组办理计划审核，盖计划审核章。

第三条　在填写工程材料管理表或货仓取货申请单时，领取数量一栏必须要用规定字体填写领取的数量。如果需将原数量修改，应由授权人确认签名，否则物资部有权不予办理审核发料。

第四条　坚持工程材料、维护材料专项专用的原则，不允许将工程材料、维护材料转为他用。各分公司承接的代办工程，经工程部门审批后，物资部方可办理审核领料手续。代办工程需自购材料，要有工程部开具工程材料预算表，经物资部领导审批后方可购买。

第五条　各部、分公司需要的劳动保护用品，开单经本部门呈授权人签名后，再由人事部主管劳动保护用品的有关人员审批签名，方可办理审核领料手续。

第六条　各部门要严格按本部门拟订的年度材料计划进行领料。对无计划和超计划领料，物资部有权不予审核发料。不允许材料多领多占，影响工程材料的正常使用。

八、发料管理办法

第一条　领料。

（1）使用部门领用材料时，由领用经办人开立《领料单》，经主管核签后，向仓库领料。

（2）领用工具类材料（明细由公司自行制订）时，领用保管人应凭《工具保管记录卡》到仓库办理领用保管手续。

（3）进厂材料检验中，因急用而需领料时，其《领料单》应经主管核签，方可领用。

第二条　发料。

由生产管理部门开立的发料单经主管核签后，转送仓库依工令及发料日期备料，并送至现场点交签收。

第三条　移转。

凡经常使用或体积较大须存于使用单位内的，由使用单位填制《材料移转单》向资料库办理移转,并在每日下班前依实际用量填制《领料单》,经主管核签后送材料库冲转出账。

第四条　退料。

(1)使用单位对于领用的材料,在使用时遇有材料质量异常、用料变更或节余时,使用单位应以《退料单》(办理移转的退料以《材料移转单》代之)连同材料缴回仓库。

(2)材料质量异常欲退料时,应先将退料品及《退料单》送质量管理单位检验,并将检验结果注记于《退料单》内,再连同料品缴回仓库。

(3)对于使用单位退回的料品,仓库人员应依照检验退回的原因,研判处理对策,如原因是由供应商所造成,应立即与采购人员协调供应商处理。

九、材料调拨管理办法

□　材料的借入与归还

第一条　生产需要而材料无法如期供应时,可向有关厂家协商。洽借材料时由采购人员签呈说明理由、库存状况、借用数量、最近交货日期及拟归还日期,呈总经理核准后,拟具借据正本一份,经主管核示加盖公司章,持向厂商借料。副本三份,一份存仓库凭以收料,一份自存,凭以督促借料的归还,一份送会计部门。

第二条　借用的材料进厂时,由仓库收料人员依借据所列材料名称、规格、数量填制《收料单》并于备注栏中注明"借入材料",依进料验收管理办法办理收料。

第三条　借入材料的归还,由采购人员开立《材料交运单》并附借据的副本呈总经理核准,送仓库经核对原借入材料《收料单》的品名、规格、数量无误后,据此备料出库。

□　材料的借出与收回

第四条　在不影响生产时,材料的借出,必须由借用的厂商出具借据,注明借用材料的名称、规格、数量及预定归还日期,并经总经理核准后办理。

第五条　材料借出时由经办部门填制《材料交运单》呈总经理核准,将借据复印两份附于《材料交运单》之后,一份送会计单位,一份送仓库依此核对出料及督促借出材料的回收及账务的管理。如遇有归还异常时应即时通知经办部门查明原因。

第六条　借出的材料于借用厂商归还时,由仓库收料人员填制《材料收料单》,并于备注栏内加注"借出料收回";依进料验收管理办法办理收料,并于原借出的《材料交运单》中注明"归还数量""日期"及"材料收料单号码"。

第七条　如借出材料归还入厂后经检验不合格,仓库应立即以《材料检验报告表》会同经办部门洽请借出的厂商处理,以确保公司权益,但经检验合格且全数归还者,经办部门应将借据归还厂商。

□　外协加工材料的交运

第八条　外协加工材料交运时,由外协经办部门开立外协材料单,配合发料单由仓库发料人员开立《交送单》办理出料。

第三节　物资管理实用表单

一、物资需求分析表

物资需求分析表如表 8 - 1 所示。

表 8 - 1　物资需求分析表

编　号：　　　　　　　　　　　　　　　　　　　　　　　　　　　　日　期：

材料名称	规格	单位	供应状况				基本存量						供需措施					备注
			库存	已订	未订	合计	月份	月份	月份	月份	月份	合计	增购数量	催交数量	缓交数量	减购数量	紧急采购	

二、产品材料用量分析表

产品材料用量分析表如表8－2所示。

表8－2　产品材料用量分析表

编　号：　　　　　　　　　　　　　　　　　　　　　　　　　　　　　日　期：

产品名称			生产数量			制造日期	月　日至　月　日			
序　号	材料名称	材料编号	单位用量	标准用量	实际用量	材料成本		超用金额	备　注	
						标准	实际			

三、物资供应计划表

物资供应计划表如表8－3所示。

表8－3　物资供应计划表

编　号：　　　　　　　　　　　　　　　　　　　　　　　　　　　日　期：

材料名称	规格	材料编号	各月份需要量													基本存量	进料计划						交货期（天）
			1	2	3	4	5	6	7	8	9	10	11	12	合计		月份	数量	月份	数量	月份	数量	
合计																							

四、物资存量计划表

物资存量计划表如表 8 - 4 所示。

表 8 - 4　物资存量计划表

编　号：　　　　　　　　　　　　　　　　　　　　　　　　日　期：

材料名称	每月用量	平均每日用量	每日最高用量	订货点数量	交货日期	订货数量	最高存量	平均存量	可用日数	备注

五、物资用量计划表

物资用量计划表如表 8 – 5 所示。

表 8 – 5　物资用量计划表

编　号：　　　　　　　　　　　　　　　　　　　　　　　　　　　日　期：

产品批号																	
生产数量																	
材料名称	规格	材料编号	单位用量	估计用量	规格	材料编号	单位用量	估计用量	规格	材料编号	单位用量	估计用量	规格	材料编号	单位用量	估计用量

六、常备物资控制表

常备物资控制表如表 8 - 6 所示。

表 8 - 6 常备物资控制表

编 号： 日 期：

存量管制基准	变更日期	预估月用量	存量管制方式	请购周期		进货期间		安全存量		请购点		请购量		最高存量		日期		进厂量	发出量	库存量		请购未到量	请购参考量	
				日数	需用数量	日数	需用数量	数量	可用日数	数量	可用日数	数量	可用日数	数量	可用日数	月	日			数量	可用日数		数量	可用日数

七、物资存量基准设定表

物资存量基准设定表如表 8 - 7 所示。

表 8 - 7 物资存量基准设定表

材料编号	品名规定	单位	采购区分	去年平均月用量			设定月用量		安全存量		请购点		设定请购量	最小包装量及货柜量
						合计		合计	天数	数量	天数	数量		

八、用料差异登记表

用料差异登记表如表 8-8 所示。

表 8-8 用料差异登记表

编　号：　　　　　　　　　　　　　　　　　　　　　　　　　　日　期：

序号	材料编号	品名规定	设定月用量	实际用量	管制量	差异率	上一月用量	下一月用量	拟修订月用量	差异原因	处理措施

（8）其他费用,如轮椅、交通事故赔偿费等。

3. 日常安全管理工作的数据指标

对于生产过程中的日常安全工作,依照安全教育、安全评比、不安全因素的检查及整改等方面,将其转化为数据目标,并根据工作的重要性和管理的难易程度人为地给定一个标准分数,按此指标进行管理。

4. 安全部门的费用指标

这一指标包括防护用品费、安技措施费、清凉饮料费等。

（三）确定安全生产目标的要点

1. 领导的大力支持

在深入了解具体情况的基础上,制订总体目标以及车间、班组基层单位直至个人的目标。领导要自始至终参与安全目标的制订工作,对整个目标进行计划、指挥、组织、监督和调节工作,从而保证目标的正确适用以及考核、评价的公正性。

2. 对内部员工的教育

确保全体员工对安全目标管理有正确的统一认识,克服安于现状、墨守成规的不良倾向,不但要使全体员工完成自己的管理目标,还要对全体职工进行监督、教育,充分发挥他们在目标管理中的积极作用。

安全目标的确立工作是一个政策性很强,技术要求很高的工作,因此,必须认真学习和掌握国务院《企业职工伤亡事故报告、处理规定》及其相关的一系列法规、标准的要求。并按照法规、标准的要求,切实做好目标确立的各项工作,从而达到提高安全生产水平的目的。

3. 做好安全管理的基础性工作

安全管理部门应该准确掌握历年来事故统计资料和对事故起因、事故类型、伤亡情况等各类分析结果的资料,将职工因工负伤概率指标和保证措施制定得既先进合理又切实可行。

4. 全体员工参与安全管理

通过对安全生产目标的层层分解、措施的层层落实,责任的层层落实,达到全员管理和全过程管理,充分体现"安全生产、人人有责"的原则。将全体员工都严密地科学地组织在目标体系之内。

5. 安全目标管理要做到责、权、利相结合

使每个员工明确其在目标管理中的职责和权限,以便他们根据实际需要和目标责任处理日常管理上的问题,同时根据工作成绩给予他们应得的奖励,从而充分调动职工的积极性。

三、安全技术措施制定工作实施标准

（一）安全技术措施编制的基本要求

在研究和处理有害因素,预防伤亡事故和职业病方面,可参照下列几项原则进行安全技术措施计划的编制。

1. 重点做好预防工作

对生产过程中的某些一时无法彻底消除的危险因素,应在开始生产前实施预防措施,应给有危险的设备安装连锁装置,一旦操作者违章作业或机器设备处于危险状态时,连锁装置可以使机器立即停止运转。

2. 及时隔离危险源

对那些既无法消除,也不能预防和减弱的情况,应使用安全罩、防护屏等设施将人与有害因素隔离开。

3. 合理布局生产作业现场

科学地进行各种设备的布局设置,合理地安排多层次的作业场所,对安全关系重大的部件,设计时要加大安全系数。

4. 对薄弱环节进行重点防护

如防爆膜、易熔塞、保险丝,以及易爆场所的轻质屋顶等。

5. 尽量缩短工作时间

实现机械化、自动化代替人工操作。对从事严重有毒有害作业的工人或重体力劳动者,应适当减少工作时间,并让其提前办理退休手续。

6. 尽量消除危险

采取有效措施消除一切有害因素。可能的话,彻底消除危害源,对无法消除和预防的情况,应采取措施尽量减少危害。

(二)编制安全技术措施的基本步骤

1. 制订安全技术措施的实施计划

在编制下一年度生产财务计划的同时编制安全技术措施计划。

2. 向各生产车间布置任务

由领导向各车间布置任务,提出具体要求。

3. 制定安全技术措施

由各生产车间领导会同有关科室人员订出本车间的具体措施计划,经员工讨论,送安全技术部门审查汇总。

4. 汇总、综合

将审查汇总后的计划送交技术科进行编辑、计划,进行综合整理。

5. 修订、编制并确定最终的实施方案

安全技术部门根据财务部门核定的下年度可使用的安全技术措施经费和各生产车间所报项目,核实、平衡,提出下年年度项目草案,并根据分管领导意见及与有关部门的协商,修订方案,编制正式方案。召开有关科室、生产车间负责人参加的安全生产会议,由领导主持确定项目,明确设计施工负责人,规定完成日期。

6. 贯彻实施

领导批准的安全技术措施计划,报上级管理部门核准,与生产计划同时逐级下达贯彻执行。

制订安全措施计划时,应区别轻重缓急,先解决重要的急需项目,从计划上、制度上保证安全技术措施得以实现,以便合理利用有限的资金,取得较好的技术经济效果。安全技术措施计划中应包括的项目主要有以下几个方面。

(1)实施部门与工作场所。

(2)相关措施的名称。

(3)措施的内容和目的。

(4)实施经费的预算及其来源。

(5)负责设计、施工的单位及负责人。

(6)开工及竣工的日期。

(7)安全技术措施的执行情况及其效果。

四、安全检查工作实施标准

(一)安全生产检查的内容

安全生产检查对象的确定应本着突出重点的原则,对于危险性大,易发事故、事故危害大的生产系统、部位、装置、设备等应加强检查。一般应重点检查:易造成重大损失的易燃易爆危险物品、剧毒品、锅炉、压力容器、起重、运输、冶炼设备、电气设备、冲压机械、高处作业和本企业易发生工伤、火灾、爆炸等事故的设备、工种、场所及其作业人员;造成职业中毒或职业病的尘毒点及其作业人员;直接管理重要危险点和有害点的部门及其负责人。

安全检查的内容包括软件系统和硬件系统,具体主要是查思想、查管理、查隐患、查整改、查事故处理。

对非矿山类生产制造企业,国家有关规定要求强制性检查的项目有:锅炉、压力容器、压力管道、高压医用氧舱、起重机、电梯、自动扶梯、施工升降机、简易升降机、防爆电器、厂内机动车辆、客运索道、游艺机及游乐设施等;作业场所的粉尘、噪声、振动、辐射、高温低温、有毒物质的浓度等。

矿山企业要求强制性检查的项目有:矿井风量、风质、风速及井下温度、湿度、噪声;瓦斯、粉尘;矿山放射性物质及其他有毒有害物质;露天矿山边坡;尾矿坝;提升、运输、装载、通风、排水、瓦斯抽放、压缩空气和超重设备;各种防爆电器、电器安全保护装置、矿灯、钢丝绳等;瓦斯、粉尘及其他有毒有害物质检测仪器、仪表;自救器;救护设备;安全帽;防尘口罩或面罩;防护服、防护鞋;防噪声耳塞、耳罩。

(二)安全生产检查的类型

1.专项安全检查

专项安全检查是对某个专项问题或在施工(生产)中存在的普遍性安全问题进行的单项定性检查。

对危险较大的在用设备、设施、作业场所环境条件,管理性或监督性定量检测检验,则属专业性安全检查。专项检查具有较强的针对性和专业性要求,用于检查难度较大的项目。通过检查,发现潜在问题,研究整改对策,进行技术改造,及时消除隐患。

2.综合性检查

一般是由主管部门对下属或各生产单位进行的全面综合性检查,必要时可组织进行系统的安全性评价。

3.定期安全检查

定期检查一般是通过有计划、有组织、有目的的形式来实现的。如年度、季度、月度或每周安全检查等。检查周期根据各单位实际情况确定。定期检查的面广,有深度,能及时发现并解决问题。

4. 经常性安全检查

经常性检查则是采取个别的、日常的巡视方式来实现的。在生产过程中进行经常性的预防检查，能及时发现、及时消除隐患，保证生产的正常进行。

5. 季节性及节假日前安全检查

由各级生产单位根据季节变化，按事故发生的规律对易发的潜在危险，突出重点进行季节检查。如冬季防冻保温、防火、防煤气中毒；夏季防暑降温、防汛、防雷电等检查。

由于节假日（特别是重大节日，如元旦、春节、劳动节、国庆节）前后容易发生事故，因而应进行有针对性的安全检查。

6. 员工自查

每天上岗前，全体员工应对作业环境、设备的安全防护装置、信号、润滑系统、工具及个人防护用品的穿戴进行全面检查，确认符合安全要求后，方可开始工作。

7. 节日前后安全检查

主要保证节日期间的安全，检查作业人员的劳动纪律，检查重点防火部位，检查生产作业现场的安全隐患。

（三）安全生产检查的实施步骤

1. 安全检查准备工作

（1）确定要检查的对象、目的、任务。

（2）查阅、掌握有关法规、标准、规程的要求。

（3）了解检查对象的工艺流程、生产情况、可能出危险危害的情况。

（4）制订检查计划，安排检查内容、方法、步骤。

（5）编写安全检查表或检查提纲。

（6）准备必要的检测工具、仪器、书写表格或记录本。

（7）挑选和训练检查人员，并进行必要的分工等。

2. 安全检查的实施

实施安全检查就是通过访谈、查阅文件和记录、现场检查、仪器测量的方式获取信息。

（1）访谈。通过与有关人员的谈话来了解相关部门、岗位执行的规章制度情况。

（2）查阅文件和记录。检查设计文件、作业规程、安全措施、责任制度、操作规程等是否齐全，是否有效；查阅相应记录，判断上述文件是否被执行。

（3）现场观察。到作业现场寻找不安全因素、事故隐患、事故征兆等。

（4）仪器测量。利用一定的检测检验仪器设备，对在用的设施、设备、器材状况及作业环境条件等进行测量，以发现隐患。

3. 对检查的结果进行分析判断

掌握情况（获得信息）之后，就要进行分析、判断和检验。可凭经验、技能进行分析、判断，必要时可以通过仪器检验得出正确结论。

4. 对发现的问题及时做出处理

做出判断后应针对存在的问题做出采取措施的决定，即通过下达隐患整改意见和要求，包括要求进行信息的反馈。

（四）安全生产检查的实施要点

通常情况下,进行安全生产检查,要成立检查组,配备人力、物力。大范围的全面检查,应在领导的带领下组成一个由专业技术人员、安全员、工会干部和有经验的老师傅参加的检查组,并根据生产车间的实际情况和季节特点,明确检查要求。做好思想和业务准备,将基层自检和互检结合起来,发动职工边查边改,尽快解决事故隐患。在检查内容上应有所侧重,突出重点,这样才能收到较好的效果。全厂性的检查次数每年不少于4次,车间安全检查至少每月一次,工段(班组)检查至少每周一次,岗位每天班前至少检查一次。

1. 安全生产检查的总体要求

1)设置要求

(1)是否按工业企业卫生标准、防火标准进行设计。

(2)遭受天灾(如暴风雨、落雷、地震)时有什么措施。

(3)近处有无发生火灾、爆炸、噪声、大气污染或水质污染的可能性。

(4)公路铁路等交通情况,交叉路口有无专人看守。

(5)发生事故时急救单位如汽车站、急救站、医院、消防队的联系方便否,及其运作效率情况。

(6)"三废"对环境的影响情况。

2)建筑规划是否符合安全标准

(1)从单元装置到厂界的安全距离是否足够,重要装置是否设置了橱栅,装置和生产车间所占位置离开公用工程、仓库、办公室、实验室是否有隔离区或处于火源的下风位置。

(2)车间的内部空间是否按下述事项进行了考虑;物质的危险性、数量、运转条件,机器安全性等;危险车间和装置是否与控制室、变电室隔开。

(3)储藏间距离是否符合防火规定,是否具备防液堤和地下储罐;废弃物处理是否会散出污染物,是否在居民区的下风侧。

3)建筑标准

(1)对于有助于火焰传播和蔓延部分,如地板和墙壁开口、通风和空调管道、电梯竖井、楼梯通路等的防火情况,凡是开孔部分其孔口面积及个数是否限制在最低限度。

(2)有爆炸危险的工艺是否采用了防火墙,其顶层材料,防爆排气孔口是否够用,台阶、地面、梯子、通路等是否按人机工程要求设计,窗扇和窗子对道路出、入口是否会造成影响。

(3)为排除有毒物质和可燃物质的通风换气状况如何(包括换气风扇、通风机、空气调节、有毒气体捕集、空气入口位置、排热风用风门等)。

(4)出、入口和紧急通道设计数量是否够用,是否阻塞,有无明显标志或警告装置,各种建筑物路、门等出入口的照明是否符合标准等。

4)生产车间环境

(1)生产车间中有毒气体浓度是否经常检测,是否超过最大允许浓度,生产车间中是否备有紧急淋浴、冲眼等卫生设施;对有害气体、蒸气、粉尘和热气的通风换气情况是否良好。

(2)对有火灾爆炸危险的工作是否采取隔离操作,隔离墙是否加强,窗户是否做得最小,玻璃是否采用不碎玻璃或内嵌铁丝网,屋顶或必要地点是否准备了爆炸压力排放口。

（3）用人力操作的阀门、开关或手柄，在操纵机器时是否安全；车间通道是否畅通，避难通路是否通和安全地点，原材料的临时堆放场所及产品和半产品的堆放是否超过规定的要求。

（4）各种管线（蒸气、水、空气、电线）及其支架等，是否妨碍工作地点的通路。

（5）进行设备维修时，是否准备有必要的地面和工作空间，在容器内部进行清扫和检修时，遇到危险情况，检修人员是否能从出入孔逃出。

（6）热辐射表面以及传动装置是否装设有安全防护罩或其他防护措施。

（7）是否采用了机械代替人力搬运。

（8）危险性的工作场所是否保证至少有两个出口。

（9）为切断电源是否装有电源切断开关。

（10）噪声大的操作是否有防止噪声措施。

2. 生产工艺的安全检查要点

1）原料、材料、燃料安全检查要点

（1）对原、材、燃料的理化性质（熔点、沸点、蒸气压、闪点、燃点、危险性等级等）的了解，如受到冲击或发生异常反应时发生什么样的后果。

（2）对可燃物的防范有何措施，有无粉尘爆炸的潜在性危险。

（3）容纳化学分解物质的设备是否适用，有何种安全措施。

（4）对材料的毒性了解与否，允许浓度如何。为了防止腐蚀及反应生成危险物质，应采取何种措施。

（5）原、材、燃料的成分是否经常变更；混入杂质会造成何种不安全影响，流程的变化对安全造成何种影响。

（6）对包装和原、材、燃料的标志有何要求（如受压容器的检验标志、危险物品标志等）。

（7）原料在储藏中的安全性如何，是否会发生自燃、自聚和分解等反应。

（8）一种或一种以上的原料如果补充不上有什么潜在性的危险，原料的补充是否能得到及时保证。

2）工艺操作安全检查要点

（1）各种操作规程、岗位操作法、安全守则等准备情况如何，是否定期地在工艺流程、操作方式改变后进行过讨论、修改。

（2）操作人员是否受过安全训练，对本岗位的潜在性危险了解的程度如何。

（3）操作中会发生何种不希望的工艺流向或工艺条件以及污染。

（4）操作人员对紧急事故的处理是否达到标准。

（5）对接近闪点的操作，采取何种防范措施。

（6）对反应或中间产品，在流程中是否采取了安全措施。如果一部分成分不足或者混合比例不同，会产生什么样的结果。

（7）正常状态或异常状态都有什么样的反应速度，如何预防异常温度、异常压力、异常反应，混入杂质、流动阻塞、跑冒滴漏，发生了这些情况后，如何采取紧急措施，发生异常状况时，有否将反应物质迅速排出的措施，有否防止急剧反应和制止急剧反应的措施。

3. 机械设备安全检查要点

1）仪表管理

（1）仪表的动力源如果同时发生故障时将会出现何种危险状态。

（2）在所有仪表都发生故障时，系统自动防止故障的能力如何。

（3）在系统中部分仪表进行检修时，如何保证系统的安全操作。

（4）如果仪表应答安全运动状态时间过慢，是否采取了措施。重要的仪表和控制装置是否采取不同的独立样式并具备回授装置。对于特别危险的生产而双重保险仍控制不了时，那么安全停车装置能否及时动作。

（5）安全控制仪表是否已作为整体设计的一部分。

（6）由气候所造成的温、湿度对仪表会造成何种影响。

（7）液位计、仪表、记录装置等显示情况如何，是否易于辨识，采取何种改善措施。

（8）玻璃视镜、液面计玻璃管以及其他装置在损坏情况下如有内容物溢出，是否有防护措施。

（9）如何进行仪表的性能试验和定期检查。

2）电气安全检查要点

（1）电气系统是否与生产系统完全平行地进行设计。如装置一部分发生故障，其他独立部分会受到什么影响。由于其他部分的缺陷和电压波动，装置的仪表能否得到保护。

（2）内部连锁或紧急切断装置是否能自动防止故障；所用的内部连锁和紧急切断装置在何种情况下才会发生作用；对这种装置来说是否已经把重复性和复杂性降至最小限度；保险用的零部件和设施能够连续使用的情况如何；对于特别选用的零部件是否具备标准中规定的条件。

（3）使用的电气设备是否符合国家标准（按照生产上的要求分类）。

（4）对电气系统的设计是否进行了最简便、最合理的布置，对传输负荷、减少误操作是否起到作用。

（5）如何做到使用电气用具不致妨碍生产，为了进行预防性检修，是否能从设备外部操作。

（6）监视装置操作的电气系统是否已经仪表化，是否能以最少的时间了解到由超负荷引起的故障。

（7）有无防止超负荷和短路的装置。主要包括：布线上是否配备了将发生缺陷部分分离的措施；在切断电线的情况下，电容能达到何种程度；连锁装置安装得齐全否；对所用零部件的寿命如何进行现场试验。

（8）如何防止发生和消除静电，对落雷采取何种措施以及动力线发生损坏时，如何防止触电。

（9）对照明的检查要求。主要包括：能否保证日常的安全操作（危险区与非危险区有何区别）；能否保证日常的维修作业；在动力电源受到损坏时，避难通路和地点是否有事故照明设备。

（10）储藏的地线是否采取了阴极保护。

（11）动力切断器和启动器发生故障时，能否采取措施。

（12）在大风的情况下，通信网能否安全地传递信息（电话、无线电、信号、警报等），通信网与动力线的隔离防护情况如何。

（13）内部连锁如何进行点检，如何以进度表格加以说明。

（14）进行程序控制时，对控制装置变化前后的关键步骤，能否同时进行警报和自动点检。

五、安全事故的分析与处理工作实施标准

（一）安全事故报告

在生产过程中，如果突然发生事故，领导接到班长报告后，应立即赶到现场。一方面组织指挥抢救处理；另一方面保护好现场，并立即按事故报告管理制度规定的程序和分工，向生产总监，调度室和主管部门报告。另外，对于火灾爆炸事故，应先报告火警通知消防队扑救；对于交通事故，应先报告交通队勘查现场；对于中毒和伤亡事故，应先报气防站或救护站送医院抢救。

工伤事故是指员工在生产劳动区域内发生的与生产劳动有关的伤亡事故，或者执行临时指定的工作而发生与生产劳动有关的伤亡事故，或虽不在生产工作岗位上，但由于设备或劳动条件不良而引起的伤亡，都应按工伤事故处理。发生工伤事故必须做到：

（1）事故发生后，生产现场主管人员首先应组织人员迅速抢救伤员，正确及时地进行现场救护，并及时向厂部报告。报告内容包括事故发生的时间、地点、伤亡者姓名、年龄、工种、伤害部位、伤害程度、事故类别、事故简要经过及其原因等。做该项工作时，切忌预先相互统一口径，将事故调查引入歧途。

（2）保护事故现场。一旦发生伤亡事故，要注意保护现场。发生重伤、死亡和多人伤亡事故，不经安全部门的同意，不准破坏现场。

（3）接受事故调查组的调查，一般规定当事人不得参加事故调查组。

（4）在处理事故时要坚持"三不放过"的原则。在分析原因和责任时，首先要对照安全生产管理制度和安全技术规程进行分析，然后确定事故的性质，并及时采取改正或防范措施。

（5）填报《员工伤亡事故登记表》，事故类别及主要原因分析都要填写准确。

（二）安全事故分析

1.安全事故原因的分析

（1）直接原因。即分析事故是由机械设备、物质或环境的不安全状态所引起的，还是由人的不安全行为引起的。

（2）间接原因。分技术缺陷、人的缺陷（教育原因、身体原因、精神原因）和管理缺陷。此3种缺陷由五种原因造成，如技术和设计上存在缺陷；教育不够，未经培训，缺乏或不懂安全操作知识；身体有病不适应和精神状态不佳；劳动组织不合理；对现场工作缺乏检查或指导错误；安全操作规程没有或不健全；没有防范措施和事故隐患整改不力等。

（3）在分析事故时，应从直接原因着手，逐步深入到间接原因，从而掌握全部原因，再分清主次。

2.安全事故责任的分析

根据事故调查所确认的事实，通过对直接原因和间接原因的分析，确定直接责任者和领导责任者。在责任人中，根据其作用确定主要责任者。最后根据事故后果和责任者应负的责任，提出处理意见。

3.事故规律的分析

把以往发生的各类事故,分项、归类、绘图比较,找出其存在各种规律性的东西,制订防范对策。

（三）预防事故的措施

经过事故调查和对事故原因及发生规律的分析,制订出预防事故的应对措施。具体来讲,应对措施包含技术、教育、管理三个方面的对策,其中最重要的是技术对策。对策分近期和长远,局部和全面,从技术、人（教育）、管理3个方面采取对策,并落实实施时间、单位和负责人。

（四）安全事故的处理

安全事故的发生往往涉及操作、管理和技术方面的原因。因此,对各类事故都应本着"三不放过"的原则进行处理。即事故原因未查清不放过;事故责任者和员工没有受到教育不放过;没有防范措施不放过。一切事故的发生,都有其主观的原因,不管事故大小,都要进行处理。

六、安全生产管理工作考核实施标准

（一）对管理者的考核

这种考核是指在检查、考核一个部门的安全生产工作时,首先要检查领导对安全生产是否有正确的认识;是否重视安全工作,并纳入重要议事日程;能否坚持按照安全原则办事;有无长期安全规划和年度计划;安全技术措施经费有无保证等。

对领导的考核可通过考核是否发生死亡事故等来衡量,如发生了重大安全事故,在经济上就应受到惩处,一般事故可直接罚款或扣发其奖金,重大事故应按国家法律法规送交有关部门处理。

（二）对安全管理部门的考核

主要是指考核承包的工伤事故指标和月份任务完成情况。对于检查中发现的不安全因素,要根据情况进行具体处理。

（1）对领导违章指挥、工人违章操作等,应当场加以劝阻,情况危急时可制止其暂停作业,并通知生产现场负责人进行严肃处理。

（2）对生产工艺、劳动组织、设备、场地、操作方法、原料、工具等存在的不安全因素,危及员工安全健康时,可通知责任单位限期改进。

（3）对严重违反国家安全生产法规,且随时有可能造成严重人身伤亡的装备设施,可立即予以查封,并通知责任单位处理。

（三）对安全管理专业人员的考核

对安全管理专业人员的考核主要包括以下几个方面的内容。

（1）最主要的是承包的伤亡事故指标。如果分组负责的生产单位有死亡事故,或者无死亡但有重伤或经济损失超过目标值的,应不得奖;轻伤事故超过目标值时应扣部分奖金。

（2）对日常安全管理与安全教育、安全检查、违章人次调查等的考核。将各种工作人为定分数,作为目标考核的标准,根据得分情况确定应给予的奖罚。

（3）对于月份负担任务的完成情况，也应根据其好坏，给予相应的奖罚。

（四）对基层生产单位的考核

对基层生产单位的考核，应根据安全生产管理制度，经常进行贯穿于生产过程中，主要是考核其承包的工伤事故指标和日常的安全管理工作。

（1）如果发生死亡事故，单位将不得奖，并应给主要领导者降一级工资，时间为一年。发生重伤事故，应扣部分奖金；发生轻伤事故，应根据发生次数的多少酌情扣奖。

（2）对于基层的日常安全管理，主要考核安全教育、安全检查、不安全因素整改、违章人次、安全重点部位的管理、安全评比等工作的完成情况，以辨别生产过程中一切物的不安全状态和人的不安全行为，并根据考核结果予以奖罚。

七、事故处理应急预案编制工作实施标准

事故处理应急预案的编制过程应包括下面 6 个步骤。

（1）首先成立由各有关部门组成的预案编制小组，指定负责人。

（2）参阅现有的应急预案。这是防止预案相互交叉和矛盾、获取相关资料的有效办法，有利于促进所制订的预案与其他应急预案的协调。

（3）进行危险分析。包括危险识别、脆弱性分析和风险分析。

（4）应急准备与应急能力的评估。确认现有的预防措施和应急处理能力，并对其充分性进行评估。

（5）完成应急预案的编制。提出应急管理所需的人员、设备与程序。

（6）预案的批准、实施与维护。正式预案的执行、更新、培训和演练计划。

八、事故处理应急预案实施工作标准

（一）事故处理应急预案的核心内容

处理应急预案是针对生产过程中可能发生的重大事故而制订的指导性文件，其核心内容包括以下几个方面的要点。

（1）对紧急情况或事故灾害及其后果的预测、辨识、评价。

（2）规定应急救援各方组织的详细职责。

（3）应急救援行动的指挥与协调。

（4）应急救援中可用的人员、设备、设施、物资、经费保障和其他资源，包括社会和外部援助资源等。

（5）在紧急情况或事故灾害发生时保护生命和财产、环境安全的措施。

（6）事故现场的恢复。

（7）其他，如应急培训和演练，法律法规的要求等。

应急预案是整个事故应急管理体系的反映，它的内容不仅局限于事故发生过程中与应急相应的救援措施，而且还应包括事故发生前的各种应急准备和事故发生后的紧急恢复以及预案的管理与更新等。因此，一个完善的应急预案按相应的过程可分为 6 个关键性的构成要素，包括如下内容。

（1）方针与原则。

（2）应急筹划。

（3）应急准备。

（4）应急响应处理。

（5）事故现场的恢复。

（6）应急预案的评估与改进。

上述六个要素相互之间既相对独立，又紧密联系，从应急的方针、策划、准备、响应、恢复到预案的管理与评审改进，形成了一个有机联系并持续改进的结构体系。根据一级要素中所包括的任务和功能，其中，应急策划、应急准备和应急响应3个关键要素可进一步划分成若干个二级小要素，所有这些要素即构成了重大事故应急预案的核心要素。这些要素是重大事故应急预案编制所应当涉及的基本方面，在实际编制时，可根据职能部门的设置和职责分配等具体情况，将要素进行合并或增加，以便于预案内容的组织和编写。

（二）方针与原则

应急救援体系首先应有一明确的方针和原则来作为指导应急救援工作的纲领。方针与原则反映了应急救援工作的优先方向、政策、范围和总体目标，如保护人员安全优先，防止和控制事故蔓延优先，保护环境优先。此外，方针与原则还应体现事故损失控制、预防为主、常备不懈、统一指挥、高效协调以及持续改进的思想。

（三）应急筹划

事故处理应急预案是有针对性的，具有明确的对象，其对象可能是针对某一类或多类可能的重大事故类型。应急预案的制订必须基于对所针对的潜在事故类型有一个全面系统的认识和评价，识别出重要的潜在事故类型、性质、区域、分布及事故后果。同时，根据危险分析的结果，分析应急救援的应急力量和可用资源情况，为所需的应急资源的准备提供建设性意见。在进行应急策划时，应当列出国家、地方相关的法律法规，作为预案的制订、应急工作的依据和授权。应急筹划包括危险分析、资源分析以及法律法规要求3个子要素。

1.危险分析

危险分析的最终目的是要明确应急的对象（存在哪些可能的重大事故）、事故的性质及其影响范围、后果严重程度等，为应急准备、应急响应和减灾措施提供决策和指导依据。危险分析包括危险识别、脆弱性分析和风险分析。危险分析应依据国家和地方有关的法律法规要求，结合具体情况来进行。危险分析的结果要能够提供以下信息。

（1）地理、人文（包括人口分布）、地质、气象等信息。

（2）城市功能布局（包括重要保护目标）及交通情况。

（3）重大危险源分布情况及主要危险物质种类、数量及理化、消防等特性。

（4）可能发生的重大事故种类及对周边的后果分析。

（5）特定的时段（如人群高峰时间、度假季节、大型活动）。

（6）可能影响应急救援的不利因素。

2.资源分析

针对危险分析所确定的主要危险，安全管理部门应明确应急救援所需的资源，列出可用的应急力量和资源，包括如下内容。

（1）内部的各类应急力量的组成及分布情况。

（2）各种重要应急设备、物资的准备情况。

（3）上级救援机构或地方公共救援机构可用的应急资源。

3. 法律法规要求

事故处理应急救援有关法律法规，是开展应急救援工作的重要前提保障。应列出国家、省、地方涉及应急各部门职责要求以及应急预案、应急准备和应急救援有关的法律法规文件，以作为预案编制和应急救援的依据和授权。

（四）应急准备

事故处理的应急预案能否在应急救援中成功地发挥作用，不仅取决于应急预案自身的完善程度，还取决于应急准备的充分与否。事故处理应急准备应当依据应急策划的结果开展，包括各应急组织及其职责权限的明确、应急资源的准备、公众教育、应急人员的培训、预案演练和互助协议的签署等。

1. 机构及其职责

为保证应急救援工作的反应迅速、协调有序，必须建立完善的应急机构组织体系，包括事故处理应急管理的领导机构、应急响应中心以及各有关机构部门等。对应急救援中承担任务的所有应急组织必须使其明确相应的职责、负责人、候补人及联络方式。

2. 应急资源

应急资源的准备是应急救援工作的重要保障，应根据潜在事故的性质和后果分析，合理组建专业和社会救援力量；配备应急救援中所需的消防手段、各种救援机械和设备、监测仪器、堵漏和洗消材料、交通工具、个体防护设备、医疗设备和药品、生活保障物资等，并定期检查、维护与更新，保证始终处于完好状态；对应急资源信息实施有效管理与更新。

3. 教育、训练与演练

为全面提高对突发性安全事故的应急反应能力，应对员工教育、应急训练和演习做出相应的规定，包括其内容、计划、组织与准备、效果评估等。

员工意识和自我保护能力是减少重大事故伤亡不可忽视的一个重要方面。作为应急准备的一项内容，应对员工的日常教育做出规定，尤其是位于重大危险源周边的员工，使其了解潜在危险的性质和健康危害，掌握必要的自救知识，了解预先指定的主要及备用疏散路线和集合地点，了解各种警报的含义和应急救援工作的有关要求。

应急训练的基本内容包括基础培训与训练、专业训练、战术训练及其他训练等。基础培训与训练的目的是保证应急人员具备良好的体能、战斗意志和作风，明确各自的职责，熟悉城市潜在重大危险的性质、救援的基本程序和要领，熟练掌握个人防护装备和通信装备的使用等；专业训练关系到应急队伍的实战能力，主要包括专业常识、堵源技术、抢运及洗消和现场急救等技术；战术训练是各项专业技术的综合运用，使各级指挥员和救援人员具备良好的组织指挥能力和应变能力；其他训练应根据实际情况，选择开展如防化、气象、侦检技术、综合训练等项目的训练，以进一步提高救援队伍的救援水平。

预案演练是对应急能力的一个综合检验，应以多种形式进行应急演练，包括桌面演习和实战模拟演习。实战模拟演练是组织由应急各方参加的预案训练和演习，使应急人员进入实战状态，熟悉各类应急处理和整个应急行动的程序，明确自身的职责，提高协同作战的能力。同时，应对演练的结果进行评估，分析应急预案存在的不足，并予以改进和完善。

（五）应急响应处理规范

1. 接警与通知

安全管理部门应该准确了解安全事故的性质和规模等信息,因为这是决定启动应急救援的关键,接警作为应急响应的第一步,必须对接警要求做出明确规定,保证迅速、准确地向报警人员询问事故现场的重要信息。接警人员接受报警后,应按预先确定的通报规定程序,迅速向内部应急机构发出事故通知,以采取相应的行动。

2.指挥与控制

重大事故的应急救援往往涉及多个部门,因此,对应急行动的统一指挥和协调是应急救援有效开展的一个关键。应规定建立分级响应、统一指挥、协调和决策的程序,以便对事故进行初始评估,确认紧急状态,迅速有效地进行应急响应决策,建立现场工作区域,确定重点保护区域和应急行动的优先原则,指挥和协调现场各救援队伍开展救援行动,合理高效地调配和使用应急资源等。

3.警报与紧急公告

当安全事故可能影响到周边地区,对周边地区的公众可能造成威胁时,应及时启动警报系统,向外部公众发出警报,同时通过各种途径向外部公众发出紧急公告,告知事故性质、对健康的影响、自我保护措施、注意事项等,以保证公众能够做出及时自我防护响应。当决定实施人员疏散时,应通过紧急公告确保公众了解疏散的有关信息,如疏散时间、路线、随身携带物、交通工具及目的地等。

该部分应明确在发生重大事故时,如何向受影响的公众发出警报,包括什么时候,谁有权决定启动警报系统,各种警报信号的不同含义,警报系统的协调使用,可使用的警报装置的类型和位置,以及警报装置覆盖的地理区域。如果可能,应指定备用措施。

4.通信系统

通信是应急指挥、协调和与外界联系的重要保障,在事故应急处理现场指挥部、应急中心、各应急救援组织、新闻媒体、医院、上级政府和外部救援机构等之间,必须建立畅通的应急通信网络。该部分应说明主要通信系统的来源、使用、维护以及应急组织通信需要的详细情况等,并充分考虑紧在急状态下的通信能力和保障,建立备用的通信系统。

5.事态的监测与评估

事态监测与评估在事故应急救援和应急恢复的行动决策中起到关键的支持作用。在应急救援过程中必须对事故的发展势态及影响及时进行动态的监测,建立对事故现场及场外进行监测和评估的程序。集体内容包括如下几方面。

(1)由谁来负责监测与评估活动。

(2)监测仪器设备及监测方法。

(3)实验室化验及检验支持。

(4)监测点的设置及现场工作。

(5)报告程序等。

6.事故现场的警戒与治安

为保障事故现场应急救援工作的顺利开展,在事故现场周围建立警戒区域,实施交通管制,维护现场治安秩序是十分必要的,其目的是要防止与救援无关人员进入事故现场,保障救援队伍、物资运输和人群疏散等的交通畅通,并避免发生不必要的伤亡。

7.人群的疏散与安置

进行人群疏散是减少人员伤亡扩大的关键措施。应当对疏散的紧急情况和决策、预防性疏散准备、疏散区域、疏散距离、疏散路线、疏散运输工具、安全庇护场所以及回迁等做出细致的规定和准备,应考虑疏散人群的数量、所需要的时间和可利用的时间、风向等条件变化以及老弱病残等特殊人群的疏散等问题。对已实施临时疏散的人群,要做好临时生活安置,保障必要的水、电、卫生等基本条件。

8. 医疗、抢救

(1)对事故中的受伤人员采取及时有效的现场急救以及合理地转送医院进行治疗,是减少事故现场人员伤亡的关键。该部分明确针对可能的重大事故,为现场急救、伤员运送、治疗及健康监测等所做的准备和安排,具体内容包括如下几方面。

(2)可用的急救资源列表,如急救中心、救护车和现场急救人员的数量。

(3)医院、职业中毒治疗医院及烧伤等专科医院的列表,如数量、分布、可用病床、治疗能力等。

(4)抢救药品、医疗器械、消毒、解毒药品等方面的内、外来源和供给。

(5)医疗人员必须了解城市内主要危险对人群造成伤害的类型,并经过相应的培训,掌握对危险化学品受伤害人员进行正确消毒和治疗的方法。

9. 公共关系管理

当发生重大安全事故后,不可避免地会引起新闻媒体和外部公众的关注。所以,在事故处理的过程中,应将有关事故的信息、影响、救援工作的进展等情况及时向媒体和外部公众进行统一发布,以消除公众的恐慌心理,控制谣言,避免公众的猜疑和不满。

10. 应急人员的安全

重大事故特别是涉及危险物质的重大事故的应急救援工作危险性极大,必须对事故应急人员自身的安全问题进行周密的考虑,包括安全预防措施、个体防护等级、现场安全监测等,明确应急人员的进出事故现场和紧急撤离的条件和程序,以保证应急人员的安全。

11. 消防与抢险

消防与抢险是事故应急救援工作的核心内容之一,其目的是为尽快地控制事故的发展,防止事故的蔓延和进一步扩大,从而最终控制住事故,并积极营救事故现场的受害人员。尤其是涉及危险物质的泄漏、火灾事故,其消防和抢险工作的难度和危险性十分巨大。该部分应对消防和抢险工作的组织、相关消防抢险设施、器材和物资、人员的培训、行动方案以及现场指挥等做好周密的安排和准备。

12. 泄漏物的控制

内部危险物质的泄漏以及灭火用的水,由于溶解了有毒蒸气都可能对环境造成重大影响,同时也会给现场救援工作带来更大的危险,因此必须对危险物质的泄漏物进行控制。该部分应明确可用的收容装备(泵、容器、吸附材料等)、洗消设备(包括喷雾洒水车辆)及洗消物资,并建立洗消物资供应企业的供应情况和通讯名录,保障对泄漏物的及时围堵、收容、洗消和妥善处置。

(六)事故现场的恢复

事故现场的恢复也可称为紧急恢复,是指事故被控制住后所进行的短期恢复,从应急过程来说意味着应急救援工作的结束,进入到另一个工作阶段,即将现场恢复到一个基本稳定的状态。大量的经验教训表明,在事故现场恢复的过程中往往仍存在潜在的危险,如余烬复燃、受损建筑倒塌等,所以应充分考虑现场恢复过程中可能存在的危险。在事故现场恢复中也应当为长期恢复提供指导和建议,该部分主要内容应包括如下几方面。

（1）宣布应急结束的程序。

（2）撤点、撤离和交接程序。

（3）恢复正常状态的程序。

（4）现场清理和受影响区域的连续检测。

（5）事故调查与后果评价等。

（6）应急预案的评估与改进。

安全事故处理应急预案是应急救援工作的指导文件，同时又具有法规权威性。所以，在安全管理过程中，要注意对预案的制订、修改、更新、批准和发布做出明确的管理规定，并保证定期或在应急演习、应急救援后对应急预案进行评审，针对实际情况的变化以及预案中所暴露出的缺陷，不断地更新、完善和改进应急预案体系。